Diana Maria Friz

Margarethe
KRUPP

Das Leben meiner Urgroßmutter

Mit 122 Abbildungen

Deutscher Taschenbuch Verlag

FSC

Mix
Produktgruppe aus vorbildlich
bewirtschafteten Wäldern und
anderen kontrollierten Herkünften
Zert.-Nr. GFA-COC-1298
www.fsc.org
© 1996 Forest Stewardship Council

Der Inhalt dieses Buches wurde auf einem nach den
Richtlinien des Forest Stewardship Council zertifizierten
Papier der Papierfabrik Munkedal gedruckt.

Originalausgabe
November 2008
3. Auflage Januar 2009
Deutscher Taschenbuch Verlag GmbH & Co. KG,
München
www.dtv.de
© 2008 Deutscher Taschenbuch Verlag GmbH & Co. KG,
München
Abbildungen, wo nicht anders vermerkt:
Familienarchiv Hügel (heute Historisches Archiv Krupp)
und Werksarchiv Krupp
Dieses Werk wurde vermittelt durch die Literarische Agentur
Thomas Schlück GmbH, 30827 Garbsen.
Umschlagkonzept: Balk & Brumshagen
Umschlagbild aus dem Bildarchiv Krupp, Villa Hügel;
Reproduktion: Michael Rasche, Dortmund
Satz: Greiner & Reichel, Köln
Gesetzt aus der Minion 10,2/12,5˙
Druck und Bindung: Kösel, Krugzell
Gedruckt auf säurefreiem, chlorfrei gebleichtem Papier
Printed in Germany · ISBN 978-3-423-24703-0

Widmung

Ich widme dieses Buch allen Frauen,
die den Mut aufbringen, ihr Leben selbst zu gestalten.
Vor allem aber denen, die die Kraft finden,
mit den Konsequenzen ihrer Entscheidungen zu leben.

Inhaltsverzeichnis

DAS DEUTSCHE REICH UNTER WILHELM II. – UND DAS
KRUPP'SCHE REICH VON FRIEDRICH ALFRED KRUPP

DAS INTERREGNUM (1902–1906)

WIE ES WEITERGING – (1906–1931)

Vorwort

Seitdem ich ein kleines Mädchen war, hat mich meine Urgroßmutter fasziniert. Als ich zwölf Jahre alt war, feierte meine Großmutter Bertha von Bohlen ihren 70. Geburtstag auf dem Hügel mit ihrer Schwester, ihrer beider Kindern und Enkeln. Es war ein großes Fest, denn wir sind eine große Familie. Ich erinnere mich genau daran, wie sehr es mich beeindruckte, dass die Großmama, meine Mutter Waldtraut, meine Schwester und ich drei Generationen weiblicher Familienmitglieder verkörperten. Die vierte hing in Form eines großen repräsentativen Bildes in der Unteren Halle des Hügels. Ich stand in meinem weißen Spitzenkleidchen davor, die ungeliebte und wenig kleidsame Brille auf der Nase, und sah Margarethe genau an. Ich fand ihre Züge streng, aber ihre dunklen Augen schienen in mich hineinzusehen. Apart war das Wort, das mir zu ihr einfiel, denn schön in dem Sinne, wie es die Großmama, meine Mutter und auch meine Schwester waren, fand ich sie nicht. Das machte sie mir schon sympathisch, denn auch ich fand mich nicht schön, hoffte aber sehr, eines Tages ebenfalls apart zu sein. Leider sind wir keine kommunikative Familie, und erst im Laufe vieler Jahre konnte ich Erinnerungen von Menschen sammeln, die in mir ein Bild von Margarethe entstehen ließen. Meine Mutter war erst elf Jahre alt, als Marga starb, sie erinnerte sich nur an ganz wenig. Ergiebiger waren die Erzählungen der Gesellschafterin meiner Großmutter, Christel Kronen, die zumindest Margarethe als alte Dame gut kannte und auch mit Fräulein Brandt, ihrer Gesellschafterin, befreundet war. Den Mut, die Großmama nach ihrer Mutter zu fragen, brachte ich nicht auf, solange sie noch lebte. Aus dem Wenigen, das man mir erzählte, fiel vor allem auf, was man mir alles NICHT erzählte. Der Tod meines Urgroßvaters Friedrich Alfred Krupp war offenbar ein absolutes Tabuthema. Auch über die Jugend Margarethes und ihre Familie erfuhr ich nichts. Aber, wie gesagt, wir sind keine kommunikative Familie.

Im Laufe meines Lebens erschienen mehrere Bücher, die sich mit meiner Familie beschäftigten. Eines davon hat der amerikanische Journalist William Manchester geschrieben. Es fand weltweit Verbreitung, obwohl es von Fehlern nur so wimmelt. In dem Familienarchiv auf dem Hügel reihen sich Ordner an Ordner mit Aussagen wütender Zeitzeugen, die Zeugnis ablegen für die vielen Fehler und Falschaussagen in diesem tendenziös gefärbten Buch. Auch in den anderen Veröffentlichungen der vergangenenen Jahre fand ich meine Vorstellungen nicht widergespiegelt.

Nichtsdestotrotz traue nun auch ich mich an ein Familienthema, und sicherlich werden sich in meinem Buch ebenfalls Fehler finden lassen. Aber zumindest der Grundtenor meines Buches ist von Respekt vor der historischen Wahrheit und Sympathie für meine Familie geprägt. Mein Vorhaben unterscheidet sich auch dadurch von dem anderer Autoren, dass mein Hauptaugenmerk dem täglichen Leben meiner Urgroßmutter gilt. Margarethes Wirkungskreis war von Kindheit an von der Sorge um ihre Familie und die vielfachen Probleme der Haushaltsführung geprägt. Ich versuche darzustellen, dass dies eine Konstante in jedem ihrer Lebensabschnitte war.

Ich habe zusammengetragen, was ich an Quellen und originalen Aussagen meiner Urgroßmutter finden konnte, und die Lücken in dem Sinne gefüllt, wie sie mir am wahrscheinlichsten waren. Dabei berufe ich mich auf so etwas Unpräzises wie die Familientradition. Jeder Wissenschaftler wird jetzt die Hände über dem Kopf zusammenschlagen, und damit hat er recht. Trotzdem habe ich diesen Weg gewählt, damit Margarethe für uns Heutige verstehbar wird und vor unseren Augen lebendig erscheint.

Bei meiner Forschungsarbeit konnte ich glücklicherweise auf eine Fülle unveröffentlichten Materials zurückgreifen. Im Umfeld von Margarethes 70. Geburtstag gaben ihre Kinder eine Biografie in Auftrag, die im Historischen Archiv Krupp als Typoskript vorliegt.[1] Sie basiert auf schriftlichen Aufzeichnungen Margarethes[2] und auf einigen wenigen persönlichen Gesprächen mit ihrer Biografin. Ebenfalls noch zu Margarethes Lebzeiten verfasste der Hausarchivar, Wilhelm Berdrow, eine Biografie über ihren Mann, Friedrich Alfred Krupp, in der viele interessante Informationen zu Margarethe enthalten sind.[3] Eine weitere wichtige Quelle sind die Briefe Alfred Krupps an seine

Frau Bertha Eichhoff, die handschriftlich im Archiv vorliegen.[4] Sie geben Einblick in das Eheleben von Margarethes Schwiegereltern, das auf ihre eigene Ehe großen Einfluss hatte. Margarethe war eine treue Freundin. Sie führte einen regen Briefwechsel, der eine wahre Fundgrube für meine Arbeit war. Im Archiv finden sich die Briefe an die Jugendfreundin Gertrud Decke[5] und die Briefe ihrer ehemaligen Schülerin, der Prinzessin Alexandra von Anhalt.[6] Eine für mich höchst vergnügliche Lektüre waren die Erinnerungen einer ehemaligen Köchin in der Villa Hügel.[7] Sie hat sie als alte Frau diktiert und sicherlich idealisiert. Trotzdem geben sie einen lebendigen Einblick in die Welt im Souterrain der Villa Hügel, die zu Margarethes Einflussbereich gehörte. Die Beschreibungen des ehemaligen Zustandes der Villa Hügel samt ihren Nebengebäuden und Parks verdanke ich dem wunderbaren Bildband von Tilmann Buddensieg.[8]

Skandalumwittert bleiben bis heute die Geschehnisse auf Capri. Dabei sind die Vorgänge dort, die sich zwischen 1898 und 1902 abspielten, erschöpfend erforscht. Ich beziehe mich in meiner Darstellung im Wesentlichen auf das kenntnisreiche und einfühlsame Buch von Carlo Knight[9], das 2002 erschienen ist und den Forschungsstand komplett erfasst. Leider gibt es im Archiv keinerlei Briefe oder sonstige Unterlagen zu dem Tod von Margarethes Ehemann. Auch Recherchen in anderen Archiven haben nichts ergeben. Margarethe selber, später ihre Tochter Bertha und ihr Schwiegersohn Gustav von Bohlen und Halbach, haben dafür gesorgt, dass nichts Privates oder Kompromittierendes aufgehoben wurde. Umso üppiger sprießen bis heute die Gerüchte. Wer völlige Aufklärung aller Geheimnisse von diesem Buch erwartet, wird enttäuscht werden. Unwägbarkeiten und Mehrdeutigkeiten gehören zu unser aller Leben, und nicht immer kann in Gefühlsdingen alles säuberlich analysiert und dargestellt werden. Wer sich in meine Heldin hineinversetzen mag, wird sich trotzdem vorstellen können, was wirklich geschehen ist.

Diana Maria Friz
April 2008
Estancia La Isabella, Argentinien
Bad Arolsen, Deutschland

22. November 1902

Das Kissen, das sie so lange nicht mehr miteinander geteilt haben, umrahmt in ordentlichen Falten sein rundliches totes Gesicht. Margarethe betrachtet es und fühlt, wie eine Welle heißer Wut aus ihrem Bauch aufsteigt. Ihre Hände zucken, und sie verspürt den Drang, ihn zu schütteln und zu beuteln, damit er aus diesem Tod zu ihr zurückkehre. (Später sagte man ihr, genau das habe sie getan – gewaltsam hätten die Diener sie von dem Toten wegzerren müssen.) Sie kann sich an nichts anderes erinnern als an das elementare Gefühl des Zorns. Blind starrt sie auf die grünen Seidentapeten seines Schlafzimmers, auf die dunkle Täfelung der Wände, die sich in der Höhe verlieren. Die beiden Kammerdiener, die sich um ihn bemühen, den Arzt, der seinen Kopf neu bettet – sie sieht sie nicht. Nur ein Gedanke beherrscht sie: Wie konnte er sie allein lassen, jetzt, in diesen Augenblicken der Scham, des Schreckens, der Verzweiflung!

Sie sieht die Schlagzeilen schon vor ihrem inneren Auge: »Der plötzliche Tod von Friedrich Alfred Krupp«. Und sie, Margarethe Krupp, geborene Freiin von Ende, wird dazu Stellung nehmen müssen.

DAS KÖNIGREICH PREUSSEN –
DIE WELT DER ELTERN

Vornehme Armut (vor 1854)

Gegen Mitte der 40er-Jahre des 19. Jahrhunderts konnten die Bürger der Stadt Breslau in einer gewissen Straße ihrer Stadt hin und wieder eine Dame an ihrem Fenster sitzen sehen, die eine eigene Atmosphäre vornehmer Abgeschlossenheit umgab. Stets in faltenreichem, steifabstehendem, schwarzseidenem Gewand mit gepufften weiten Ärmeln, aus denen kleine energische Hände hervorsahen, bot sie ein Bild wie entstiegen einem schön abgetönten Empirerahmen. Den kleinen Kopf mit den lebendigen klugen Augen, der ausgeprägten Nase und dem festen Mund umgab in dichter Fülle fast weißes Haar, die Locken an den Seiten wurden von einer blendend weißen Haube mit Bindebändern unter dem Kinn gehalten.[1]

So beginnt, fast ein Jahrhundert später, Anna Caspary ihre unveröffentlichte Biografie über Margarethe Krupp. Sie zeichnet das Bild ihrer Großmutter, der Gräfin Henriette Königsdorff, in einem Augenblick der Krise. Denn diese Dame mit den weißen Haaren ist nicht so alt, wie es scheint:

Wohl konnte diese Dame, die Gräfin Henriette Königsdorff, trotz ihrer kaum 40 und einiger Jahre das Haar einer Greisin haben. Ihr Leben mit dem Gemahl, dem Grafen Felix Königsdorff, Herr auf Lohe und Besitzer verschiedener anderer schlesischer Güter, war kein leichtes gewesen. Ihr Gatte, ein echter Grandseigneur seiner Zeit mit ihrer vornehmen Passion zum Spiel, hatte mit seinem Großgrundbesitz aufzuräumen verstanden, daß bei seinem frühen Tod wenig übriggeblieben.[2]

Der adlige Spieler hinterließ seiner Witwe außer zwei Söhnen und zwei Töchtern im Wesentlichen einen Berg von Schulden. Er war wahrhaft ein sächsisch-thüringischer Uradliger: Seine Familie ließ sich bis in das Jahr 1221 zurückverfolgen und hatte neben dem leichtsinnigen Felix zwei prominente Mitglieder vorzuweisen: den Bauernführer Franz von Sickingen und den Landsknechtführer Jörg Frundsberg.

Seine Witwe, die schöne Henriette, geb. Pritzelwitz, die einem Geschlecht mit mehr Realitätsbezug entstammte, nahm die Dinge energisch in die Hand. Es gelang ihr, sich mit den Gläubigern zu arrangieren und ihre finanzielle Situation insoweit zu regeln, dass genug übrig blieb für ein standesgemäßes, wenn auch finanziell stark eingeschränktes Leben. Sie lebte mit ihren heranwachsenden Kindern in Breslau in dem erwähnten Hause, wo sie versuchte, mit *zäher Willenskraft und Umsicht*[3] die der Familie noch verbliebenen Güter, die Grundlage ihrer wirtschaftlichen Existenz, zu erhalten.

Freilich eine Art Sisyphusarbeit, da beide Söhne die noble Passion und den adligen Leichtsinn des Vaters in reichem Maße geerbt, weniger dessen Hang zur Schwermut beim Niedergang seines Besitzes,[4] berichtet die kritische Enkelin Margarethe, die ebenfalls im Alter von 48 Jahren zur Witwe wurde und bei deren Erbe ebenfalls Geld eine große Rolle spielen sollte, allerdings nicht der Mangel, sondern der Überfluss.

Und ohne Zweifel toleriert die Enkelin nicht, was die Großmutter noch für selbstverständlich hielt. *Freilich, der Wahlspruch, für die Söhne alles, für die Töchter wenig oder nichts, das Breve sozusagen junkerlicher Familien von ehemals, ließ auch hier wieder die Spielwut der Söhne in traditioneller Weise beurteilen.*[5] So blieb es denn Margarethes Onkeln unbenommen, den Rest des Vermögens zu verspielen, während die Töchter sich mit dem zufriedengeben mussten, was die vornehme Armut der Mutter ihnen möglich machen konnte. Anna Caspary schildert das sehr lebendig am Beispiel von Margarethes Mutter, der schönen und lebenslustigen Freifrau Eleonore von Ende.

In der ältesten Tochter Eleonore pulsierte das Blaublut nicht weniger temperamentvoll: ein reizendes zierliches junges Mädchen von mittlerem Wuchs und mit einem Teint wie Apfelblüte. Eine Schweizerin, Speiser mit Namen, hatte ihr nach dem Willen der Mutter die standesgemäße Erziehung und Bildung, vor allem eine geläufige französische Konversation beigebracht, das notwendigste Ingredienz damaliger deutscher Bildung, eine Anschauung, die förmlich aus dem präziösen Empire der Einrichtung ausstrahlte, ferner eine genaue Kenntnis der Familiengeschichte und dessen, was sich schickt und was sich nicht schickt.[6]

Eleonores Erziehung blieb rudimentär, denn mehr als gutes Französisch, eine genaue Kenntnis der Familiengeschichte und so viel Kenntnis allgemeiner Geschichte, dass die Familiengeschichte darin eingebettet werden konnte, wurde ihr nicht zuteil. Das war selbst damals für eine höhere Tochter, die aufgrund ihrer Herkunft erwarten konnte, Unterricht in Literatur, Kunstgeschichte, Geografie, grundlegender Mathematik und Physik sowie Gesang, Klavierspiel und Aquarellmalerei zu erhalten, sehr wenig. Eine junge Dame sollte in der Lage sein, geistvoll in den Salons und auf Bällen zu plaudern. Dafür benötigte sie außerdem Kenntnisse der Zeitgeschichte sowie über aktuelle Theater- und Opernaufführungen und ähnliches mehr.

Freifrau Eleonore von Ende, 1864, geb. Gräfin Königsdorff

16 Jahre jung war Gräfin Eleonore Königsdorff, als sie sich mit einem Mann vermählte, der genau doppelt so alt war wie sie. Ein zentnerschwerer Stein muss ihrer Mutter vom Herzen gefallen sein bei der Werbung des 32-jährigen Freiherrn August von Ende, eines preußischen Beamten, der zwar keine glänzende, wohl aber eine gesicherte Zukunft hatte. Gottlob, Eleonore war gut untergebracht, eine große finanzielle Sorge von den Schultern der Mama genommen. Denn – das war ihr vollkommen klar – der Stammbaum Eleonores mochte so uradelig sein wie untadelig, es half ihr wenig bei der Suche nach einem passenden Ehemann. Ein gutbetuchter Landedelmann heiratete keinen Habenichts, sondern suchte nach einer vermögenden Frau, die ihm helfen konnte, seine Ländereien zu erhalten und zu ergänzen. Ein Beamter aber, guter, wenn auch nicht ebenbürtiger adeliger Herkunft, konnte der Tochter das standesgemäße Leben bieten, das sich die Mutter für sie wünschte.

Ihr – Eleonores – Auserwählter, der damals persönlicher Hilfsarbeiter des Oberpräsidenten von Wedell in Breslau war, Freiherr August von Ende, war eine Erscheinung, die auf den ersten Blick anziehen und gefangennehmen konnte, ein schöner, hochgewachsener ritterlicher Mann von sicherem Anstand, dem die Herzensgüte aus den großen, klugen Augen leuchtete. Er erschien wohl schon damals als das Urbild eines preußischen Beamten reinsten Wesens. Die beiden Geschlechter, die da zusammenkamen, glichen einander in einem Punkte auffallend: Sie waren beide verarmt, nur mit dem Unterschiede, daß bei den von Endes Hang zum Spiel nie zu verzeichnen gewesen, wieweit auch ihre Geschichte zurückwies.[7]

Eleonore, so jung sie noch war, war doch auch ehrgeizig. Wegen der eigenen ärmlichen Verhältnisse frustriert, wünschte sie sich ein besseres Leben. August von Ende konnte seine Ahnenreihe bis 1018 zurückverfolgen, er stammte von durchweg *adligen Familien ab, mit kleinen Einschlägen bürgerlicher, sowie hugenottischer Vorfahren,[8]* aber auch er verfügte über keine Reichtümer. Das Ziel finanziellen Wohlstands musste durch seine Beamtenkarriere erreicht werden. August musste es bis zur Exzellenz bringen, ein durch eigenes Wirken erworbener Titel, der finanzielle Unabhängigkeit und damit gesellschaftliche Anerkennung versprach.

In klarer Nüchternheit beschreibt Eleonores und Augusts Tochter Margarethe die Situation. *Genug, wie gesagt, der Name besaß das kanonische Alter und der junge Gatte alle Eigenschaften in den Augen der kindlichen Braut und auch der Welt, um die Bedingung zu rechtfertigen, die sie an ihn stellte, nämlich es zu Exzellenz zu bringen. Es war eine Heirat auf Liebe gegründet. Der Gatte nannte die Geliebte nicht mit ihrem hochklingenden Vornamen Eleonore, der ihr in Erinnerung an eine Ahne gegeben, er taufte sie in Lorette um, eine Kosebezeichnung, die wie der Rahmen zu einem venezianischen Frauenbildnis paßt. Er hat sie bis in sein hohes Alter so genannt.*

Der bedeutend ältere Mann (…) nimmt nun die Erziehung seines Kindfrauchens in die Hände, und er findet erstaunlich empfänglichen Boden. Ihr Bildungsbedürfnis wächst wie ihre Liebe an dem, was er ihr so langsam aus seiner Vergangenheit erzählt. Seine Kindheit und Jugend sind nicht leicht gewesen. Seit seiner Geburt in Waldau bei Kassel, wo der Vater als Forstrat gewaltet. Von diesem Vater spricht er nicht gern. Sie fragt auch nicht und hat erst allmählich erfahren, welch unruhvolles, zerfahrenes Leben der Mann in Dresden geführt, daß er infolge seines Duells auf Festung gesessen und von materiellen Sorgen bedrückt, mit sich und der Welt zerfallen, früh gestorben, auch Schulden hinterlassen, ein Makel auf dem Namen von Ende, der dem Sohn zeitlebens die Erinnerung an den Vater vergiftet.

Was dann zunächst weiter geschieht, erscheint der kleinen Frau wie eine Variante dessen, was die eigene Mutter getan. Denn Antoinette von Ende, die Witwe, hatte die Zukunft ihrer Kinder in die eigene Hand genommen, nur nicht so resolut, so leidenschaftlich wie die energische Gräfin Henriette Königsdorff.[9]

Das junge Paar richtet sich auf dem ersten der ständig wechselnden Wohnsitze ein. August von Ende macht Karriere, ganz wie von allen erhofft. Zwischen 1847 und 1876 spannt sich der Bogen seiner Tätigkeiten vom Landrat des Fleckens Walden-

Freifrau Antoinette von Ende, geb. Freiin von Hagen

burg im Eulengebirge über die Posten des Polizeipräsidenten in Breslau und Regierungspräsidenten in Düsseldorf bis zur Ernennung zum Oberpräsidenten von Hessen-Nassau mit Sitz in Kassel.

Aber Eleonore zahlt dafür einen hohen Preis. Ihr Eheleben wird aus Schwangerschaften und regelmäßigen Umzügen bestehen, aus Haushaltseinrichtungen und -auflösungen, aus den immer erneuerten Bemühungen, sich in eine neue Umgebung einzupassen, alte Freunde nicht zu vergessen und neue Freunde zu gewinnen. Lange Jahre noch muss all das bestritten werden mit den allergeringsten Mitteln. Und lange Jahre noch muss unter großem Bemühen der Anschein von Leichtigkeit und Vornehmheit aufrechterhalten werden, der unverzichtbarer Bestandteil eines standesgemäßen adeligen Auftretens war. Vornehme Armut, das war im 19. Jahrhundert wahrhaft kein Zuckerschlecken.

Eleonores eher dürftige Bildung führte dazu, dass sie später ihre eigene Tochter Margarethe in intellektueller Hinsicht nicht ausreichend förderte. Nur die grundlegenden Kenntnisse in Kochen, Haushaltsführung und Kindererziehung wurden ihr im Übermaß zuteil. Margarethes Mutter kompensierte ihren Mangel an weiterführendem Wissen – sehr zum Verdruss ihrer Tochter – mit rigiden Benimmregeln und dem Versuch, sich im Rahmen ihrer beschränkten Möglichkeiten immer und überall als eine Königsdorff zu präsentieren. Zwei Sprüche blieben ihrer Tochter für immer in Erinnerung. Der Tadel »Ce sont de mauvaises manières«, der alles umfasste, was Eleonore nicht nachvollziehen konnte oder nicht verstand. Und sie verstand vieles nicht, denn nichts in ihrer Jugend hatte sie gelehrt, Wissen und Professionalität bei einer Frau zu achten, geschweige denn zu schätzen. An dieser Mauer der Zurückweisung sollte viele Jahre später die Beziehung zwischen ihr und Margarethe zerbrechen.

Der zweite mütterliche Spruch, der Margarethe ihr Leben lang reizte, lautete: »Das muss man können.« Dieses Können war ein autodidaktisches, selbst erlerntes und erprobtes, kein durch Studium oder Lernen erworbenes. Letztendlich bedeutete es, sich im Selbststudium und in Eigenregie Wissen anzueignen, wenn sich dies aus gesellschaftlichen Gründen als notwendig erwies. Margarethe litt unter diesem Wahlspruch ihr jugendliches Leben lang, er überzeugte sie nicht. Ein weiterer Konflikt mit der Mutter tat sich hier auf.

Der klitzekleine Fingerhut (1866)

Ein kühler Märzwind rüttelt an Margarethes Fenster und weckt sie. Es ist der 15. März 1862, ihr achter Geburtstag, und das Haus ist noch still. Nur von unten, von der Küche, dringen die ersten Geräusche herauf. Dort ist Madamchen dabei, gemeinsam mit dem Mädchen das Frühstück zu bereiten. Und der Papa ist sicher schon fort, vor

lauter Arbeit sieht sie ihn kaum noch. Sie rennt zum Fenster und
schaut hinab in den Hof. Raureif glitzert, und da – ja –, da steigt er
gerade auf das Pferd, das der Diener Friedrich für ihn bereithält. Sie
ist ein bisschen enttäuscht, dass
er nicht auf sie gewartet hat, wo
doch heute ihr Geburtstag ist,
aber sie weiß ja, wie beschäftigt
er, der Landrat, immer ist.

   Sie schlüpft in das braune
Hauskleid, bindet die Schürze
um und sucht ihre Mutter. Das
Haus ist inzwischen aufgewacht,
überall tappen Füße und werden Rufe laut. Die Kleinen machen sich bemerkbar, sie rufen,
weinen, warten auf Zuwendung.
Und schon ruft die Mama nach
ihr. Margarethe läuft in das elterliche Schlafzimmer, nimmt ihrer
Mutter das Jüngste ab, küsst sie
und lässt sich zur Feier des Tages
fest in den Arm nehmen. Eleonore reicht ihr ein kleines blaues

Margarethe und Siegfried von Ende,
1862

Etui, ihr Geburtstagsgeschenk. Margarethe öffnet es behutsam und
sieht auf dem roten Samtkissen einen wunderschönen silbernen
Kinderfingerhut mit kunstvoll ziseliertem Rand. »Damit du mehr
Freude am Nähen hast und es dir nicht so schwerfällt, stillzusitzen,
wenn du deine Pflichten erledigst«, hört sie ihre Mutter sagen. Sie
dankt artig und betrachtet das klitzekleine Kunstwerk ein wenig
traurig. Wie viel lieber spielt sie im Wald oder kümmert sich um
das kleine eigene Beet, das sie im Garten hat, als dass sie die Wäsche
ihrer zurzeit sechs Geschwister flickt und erneuert.

   Margarethe beschreibt die Jahre ihrer Kindheit dezent so: *Durch
eine fast jährlich wiederkehrende Familienvergrößerung war meine
Mutter eigentlich dauernd in Anspruch genommen, so daß die Sorge
um den Haushalt zum großen Theil Frau Gutterwetz zufiel, die sich
nach und nach zu einem Hausfaktotum entwickelte, eine Stellung, der*

sie sich mit voller Aufopferung hingab.[10] Madamchen, wie Frau Gutterwetz von der Familie liebevoll genannt wird, findet sie in der Küche, wo sie bereits mit der ganzen Geschwisterschar beim Frühstück sitzt. Der älteste Bruder, Siegfried, macht sich fertig für die Schule – Margarethe fühlt einen leisen Stich der Eifersucht. Sie beneidet ihn um die Erlaubnis, die öffentliche Schule im nahe gelegenen Breslau besuchen zu dürfen. Sie selbst und die jüngeren Mädchen lernen nur, was Madamchen ihnen beibringen kann: Stricken, Nähen, Lesen, Schreiben, ein wenig Rechnen und viel biblische Geschichte. Für alles andere sind die Eltern zuständig, die bei den gemeinsamen Mahlzeiten die Gelegenheit nutzen, ihrer großen Kinderschar die Grundelemente bürgerlicher Bildung beizubringen.

Aber wenn Margarethe auch jetzt schon, mit ihren acht Jahren, einen Mangel an geistiger Herausforderung fühlt, so spürt sie doch, dass ihr Liebe, Wärme und Zärtlichkeit zuteilwerden. Über den flackernden Schein des Herdfeuers, das den grauen Morgen verschönt, blickt sie auf Madamchen und erinnert sich an das letzte Weihnachtsfest. Da hatte sie ihre kleine Schar zusammengeholt, warm eingemummelt und trotz Gequengels und Gemurres zu einem Spaziergang in den Wald mitgenommen. Es war kalt gewesen, eine dicke Schneedecke lag über dem Land, und durch die Lederschuhe krochen Feuchtigkeit und Kälte an den Beinen hoch. Madamchen führte sie tief hinein in den verschneiten Wald, der das große Landhaus der Familie umgab. Und da, ganz plötzlich, sahen sie es glitzern und glänzen an einem *reichgeschmückten Weihnachtsbaum*[11], der wie ein König zwischen den nur mit Schnee verzierten Artgenossen stand. »Weil ihr so artig gewesen seid«, sagte Madamchen und wurde ganz rot dabei.

Margarethes Blick bleibt auf dem hübschen Gesicht ihrer derzeitigen französischen Bonne liegen. Gerade sorgt sie dafür, dass die ganze Gesellschaft – mit Ausnahme der Allerkleinsten – ihre Bitten um Butter, Brot oder Kakao auf Französisch äußert, denn es ist der Mama ein bitterernstes Anliegen, dass alle ihre Kinder fließend und elegant Französisch sprechen. Die Bonne weiß das – sie braucht das bescheidene Salär, das sie von der Landratsgattin erhält, ganz, ganz dringend – und die Kinder wissen es auch und gehorchen. Weil Margarethe heute Geburtstag hat, muss sie nicht bei der Hausarbeit zu helfen. Nach den Schulstunden bei Madamchen geht sie hinaus. Das Haus, das die Eltern von Ende in Scheitnig vor den Toren Breslaus gemietet haben, verfügt über einen großen Garten. Der Eigenbedarf der Familie wird dort angebaut: Kartoffeln, Kohl, Karotten, aber auch Erdbeeren und Rhabarber. Und das Schönste: der große Ziergarten mit dem bunten Blumenflor im Sommer. *Es ist auch ein Glashaus da, wo Wein reift, ganze zwei Trauben. Und es gibt Obstbäume im Garten, und der Vater selbst steigt auf die Leiter und pflückt die seltenen Renekloden. Und die Wonne, wenn der Ruf des Pirols den Frühling wieder kündigt.*[12]

Bertha Eichhoff, spätere Frau Alfred Krupp, gezeichnet 1852 von Henry Ritter gelegentlich eines Besuchs bei seiner Familie in Seligenthal an der Lieg

Jetzt allerdings, im März, sieht der Garten kahl und leer aus, nur einige Forsythien und Osterglocken geben etwas Farbe. Margarethe eilt an ihren Lieblingsplatz: das große Tor, das ihr Anwesen von dem öffentlichen Park trennt. Dort pulst das Leben, vor allem am Abend und am Wochenende, wenn die Besucher aus Breslau kommen. Den Kopf an das Gitter gelehnt, steht sie da und träumt und hofft, dass auch sie einmal teilnehmen kann an dem Leben dieser großen Stadt.

An diesem Tag erscheinen die Eltern in Festtagsrobe zur Abendtafel. Freunde aus der Umgebung sind eingeladen. »Begüterte Adelige«, nennt sie die Mama, die immer genau auf die Formen achtet, wobei sich das »begütert« ganz wörtlich auf den Besitz von großen Landgütern bezieht. Eleonore und August von Ende können am gesellschaftlichen Leben des Adels des Landkreises teilnehmen, weil sie – ein Privileg des landrätlichen Beamtentums – über eine Equipage verfügen, heute würden wir sagen, über einen Dienstwagen.

Das Gespräch dreht sich – wie könnte es anders sein – um den Krieg, den Preußen gerade wegen Schleswig führt. Die Erwachsenen diskutieren leidenschaftlich die politischen Ereignisse. Margarethe und ihre Geschwister (ab dem zweiten Geburtstag essen die Kinder gemeinsam mit den Eltern und Gästen) aber tun, was von ihnen erwartet wird. Sie schweigen, antworten höflich auf Französisch, wenn ein Erwachsener sie etwas fragt, essen manierlich und langweilen sich.

Ein folgenreicher Theaterbesuch (1853)

Zehn Jahre vor Margarethes oben beschriebenem Geburtstag begegneten sich in Köln am Rhein zwei Menschen, die Margarethes Leben tief prägen sollten. Die Damen des französischen Kränzchens, die sich wöchentlich einmal in der Wohnung des Rheinzollinspektors Johann August Eichhoff in Köln trafen, waren größtenteils schon gesetzten Alters. Sie bildeten den schicklichen Rahmen für eine kleine Gruppe junger Damen aus gutem Hause, die gehalten waren, die wichtigste Sprache Deutschlands zu erlernen und perfekt zu beherrschen: die französische. Man parlierte, las gemeinsam die neueste zeitgenössische Literatur und fühlte sich der Elite aus Adel und hoher Beamtenschaft zugehörig. Die jungen Damen, allesamt im passenden Heiratsalter, bildeten eine vergnügte, zuweilen ausgelassene Gruppe.

Die Tochter des Hausherrn, die 21-jährige Bertha Eichhoff, war unangefochten die Schönste von allen. Hochgewachsen, die schlanke Taille in das obligate Korsett eingebunden, die üppige dunkelblonde Haarpracht modisch gebändigt, bildete sie den Mittelpunkt der Gruppe. Es gelang ihr, trotz ihrer Schönheit bei den Freundinnen beliebt zu sein, denn sie war vergnügt, unterhaltsam und lustig. Und sie war gebildet: Sie kannte sich nicht nur in der französischen, sondern auch in der deutschen Kulturszene bestens aus. Ihre Mutter erinnerte sie regelmäßig daran, dass sie weit ent-

fernte Verwandte Johann Wolfgang von Goethes seien, jenes vor
gut 20 Jahren verstorbenen Dichters, der als Weimarer Dichterfürst
inzwischen unangefochten als *der* deutsche Klassiker galt. Berthas
Mutter schmückte sich außerdem mit einem weiteren prominenten
Verwandten, Ludwig van Beethoven, dessen Musik sie und ihre
Töchter spielten. Alles in allem war Bertha eine attraktive Partie für
einen Bewerber aus dem bürgerlichen Mittelstand der Stadt Köln.
Sie war zwar nicht mit einer guten Mitgift ausgestattet, verfügte
aber über Schönheit, hervorragendes Benehmen, ein sonniges We-
sen und alle anderen Attribute einer höheren Tochter aus guter alter
Beamtenfamilie.

An diesem Märztag des Jahres 1853 wollte sie mit ihren Freun-
dinnen aus dem französischen Kränzchen das Theater besuchen.
Sie stand vor dem Spiegel und betrachtete sich kritisch. Die Haare
hatte sie nach der neuesten Mode an den Seiten hochgenommen,
mit Kämmen festgesteckt und hinten über den Rücken in langen
Locken herabfallen lassen, in die frische Blüten eingestreut waren.
Das dunkelblaue Seidenkleid war an den Ärmeln gebiest und am
Ausschnitt mit einer zierlichen Borte aus Brüsseler Spitze verziert.
Ja, alles war so, wie sie es sich wünschte und wie sie es ihrem Ruf
schuldig war. Sie raffte ihr Kleid, ging langsam die Treppe hinab,
hinaus in den nasskalten Märzabend, wo sie – begleitet von ihren
Freundinnen – die väterliche Kutsche bestieg und sich zum Theater
fahren ließ, nichtsahnend, dass sie an diesem Abend den Mann
kennenlernen sollte, der ihr Schicksal wurde.

Bereits einige Stunden früher hatte sich der Essener Fabrikant Alfred Krupp ebenfalls für einen Theaterbesuch in Köln fein gemacht.
Seiner Gewohnheit gemäß war der 41-jährige Junggeselle am frühen
Morgen durch die Krupp'schen und Schell'schen Waldungen von
Essen aus nach Köln geritten. Wie so oft hatte er während des Rittes
den auf dem von Schell'schen Gut wohnenden Dr. Zuborn getroffen, einen Arzt und Freund, mit dem er gern verkehrte. Und er hatte
mit Anstand und Humor die Spötteleien des Freundes ertragen,
dass er ja nur ins Theater ginge, um endlich eine Frau zu finden,
und nicht etwa des Kulturgenusses wegen. Alfred gab zu, dass daran
viel Wahres sei. Denn obwohl er selbst seit Jahren im Freundeskreis
seine Absicht zu heiraten geäußert hatte, war es bisher dazu nicht

gekommen. Doch vor knapp drei Jahren war seine verwitwete Mutter Therese Wilhelmi verstorben, die ihm den Haushalt geführt hatte. Und auch seine Schwester Ida hatte einen eigenen Hausstand in Bonn gegründet, sodass von dieser Seite aus dem Heimführen einer Braut nichts mehr im Wege stand. Nichts mehr jedenfalls außer der Schüchternheit dieses aufstrebenden Geschäftsmannes, der damals über ein ständig wachsendes Unternehmen mit 400 Arbeitern herrschte. Kaum einer ahnte, dass Alfred schüchtern war, wenn es um Frauen und persönliche Freundschaften ging. Vor einigen Jahren war er bei einem Theaterbesuch in Hamburg einer jungen Dame begegnet, die in allem seinen Vorstellungen entsprach. Aber er hatte sich nicht getraut, sie anzusprechen, und es war ihm auch nicht geglückt, herauszufinden, wer sie war. Das, so schwor er sich, sollte ihm nicht noch einmal geschehen!

Es war also kein Zufall, dass Alfreds Augen suchend über das Publikum schweiften und Ausschau hielten. Und so kam es, dass sie an Bertha Eichhoff hängen blieben, an dieser liebreizenden Schönheit, deren Lächeln warmherzig war und charmant und die eine Leichtigkeit des Seins ausstrahlte, die ihm selbst so völlig fehlte. Und sie sah, als sie sich seiner Blicke gewahr wurde, einen gut aussehenden, hochgewachsenen und sehr schlanken Herrn mit einem seltsam kleinen Kopf. Sie sah natürlich nicht wirklich zu ihm hin – das wäre nicht schicklich gewesen –, nahm aber doch den Eindruck von Intelligenz, Liebenswürdigkeit und männlicher Attraktivität mit, als sie wieder nach Hause fuhr. Vielleicht tauchte diese interessante Erscheinung bereits in dieser Nacht in ihren Träumen auf. Ganz sicher aber geisterten ihr Gesicht und ihre ganze Erscheinung durch die Träume von Alfred Krupp.

Bereits am nächsten Morgen ließ Alfred seine Beziehungen spielen und erfuhr, wer die Schöne im Theater gewesen war: Bertha Eichhoff, 21 Jahre alt, Tochter des Rheinzollinspektors Johann August Eichhoff, aus dem katholischen Zweig einer alten bürgerlichen Familie. Ihr Großvater, Johann Joseph Eichhoff, war eine berühmte, wenn auch politisch schillernde Gestalt gewesen, der sich vom kurfürstlichen Hofkoch in Bonn bis zum Generaldirektor der Rheinschifffahrt und zum Staatsrat in Köln hochgearbeitet hatte. Viele Anekdoten kreisen um Berthas berühmten Großvater: Er kannte

Paris wie seine Westentasche, war ein begeisterter Frankophile und
hatte es fertiggebracht, ohne Schaden die französische Besatzung
seiner Heimatstadt zu überstehen. Und obwohl er unter der Franzo-

Bertha Eichhoff mit Eltern

senherrschaft öffentliche Ämter bekleidet hatte, gelang ihm irgendwie das Kunststück, nach der Besatzungszeit von seinen Mitbürgern
nicht gehasst zu werden. Seine Frau war die Hofsängerin Eva Grau,
und wir dürfen vermuten, dass sie Berthas musische Neigungen
nachhaltig gefördert hat.

Alfred Krupp fand auch heraus, dass die älteste Schwester Berthas,
Mathilde, den praktischen Arzt Dr. Friedrich Bruch in Köln geheiratet hatte, den er kannte. Und so kam es im Hause Dr. Bruchs zu
der ersten arrangierten Begegnung Alfreds und Berthas, im Beisein
von Berthas älterer Schwester und ihrem Vater. Alles war äußerst
schicklich und comme il faut.

Es war eine Werbung wie aus dem Bilderbuch: Unter den wohl-
wollenden Blicken von Berthas Familie kamen die beiden einander
näher. Sie saßen nebeneinander am Klavier – Alfred spielte es ausgezeichnet – und machten lange Spaziergänge im Garten. Er genoss

entspannt ihre Fröhlichkeit, und ihr eröffnete sich die Welt in einer neuen Dimension. Was wusste sie schon von Fabriken, Geschäftsreisen und Empfängen in Berlin? Ein einziges Mal nahm er sie mit

Bertha Krupp als junge Frau   Alfred Krupp

nach Essen und zeigte ihr ihr künftiges Heim: ein bescheidenes Haus mit einem etwas eleganteren Anbau, das direkt neben dem Fabrikgelände lag. Als sie ihm das Jawort gab, erschien ihr die Zukunft als ein einziges buntes Abenteuer. Der Funke, den sie in seinem Herzen entzündet hatte, war auch auf sie übergesprungen. Die bösen Zungen, die viele Jahre später von einer Geldheirat sprachen, täuschten sich. Auf der Basis der vernünftigen Heirat zweier Menschen, die sozial und intellektuell zusammenpassten, hatten sich Bertha und Alfred auch im Herzen zusammengefunden.

Am 24. April 1853 wurde in Berthas Elternhaus die Verlobung gefeiert und am 19. Mai die Hochzeit in Essen. Am Abend veranstalteten die Arbeiter von Krupp einen Fackelzug für das Brautpaar. Als Alfred danken wollte, versagte ihm vor Rührung die Stimme, so dass sein Freund Johann Ascherfeld diese Aufgabe übernahm. Es stürmte und schneite heftig, alles fröstelte. Bertha trug einen Kranz von Maiglöckchen im Haar, auf den die Schneeflocken fielen, als der Krupp'sche Gesangverein ihr und Alfred ein Ständchen brachte, das mit dem Refrain endete: »Hoch lebe Braut und Bräutigam.« Am nächsten Tag war die Trauung, dann fuhr das Paar ab und verlebte zehn unbeschwerte Tage auf einer Reise den Rhein aufwärts. Fast auf den Tag genau neun Monate später, am 17. Februar 1854, kam Friedrich Alfred Krupp auf die Welt.

Er sollte, nach den Wünschen des Vaters, der Erste einer großen Kinderschar sein. Aber das Schicksal verfügte es anders: Dem jungen Ehepaar Krupp war nur dieses eine Kind beschieden. Vom Tage seiner Geburt an kränkelte die Mutter. Die Prüderie dieser Zeit, in der man von Frauenleiden nicht sprach, verhindert, dass wir über Berthas Krankheit mehr wissen, als dass sie »leidend« wurde. Es gibt keinen Grund, zu vermuten, dass sie in ihrer Jugend nicht vollkommen gesund gewesen wäre, und

Bertha Krupp mit Friedrich Alfred Krupp, um 1857

deshalb ist es sicherlich nicht falsch, einen Zusammenhang zu sehen zwischen ihrem lebenslangen »Unwohlsein« und der ungewollten weiteren Kinderlosigkeit. Arme Bertha! Und armer Alfred!

Briefe einer Ehe[13] (1853–1871)

Viel ist spekuliert, geklatscht und geschrieben worden über die Ehe von Alfred und Bertha Krupp, zweier damals bekannter Personen, für deren Schicksal und Befinden sich – ebenso wie das heute bei Prominenten der Fall ist – viele Menschen interessierten. Da erscheint es nur fair, die beiden selber zu Wort kommen zu lassen. Mit Fantasie und ein wenig Einfühlungsvermögen in die Sprache der damaligen Zeit wird es dem Leser gelingen, Szenen dieser Ehe vor seinem inneren Auge entstehen zu lassen, die der Wahrheit so nahekommen, wie es der zeitliche Abstand erlaubt.

1853

Mein lieber Freund Gustav,
Jahre lang später als ich auf Ehrenwort versichert, mich verheiraten zu wollen, habe ich endlich die gefunden, mit der ich – vom ersten Augenblick der Begegnung an – glücklich zu werden mit einer Zuversicht gehofft habe, wie ich nie vorher den Fall mir möglich gedacht. Meine Erwählte, mit der ich mich gestern verlobt habe, heißt Bertha Eichhoff und wohnt hier in Cöln. (…)
Ihr getreuer und glücklicher Alfred Krupp
P. S. Daß ich im Hause meiner Braut nicht viel schreiben kann, denken Sie wohl selbst und entschuldigen die Kürze.[14]

Sie wünschen (…) über Alfreds Verheirathung etwas zu wissen: ich vermuthe, daß das junge Ehepaar bereits in Berlin ist und Ihnen alles erzählt hat, denn sie hatten stark vor, ganz bald nach Berlin zu gehen. Die Hochzeit hat allerdings nicht lange auf sich warten lassen; die zufällige Anwesenheit eines Bruders der jetzt jungen Frau, meiner sehr liebenswürdigen Schwägerin, der in Triest wohnt, hat sie beschleunigen helfen. Am 19. Mai, während wir in Paris waren, ist Alfred in den ersehnten Ehestand getreten; ich hoffe und zweifle auch nicht daran, daß sie beide glücklich und zufrieden sein werden. –
Als ich rheinabwärts mit meiner Frau nach Coblenz kam und auf der Brücke spazieren gingen, begegneten wir das überseelige Paar. (…) Wenn Alfred vergessen hat, seinen Freunden Mittheilung zu machen, so werden Sie dies entschuldigen, wenn Sie sehen, wie überglücklich er sich fühlt und über seine Frau alles vergessen könnte.
Hermann Krupp[15]

Dienstag Mittag

Liebes Berth,

Eben kommt Dein zweites Briefchen. Mein Erstes wirst Du haben. Gottlob die Hälfte ist überstanden. Übermorgen bist Du wieder da. – Ich finde Frau Bells Idee, daß rohe Seide Dir nicht steht, ganz richtig, aber Reisekleider sollen nicht kleiden, auf Reisen hat man die unscheinbarsten Stoffe, die wie Staub aussehen, weil sie voll Staub fortwährend sind, was bei Taffet erst recht häßlich sein würde, und den Staub sich abschlagen, das wäre sehr commun. Ärmel, Chemisetten und alle der Tand, den man in der Toilette trägt, läßt man gern auf Reise weg, so gut wie Gold und Edelstein; man ist ganz und einfach und hat das Bewußtsein, ein reines Hemd darunter zu tragen.

Ich will Dir auf der Reise die deutschen Damen von fern zeigen: bunt und auffallend wie die Kammerkatzen, die zur Kirmeß gehen. Ah Bah! wirst Du denken.

Jetzt, lieber Schatz, mache es wie Du willst. Ich nehme Dich eben so gern mit, wenn Du gelbe Strümpfe, rothe Schuhe, grünen Hut und karirte Jacke trägst.

Jetzt habe ich Dir weiter nichts zu sagen, als daß ich Dich eckelig entbehre und verlangend verbleibe
Dein Alfred[16]

1855

Liebe beste Bertha!

Ich kann Dir nur sagen, daß ich Dich hier schmerzlich vermisse und daß ich nicht einen heiteren Augenblick hier ohne Dich genießen könnte. (...) Es war die Rede davon, Dich im Falle meines längeren Aufenthaltes abzuholen, jedoch ist der Moment nicht günstig und es wäre ebensogut, daß ich wäre zu Hause geblieben. (Dies jedoch nur entre nous.) Ich bin wirklich allein nichts werth und mir ist schlecht zu Muthe ohne Dich. Ich freue mich aufs Wiedersehen und will es beschleunigen.
Dein treuer Dich innigst innigst liebender
Alfred[17]

1857

Liebes Schätzchen. Eine halbe Stunde vor Tisch komme ich zufällig hierher in mein Cabinet, sehe ein Stück Papier und denke an Dich. – Deßhalb diese Paar Zeilen, denen nun aber in den nächsten 8 Tagen wohl keine folgen werden, denn ich werde von früh bis spät besetzt und besessen sein. (…) Ich hoffe, daß von Dir gute Nachrichten unterwegs sind und daß Du Dich recht tüchtig herauskrabbelst. Hier ist es wieder tüchtig heiß – geregnet hat es nur einmal seit meiner Rückkehr und wenig gethan. Hoffentlich habt Ihr es dort auch so und ist dann nicht zu bedauern, daß Du so spät hingegangen, im Gengtheil, wenn Dein Übel geheilt bleibt, worüber Du Dir Versicherung wohl verschaffen müßtest, dann würde ich vorschlagen, von der erprobten Heilsamkeit des dortigen Aufenthalts und der Kur, wenn nämlich solche sich bei Dir bewährt, so lange wie eben nützlich zu profitiren, und ich empfehle Dir nochmals jeden klugen Schritt der Vorsicht und Überlegung, daß Du gar nicht in Zweifel zu sein brauchst über den Verlauf der Kur und alle Tage in dem Bewußtsein lebst, daß jeder Tag Dir ein Plus von Kraft bringt. Dann wirst Du auch immer vergnügt zu sein die Berechtigung haben und dadurch wieder Deiner Gesundheit nützen. – Ich habe Dir für heute nichts mehr zu sagen, als daß ich gestern Deinen lieben Brief erhalten habe und nach fernerem mich sehne.
Es gehe Euch Allen ausgezeichnet bien.
Dein treuer Alfred[18]

Mein einziggeliebter Mensch!
Schon jetzt habe ich das Heimweh nach Dir, als wärest Du Monate lang fort, ich kann Dir gar nicht sagen, wie wehmüthig es mir ist. Hoffentlich bist Du glücklich jetzt am Ziele und ruhest Dich aus von Strapazen und Hitze, welche letztere Dich wohl gnädig verschont haben wird. Ich beunruhige mich jetzt, daß Du so allein bist, wie oft kannst Du Jemanden gebrauchen, wo Dein persönliches Einschreiten unangenehm wird, manchmal ist es nöthig und nützlich, daß Du gar nicht so weit in die materiellen Interessen einschreitest, sondern das von einer dritten Person besorgen läßt. (…) Hetze und plage Dich nur nicht ab. (…)
Alfred … wärst Du doch hier! Fritz[19]*und Emma*[20] *tun ihr möglichstes, mich zu trösten, und der Junge glaubt wirklich eine Verpflichtung*

zu haben. Gestern sagte er: »Il ne faut pas être triste, Chère Maman, tu as Emma «, *aber ganz aus sich, es war, als Du eben fort warst. Emma schickt die besten Grüße, Fritz einen Kuß*
Adieu, … Dein für immer,
Bertha

1859

Liebster süßer Engel!
(…) Du wirst aber doch hoffentlich meinen ersten Brief erhalten haben, in dem ich meine feste Zuversicht ausgesprochen, daß Du muthig und beharrlich Deine Kur zu unser aller Freude und Befriedigung durchführen wirst. – Du machst mich heute bang, indem Du fürchtest, die Kur möchte nur zur Hälfte ihre Wirkung thun. Hast Du nicht volle Zuversicht und ist eine Änderung eingetreten, so daß die Versicherungen der Ärzte dementirt würden, dann lasse gleich den Einen und den Andern dorthin kommen und wenn das noch so viel kostet, und lasse untersuchen und angemessene Vorschriften geben. Ich bitte Dich, nur keinen Tag im Zweifel zu verbringen ohne das entschieden Energischste zu veranlassen. (…) Ich (…) freue mich schon wieder auf die Abreise, die mich Dir näher bringt, denn hier ist es obwohl so schön, doch so scheußlich einsam traurig. (…)
Adieu, mein lieber bester Schatz, versäume nur Nichts, was Dir dienlich ist, und berichte Deinen Ärzten kurz und bündig, wie es Dir ist, damit sie Dir mit Rath und That beistehen können.
Alles ist hier wohl. Die Pferde gehen prachtvoll. Deine Rappen und die Meinigen. Ich reite vormittags und fahre jeden Nachmittag damit aus. Erwarte nur nicht oft von mir einen Brief, ich reise lieber 8 Tage früher ab; denn sitze ich auch im Comptoir, so läßt mich doch keiner schreiben, dann klopft es jeden Augenblick und ich habe die Zeit mit Besprechungen verbracht. Grüße Emma und Fritz tausendmal, Deine treuen Gefährten.
Einen langen Kuß
Dein Alfred[21]

1860

Bester Schatz!
Es ist hier noch ein sehr kalter, häßlicher Wind, wobei Fritz nicht

vor die Thür geht, und auch deßhalb wünsche ich ihn bis Anfangs
Mai zu behalten. Er ist sonst ganz
frisch und wohl. Deinen Glückwunsch[22] erhielt ich. (...) Gebe
Gott, daß wir recht lange uns
unseres Lebens – und wenn auch
ohne größeren Kreis – erfreuen
und noch vielen Menschen nützlich werden können. (...)
   Fritz brachte mir Morgens früh
zu meinem Geburtstage ein Bou-
quet schöner Blumen. Er ist wohl
so frisch und dick aussehend wie
vorher und sehr vergnügt. Er verlangt sehr nach Dir, und Euch soll
bald die Freude werden. Ich wer-

Friedrich Alfred Krupp um 1864   de dann doch lange genug allein
sein, denn ich kann nicht eher
fort als zum Abholen.
Adieu, liebster Schatz!
Alfred[23]

Liebster Schatz!
An dem Tage, wo die ersten bösen Sieben vorüber sind, komme ich
wahrscheinlich mit dem Schnellzug morgens dorthin. Sage dies jedem,
den es interessiert.
   Ob ich ein, zwei oder mehrere Tage bleibe und bleiben kann, das
weiß der große Omnibusführer da oben. Ich habe die Einsamkeit jetzt
satt und hoffe, künftig auf 25 Jahre lang hinaus täglich mit Dir und
Fritz zweimal 24 Stunden zusammen zu sein.
Adieu, Schatz
Dein Alfred[24]

Dieser sein sehnlichster Wunsch sollte sich für Alfred nicht erfüllen. Als er diesen Brief schrieb, war sein Sohn Fritz sechs Jahre alt.
Ein kränkelndes Sorgenkind. Es hatte Atembeschwerden und ein

V. l. n. r.: Klara Bruch, geb. Eichhoff, Friedrich Alfred Krupp, Bertha Krupp,
um 1870 im Fotoatelier

schwaches Herz, und mehr als einmal war er dem Tode nahe. Aber
auch die Mutter wurde nie »dick, rund und gesund«, so wie es sich
ihr Mann wünschte. Sie lebte jedes Jahr mehrere Monate von Essen
entfernt an immer neuen und ferneren Kurorten, um ihre schwache
Gesundheit zu stärken.

Mehr als zehn Jahre voller Sorgen und Kummer um den einzigen
Sohn gingen dem Brief voran, den Alfred an seine Frau schrieb, als
Fritz 17 Jahre alt war:

1871

(…) *Hoffentlich ist heute Abend Dr. Schmidt bei mir. Ich stehe in*
Erwartung der Äußerung von Körte, was für Aussichten für Fritz sich
einstellen, 1) ob Hoffnung da ist, daß sein Körper ganz befreit werde
von den Krankheitsstoffen, die ihm diese sechsmonatigen Leiden her-

vorriefen, 2) ob er wirklich organisch gesund aus der Kur hervorgehen
wird, 3) ob die größte und schönste Hoffnung, nächst der obigen, daß
er nämlich wieder ein gerader und gestreckter Mensch wird, noch die
Möglichkeit der Erfüllung für sich hat, oder ob wir uns darauf schon
gefaßt machen sollten, das eine oder andere nicht erreicht zu sehen.
Selbst auf Schlimmes möchte ich lieber im Voraus mich vorbereiten,
als mit Hoffnungen mir schmeicheln, und den Schlag der Vereitelung
mit einem Mal empfangen. Gott gebe seinen Segen!
Küsse ihn und allen anderen meine herzlichsten Grüße.
In treuer Liebe Dein Alfred[25]

18 Jahre waren Bertha und Alfred zu dieser Zeit miteinander verheiratet. Jahre, die sie nur teilweise gemeinsam verbracht hatten. Jahre,
in denen die Frau und der einzige Sohn Alfred Krupps viele Monate
fern von Essen weilten. Jahre der Einsamkeit für ihn. Und Jahre der
Entfremdung für alle drei.

Stadtluft (1866–1868)

In Folge der Ernennung meines Vaters zum Polizeipräsidenten von
Breslau siedelten wir 1862 in die dortige Dienstwohnung über, einem
alten Ursuliner-Kloster, in dem auch die Amtsräume untergebracht
waren und das ein großer Hof umschloß und das auf der Schuhbrücke
mit Blick auf den Ritterplatz gelegen war. Der Scheitniger Besitz wur-
de verkauft.[26] Die kleine Margarethe bedauert es nicht. Breslau! Sie
spürt den Duft dieses Namens auf der Zunge: Breslau! Endlich darf
sie die alte, elegante Stadt kennenlernen. Mit dem ganzen Schwung
ihrer Jugend geht sie daran, sie zu erkunden. Selbstverständlich in
Begleitung, wie es sich gehört, durchwandert sie die Straßen und
Plätze und bewundert die Statuen der preußischen Berühmtheiten,
die ihr aus dem konservativen Vaterhause so vertraut sind. Sie begrüßt sie alle persönlich: die Generäle Blücher und Tauentzien und
die preußischen Könige Friedrich Wilhelm III. und Friedrich den

Großen. Ihr, der Tochter des Polizeipräsidenten, sind auch die lokalen Größen Schlesiens bekannt: Täglich sieht sie auf dem Schulweg das Denkmal von Gottlieb Svarez auf dem Ritterplatz, dessen Ahnen den deutschen Namen Schwartz auf diese Weise ihrer Umgebung angepasst hatten. Auf einem der gemeinsamen Spaziergänge hat ihr Vater ihr berichtet, dass Svarez – ein Vorbild für sie alle, wie er betont – teilhatte an der Schaffung des Allgemeinen Preußischen Landrechts und so wesentlich zu Ordnung und Rechtssicherheit in seinem Wirkungskreis beigetragen habe.

Bis zu ihrem zwölften Lebensjahr wird Margarethe zu Hause unterrichtet: von der Mama in Haushaltsführung, Malerei, Klavierspiel und Literatur, von der französischen Bonne in Französisch und von Madamchen in allem, was den praktischen Haushalt und Kinderbetreuung angeht. Die junge Margarethe, deren Geschwisterschar inzwischen auf sieben angewachsen ist, will aber unbedingt in die öffentliche Schule gehen. *Im Winter 1865 fand man es endlich für angebracht, mich durch einigen Privatunterricht zum Besuch der obersten Klasse der städtischen höheren Töchterschule vorzubereiten, die unserem Hause gegenüber lag. Eigentlich war ich für die Klasse noch nicht reif, aber da die 2. Klasse sehr überfüllt war, hatte man wohl angenommen, daß ich mich da in meiner Schüchternheit zu sehr verängstigen würde. So trat ich Ostern 1866 in die Erste Klasse ein und hatte rechte Mühe mit fort zu kommen.*[27] Ja, Margarethe geniert sich sehr, als sie zum ersten Mal in die öffentliche Schule gehen muss. All die fremden Mädchen, viele davon so ganz anders erzogen als sie, mit denen sie jetzt auskommen muss. Jede weiß, dass sie die Tochter des Polizeipräsidenten ist, aber kaum eine kann sich vorstellen, dass sie zu Hause als älteste Tochter einer vielköpfigen Kinderschar vorsteht, und deshalb kann sich auch niemand vorstellen, wie gehemmt und schüchtern sie im Umgang mit fremden Menschen ist.

In der Zweivölkerstadt Breslau, wo Polen und Preußen keineswegs immer friedlich und konfliktlos zusammenleben, ist kaum bekannt, wie knapp das familiäre Budget ist. Die Equipage des Präsidenten, die Wohnung der Familie im ehemaligen Ursulinenkloster, der Umgang mit den Großen der Stadt – das alles erweckt den Eindruck von Wohlstand. Und außerdem, so denken die meisten, bessert der jeweilige Polizeipräsident sein mageres Gehalt sowieso durch Schenkungen der von ihm Regierten auf. Wieso sollte es ihm da an Geld fehlen? Aber August von Ende ist von Grund auf ehrlich und unbestechlich. Er verkörpert den neuen Typ des preußischen Beamten, der sich aus den Hardenberg'schen Reformen entwickelt hat. Er ist selbstverständlich ein exzellenter Verwaltungsfachmann, aber das allein genügt ihm nicht. Er entwickelt wie so viele seiner Kollegen etwas, das wir heute »soziales Gewissen« nennen würden. Schon als junger Mann, als er Landrat in Waldenburg, einem der allerärmsten Gebiete Schlesiens, war, hatte er sich intensiv für die sozialen und wirtschaftlichen Belange der Bevölkerung eingesetzt. Die Menschen vergalten es ihm, indem sie ihn 1848 in die Paulskirche wählten. Ohne einer Fraktion anzugehören, *hatte er sich vor allem auch um soziale Fragen gekümmert in einer patriarchalisch-sozialfürsorgerischen Grundhaltung, die mit derjenigen Alfred Krupps sehr nah verwandt war.*[28] Und er versucht die problematische Lage, in der er sich befindet, durch Kommunikation und Überzeugungsarbeit zu mildern und nicht durch stures Festhalten an bürokratischen Vorschriften. Es ist ihm natürlich völlig klar, wie unerwünscht er hier in Breslau ist, das im vergangenen Jahrhundert von Preußen annektiert wurde. Deshalb sieht er seine Aufgabe darin, den ehemals habsburgischen Verwaltungsbezirk mit dem preußischen Gesamtstaat auszusöhnen. Sein Ziel ist es, dem preußischen *Staate eine gegen ihre Wünsche in Besitz genommene Provinz auch moralisch an(zu) eignen*[29]. Soll dies gelingen, so müssen sein Verhalten untadelig und seine Ausstrahlung menschlich sein.

Das erkennen die Breslauer spätestens durch sein Verhalten bei einem vielbesprochenen und -beschriebenen Skandal im Kreistag. *Drei jüdische Rittergutbesitzer waren –* »horribile dictu« – *zum ersten Male als Kreisdeputierte gewählt worden. Sie erschienen in der Sitzung des Vereinstages. Ein Graf Saurma beantragt, sie vom Kreistag auszuschließen und zur Entschädigung zwei Friedrichsdor für jedes aus Kreismitteln zahlen zu lassen. Diesen junkerlichen Hochmut hatte der Landrat entschieden zurückgewiesen.*[30] Noch vierzig Jahre später erinnert sich Margarethe an diesen Vorfall und nimmt ihn in ihre Memoiren auf. Es gelingt August von Ende allmählich, den Respekt der Bürger zu gewinnen, das unter seinen Vorgängern verlorene

Ansehen der Polizei zu verbessern und die Achtung seiner Tochter zu festigen.

In Margarethes preußischem Elternhaus schlagen die Wogen der Begeisterung hoch, als der *glorreiche böhmische Feldzug*[31], den Preußen gegen Österreich führt, mit einem preußischen Sieg am 3. Juli 1866 bei Königgrätz endet. In Breslaus Bürgerhäusern hatte man das Silber vergraben, da man täglich befürchtete, die Österreicher würden in Schlesien einfallen. Nun bricht patriotische Begeisterung aus. Aber im Hause von Ende wird nicht gefeiert, denn der Polizeipräsident hat alle Hände voll zu tun mit einer viel größeren, viel tödlicheren Bedrohung: der Choleraepidemie. Auf dem Schlachtfeld von Königgrätz verwesen die Leichen in der sommerlichen Hitze, die Verwundeten schreien nach Wasser. Sie bekommen es, und mit ihm die Cholerabakterien. Auch die Helfer trinken das verseuchte Wasser und schleppen nun die Krankheit nach Breslau ein. August von Ende verordnet alle damals bekannten Gegenmaßnahmen und führt sie schnell und mit eiserner Konsequenz durch: Es wird eine Quarantänestation eingerichtet, die eingehende Post wird in einem eigens dafür erfundenen Apparat durchgeräuchert und ein Sperrkordon um die Stadt gebildet. Aber das ändert alles nichts. Der Siegeszug der Cholera ist durch nichts aufzuhalten.

Margarethe hilft ihrer Mutter. In Leinenkleidern, einen Schleier über den Mund gebunden, besuchen sie die Kranken und Sterbenden in den Krankenhäusern und Lazaretten. Ein grauenvoller Gestank herrscht bei den sommerlichen Temperaturen. Das Leben der Leidenden erlischt, weil der Durchfall sie entwässert und ihnen die lebenswichtigen Mineralien raubt. Nur die Gabe von viel Flüssigkeit, von Salzwasser könnte sie retten. Aber niemand in Breslau weiß genau, was die Ursache der Krankheit ist. Das Trinkwasser, die Abwässergruben, die Luft? Die Experten streiten sich, auch im von Ende'schen Hause halten diese Diskussionen Einzug. Niemand weiß wirklich, was zu tun ist. Und so lernt Margarethe den Tod von Nahem kennen. Sie sieht die großen Gruben, in denen die Leichen vergraben werden. Sie sieht die eingefallenen Gesichter der Menschen, die sich winden vor Schmerzen und in deren Augen sich schon der Tod spiegelt. Es ist ein großes, ein massenhaftes Elend, das die zwölfjährige Margarethe an der Seite der Mutter erlebt. Sie wird es nie vergessen.[32]

Die Cholera endet mit dem Beginn der kalten Jahreszeit, und das Leben in Breslau kehrt zur Normalität zurück. Wie ihre durch alle diese Erlebnisse früh gereifte Tochter genießt in dieser friedlichen Zeit auch die Mutter Eleonore von Ende die kulturelle Vielfalt Breslaus. Sie nimmt am literarischen Leben der Stadt teil, schreibt eine Erzählung und protegiert Karl von Holty, den *perennierenden Lustspieldichter seiner Zeit, einen interessanten Mann mit – er war länger vagabundierender Schauspieler gewesen – einer beweglichen Vergangenheit. Er genoß häusliche Gastfreundschaft in der polizeilichen Dienstwohnung*[33] der von Endes.

Eleonore, Margarethes Mutter, ist ihrer Hausfrauenpflichten nach den zahlreichen Geburten müde geworden, müde auch der Mutterpflichten an ihrer nunmehr neunköpfigen Kinderschar. Schon wieder ist sie schwanger, sie fühlt sich schwer und matt. Immer mehr ihrer Pflichten überlässt sie der halbwüchsigen Margarethe, die angehalten wird, sich weniger um die Schule als um ihre Geschwister zu kümmern. Da sind die drei Brüder: der um zwei Jahre ältere Siegfried, Hilmar, ein Jahr jünger als Margarethe, und der zehnjährige Felix sowie das Kleeblatt der jüngeren Schwestern. Es wird angeführt von der neunjährigen Eleonore, zwecks Unterscheidung zu ihrer gleichnamigen Mutter Lollo genannt, dann folgen – in jeweils einem Jahr Abstand – Martha und Anna. Das Schlusslicht bilden der zweijährige Erich und das Baby Armin.

Für alle Geschwister soll sich Margarethe verantwortlich fühlen, ganz besonders aber für die jüngeren Schwestern. Sie soll ihre Hausaufgaben überwachen, die Aufsicht bei ihren Spielen übernehmen und auf Ordnung und Sauberkeit im Alltag achten. Die Mama erwartet von Margarethe die üblichen weiblichen Tugenden: Selbstverleugnung und Sanftmut und die völlige Bereitschaft, ihrer Familie zu dienen, unter weitestgehendem Verzicht auf eigene Interessen und ein eigenes Leben.

Aber die Mama kann nicht verhindern, dass Marga wenigstens in der Schule ein richtiges Jungmädchenleben lebt, voller Lachen, Fröhlichkeit und Gekicher. Davon berichtet sie als 15-Jährige ihrer

besten Freundin, der Direktorentochter Hedwig Luchs, anschaulich in einem Brief vom Sommer 1869. *Ich wünschte, wir hätten zu
unserer Klassenfahrt so hübsches Wetter gehabt wie heut. Wir haben
sie nämlich vor acht Tagen gemacht unter strömendem Regen. Früh
fuhren wir um 5½ Uhr weg und zwar in einem Coupé und amüsierten
uns herrlich, doch kaum waren wir aus Breslau heraus, als es anfing
zu regnen und nicht aufhörte, bis wir um 8 nach Freiberg kamen.
Dort blieben wir, da es so regnete, stärkten uns, und vertrieben uns
die Zeit so gut als möglich, tanzten Polonaise auf unserem Gesange
(…), spielten, lachten usw. trotz schlechtem Wetter und amüsierten
uns herrlich. Endlich gegen 11 Uhr ließ der Regen etwas nach und nun
machten wir uns auf den Weg. Deine Mama und 10 von uns fuhren
in einem Omnibus bis in die Schweizerei, wo wir Mittag aßen, und
dann nach dem alten und neuen Fürstensteiner Schloß und Grund.
Dein Papa, Herr Dieckhaus, Frl. Pflug, Frl. Bischof und Müller, die als
Führerinnen dienten (…) und ich gingen, die im Wagen fuhren ganz
gemüthlich dorthin. Als sie ankommen, stürzen 20 bis 30 Studenten
aus dem Hause. (…) Nun kletterten sie am Wagen herum, aus dem
Deine Mama natürlich keine herausließ, warfen Eichenkränze hinein,
die natürlich immer gleich wieder herausgeschleudert wurden, und
sagten zu Deiner Mama: Ach gnädige Frau, lassen Sie doch die Täub-
chen heraus usw. So ging dies ungefähr eine halbe Stunde, bis endlich
Deine Mama unter den Studenten den Sohn von Schulrath Wimmer
sah und ihn sich rufen ließ und ihm sagte, er möchte seine Kameraden
zur Ordnung rufen.*[34] Die Angehörigen der Familie Luchs fassen eine
Zuneigung zu Margarethe, fördern sie und integrieren sie in ihre
Familie. *Frau Luchs, eine nach jeder Richtung hin ausgezeichnete
Frau und Mutter, übte einen ganz besonders günstigen Einfluß auf
uns heranwachsende Mädchen aus,*[35] erinnert sich später die dank-
bare Schülerin.

Margarethe beginnt gegen ihre eigene Mutter zu rebellieren. In
der Schule erfährt sie, dass die anderen Mädchen über Fertigkeiten
und Kenntnisse verfügen, die sie nicht hat. Keine der anderen arbeitet im Haushalt so viel wie sie, alle haben Personal für das, was sie zu
Hause selber machen muss. Als eine ihrer Klassenkameradinnen sie
auslacht, weil sie und ihre Schwestern die gesamte Wäsche des von
Endeschen Haushalts mit eigenen Händen waschen, kommt es zu

einem Streit mit ihrer Mutter. Sie weigert sich, weiterhin die Wäsche des Dieners Friedrich zu waschen. Sie verlangt ein eigenes Zimmer, ein Taschengeld und Zeit für sich.

Eleonore gibt nach: *Die demnächst erwachsene Tochter bekommt eine eigene Stube, einen eigenen Schreibtisch, einen Nachttisch mit Marmorplatte und ein kleines Taschengeld. Die erste Meinungsverschiedenheit mit ihrer Mutter tut sich auf, als sie für Letzteres englische Privatstunden nimmt, weniger vielleicht aus innerem Lerndrang heraus – wie sie sich eingesteht –, als um mit neu erworbenen Freundinnen dadurch im Verkehr zu bleiben. Stunden, die Frau von Ende für sehr überflüssig erklärt, da weder sie noch ihr Gatte diese Sprache gelernt. (…) Das Pflicht- und Verantwortungsgefühl der ältesten Tochter wird aber von der praktischen Mama weiter reichlich in Anspruch genommen. Margarethe hat die Arbeiten der jüngeren Schwestern, die seit Ostern auch die Schule besuchen, zu überwachen und bekommt dafür besagtes kleines Taschengeld, 50 Pf die Stunde.*[36] Für Eleonore, die mit 16 Jahren schon Mutter wurde, ist die halbwüchsige Margarethe erwachsen genug, um auf Mutterschaft und die Aufgaben eines großen Haushaltes vorbereitet zu werden. Margarethe aber sieht das ganz anders. Sie orientiert sich an ihrem Vater, lernt von ihm, spricht mit ihm und beobachtet ihn. Sie bittet ihn auch um Hilfe, um Unterstützung bei ihrer Suche nach Wissen und Kenntnis und Weltläufigkeit. Aber *die Mama ordnet die Erziehung der Töchter an, in die der Vater per se nicht eingreift, trotzdem gründliches systematisches Lernen in ihr verpönt ist. (…) Es bleibt doch ein psychologisches Rätsel, daß ein derartiger Mann, dem laisser aller im Lernen der Töchter passiv gegenübergestanden, daß auch er sich begnügte, deren Zukunft dem lieben Gott zu überlassen, wo freilich die Söhne genug Sorgen und Ausgaben verursachten.*[37] So beschreibt viele Jahre später die erwachsene Tochter das immer wiederkehrende Muster der Ungleichbehandlung der adligen Söhne und Töchter jener Zeit. Sie empfindet diese Ungleichbehandlung als ungerecht, als altmodisch, als den modernen Zeiten unangemessen. Umso mehr, als ja gerade dieses Muster in den Familien beider Eltern zu Armut und Vermögensverlust geführt hat.

Die nächste *Mißhelligkeit,* wie Margarethe die Konflikte mit ihrer Mutter bezeichnet, folgt denn auch sehr bald. *Im Winter 1867*

nahm ich am privaten Konfirmationsunterricht meines ältesten
Bruders und später auch an öffentlichem Konfirmationsunterricht theil,
doch blieb derselbe ohne jeglichen Einfluß auf mich, denn ich war ab-
solut nicht reif dafür, und unsere
häusliche Beeinflussung bestand
nur in regelmäßigem Tisch- und
Abendgebet, woran sich unver-
standener Kirchenbesuch mit
Schulfreundinnen anschloß. Os-
tern 1868 wurde ich meiner eige-
nen Überzeugung nach völlig
verständnislos konfirmiert, und
danach hielt meine Mutter meine
Schulbildung für abgeschlossen.[38]

Margarethe spürt nur eins
ganz intensiv: Sie will mehr
lernen, mehr von der Welt verstehen. Ganz so, wie es für die
Töchter und Söhne der Familie Luchs selbstverständlich ist.
Dort hat sich ihr ein geistiger   Margarethe von Ende als
Horizont geöffnet, der weiter   Konfirmandin 1867
und aufregender ist, als sie ihn
von zu Hause kennt. Und vor allem will sie dem Kreis ihrer Freundinnen und dem bunten, frohen jugendlichen Leben nicht entsagen
zugunsten der Arbeit als Mutterersatz ihrer vielen jüngeren Geschwister. *Mit vieler Mühe und durch vieles Bitten erlangte ich endlich*
die Erlaubnis, mit meiner Freundin Hedwig in das Lehrerinnensemi-
nar ihres Vaters einzutreten, das ich bis Ostern 1870 besuchte, ohne
das Ziel eines Abschlusses vor mir zu haben. In meinem jugendlichen
Unverstand war mir wohl auch hauptsächlich an dem Zusammensein
mit meinen Lerngefährtinnen gelegen, und da ich weder durch häus-
liche noch durch Schulaufsicht an regelmäßigen Besuch der Stunden
gebunden war, strich ich mir in höchst eigenmächtiger Weise z.B.
den Unterricht in Religion und Kirchengeschichte sowie theilweise in
Pädagogik, wodurch mein Seminarstudium natürlich ein ziemlich un-
vollständiges blieb, was ich in späteren Jahren stark zu bereuen hatte.[39]

So streng beurteilt Margarethe sich, als sie schon selber Großmutter ist. Jetzt, im Breslau des Jahres 1870, ist sie einfach ein ganz normaler Backfisch, ein lebensfreudiges Mädchen mit den gleichen Wünschen und Bedürfnissen, wie sie ihre gleichaltrigen Freundinnen haben. *Während dieser Schuljahre sorgte die Mama dafür, daß wir älteren Kinder mit gleichaltrigen Buben und Mädchen unter ihrer Aufsicht unter Leitung einer im Haus lebenden Französin Sonntagnachmittags französische Lektüre trieben und danach an Tanzstunden teilnahmen, die ab und an sich zu größeren Tanzfesten mit Theater-Aufführungen erweiterten. So wurde für uns das Angenehme mit dem Nützlichen verbunden und zugleich erreicht, daß wir uns nie in schlechter Umgebung aufhielten.*[40]

Es ist im großen Ganzen eine schöne Zeit für Margarethe, kaum beschwerte Jahre, die sie später in ganz ähnlicher Art auch ihren eigenen Töchtern ermöglichen wird.

Dass sie nebenbei auch weiterhin die Schularbeiten ihrer Schwestern beaufsichtigen muss und eine Vielzahl häuslicher Pflichten hat, stärkt ihr Gefühl für Verantwortung und Disziplin. *Daß das aber auch hieß eine traurige Zersplitterung der Kräfte, erkannte die Mama nicht, für die der Besuch des Lehrerinnenseminars überhaupt nur ein Intermezzo, eine Art nützliches »passer le temps« bedeutete, zwischen Backfischexistenz und erstem Ballauftreten.*[41] Es ist nur eine Frage der Zeit, dass die so verschiedenen Ansichten von Mutter und Tochter aufeinandertreffen und zu ernsten Auseinandersetzungen führen werden. Und so kommt es, dass im Hause von Ende das große Schweigen einzieht. Zwar lärmen und toben die Geschwister durch das Haus, aber zwischen Vater, Mutter und Margarethe entsteht es trotzdem, dieses große Schweigen. Der Grundsatz »Darüber redet man nicht« soll nach dem Willen der Eltern helfen, das harmonische Zusammenleben zu fördern, Konflikte zu vermeiden und den Alltag angenehm zu machen. Aber Margarethe empfindet es ganz anders:

Ein junges Wesen, das doch schon an Pflichten gereift, dem die Sorge für die kleineren Geschwister eigentümlich eingeboren, würde vielleicht die inneren Quellen ihres Gemüts im Wort ergossen haben, aber hier war eine Scheu vor jeder Gefühlsäußerung. Im väterlichen Hause war es eben nicht Usus. Taten redeten. Der stets mit Amtsge-

schäften überhäufte Präsident hatte außerdem keine Zeit und wie so oft bei Vätern kein richtiges Verständnis für die Töchter.[42] Margarethe fühlt sich alleingelassen, zurückgestoßen von dem Vater, den sie liebt und verehrt, und vernachlässigt von der Mutter, in der sie kein Vorbild sieht.

Immerhin, sie genießt ihre Freiheit, ihren Schulweg, die Zeit mit den Freundinnen und die unterhaltsamen Sonntage. Und irgendwo, ganz tief drinnen in ihrem Herzen, keimt die Hoffnung auf ein selbstständiges Leben, auf Abenteuer und Glück.

Das schwierige Jahr 1870

Die Narzissen im Garten des Fürstbischofs Förster blühen üppig an diesem Osterfest 1870. Margarethe, ihre Mutter und alle Geschwister genießen seine Gastfreundschaft, er überlässt ihnen gerne seinen Garten, so oft und so lange sie es wünschen. Denn zu den Diensträumen des Polizeipräsidenten gehört kein Garten, nur ein gepflasterter Innenhof, über den frühmorgens die von zwei dicken Kaltblütern gezogenen Gefangenenwagen rumpeln. Ein Anblick, der die von Endeschen Kinder immer mit einer Art fasziniertem Gruseln erfüllt.

Jetzt sitzen sie alle unter den blühenden Obstbäumen, erfreuen sich an den ersten warmen Sonnenstrahlen und bereden die aufregenden familiären Neuigkeiten. August von Ende ist befördert worden, zum Regierungspräsidenten in Schleswig. Ein schwieriger Auftrag, denn die vorwiegend dänische Bevölkerung empfindet die Preußische Regierung als Besatzungsmacht. Und das ist sie natürlich –, denn auch Schleswig wurde gewaltsam angegliedert, nachdem Preußen im Deutsch-Dänischen Krieg 1864 Dänemark besiegt hatte. *Von allen Seiten ist mir gesagt worden, daß ich einer sehr schweren Aufgabe entgegengehe. Gebe Gott, daß ich sie gut löse, desto größer wird die Ehre sein,*[43] schreibt August von Ende an seine Frau. Und es wird schwierig. Die Arbeit frisst ihn auf. Der Nachzug der Familie verzögert sich, überall zeigt sich das, was viel später als »passiver Widerstand« bezeichnet wird. Auch im familiären Bereich klappt nichts. Die Dienstwohnung ist bei Weitem noch nicht bereit, die große Familie aufzunehmen.

Eleonore ist wieder schwanger. Wie eine dunkle Wolke legten sich Trauer und Unlust über sie. Sie ist 39 Jahre alt, ein wenig rundlich, aber immer noch zierlich und hübsch, und sehr, sehr müde. Neun lebende Kinder umgeben sie, drei weitere hat sie geboren, die als Babys gestorben sind, und nun bestätigt sich schon wieder eine Schwangerschaft. Diesmal, da ist sie sicher, wird sie die Geburt nicht überleben. Sie sitzt neben ihrer ältesten Tochter auf der Gartenbank und versucht sich ihr zu erklären. Sie braucht Hilfe, und es ist niemand anderes da, auf den sie zurückgreifen kann. Aber das miteinander Reden ist in der Familie nicht geübt worden, und so versteht die entsetzte Margarethe nur so viel, dass sie nämlich ab sofort das Lehrerinnenseminar zu verlassen hat, um sich ganz und gar der Familie zu widmen. Noch in ihrem Alter erinnert sie sich ganz genau an diesen Augenblick. *Ostern 1870 erklärte meine Mutter mir kategorisch, daß ich das Seminar verlassen und mich nun ganz der Häuslichkeit und Familie widmen müsse, denn sie erwarte wieder Familienzuwachs, fürchte das Ereignis nicht zu überstehen, wünsche aber nicht, daß mein Vater sich wieder verheirathe, und deshalb müsse ich mich vorbereiten, sie zu ersetzen. Mir kam diese Eröffnung im höchsten Grad unerwartet, denn ich war im Allgemeinen trotz eines gewissen Ernstes, den ich immer gehabt haben soll, doch noch ganz Kind. Entsprechend der damaligen Erziehungsweise war ich in Bezug auf natürliche Lebenserscheinungen völlig verständnislos und machte in meiner Verlegenheit natürlich auch keine aufklärenden Fragen, was bei den Erwachsenen wahrscheinlich wiederum den Eindruck hervorrief, als sei ich genügend informiert.*[44]

Von Babys weiß Margarethe nur, dass sie plötzlich da sind und irgendwie aus dem Bauch der Mutter herauskommen. Immerhin erkennt sie einen Zusammenhang mit dem, was ihr Vater ihr kurz vor seiner Abreise nach Schleswig auftrug. Er hat ihr *viel Lob erteilt, sie zugleich veranwortlich gemacht für das Benehmen von Geschwistern und Dienstboten, um der Mutter Schonung und völlige Ruhe zu verschaffen; er hat auch von Schleswig aus in diesem Sinne bewegliche*

Worte an sie gerichtet.[45] Trotzdem, in diesem Augenblick versinkt die frühlingshafte Pracht für sie in einem finsteren Loch des Verzichts. Sie senkt den Kopf, um ihre Tränen zu verbergen, und nimmt die Anweisungen an. Was bleibt ihr auch anderes übrig mit ihren 16 Jahren?

Viele Jahre später noch erinnert sie sich genau an die Vorkommnisse, die sich um die Geburt ihrer jüngsten Schwester Irene rankten und die das Ende ihrer Kindheit bedeuteten. Die Biografin Caspary formuliert es in der Sprache der Wilhelminischen Zeit für uns ungewohnt, aber doch glasklar in der Sache: *Kinder, die »versetzt werden« kennen, können leichter als andere eine gewisse Selbständigkeit erlangen, aber die Lage, der sich die Tochter jetzt gegenübersieht, verlangt mehr. Die Mutter vorzeitig niedergekommen, der Vater fern, einen Haushalt von acht Geschwistern und Dienerschaft zu führen. (...) Das Muß reift ein halbes Kind im Gefühl zum erwachsenen Menschen, stillt seinen Willen, bringt eine fast mütterliche Fürsorge für die Geschwister zur Blüte. (...) Es glückte mit der Führung des Haushalts, und nicht allein, weil dieser sich stets so sehr einfach und regelmäßig abspielt, sondern durch die glückliche Begabung des jungen Mädchens, die Dinge zu nehmen, wie sie kamen, und sie zu meistern, freudig.*[46]

Nein, freudig nimmt das junge Mädchen die Aufgabe mit Sicherheit nicht an. Hier verklärt die spätere Biografin aus Unkenntnis oder Diplomatie die Situation. *Da unser Haushalt sich sehr regelmäßig und einfach abspielte, so scheint es mir wohl oder übel gelungen zu sein, der Sache Herr zu werden. (...) Mein Vater machte mich verantwortlich für die Ruhehaltung meiner Mutter. Es bedeutete daher eine große Aufregung für mich, als meine Mutter am 13. Juni vorzeitig entbunden wurde und mein Vater, durch sein Amt festgehalten, nur für die Taufe des Kindes vorübergehend zurückkommen konnte.*[47] Die Mutter-Tochter-Beziehung wird immer konfliktreicher, fast täglich eskaliert der Druck, der auf Margarethe lastet.

Im Juli 1870 bricht der Deutsch-Französische Krieg aus. In dem noch immer nicht mit Preußen ausgesöhnten Schleswig droht ein Einfall der dänischen Nachbarn, was wiederum den Nachzug der Familie verzögert. In Breslau erklärt Eleonores Liebling, der verhätschelte älteste Sohn Siegfried, seiner Mutter, dass er an dem Krieg teilnehmen werde. Eleonore weint, wütet, aber der von ihr als kränklich eingestufte Sohn lässt von seinen Plänen nicht ab. Eleonore bittet den Hausarzt um Hilfe, doch der erklärt lakonisch: *Wenn Ihr Sohn die Strapazen nicht aushält, dann kommt er sowieso zurück, hält er sie aus, dann kommt er gekräftigt heim.*[48] Eleonore verfasst ein Brandtelegramm an ihren Mann, aber es kann der kriegerischen Ereignisse wegen nicht abgesandt werden. Noch geschwächt von der letzten Geburt, beschließt sie, zu ihrem Mann nach Schleswig zu reisen, um ihn um Hilfe zu bitten. Margarethe fleht sie an, dies zu unterlassen, doch die sonst immer so schutzbedürftige, kränkliche und scheinbar unselbstständige Mama entwickelt ungeahnte Energien: Sie reist ohne jede Ankündigung in einem Militärzug in das krisengeschüttelte und kriegsbedrohte Schleswig.

Nur die Empörung und Sorge, die August von Ende empfindet, als so unverhofft seine Frau bei ihm eintrifft, schwach, doch unerbittlich entschlossen, ihren Ältesten zu verteidigen, erklärt, dass diesem sonst so gemäßigten Mann der Satz entflieht, den niemand mehr vergessen wird: *Wenn der Junge nicht freiwillig ginge, soll er mit der Peitsche traktiert werden.*[49] Eleonore bricht zusammen. Sie wird nun ernstlich krank und kann mehrere Wochen nicht nach Hause zurückkehren. Die Entfremdung zwischen den Ehepartnern, die später zur Trennung führen wird, nimmt hier ihren traurigen Anfang: Er wirft ihr Verantwortungslosigkeit gegenüber den anderen Kindern vor, sie ihm mangelnde Liebe und Fürsorge für Siegfried. Und sicher ist es kein Zufall, dass Eleonore von nun an nicht mehr schwanger wird.

Die Last der Verantwortung für die Familie und den Haushalt in Breslau aber trägt ganz allein Margarethe. *Mit Madamchen (…) und dem braven Diener Friedrich Hofmann zur Seite, der Mädchen für alles geworden, arbeitet sie, ordnet sie an. Von dem süßen in den Tag Hineinleben junger Mädchen ihres Alters hat sie nie gekostet.*[50] Margarethes Backfischzeit ist unwiderruflich zu Ende. *Diese Zeit, in der ich nicht dazu kam, auch nur ein Buch anzurühren, geschweige denn mich irgendwie fortzubilden, ließ mich wohl die Kinderschuhe ausziehen, aber trotzdem blieb ich doch noch sehr unentwickelt, denn meine Eltern hatten nicht die Gewohnheit, sich individuell mit uns zu beschäftigen, und wir waren dazu erzogen, in Gegenwart von Erwachsenen nur auf direkte Fragen zu antworten, im Übrigen aber zu schweigen.*[51]

Margarethe von Ende, 1873, Zeichung
(im Besitz von H. von Wilmow)

Der Konfliktstoff innerhalb der Familie geht auch weiterhin nicht aus. In der zweiten Jahreshälfte vereinen sich die von Endes endlich wieder am Dienstsitz des Vaters in Schleswig. Aber schon drohen die nächste Beförderung, der nächste Umzug. Trotz der üblichen, von Eleonore gewandt geknüpften gesellschaftlichen Kontakte werden die Kinder in Schleswig nicht heimisch. Die ältesten Töchter werden auf dem örtlichen Heiratsmarkt feilgeboten: In Kiel, Hamburg und Flensburg gehen sie auf die entsprechenden Bälle. Aber sie haben es schwer, denn es fehlt ihnen die Mitgift, die sie attraktiv machen könnte.

Gesellschaftlicher Höhepunkt dieses 1870er-Winters ist der Debütantinnenball auf Schloss Glücksburg, den Herzog Friedrich von Holstein veranstaltet. Margarethe sieht sehr hübsch aus in ihrem Kleid, das die Mama entworfen hat. Nur der Charakterkopf der jungen Dame mit der ausgeprägten Nase, dem vollen Mund und den intelligenten dunklen Augen will nicht so recht passen zu dem weißen Debütantinnenkleid aus luftigem Tüll. Der Festsaal mit den goldumrahmten Spiegeln, dem glänzenden Parkett und den Hunderten von Kerzen bildet den festlichen Rahmen für die jungen Paare, die sittsam nach den Angaben des Tanzlehrers ihre Figuren drehen. Die Luft riecht nach Kerzenwachs und Talkpuder, nach Tabak und dem Parfüm der älteren Damen. Sie haben sich an einer Schmalseite des Saales versammelt (die jungen Leute nennen diesen Platz respektlos den Drachenfels) und beobachten genau, was sich dort auf dem Parkett ereignet. Mit den anderen jungen Mädchen sitzt auch Margarethe auf einem der Stühle in der langen Reihe entlang der Wand, manchmal fordert sie ein Tänzer auf, manchmal nicht. Sie spürt nur ganz selten etwas von dem Zauber der Musik, und keiner ihrer Tänzer gefällt ihr. Nein, das wird ihr immer klarer, auf diese Art und Weise will sie nicht verheiratet werden. Sie will keine Kopie des Lebens ihrer Mutter. Sie will selbstständig sein, will lernen und die Welt verstehen, bevor sie wieder in eine neue Abhängigkeit gerät.

Dazu kommt noch, dass sie sich nicht an das ländliche Leben in Schleswig gewöhnen kann. Zu groß ist der Unterschied zu dem modernen Industrieland Schlesien, in dem sie aufgewachsen ist. Margarethe fühlt sich am falschen Ort, hausbacken, ungebildet und ohne jede Lust zu den gesellschaftlichen Herausforderungen, die an sie gestellt werden. Immer mehr beginnt sie innerlich zu rebellieren gegen das Regime ihrer Eltern, das den Söhnen alles, den Töchtern nur sehr wenig zugesteht. Die Freiheit, über ihr Schicksal zu entscheiden, hat ihr Bruder Siegfried, haben auch ihre Brüder Hilmar und Felix, sie hingegen nicht. Ihre Brüder sind gewandte Gesellschafter, begehrte Tanzpartner und frei in ihrem täglichen Umgang. Von ihr dagegen wird erwartet, die jungen Herren zu bezaubern, attraktiv und hübsch zu sein und so wenig wie möglich anzuecken, vor allem aber niemanden mit allzu großem Wissensdurst zu erschrecken. Wie aber soll sie gewandt und bezaubernd sein, wenn sie sich ungelenk, unbehaglich und unbeholfen fühlt und auch so wirkt? Die Mama erkennt, dass hier in Schlewig aus ihrem hässlichen kleinen Entlein kein Schwan werden kann. Dazu bedarf es eines Tapetenwechsels. Die Eltern beschließen deshalb, dass Margarethe ihren Vater nach Berlin begleitet, um dort den letzten gesellschaftlichen Schliff zu erhalten, der sie zu einer aussichtsreichen Heiratskandidatin machen soll.

DAS DEUTSCHE REICH UNTER WILHELM I. – DIE GROSSE ZEIT VON ALFRED KRUPP

Erste Begegnung (1872)

Berlin kocht und brodelt. Täglich schreien die schmutzigen Zeitungsjungen an den Straßenecken die neuesten Nachrichten heraus: »Revolution in Paris«, rufen sie, oder »Napoleon dankt ab«, oder »Großer vaterländischer Sieg in Sedan«. Die ganze Stadt ist auf Krieg eingestellt, auf vaterländischen Jubel, auf Sieg und Ruhm. Die wenigen warnenden Stimmen dringen nicht in die großbürgerliche Öffentlichkeit, die selbstverständlich erwartet, den Krieg zu gewinnen und damit wirtschaftliche Vorteile zu erhalten.

Es ist der 16. Juni 1871 und sommerlich warm. Aus dem nahen Tiergarten zieht der süße Duft der Lindenblüten über die Menge, die sich auf dem Platz vor dem Brandenburger Tor versammelt hat. Margarethe und ihr Vater stehen am Straßenrand und sehen zu, wie der am 18. Januar in Versailles zum deutschen Kaiser gekrönte preußische König als Kaiser Wilhelm I. durch das Brandenburger Tor reitet. Der weiße Busch auf seinem Helm wedelt im Takt seines Pferdes, der lange Säbel wippt, und viele Reiter in bunten Uniformen folgen ihm. Margarethe aber und ihr Vater haben nur Augen für einen einzigen jugendlichen Leutnant: für Siegfried von Ende. *Durch das Brandenburger Tor (…) ziehen die Siegertruppen ein, unter ihnen zur stolzen Freude von Vater und Tochter der Sohn und Bruder, zum Leutnant avanciert, mit dem Eisernen Kreuz geschmückt, gebräunt und gesund.*[1]

Margarethe erlebt das alles mit großen Augen. Eine neue Welt eröffnet sich ihr. Nachts teilt sie die Wohnung mit ihrem Vater, der in den ersten deutschen Reichstag gewählt worden ist und deshalb einige Monate des Jahres in Berlin verbringt. Tagsüber darf sie nun endlich ohne Gouvernante auf eigene Faust Berlin erkunden. Reichskanzler Bismarck hat es geschafft, Preußen und seine süddeutschen Verbündeten zu einem neuen, zweiten deutschen Kaiserreich zusammenzufügen. Die neue Würde Berlins als Reichshauptstadt verpflichtet zu repräsentativen Anstrengungen, die sich in einer regen Bautätigkeit niederschlagen. Margarethe *wohnt auch Reichstagssitzungen bei. Bismarck redet in seinem abgebrochenen Stil, schließlich warmwerdend, hinreißend. Die Größe der Zeit tritt in ihrem Heros plastisch vor ihr in Erscheinung. Die Geister kreuzen sich im Wortgefecht.*[2] Margarethe saugt alles auf wie ein Schwamm: Sie interessiert sich für Politik, geht ins Theater, in Konzerte und besucht – höchst ungewöhnlich für eine junge adelige Dame – so viele wissenschaftliche Vorträge, wie die Zeit ihr erlaubt. Alles, alles weitet ihren Blick, sie spürt das Wissen in ihren Adern pulsieren wie Blut.

Am liebsten aber besucht sie das Haus der verwitweten Gräfin Maxe Oriola. Als Tochter alter Freunde der Eltern aus der Breslauer Zeit steht ihr die Wohnung der Gräfin in der Bellevuestraße offen und wird tagsüber zu ihrer Berliner Heimat. Margarethe erlebt eine Art Gegenwelt zu ihrer Familie. Die Hausherrin ist eine Tochter Bettina von Arnims, und so wie diese quirlig, gefühlsbetont und Freundin der klassischen und zeitgenössischen Literatur. Ihr verstorbener Mann hingegen war preußischer General, Mitglied des konservativen Landadels, von dem auch Margarethe abstammt. Und so versammeln sich im Hause Maxes Menschen aus unterschiedlichen, wenngleich immer konservativen Kreisen.

Maxe veranstaltet *allwöchentlich einmal einen politisch und wissenschaftlich literarisch gefärbten Zirkel. Virchow und viele andere Reichstagsabgeordnete wie Graf Münster, viele hohe Staatsbeamte und Militärs erschienen. Wie ein schwacher Abglanz der schöngeistigen Kreise einer Rahel Levin und Henriette Herz zu Anfang des Jahrhunderts fand sich daneben bei ihr ein die Elite der feingeistigen Welt, vor allem die nahe Verwandtschaft: Dr. Lujo Brentano, Neffe von Clemens Brentano, dem Nationalökonomen; Hermann Grimm, dessen Ruf als Kunsthistoriker durch sein in den sechziger Jahren erschienenes »Leben Michelangelos« schon fest begründet war; seine originelle Gattin, Gisela von Arnim, die das Temperament Bettinas am meisten geerbt, voll von sprunghaft sprudelnden Einfällen, denen beizuwohnen ein eigen Vergnügen für die im engen häuslichen Gesichtskreis Großgewordene war.*[3] Natürlich, der Provinzlerin Margarethe erscheint dies alles schon als Elite, als große Welt. In Wirklichkeit ist es die Welt des höheren preußischen Beamtentums und der konservativen reichstäglichen Hinterbänkler. Aber immerhin: Es ist eine neue Welt.

Ganz nebenbei übt sie sich in der Familie Oriola zudem in einer Rolle, die ihre weiteren Jahre bestimmen wird: der einer Gouvernante. Auf ihren Berliner Ausflügen begleiten sie die beiden sieben und 16 Jahre alten Kinder der Gräfin. Und Margarethe wird sich bei diesem für sie anregenden und angenehmen Umgang immer mehr bewusst, dass sie sich eine selbstständige Zukunft schaffen will in dem einzigen Beruf, den sie ergreifen kann, dem einer Erzieherin. Doch noch ist es nicht so weit.

Ein weiterer öder Winter vergeht in Schleswig, dann hat das Schicksal ein Einsehen. August von Ende wird wieder versetzt, diesmal als Regierungspräsident nach Düsseldorf. Margarethe ist begeistert. Wieder erobert sie sich eine neue Stadt. Sie begleitet den Vater, so viel sie kann, auf seinen Fahrten durch den neuen *Verwaltungsbezirk, besonders schwierig und kompliziert, ein so reich und mächtig blühender Industriestaat für sich, mit lebendigstem Pulsschlag in Handel und Gewerbe*[4]. Margarethe, jung und modern, bringt ohne jedes Problem beides unter einen Hut: ihre Begeisterung für die Industrie und ihre Bewunderung für den alten Adel. Sie sieht da gar keine Gegensätze. Die Hofhaltung des Erbprinzen Leopold von Hohenzollern und seiner portugiesischen Gemahlin im Jägerhof empfindet sie als sehr viel anregender als die in Glücksburg. Die Monate in Berlin haben sie geschliffen, sie fühlt sich sicherer im Gespräch, ist allerdings immer noch lust- und erfolglos bei den obligaten Bällen.

Mehr Spaß machen ihr die Antrittsbesuche, die das Ehepaar von Ende bei allen *Größen des Bezirks* macht. Und eines Tages ist es so weit: Der neue Regierungspräsident wird auf den Hügel eingeladen, um Alfred Krupp und seine Frau kennenzulernen. Marga darf die Eltern begleiten. Auf der Fahrt von Düsseldorf zum Hügel erzählt August von Ende seiner Frau und seiner Tochter, was er über Essen und Krupp in dem Buch ›Das malerische und romantische Westphalen‹ gelesen hatte:

Essen selbst ist eine häßliche Stadt, der nur die vor ihren Thoren liegenden villenartigen Häuser reicher Industriellen einigen Schmuck geben. Sie ist so schwarz vom Kohlenstaub wie London von seinem Nebelqualm. (…) Ist aber die Ausbeutung des Kohlenreichthums der Gegend um Essen zu riesenhaftem Aufschwunge gediehen, noch riesenhafter erscheint uns die Ausbeutung der Maschinenkräfte, welche mit dieser Kohle genährt werden – in dem weltberühmten Industrie-Colosseum, welches an der Westseite von Essen liegt, in der größten aller Fabriken, welche menschliche Betriebsamkeit geschaffen hat – in dieser merkwürdigen Anstalt, wo wie im Mittelalter sich das Handwerk mit der Kunst, so heute die Fabrication sich auf's Engste mit der Wissenschaft verbindet und verschmilzt. Wir brauchen den Namen des Schöpfers dieser Anstalt nicht zu nennen, die Welt kennt ihn; aber wir wollen ihn nennen (…), den Namen Krupps; des Mannes, dessen Energie, Ausdauer und Scharfsinn es gelang, jene Waffen von Alles zerschmetternder Wirkung zu schaffen, welche die beispiellose Heeresrüstung unsres Volkes so glänzend vervollständigten.

(…) 1000 Morgen Areal nimmt die Oberfläche des Etablissements ein, mit fast 3 Meilen Eisenbahn-Strängen zur innren Verbindung, mit 15 Telegraphenbüros; der jährlich ausbezahlte Lohn an die mehr als 10 000 Arbeiter beträgt 3 Millionen Thaler; für die Schulen, die Krankenanstalten, die Pensionen derer, die 25 Jahre lang ihm ihre Kräfte widmeten, sorgt der Fabrikherr auf's Ausgiebigste. Es ist ein eigenes Polizeicorps und eine Feuerlöschcompagnie militairisch organisiert; ein Stallmeister befehligt die Roßschalke und die Menge der wirklichen Pferde, die nöthig bleiben außer den imaginären 6000 Pferden, mit deren Kraft die Dampfmaschinen die Räder schwingen, die Kurbeln drehen, die Feuer schüren, die ungeheuren Dampfhämmer von nie dagewesener Schwere auf und nieder stampfen lassen. (…) Und alle diese Verhältnisse sind in fortwährender rascher Fortentwickelung und Ausdehnung begriffen und wachsen so durch ihre Riesenhaftigkeit in unser Gebiet, das des Romantischen, hinüber, denn bei solchen Schöpfungen wird auch die Industrie poetisch und wird es namentlich dann, wenn auf ihren Grundlagen Schloßbauten und Parkanlagen entstehen, so zaubergärtenhaft wie der neue Wohnsitz Krupps weiter unten an der Ruhr, zu Bredeney bei Werden.[5]

Niemals wird Margarethe diesen Tag vergessen. Die Equipage, die sie und ihre Eltern zum Hügel fährt, nimmt den Weg am Fluss entlang. Sie passieren ein kleines Wächterhäuschen, dann schlängelt

Klosterbuschhof 1864

sich der Weg an alten Bäumen vorbei den Berg hinauf. Noch eine große Kurve nach rechts, und der Blick fällt auf eine riesige Baustelle. Große Steinquader liegen herum, Hebelwerkzeuge versinken im Matsch, Männer in dunklen Mänteln und Arbeiter mit Schaufeln, Piken und Schubkarren bestimmen das Bild. Es quietscht, rumpelt und knarzt von allen Seiten. Himmelhoch ragt ein unfertiges Gebäude in den Sommerhimmel und spiegelt sich in den Pfützen des nächtlichen Regens. Mühsam ziehen die Pferde die von Ende'sche Equipage durch den Matsch, an der Baustelle vorbei vor den Eingang eines weitaus bescheideneren Gebäudes.

Der Klosterbuschhof war bis vor wenigen Jahren ein Gutshof, herrlich gelegen oberhalb der Ruhr, mit einem wundervollen Blick über den Fluss und die umliegenden Waldungen und Felder. Alfred Krupp hat ihn gekauft und bewohnt ihn seit Kurzem mit seiner

Familie. Das übergroße Gebäude, das jetzt direkt daneben entsteht und das Gutshaus ganz klein erscheinen lässt, soll sein zukünftiger Wohnsitz werden. Margarethe wird ganz bange angesichts so vielfacher und geräuschvoller Aktivität, und sie fühlt sich schüchtern und unbedeutend.

Aber diese Ängstlichkeit verwandelt sich sofort in warme Sympathie, als Bertha Krupp, die Hausherrin, sie im Eingangsflur des Klosterbuschhofes begrüßt. *Eine auffallend schöne, liebenswürdige, wahrhaft liebe Frau in einer fürstlichen Stellung kommt ihr da von vornherein mit warmer Freundlichkeit, die sich bald zu offener Zuneigung steigert, entgegen.*[6] Bertha erobert Margarethes Herz im Sturm. Sie wünscht sich sofort, in Bertha eine mütterliche Freundin zu finden. Und es gelingt ihr. Die beiden Frauen finden zusammen, nicht nur heute, an dem Tag ihres ersten Zusammentreffens, sondern auch an weiteren Tagen, an denen Margarethe ganz alleine zu Bertha auf den Hügel kommen und sie bei langen Spaziergängen begleiten darf. Sie lernt den gemütlichen Klosterbuschhof lieben und versteht, dass sich Bertha nicht auf den Umzug in die gigantische Villa freut. Hier in dem zweistöckigen Gebäude mit seinem turmähnlichen Belvedere, den umgebenden Pergolen und den sich dahinter anschließenden Gärten fühlt Bertha sich wohl.

Sie besuchen die Nutzgärten, in denen alles wächst, was der große Haushalt braucht, bewundern die Blumengärten, die unter sachkundiger Führung den Blumenschmuck des Hauses liefern, und genießen dabei den Ausblick in die Weite des Ruhrtales. In ihrem Rücken, von dem Klosterbuschhof kaum verdeckt, wächst derweil die Villa Hügel empor. Täglich besucht Alfred die Baustelle, berichtet Bertha ihrer jungen Freundin, und täglich ärgert er sich über ein Detail, über eine nicht ausgeführte Anweisung oder über ein technisches Problem, das ihm nicht optimal gelöst worden zu sein scheint. Bertha seufzt: »Ich weiß nicht, ob ich mich in dem neuen Haus jemals heimisch fühlen werde. Es erscheint mir so kühl, so funktionell zu sein. Aber irgendwie wird es schon werden.« Margarethe und Bertha tauschen einen Blick freundschaftlichen Einverständnisses und plaudern weiter über die vielen Dinge, die sie beide beschäftigen.

So harmonisch die erste Begegnung zwischen Bertha und Margarethe ausfällt, so gründlich schief geht es bei den beiden Männern. *Zwei Männer, grundverschieden im Charakter und Wesen, doch mit Berührungspunkten, treten sich da gegenüber. Beides Selfmademen*

Nutzgärten am Klosterbuschhof 1865

nach Begabung und Tüchtigkeit: der hohe preußische Staatsdiener von altadligem Geschlecht wie der seiner hervorragenden bürgerlichen Ahnen bewußte königliche Industrieherrscher Alfred Krupp. Beide an der Not des Lebens gereift, beide gewohnt zu befehlen, beide auf den ersten Blick imponierend. Groß und in stattlicher Fülle mit gewinnenden Gesichtszügen und leuchtenden weltfreudigen Augen der eine, der andere übergroß und schlank emporragend mit merkwürdig kleinem schmalen Kopf auf solcher Statur, mit schmalen, aber beängstigend scharf von oben herab abwägenden Augen.[7]

Zuerst geht alles gut, der übliche Gesprächstoff schafft eine angenehme Atmosphäre. Bei Tisch kommt es sogar, wie Margarethe berichtet, zu *einer nicht ganz oberflächlichen Unterhaltung.* Aber dann begeht der joviale August von Ende einen Fehler: Er erteilt einen ungebetenen Rat, und diesen auch noch in Angelegenheiten des einzigen Sohnes und Erben, Friedrich Alfred Krupp, genannt Fritz.

Fritz hatte sich der Gesellschaft erst ganz kurz vor Tisch genähert. Margarethe sieht einen mittelgroßen jungen Mann, der, wie Bertha ihr sofort mitteilt, genauso alt ist wie sie. Er hat kurzes braunes

Haar, ein offenes, weich gerundetes Gesicht und freundliche Augen. Er spricht nicht viel, vor allem nicht in Gegenwart Alfreds. Und er wirkt ungelenk neben der schönen Mutter und dem dominierenden Vater. »Genau wie ich«, denkt Margarethe und blickt genauer hin. Nun erst sieht sie die Traurigkeit in seinem Blick, die gezwungene Haltung, die er gegenüber seinem Vater einnimmt. Nur Berthas Charme und der gesellschaftlichen Gewandtheit August von Endes ist es zu verdanken, dass bei Tisch keine peinliche Stille entsteht. Aber dann schneidet Alfred ein Thema an, das ihm am Herzen liegt. Mit klarer Missbilligung in der Stimme berichtet er, Fritz

Friedrich Alfred Krupp, Foto mit Empfehlungschreiben seines Vaters auf der Rückseite, 1873

wolle studieren, das Polytechnikum in Braunschweig besuchen. Was denn sein Gast davon halte? *Der Präsident hat sich in seiner freimütigen Art nicht enthalten können, zu äußern – hätte er die Folgen geahnt, er würde vielleicht geschwiegen haben –, das Streben des Sohnes sei zu unterstützen, nicht zu hemmen.*[8] Zwei Augenpaare bohren sich in die seinen: mit neu erwachtem Interesse die von Fritz, aber mit kalter eisiger Ablehnung die von Alfred. Er würde nicht dulden, dass man ihm an seiner eigenen Tafel widersprach! Nun, dies sollte des Regierungspräsidenten erster und letzter Besuch auf dem Hügel sein, das verspricht er sich selbst.

Fritz versucht die Missstimmung zu überspielen, indem er sich Margarethe zuwendet. Die 18-jährige junge Dame ist etwa gleich groß wie er, gertenschlank und eigentlich nicht wirklich hübsch.

Aber die Intelligenz – und jetzt auch das Mitgefühl –, die er in ihren Augen liest, gefallen ihm. Die dunklen Haare hat sie straff zurückgekämmt, und das schmale Gesicht wird beherrscht von einer etwas zu großen Nase und einem etwas zu großen Mund. Aber ihre Augen – so denkt er – machen das alles wett. Und sie ist ein wenig ungelenk in der Gesellschaft. »So wie ich«, denkt Fritz und blickt genauer hin. Ob sie wohl versteht, wie ihm zumute ist? Er wird es herausfinden, mit der Hilfe seiner Mutter, die – wie er sieht – großen Gefallen an dem Mädchen gefunden hat.

Er täuscht sich nicht. Auch nach dem Umzug in das große Haus, wie Bertha die Villa Hügel nennt, kommt Margarethe oft zu Besuch. Was sie dabei empfand, beschreibt sie später so: *Obwohl das Haus, dem Geschmack des Herrn Alfred Krupp entsprechend ziemlich kahl und ungemüthlich eingerichtet, etwas öde anmuthete und die übrigen Anlagen des Hügels theilweise noch im Entstehen begriffen waren, zeugte doch Alles von einem sehr weiten Blick, und die Wirkung war für damalige Verhältnisse sehr großartig. Ganz besonders aber war der Eindruck, den die Persönlichkeiten des Ehepaars Krupp nicht nur auf mich, sondern auch ganz allgemein machten. Herrn Krupps Erscheinung sowie die ganze Art seines Auftretens war geradezu imponierend, während Frau Krupp nicht nur durch ihre Schönheit, sondern hauptsächlich durch ihr fröhliches Wesen Alt und Jung bezauberte. Daß sie mir von vorneherein mit besonderem Wohlwollen entgegenkam, beglückte mich daher nicht nur ungemein, sondern macht mich auch sehr stolz.*[9]

Und so kommt es, dass die beiden jungen Leute sich noch bei weiteren Gelegenheiten auf dem Hügel näherkommen, miteinander reden und Gemeinsamkeiten entdecken. Das bleibt bis auf Weiteres folgenlos, jedenfalls bei Margarethe, die Fritz wie einen ihrer Brüder behandelt. *Damals lernte ich auch meinen späteren Mann kennen,* erinnert sich Marga, *der, um einige Wochen älter als ich, mir aber noch ebenso unfertig erschien, wie ich mich selbst noch in jeder Beziehung fühlte. Infolge seiner Kränklichkeit, er hatte von Klein auf (…) hart zu leiden gehabt, war er sehr sensitiv, still und zurückhaltend und machte eher einen bedrückten als wie jugendlichen Eindruck. Dazu hatte wohl hauptsächlich auch die unleugbar tyrannische Art des Vaters beigetragen, der den Sohn, theils aus übertriebener Fürsorge, theils aber*

*auch aus übertriebener Strenge, vollständig unterdrückte, dabei aber
an den erst halberwachsenen Sohn allerlei Anforderungen stellte und
geschäftliche Aufträge gab, ohne ihm die dazu erforderliche Freiheit*

Aquarell von Margarethe von Ende, Hügel mit Blick auf die Ruhr, 1872

*zukommen zu lassen. Als in der Folgezeit Frau Krupp mich wiederholt
zu wochenlangem Aufenthalt auf dem Hügel einlud und ich Gelegenheit hatte, die Familie näher kennen zu lernen, erfüllte mich daher
zunächst nicht nur großes Mitgefühl für die körperlichen, sondern
auch für die augenscheinlich seelischen Leiden von Fritz Krupp.*[10]
Auch Margarethe sind seelische Leiden nicht fremd, und vielleicht
ist das Gefühl des gegenseitigen Sich-Verstehens der Grund, auf dem
sich die beiden finden.

Vorläufig jedenfalls ist nicht Fritz die Attraktion, die sie auf den
Hügel zieht, sondern die weltläufige Atmosphäre, die sie dort vorfindet. *Gelegentlich dieser Besuche auf dem Hügel that sich mir nach
mancher Richtung hin eine neue Welt auf, und nicht nur die Großzü-
gigkeit der Familie an und für sich, sondern auch der ganze mit viel
ausländischen Elementen vermischte Verkehr war entscheidend sehr
fördernd für mich junges Ding, das bisher außerhalb des elterlichen
Hauses doch nur wenig Gelegenheit gehabt hatte, andere Interessens-*

*Sphären kennen zu lernen und sich darin selbständig zurechtfinden
zu müssen.*[11]

Bertha erinnert sich (1873)

Sie hat ihn enttäuscht. Das ist ihr vollkommen bewusst. Dabei will
er doch nur eins, so denkt sie, er will, dass ich ihn in seinem Leben
begleite, ihm Kinder schenke und sein Herz erwärme. Von dem
allem gelingt mir nur, ihn zu lieben, sonst nichts. Nur ein einziges
Kind habe ich ihm schenken können von den vielen, die er sich gewünscht hat. Sie blickt auf das Bündel seiner Briefe, das, sauber mit
einem hellblauen Band umwunden, auf ihrem Schreibtisch liegt. Sie
braucht sie nicht zu lesen, alle diese Briefe, die nur beweisen, wie
viel Zeit sie fern von ihm ist. Die Worte trägt sie in ihrem Herzen.
*Ich habe die Einsamkeit jetzt satt und hoffe, künftig auf 25 Jahre lang
hinaus täglich mit Dir und Fritz zweimal 24 Stunden zusammen zu
sein.* Das schrieb er ihr vor 13 Jahren, aber sein Wunsch hat sich
nicht erfüllt.

Bertha steht auf und geht an das Fenster. Ihr Blick fällt auf den
Klosterbuschhof, das Haus, in dem sie bis vor wenigen Wochen ge-
lebt hat. Nun wird es umgebaut und dient als Wirtschaftsgebäude
für die vielfältigen Bedürfnisse, die das Große Haus auf dem Hügel
erzeugt. Sie blickt hinab auf die vielen Menschen, die um die Baustelle herumwuseln, die Schutt wegräumen, Bäume pflanzen, Dinge
hin und her tragen. Wenn diese Menschen hinaufsehen zu ihrem
Fenster im ersten Stock, so sehen sie die Silhouette einer schlanken,
hochgewachsenen Frau, deren Taille nach der Mode eng geschnürt
ist. Das Haar trägt sie offen, es ist lockig und üppig, Teil ihrer vielge-
rühmten Schönheit. Alle denken, dass sie jung, schön und reich ist.
Und dass sie deshalb auch glücklich sein muss. Nun, ganz so jung
ist sie nicht mehr mit ihren 39 Jahren, aber immer noch schön und
ganz sicher reich. Aber glücklich?

20 Jahre sind sie und Alfred nun verheiratet. Und sie hat versagt,

da ist sie sich ganz sicher. Sie hat Alfred allein gelassen mit seinen vielen großen Sorgen, allein gelassen in seinen geschäftlichen Krisen, allein gelassen auch in seinen Erfolgen und Triumphen. Nur

Salon Bertha Krupp, um 1880

selten hat sie neben ihm gesessen, seine Gedanken geteilt, ihm beim Schreiben von Briefen geholfen[12] und zärtlich über seinen Kopf gestrichen.

Bertha schaut sich um in dem kühlen Raum, der nun ihr Zuhause ist. Alle Wände waren weiß gestrichen, es gab keine Holzvertäfelungen und keine Kachelöfen, denn Alfred hat Angst vor Feuer. Nur mühsam konnte sie Tapeten und die Vorhänge für ihren eigenen privaten Salon durchsetzen, dem die schlichten Möbel, die sie aus Köln mitgebracht hat, Wärme und Eleganz verleihen.

Ob die moderne Zentralheizung im Winter wohl genügend Wärme spenden wird? Sie lächelt, wenn sie daran denkt, wie viel Zeit und Mühe Alfred verwendet hat auf dieses Haus, das ihm und seiner Familie alle nur denkbaren Bequemlichkeiten bieten soll. Die Luft soll frisch sein und rein (er hat extra ein von ihm erfundenes Belüftungssystem eingebaut), die Temperatur gleichbleibend gesund (wie es ihre und ihres Sohnes Ärzte empfehlen), und vor allem soll es ruhig sein. Nur das Vogelgezwitscher darf man hören, den Wind in den Zweigen und vielleicht ab und an ein Lachen oder Klappern

V. l. n. r.: Clara Bruch, Bertha Krupp, Alfred Krupp (stehend) Friedrich Alfred (sitzend), Dr. Schmidt (sitzend)

von Geschirr, das aus den Zimmern dringt, in denen die Dienstboten beschäftigt sind. Alles, was seine Ingenieurskunst und sein Geld vermögen, alles hat ihr Mann aufgeboten, damit sie und Fritz bei ihm sein können.

Aber sie hat keine große Hoffnung. Seit der einzigen Geburt, die sie erlebt – nein, überlebt – hat, kränkelt sie. Sie fühlt sich matt und ist immer müde. Und ihr Kopf! Er schmerzt so oft, dann wieder wird ihr übel, sodass sie sich nicht hinaustraut aus ihrem Zimmer. Und dann die Zeiten, wo sie so traurig ist, dass ihr alles grau erscheint und sie sich zu gar nichts aufraffen kann. In all den Jahren sind ihre Leiden immer schlimmer geworden. Alle ärztliche Kunst hat nichts geholfen.

Schon im ersten Jahr ihrer Ehe, als sie mit Alfred in dem viel kleineren Haus lebte, mitten auf dem Gelände der Fabrik, hat das

Kopfweh begonnen. Ob der Lärm und die schlechte Luft schuld waren, die aus der Fabrik zu ihr herüberdrangen? Einer der Ärzte hatte das einmal so angedeutet. Doch Alfred machte das alles nichts aus. Wieso dann ihr? Trotzdem: Sie denkt heute noch mit Entsetzen an den grauenvollen Rhythmus, mit dem der riesige tonnenschwere Dampfhammer Fritz (so hatte ihn Alfred zu Ehren seines Sohnes genannt) alle halbe Stunde auf ein Werkstück herniederkrachte – kaum 100 Meter von ihrem Bett entfernt. So ohrenbetäubend war der Krach, dass alle zusammenfuhren vor Schreck. Und ihr Haus hat gebebt, jedes Mal, und mehr als einmal waren dabei Tassen und Teller aus ihrem Geschirrschrank gefallen. Wenn die Geschäfte gut liefen und viele Aufträge hereinkamen, dann hat der Hammer bis nachts um ein Uhr seine Arbeit getan. Danach herrschte dann immer einige Stunden Stille, bis zum Beginn der Frühschicht. Bertha versteht bis heute nicht, wieso sie in diesen Stunden trotzdem nicht geschlafen, sondern nervös zitternd im Bett gelegen hat. Dabei schlief Alfred so fest und gut in diesen Nächten.

Sie versucht, sich an die schönen Zeiten im Fremdenhaus, wie ihr erstes Heim jetzt genannt wird, zu erinnern. Es hatte ein Erdgeschoss, ein erstes Geschoss und außerdem noch ein ausgebautes Dach, alles war schön und gemütlich. Ganz eng daran angeschmiegt war das winzige Häuschen, in dem Alfred nach dem Tod seines Vaters seine ärmliche Kindheit verbrachte und das er später das Stammhaus nannte. Sie erinnert sich an ihr erstes gemeinsames Schlafzimmer im Erdgeschoss des Fremdenhauses, das Alfred für sie erweitert und verschönert hatte. Sie hat es mit den Möbeln ihrer Mitgift eingerichtet, die nach der Zitronenpolitur dufteten, die sie von zu Hause mitgebracht hat. In dem großen Bett haben sie und Alfred so viele Stunden zusammengelegen, flüsternd und kuschelnd und glücklich. Dann kam Fritz auf die Welt, und in das Haus kam Leben. Und noch mehr Glück. Aber immer war da der Lärm, der schwarze Rauch, der sich auf ihre Bronchien legte, immer kamen Menschen herein, immer wieder und immer mehr Gäste. Bald sah sie Alfred kaum noch allein.

Es klopft. Es ist Clärchen[13], die langjährige Gefährtin, die sie aus ihren Gedanken reißt und sie daran erinnert, dass sie in einer halben Stunde unten zum Essen erwartet wird. Sie nutzt die Zeit, ihre Haare hochzustecken, in das dunkelgrüne Seidenkleid zu steigen und ihre Erinnerungen mit Clara auszutauschen. »Erinnerst du dich noch an den großen Weihnachtsbaum im Festsaal im ersten Stock? Und wie

Hammer Fritz, 1877

mein Klavierlehrer Helfer so schön die Weihnachtslieder am Flügel begleitete? Und dass sie alle da waren, die alten Freunde und Alfreds Familie, weißt du noch?« Und Clärchen weiß natürlich noch alles. Sie kennt Carl Schulz und seine Familie, die Waldthausens und auch Ascherfeld, alles Verwandte von Alfred, die mit ihm aber auch auf die eine oder andere Weise geschäftlich verbunden sind.

Und natürlich erinnert sie sich gemeinsam mit Bertha an die weiteren Häuser, die sie bewohnt hat. Da war zuerst das Gartenhaus, in das die Familie umzog, um Bertha und Fritz etwas mehr Ruhe zu verschaffen. Aber ach, es lag immer noch auf dem Fabrikgelände, immer noch zu nah an Alfreds Arbeitsplatz, immer noch in Kohlenstaub und Hammerlärm gebettet! Es hatte einen schönen gepflegten Garten, aber die Hoffnung auf bessere Luft und Ruhe konnte es nicht erfüllen.

Der nächste Umzug ging nun wirklich weit weg von der Fabrik, hinauf auf den Hügel oberhalb des Baldeneysees. Das alte Gutshaus, das den Namen Klosterbuschhof trug, wurde zu einem modernen Landhaus umgebaut. Für dieses Bauvorhaben hatte Alfred Anwei-

Gartenhaus 1861

sungen gegeben wie diese: *Ich will die Wohnung ohne Verzug brauchbar haben, warm, reine Luft, ohne Spur von Geruch. (…) Am wenigsten darf in den Zimmern, wo mein Sohn sein soll, etwas mangeln.*[14] Das gelingt so ungefähr, Bertha und Fritz fühlen sich erstmals wohl in Essen, und was Bertha betrifft, wäre sie auf Dauer mit diesem Haus zufrieden gewesen.

Aber nun war Alfred selber von Unruhe getrieben. Bertha erinnert sich an den großen Schrecken vor sechs Jahren. Alfred, inzwischen ein immer ernster, immer angespannter erscheinender Mittfünfziger, hatte sie in Nizza besucht, wo sie – wie alle Jahre – den deutschen Winter über weilte, gemeinsam mit Fritz, Clärchen und Dr. Schmidt, der sie wie immer begleitete. Sie weiß es noch wie heute, wie er groß, fast mager, den etwas zu kleinen Kopf mit der hohen Stirn und den weißen Haaren um Kopf und Kinn herrisch erhoben, durch den Speisesaal des Hotels auf sie zukam. Dann wur-

de er auf einmal sehr blass und sank zu Boden. »Ein Nervenzusammenbruch«, diagnostizierte Dr. Schmidt in Übereinstimmung mit
den anderen zugezogenen Badeärzten. Er brauchte lange für seine
Genesung, viele, viele Wochen.

Die Fabrik lief trotzdem weiter, wenn er auch täglich an sie
dachte, Anweisungen an seine
Beamten schrieb und voller Unruhe war.

Danach, denkt Bertha, als sie
jetzt die breite Treppe ins Erdgeschoss hinuntergeht, ist er
nicht mehr der Alte geworden.
Zu ihrem Schmerz wird er nicht
ruhiger, sondern noch mehr getrieben von der Sorge um seinen Sohn und um die Zukunft
seines anderen »Kindes«, wie
er die Fabrik oft nennt. Früher
konnten Vater und Sohn gemeinsam lachen, früher, als es
noch Hoffnung gab, dass Fritz
gesund würde. Als der Bericht
einer Zahnbehandlung des klei-

Zeichnung von Alfred Krupp, 1872,
aufbewahrt in dem Erinnerungsbuch
von Bertha Krupp

nen Fritz, von der sie ihrem Mann in einem Brief berichtet hat, noch
Briefe auslöste, die sie lachen machten: *Daß Fritz sich ungeheuer
anstellen würde, der da heult, wenn ein Floh ihn sticht, konnte man
sich denken. Vielleicht besinnt er sich, wenn ich später komme, und
dann kann ich ja, um ihm Aufmunterung zu geben, mir vor ihm einen
Zahn ziehen lassen und nachher tüchtig lachen. Küsse den Jungen für
mich!*[15]

Oder als er ihr noch kleine selbst gezeichnete Karikaturen schickte, über die sie dann gemeinsam lachten und die sie in ihrem Erinnerungsbuch aufgehoben hat.

Er ist jetzt 61 Jahre alt und hat bemerkt, dass er sterblich ist, denkt
sie, und nun will er alles ordnen. Das Generalregulativ für die Fabrik – wie oft spricht er ihr gegenüber davon –, aber auch ein Haus,

das ihre Bedeutung unterstreicht, beides will er noch fertig stellen.
Und so hat er dieses Haus geschaffen, im Stil anderer schlossähn-
lichen Häuser, die sich auch andere reiche und erfolgreiche Fabrikanten in diesen goldenen Gründerjahren bauen. Ein Haus für sie,
Bertha, und auch für Fritz, aber auch ein Haus zur Repräsentation,
zum Empfang von Gästen und Kunden. So wie jetzt. Wieder einmal
empfangen Alfred und sie einen offiziellen Besuch zum Abendessen. Diesmal ist es einer der Berliner Beschaffungsoffiziere, den sie
unterhalten und für Krupp einnehmen soll. Sie seufzt. Aber erfreu-
licherweise ist auch die junge Margarethe da und wird zumindest
Fritz den Abend verschönern.

Wenige Stunden später sitzt sie in der oberen Halle, trinkt den
abschließenden Kaffee und beobachtet ihren Sohn und die Tochter des Regierungspräsidenten von Ende. Alfred hat sich in sein
Arbeitszimmer zurückgezogen. Sie aber sitzt fast unbemerkt auf
dem unbequemen Empfangsstuhl und beobachtet, wie Fritz sich
mit Margarethe unterhält. Erstaunlich, wie er aus sich herausgeht.
Die junge Dame hat wirklich das Talent, Sympathie zu erwecken!
Wie gut sie zuzuhören versteht! Und was erzählt er ihr wohl? Er
wirkt plötzlich so erwachsen, so fremd, so – wie ein Mann, denkt
sie erstaunt.

Die Serviermädchen in der adretten blau-weiß gestreiften Dienst-
kleidung fangen an, die Tassen und silbernen Gebäckschalen abzu-
räumen, aber immer noch sind die beiden jungen Leute tief in ihr
Gespräch vertieft. Etwas wie Wehmut überkommt Bertha, als sie
erkennt, dass sie Abschied nehmen muss von dem Gedanken, ihr
Fritz sei noch ein Kind. Dieses schlanke Mädchen mit der jungen-
haften Figur und den großen intelligenten Augen hat einen starken
Charakter, das weiß sie. Und sie mag sie. Und sie wird alles tun, um
wenigstens bei Fritz nicht zu versagen. Was immer er vom Leben
erwartet, sie wird es ihm geben, soweit es in ihrer Macht steht. Aber
diese Macht – das weiß sie auch – reicht nicht weiter als bis ans Ende
des Hügelparks.

Das Ende der Kindheit (1876–1878)

1876 wird August von Ende wieder versetzt. Dieses Mal als Oberpräsident nach Kassel. Der aufwendige und kostspielige Umzug von Düsseldorf nach Kassel verdüstert die Gemüter der Familie, die wieder einmal eine lieb gewordene Umgebung und die neu gewonnenen Freunde verlassen muss.

Vater von Ende ist älter geworden, seine beruflichen Anforderungen verlangen ihm immer mehr Zeit und Kraft ab. 1877 nimmt er noch einmal ein Mandat im Reichstag an, gleichzeitig ist er Mitglied im Abgeordnetenhaus.[16] Beide Funktionen hatte er 1871–1872 schon innegehabt, aber damals war er Mitte 50, während er jetzt die 60 überschritten hat. Er ist der häuslichen Auseinandersetzungen mit seiner Frau müde geworden, die in einer Art »Midlife-Crisis« plötzlich erklärt, sie werde sich nicht mehr um den Haushalt und die Familie kümmern, sondern sich ganz und gar dem gesellschaftlichen Leben und ihrer neuesten Liebhaberei, dem Kopieren alter Ölgemälde in der Kasseler Gemäldegalerie, widmen. Das tut sie, wie immer, mit Begabung und Begeisterung.

Mit ebenso großer Begeisterung tritt sie dem »Vaterländischen Frauenverein« bei, dessen Vorsitzende sie kraft ihrer Position als Frau des Oberpräsidenten wird.[17] Sie ist dann allerdings genauso schnell wieder enttäuscht, wenn sich ihre Erwartungen nicht erfüllen. Stetiges mühseliges Arbeiten ist ihre Sache nicht. Und der Kasseler Verein entspricht so gar nicht ihren Erwartungen an glänzende gesellschaftliche Anlässe, bietet nicht das erhoffte heitere Amüsement. Die Ironie ihrer persönlichen Lebensgeschichte, in der sie sich immer um korrektes gesellschaftliches Auftreten bemühte, liegt darin, dass sie bei dem ersten wirklich wichtigen öffentlichen und gesellschaftlichen Ereignis einen so eklatanten Fauxpas begeht, dass er in die Kasseler Stadtgeschichte eingeht. Und das kommt so:

Im Jahr 1875 startete der Kasseler Vaterländische Frauenverein erneut den Versuch, eine Krankenpflegerinnen-Station einzurichten. (…) Die ersten Versuche, für die Station Räume zu erhalten, scheiterten. Weder im Elisabethenhospital, noch im später neu erbauten Süsterhaus

konnte man unterkommen. Die Pflegerinnen in Privatfamilien unter-
zubringen war ebenfalls nicht möglich. Daher wurde am 15. Oktober
1875 ein festes »Asyl für freiwillige Krankenpflege« in einigen gemiete-
ten Zimmern in der Frankfurter Straße 31 eingerichtet. (…) Dies war
die Keimzelle des »Verbandes der Schwesternschaften unter dem Roten
Kreuz« in Kassel. Die Einrichtung des Asyls war nach Angaben Sophie
Henschels sehr bescheiden und stammte größtenteils aus Schenkun-
gen. Kaiserin Augusta, die sich selbst intensiv um die Entwicklung
der Vaterländischen Frauenvereine kümmerte, wünschte, die Stati-
on zu besuchen. Als Vorsitzende des Vaterländischen Frauenvereins
Kassel hatte die Frau des Oberpräsidenten (…), Freiherrin Eleonore
von Ende, dem Oberhofmeister der Kaiserin jedoch erklärt, dies gin-
ge nicht, weil diese Station ein »Schweineloch« wäre. Die Kaiserin
ließ sich davon jedoch nicht abhalten, fand wohl auch die Zustände
nicht so schlimm und fragte die Vorsitzende: »Où est donc le trou
des cochons?«[18] *Sophie Henschel hatte bei dieser Gelegenheit einen*
glücklicheren Auftritt. Sie überreichte als stellvertretende Vorsitzende
der Kaiserin ein Bukett. Sophie Henschel hatte dafür Blumen binden
lassen, die das rote Kreuz in weißem Feld bildeten und die sie mit einer
kleinen Ansprache überreichte. Als Dank übersandte ihr die Kaiserin
eine Brosche mit dem preußischen Adler.[19] Die Frau Oberpräsident
hatte sich unsterblich blamiert, einen ungünstigen Eindruck bei der
Kaiserin hinterlassen und dem Ansehen des Amtes wie auch dem
ihres Mannes geschadet.

Aber darauf Rücksicht zu nehmen ist Eleonores Art nicht. Mag
ihr auch der Erfolg auf dem gesellschaftlichen Parkett in Kassel
verwehrt sein, eins weiß sie ganz genau: Sie hat keinerlei Neigung
mehr, sich um ihre Familie oder ihren Haushalt zu kümmern. Das –
so findet sie – sollen Margarethe und ihre vier allesamt schon fast
erwachsenen Schwestern übernehmen. Ihr selbst wächst alles über
den Kopf. Die Töchter meutern, die Stimmung im Haus verschlechtert sich, und nun erreicht sie auch noch ein alarmierender Brief aus
Pommern. Ihr jüngster Bruder, Graf Felix Königsdorff, der nicht
nur den Namen seines Vaters, sondern auch dessen Hang zum Spiel
geerbt hat, ist wegen Spielschulden in Schwierigkeiten und bittet
um finanzielle Unterstützung. Sie trägt diese Bitte noch am gleichen
Abend ihrem Mann vor, aber der rät ihr ab. »Bedenke«, meint er

vorsichtig, »du hast Felix schon den Nießbrauch an deinem mütterlichen Erbe hinterlassen. Und unsere Verhältnisse kennst du doch auch. Es reicht gerade aus, um standesgemäß leben zu können. Und denkst du nicht, dass unsere fünf Töchter zumindest eine bescheidene Aussteuer brauchen werden, falls sie heiraten?«

Nein, das denkt Eleonore keinesfalls. Impulsiv, emotional, verwöhnt, aber auch gestählt im täglichen Überlebenskampf, ist es nun sie, der Worte entschlüpfen, die zutiefst verletzen: »Meine Brüder«, so faucht sie, »stehen mir näher als meine Kinder.« Natürlich meint sie nicht ihre Söhne, nicht ihren Liebling Siegfried, der beim Militär geblieben ist, und auch nicht Felix, den seelenverwandten Sohn, der ihre Liebe zur Malerei teilt und aus diesem Handwerk sogar seinen Beruf machen wird. Nein, sie meint ihre vier älteren Töchter. Sie sollen sich nun endlich an den Gedanken gewöhnen, nach den Vorstellungen der Mutter zu leben und nicht nach den »Hirngespinsten«, die sich in ihren Köpfen eingenistet haben.

Aber Margarethe und ihre Schwestern sind rebellisch. Was sie in diesen Tagen bewegt, beschreibt Margarethe ihrer Biografin später so: *Das in der Stille unzählige Male sich abgespielte Leid – zur Tragik sich weitersteigernd – für das eigentliche Leben und seine Anforderungen schlecht erzogener Mädchen – ein Hauch davon das Gefühl der Leere, die Unbefriedigung – war jetzt im Endeschen Haus zu spüren. Auseinandersetzungen zwischen Mutter und Töchtern herbeiführend, die hier mit einer Katastrophe endigten.*[20]

Nun, in der dramatischen Auseinandersetzung ihrer Eltern, brechen die letzten Dämme. Wenn die Töchter sich der Mutter und ihren Vorstellungen nicht unterordnen wollen, wenn der Vater seine Frau in ihrem Verlangen nicht unterstützt – nun, dann müssen die Töchter das elterliche Haus eben verlassen »*Sie müssen das Haus verlassen, sofort*«[21], erklärt Eleonore kategorisch und weicht von dieser Entscheidung nicht wieder ab. *Da mich ein gewisses Unabhängigkeitsgefühl beseelte und das Heranwachsen der jüngeren Schwestern auch das Gefühl des Überflüssigwerdens bei mir erzeugte, kam mir das Verlangen nicht ungelegen*, erinnert sich Margarethe, *und es gelang mir, von meinem damals gemütlich angegriffenen Vater die Erlaubnis zu erlangen, zu versuchen, mich auf eigene Füße zu stellen und zunächst meinen jüngeren Schwestern behilflich zu sein,*

*ihren Plan, sich für das Erzieherinnen-Examen vorzubereiten, aus-
zuführen.*[22]

Margarethe ist jetzt 23 Jahre alt. Sie verfügt immerhin über Min-

Margarethe von Ende, 1878

destvoraussetzungen, die ihr erlauben, den Start ins Berufsleben
zu wagen: Sie hat ein Abgangs-
zeugnis der Höheren Töchterschule in Breslau und auch ein
Zwischenzeugnis (so würden
wir es heute nennen) des Pri-
vatseminars, das aufzugeben sie
damals die Mama gezwungen
hatte. In weiser Voraussicht des
Kommenden hat sie den Kontakt mit ihrer Freundin Hedwig
Luchs, der Direktorentochter,
aufrechterhalten und damit die
Verbindung zu einem Institut,
das ihr jetzt helfen kann, eine
angemessene Stellung als Erzieherin zu finden. Der gute Eindruck, den sie aufgrund ihres
Fleißes und ihres pädagogischen Geschicks im Probe-Unterricht bei
den jüngeren Schülerinnen hinterlassen hat, wird nun die Grundlage für ihre neue, selbstständige Existenz als Gouvernante.

Aber bis dahin ist noch einiges an Bitternis auszustehen. Der Vater, hilflos angesichts des häuslichen Dramas, hilft ihr, die drei jüngeren Schwestern, die ebenfalls von dem mütterlichen Hinauswurf
betroffen sind, so gut es geht, unterzubringen. Nur das Nesthäkchen,
die sechsjährige Irene, duldet die Mutter noch im Hause. Martha, 18
Jahre alt, und die um ein Jahr ältere Lollo werden – ausgestattet mit
einem äußerst dürftigen Budget – bei einer mütterlichen Freundin
aus der Düsseldorfer Zeit, Baronin von der Leyen, in ihrem Haus
Meer bei Düsseldorf untergebracht, bis sie bei einer Pastorenwitwe
in Pension aufgenommen werden können. Von dort aus besuchen
sie das dortige Lehrerinnenseminar und legen nach zwei Jahren das
Schlussexamen erfolgreich ab. Die dritte Schwester, die 16-jährige

Anna, wird nach Pommern geschickt zu ihrem spielfreudigen Onkel
Felix Königsdorff, der dank Eleonores Hilfe aus dem Schuldgefäng-
nis freigekommen ist.

*Der Schritt, der fürs Leben sein sollte, war getan, und rasch, ohne
dem Schmerz des schweren Abschieds vom Vater Raum zu geben,
ist das neue Leben begonnen worden.*[23] Mit leichtem Gepäck, mit
nichts als einer guten Erziehung, einer eher dürftigen Ausbildung,
allerdings sehr guten gesellschaftlichen Kontakten und der Hilfe
von Menschen, die ihre Fähigkeiten und ihren Charakter schätzten,
öffnet Margarethe ihre Augen, ihre Sinne und ihr Herz der Welt,
die sie nun endlich kennenlernen soll. Sie ganz allein, und ganz aus
eigener Kraft, wird ihr Leben meistern. Dazu ist sie entschlossen. Sie
wird und muss es schaffen.

The governess (1878)

Königin Victorias inniger Liebe und Zuneigung zu ihrer deutschen
Gouvernante, Louise Lehzen, verdankte diese ihre Erhebung in den
Adelsstand. Als Freifräulein von Lehzen war sie auch in London
hoffähig und durfte mit ihrem Zögling, der späteren Königin, an
einem Tisch essen.[24] Die Freundschaft dieser beiden Frauen sorgte
für eine neue Mode in England, wo es sowohl in adeligen wie auch
bürgerlichen Kreisen üblich wurde, deutsche Hauslehrerinnen zu
beschäftigen.

Weil die Gehälter in England höher sind als in Deutschland, aber
auch weil es inzwischen eine ganze Anzahl von geeigneten jungen Damen gibt, die nicht nur aus finanzieller Not, sondern auch
aus Abenteuerlust und dem Wunsch, sich sowohl intellektuell wie
menschlich weiterzuentwickeln, Gouvernantenstellen in England
suchen, wird 1876 in London der »Verein deutscher Lehrerinnen in
England« gegründet, *dessen Hauptaufgabe die Stellenvermittlung
qualifizierter deutscher Hauslehrerinnen bildete.*[25]

An diese Stellenvermittlung wendet sich Margarethe, nachdem

sie sich ausführlich mit ihrem alten Freund und Tutor, dem Leiter ihres ehemaligen Lehrerinnenseminars in Breslau, beraten hat. »Du hast die nötige theoretische Ausbildung«, meint er, »aber natürlich brauchst du eine persönliche Empfehlung über deinen Charakter und deinen Lebenswandel. Kennst du jemanden, der dich empfehlen kann?« Margarethe strahlt ihn an: »Oh ja«, ist ihre Antwort, »da gibt es jemanden, der mir ganz sicher hilft.« Und so ist es auch. Ein einziger erklärender Brief an ihre mütterliche Freundin auf dem Hügel reicht aus, um Bertha Krupp zu veranlassen, ein warmes und lobendes Empfehlungsschreiben zu verfassen. Und noch ein zweites Schreiben kann Margarethe vorweisen: das der Baronin von der Leyen, die den Schwestern so großmütig in ihrer Lebenskrise hilft. Der Leiterin des Londoner Vereins, Helene Adelmann, sind natürlich sowohl die Namen Bertha Krupp wie von der Leyen wohlbekannt. Sie geben Margarethes Bewerbung Glanz und Seriosität. Und so kommt schon sehr bald die Bestätigung, dass Margarethes Bewerbung Erfolg gehabt hat.

Sie erhält einen liebenswürdigen Zusagebrief ihrer zukünftigen Familie, zusammen mit der willkommenen Ankündigung eines ordentlichen Gehalts und einer Fahrkarte nach Holyhead in Nordwales. Ihre Aufgabe wird es sein, die beiden Töchter des Admirals Mackenzie zu unterrichten und zu erziehen.

Schweren Herzens, denn ich war mir meiner unzulänglichen Vorbildung nur zu bewußt,[26] so beschreibt Margarethe später ihre Stimmung im Herbst 1878, als sie nach England aufbrach, um eine Stelle anzutreten, *die in den Augen der Welt das Herabsteigen aus meiner Klasse in eine »dienende« Stellung hinein*[27] bedeutete. Aber sie hat Glück. Die bürgerliche Familie nimmt sie freundlich auf. Man behandelt sie wie eine ältere Tochter, und so fällt es Margarethe nicht schwer, sich einzuleben. *Glücklicherweise für mich,* erinnert sie sich, *waren die Ansprüche für den Unterricht der Mädchen in England damals nicht sehr hoch, und so gelang es mir, allerdings mit viel Anstrengung meinerseits, meine beiden Zöglinge im Alter von 11 und 12 Jahren zur vollen Zufriedenheit der Eltern zu fördern. Nebenbei trieb ich mit der erwachsenen Tochter Französisch, und als dieser sich Gelegenheit bot, nach Spanien zu reisen, widmeten wir uns gemeinschaftlich dem Studium der spanischen Sprache. Nach den Aufregungen der letzten*

*Zeit fühlte ich mich in dem stillen, einförmigen Leben in Holyhead
sehr wohl und genoß besonders das Gefühl, durch eigenen Verdienst
auf freien Füßen zu stehen.*[28]
Die Familie des Admirals lebt zwar auf einem großen, sogar luxuriösen Landsitz, aber es gibt wenig Abwechslung. Die Tage verlaufen
im stillen Gleichmaß. Margarethe gewinnt die Zuneigung und das
Vertrauen ihrer Zöglinge und der ganzen Familie in dem Maße,
dass sie viele Jahre später die Töchter der ältesten Tochter monatelang als Lerngefährtinnen ihrer eigenen Töchter auf dem Hügel be-
herbergt. *Besondere geistige Anregung bot das Leben in Holyhead ja
nicht,* notiert sie später, *aber meine Vorbereitung für den Unterricht,
sowie dieser selbst und die allgemeine Beschäftigung mit den Kindern
nahm mich vollauf in Anspruch. Und dabei hatte ich doch auch viele
neue Eindrücke durch das fremde Land und Volk mit seinen mir ungewohnten Gepflogenheiten. (...) Sehr eigenthümlich berührte mich das
mir ganz neue, meinen Begriffen nach allerdings sehr oberflächliche
kirchliche Leben, doch besuchte ich Sonntags bald mit Vorliebe zweimal den Gottesdienst, allerdings wohl hauptsächlich darum, weil sich
damit ein schöner Spaziergang verknüpfte, der im Übrigen Sonntags
verpönt war. Auch fand ich mich darein, die Sonntag Abende für die
Kinder und deren ältere Brüder mit frommen Spielen auszufüllen,
indem wir jeder mit seiner Bibel bewaffnet uns biblische Fragen aus
einem Säckchen zogen und unter allerlei Scherzen um die Wette zu
lösen suchten, eine Art der religiösen Bethätigung, die mir trotz meines
Mangels an Kirchlichkeit zunächst frivol erschien.*[29] Margarethe ist all
dieses fremd, in ihrem Elternhaus ist Religion Privatsache, Intimität,
etwas, worüber man nicht spricht. Das preußische Beamtenkind in
ihr findet noch keinen Zugang zu dem so besonderen englischen
Humor.
Sie nutzt jede freie Minute zum Lernen. Sie lernt aus Büchern, sie
lernt vom Erzieher der Söhne, sie widmet sich den alten Sprachen
und erweitert ihre Kenntnisse in Geografie und Naturkunde. Und
vor allem findet sie zum ersten Mal in ihrem Leben Zeit für sich
selbst. Sie macht lange einsame Spaziergänge an der Küste.
*Das Schönste, das ihr wird, der erste Anblick des Meeres von der felsi-
gen Küste von Wales aus, sie wird es begrüßt haben, dies Erlebnis ihrer
Augen, stumm.*[30] Das Meer, der Duft des Salzes in der Luft, das Blöken

der Schafe, der zarte Geruch frisch geschnittenen Heus – all das verbindet sich zu einem großen Gefühl innerer Ruhe und Harmonie.

Sie findet sich in vieles Neues, sie wächst daran und – vor allem – wird ruhiger und ihrer selbst sicherer. Als sie zum ersten Mal ihr jährliches Gehalt erhält, zittern ihre Hände, und ihr Herz flattert, aber nicht aus Ängstlichkeit, sondern vor Stolz. Sie hat es wirklich geschafft. Sie kann aus eigener Kraft leben! *Sie hat vielleicht jetzt schon das harsche Gebot der Mutter fast gesegnet,* erklärt sie ihrer späteren Biografin, *weil sie dadurch in eine Bahn getrieben, die ihre schlummernden Anlagen und Kräfte zur Blüte entfaltet. Das stolze Gefühl der Selbständigkeit, durch eigene Arbeit ihr geschenkt, nach der ihre Seele sich immer gesehnt, und gerade, daß es mühevolle Arbeit war, hat deren Wert erhöht. (…) Dabei ist die Schönheit der Selbständigkeit noch erhöht worden durch die Aussicht, den Schwestern in Düsseldorf auch pekuniär mehr zu sein.*[31]

Margarethe kopiert eine Zeichnung von Conway Castle, N. Wales, und vermerkt darunter: »gez. von Margarethe von Ende und den Eltern aus Holyhead zu Weihnachten geschickt«

Bei der freundlichen Familie Mackenzie kommt Margarethe immer mehr zur Ruhe. Sie hat Zeit, sich Gedanken darüber zu machen, was es bedeutet, als Deutsche im Ausland zu leben. Sie liest mit ihren Mädchen die deutsche, englische und französische Literatur, vor allem die moderne. Gemeinsam versuchen sie, Gemeinsamkeiten und Unterschiede der einzelnen Nationen zu verstehen und zu bestimmen. Und so wird sich Margarethe bewusst, dass sie nicht nur Preußin, sondern auch Deutsche ist. *Nicht wie viele Deutsche gerade in England, ist sie ohne Urteil vom Neuem entzückt gewesen, das sich ihr bot, schon ihr Deutschtum ließ es nicht zu. Die neuen Eindrücke haben auf sie gewirkt in ruhig abwägender Weise.*[32]

Frau Mackenzie ist eine großzügige Arbeitgeberin. Wie viele
Mütter, die in der ländlichen Abgeschiedenheit leben und darauf
angewiesen sind, dass die Erzieher und Erzieherinnen ihrer Kinder
sich dort wohlfühlen, erlaubt sie Margarethe, Familienmitglieder
und Freunde im Hause zu empfangen. Sie bietet den Besuchern
ihrer Gouvernante den gleichen Familienanschluss und die gleiche
angenehme Behandlung wie ihr. Das ist nicht überall so. In vielen
Familien nimmt die Gouvernante eine Zwitterstellung ein: Sie erzieht ein Familienmitglied und ist doch eine Untergebene. Oft darf
sie nicht im Esszimmer essen, sondern das Essen wird ihr in ihr
Zimmer gebracht, wo sie es einsam verzehrt. Denn auch die Dienstboten akzeptieren sie nicht als eine der Ihren, da sie ihr wegen ihres
direkten Umgang mit der Herrschaft misstrauen. Margarethe hat
großes Glück, dass dies im Haus des Admirals ganz anders gehandhabt wird und sie dort wirklich als Familienmitglied aufgenommen
worden ist.

In dem Jahr, das Margarethe in England verbringt, haben sie so
manche Familienmitglieder und Freunde besucht. Frau Mackenzie
empfängt alle mit freundlicher Güte. Aber eines Tages kommt ein
Gast, der sie überrascht. Sie bittet ihren Ehemann um Unterstützung: Es ist niemand anderes als Friedrich Alfred Krupp, der Sohn
Alfred Krupps, der dem Admiral selbstverständlich ein Begriff ist.
Das Ehepaar fühlt sich geehrt und bietet Margarethe, die sie in ihr
Herz geschlossen haben, in taktvoller Weise jede Möglichkeit, mit
dem jungen Mann allein zu sein.

Auf einem der langen Spaziergänge, die sie mit Fritz am Strand
entlang macht, begreift Margarethe ganz plötzlich, was dieser Besuch für Fritz bedeutet. Für sie war es bis zu diesem Augenblick nur
der Besuch des Sohnes ihrer Freundin Bertha, eine Gelegenheit,
nach ihr und anderen Freunden zu fragen, ihn mit Botschaften für
ihre Schwestern zu beauftragen. Aber jetzt bleibt er stehen, mitten
am Strand, vor dem bleigrauen Meer, und beginnt zu reden. So, als
ob alles das, was er ihr jetzt erzählt, so lange in ihm eingeschlossen
war, dass es nun herausmuss. Sie lassen sich beide in den Sand nieder, sie rafft ihren langen Rock um sich und hört ihm zu, stundenlang, wie ihr scheint. Und er erzählt von seiner Kindheit, von seinen
Eltern, von den Umzügen von einem Haus ins andere, aber immer

– bis es für seine Gesundheit zu spät ist – im Bereich der Fabrik.
Dass seine Eltern noch nachts um eins in die Werkstatt gegangen
sind, wenn sie von einer Einladung zurückkamen. Dass seine Mutter
immer kränklicher, sein Vater immer schweigsamer geworden sei.
Dass seine Krankheit ihn behinderte, es ihm unmöglich machte, mit
seinen Spielkameraden zusammen zu sein, obwohl man diese extra
für ihn eingeladen hatte. Wie er hinter dem Fenster des Garten-
hauses gestanden und den anderen Jungen zugesehen hatte, die im
Garten spielten. Er aber musste im Hause bleiben, denn im Garten
bekam er Atemnot. Seine französische Bonne, seine Gouvernante,
seine Mutter, sein Vater, immer und immer kümmerten sie sich
um seine Gesundheit, hätschelten ihn, gängelten ihn. Jedes Mal,
wenn er glaubte, sich nun ausreichend gestärkt zu haben, um dieser
Fürsorge zu entkommen, wurde er wieder krank. »An meinem 20.
Geburtstag war ich krank. Wissen Sie, dass ich danach einige Monate in Ägypten war? Die heiße, trockene Luft hat mir gutgetan. Es
ging mir besser.« Er springt auf und geht in seiner Unruhe einige
Schritte hin und her, dann setzt er sich wieder zu ihr. »An meinem
21. Geburtstag hat Vater mir endlich eine Position in der Fabrik gegeben, sogar mit Gehalt. Es ist, als ob die große Krise, die die Fabrik
gerade hinter sich hat, Vater bewogen hat, sich ernsthaft Gedanken
um die Zukunft zu machen. Und die Zukunft bin ich!« Das zaghafte
Lächeln, das sich auf seinem gutmütigen, sanft gerundeten Gesicht
ausgebreitet hat, verlischt sogleich. »Aber ich bin natürlich auch
immer eine Enttäuschung für ihn. Und auch für mich selbst bin ich
eine Enttäuschung, Margarethe. Nicht einmal meinen Militärdienst
konnte ich beenden, ich bekam die Masern!! Vater sagt nichts dazu,
aber ich weiß, dass er sich grämt.« Friedrich sieht sie an, in seinen
Augen ein Flehen: »Ich bin es leid, Margarethe, ich bin es wirklich
leid.« Er berührt ihre Hand, ganz sanft, ganz ohne Bewusstsein. »Ich
bin jetzt 25 Jahre alt. Vater will nicht, dass ich studiere. Er will, dass
ich in der Fabrik lerne, genau wie er. Aber die Zeiten haben sich
geändert. Heute muss ich mehr wissen als er, mehr verstehen von
dem, was wir herstellen. Aber er lässt mich nicht. Und Mutter? Sie
kennen sie ja, sie ist so selten in Essen, und wenn sie da ist, macht
sie sich Sorgen um ihn und weniger um mich.« Er verstummt. Eine
helle Röte überzieht sein Gesicht. Er reicht ihr die Hand und hilft ihr

beim Aufstehen. »Verzeihen Sie, Margarethe, dass ich so viel von mir rede. Ich weiß nicht, was über mich gekommen ist. Bitte verzeihen Sie mir.« Wie es die Konvention verlangt, wiegelt sie lächelnd ab. Und lächelnd führt sie das Gespräch in neutralere, unbefangenere Bahnen. Aber abends, beim Dinner, beobachtet sie ihn, und es gefällt ihr, was sie sieht. Und was sie fühlt. Sie spürt hinter diesem so sympathischen, so arglosen Gesicht eine tiefe Unsicherheit und Verletzlichkeit. Wärme steigt aus ihrem Herzen auf und der Gedanke, erschreckend und köstlich: Er liebt mich ja!

Am nächsten Tag reist Fritz ab, ohne sich ihr weiter erklärt zu haben. Nur eines hat sie ihm versprechen müssen: nach Essen zu reisen zu der Hochzeit einer Cousine, die Bertha auf dem Hügel ausrichten wird. Dort, dessen ist sie sich ganz gewiss, wird er ihr sagen, was er ihr jetzt noch verschweigt.

Das Dienstbotenbett (1879)

Fast ein Jahr ihres Dienstes als Gouvernante ist vergangen, da bekommt Margarethe mehrere erfreuliche Briefe. Der Schuldirektor in Düsseldorf, der ihre beiden Schwestern unterrichtet, bietet ihr eine neue Stelle an. Er hatte sie kennengelernt bei einem Empfang im elterlichen Haus, auf dem sie die erkrankte Mutter vertreten und die Honneurs gemacht hatte. Und nun erinnert er sich ihrer, als eine ältere Hofdame der Herzogin von Sachsen-Anhalt ihn um eine Empfehlung bittet für die Stelle einer Erzieherin der elfjährigen Prinzessin Alexandra. Er hat ihre Bewerbung weitergeleitet und legt jetzt gleich den ersten Brief ihrer neuen Arbeitgeberin, der Herzogin von Anhalt, bei:

Paris, den 2ten Mai 79.
Mein liebes Fräulein!
(…) Ich heiße Sie nun herzlich willkommen. Ich hoffe zu Gott, daß Sie sich bald heimisch und wohl in unserem Hause fühlen sollen. Ich

werde, so viel in meinen Kräften steht, dazu beitragen! Ich hoffe zuversichtlich, daß es Ihnen, bei Ihrer Liebe zu Kindern, bald gelingen wird, sich das Herz Ihrer kleinen Schülerin zu erobern.

Wir verlassen Paris übermorgen und werden mit kurzem Aufenthalt in Brüssel heimkehren. Bitte liebes Fräulein, schreiben Sie mir (…), wann Sie einzutreffen gedenken. (…) Also, will's Gott, lernen wir uns nun bald kennen. Ich sage Ihnen Lebe wohl! für heute, da ich sehr in Anspruch genommen bin.

Mit herzlichem Gruß, mein liebes Fräulein,
Ihre Antoinette von Anhalt.[33]

Ein weiterer Brief ist von ihrem Vater. Er teilt ihr mit, dass sie zu Hause willkommen sein wird, wenn sie jetzt ihren Urlaub antritt. Wie immer in den verflossenen Monaten berichtet er über die Familie, ohne seine Frau zu erwähnen. Margarethe weiß, dass ihre Mutter ihr noch nicht vergeben hat. Aber offensichtlich ist sie wenigstens bereit, die Tochter wieder in ihrem Haus aufzunehmen. Also macht sie sich auf zu der mühevollen Reise über den Kanal. Zwei Tage lang schaukelt und stampft das Schiff in der unruhigen See, während die Passagiere es so gut ertragen, wie sie können. In den wenigen Stunden, in denen Margarethe nicht unter Seekrankheit leidet, unterhält sie sich mit ihrer Kabinengenossin, die ebenfalls als Gouvernante arbeitet. Auch sie wohnt auf einem großen englischen Landsitz, und auch sie wird gut behandelt. »Aber«, beschwert sie sich lächelnd, »mein Zögling hat ältere Geschwister, und so muss ich fast jedes Wochenende zum Tanz aufspielen für die jungen Leute. Hätte ich doch nur verschwiegen, dass ich gut Klavier spielen kann!«[34] Sie lacht, und mit ihr Margarethe, die sich einfach nicht vorstellen kann, dass man so etwas von der Gouvernante verlangen kann.

Zwei weitere lange Tage dauert die Eisenbahnfahrt bis nach Kassel. Es ist heiß und staubig. In Margarethes langem Rock staut sich die Wärme, die Bluse mit den engen Ärmeln weicht langsam auf, und das lavendelgetränkte Tüchlein ist zu einem unansehnlichen Knäuel in ihrer Hand geworden. Wie freut sie sich auf ihr Zimmer, auf kühles Wasser und die Badewanne in dem neuen Bad der elterlichen Wohnung! Aber vorher muss sie noch das Treffen mit ihrer Mutter überstehen, und davor ist ihr bange. Zu Recht, wie sich herausstellt.

Eleonore von Ende, geborene Gräfin Königsdorff, empfängt ihre
Tochter mit eisiger Kälte. Sie begrüßt sie wie eine Dienstbotin, und
wie eine Dienstbotin führt sie sie durch den Hintereingang in das
Dienstmädchenzimmer. Margarethe ist starr. Hier soll sie schlafen?
Die Mutter geht und überlässt es ihr, mit der Situation fertig zu werden. Erst Abends, als der Vater kommt und die Eltern mit Margarethe und den Söhnen um den Tisch sitzen, gibt die Mutter, diesmal
mit vor Erregung zitternder Stimme, ihre Erklärung ab. Margarethe
*mußte in einem Dienstbotenbett schlafen, da sie ja ein Dienstbote, eine
Bezahlte geworden sei.*[35] Vater und Brüder blickten betreten zu Boden, aber Margarethe ist erwachsen geworden in diesem Jahr in der
Fremde, und so bleibt sie ganz ruhig. Sie sieht ihre Mutter an, sieht
den bitteren Zug um den Mund, sieht aber auch die Träne, die sich
in den puppenblauen Augen sammelt und langsam über die Wange
rinnt. *Eine Gräfin Königsdorff des Ancien Régime konnte noch immer
nicht der neuen Weltordnung Konzession machen, und kostete es ihr
auch den bittersten Schmerz.*[36] Eine Welle des Mitleids überkommt
sie angesichts solchen Unverstandes. Sie weiß ja, dass nicht die Tatsache des Gouvernantentums sie in den Augen ihrer Mutter herab-
setzt, sondern dass sie als Gourvernante dient bei einer Familie, die
in den Augen ihrer Mutter nicht standesgemäß ist. Die Mackenzies
sind Bürgerliche, und das ist der entscheidende Punkt.

Taktvoll lenken sie und ihr Vater das Gespräch auf das Angebot,
Margarethe als Erzieherin an den Sachsen-Anhaltinischen Hof zu
holen. Eleonore trocknet ihre Augen und lebt wieder auf, denn *freilich, etwas ganz anderes ist in ihren Augen, wenn man bei Hofe dient.
Dafür hat sie das beste Beispiel in der eigenen Familie, ohne daß man
sich degradiert. Ihres Mannes Mutter, die geborene Freiin von Hagen,
die tiefreligiöse Seele, hatte jahrelang die Ehre genossen, dem frauen-
losen Hausstand des Prinzen August von Preußen in Berlin vorzuste-
hen und seine illegitimen Kinder zu überwachen. Sie genoß jetzt ihr
Ruhegehalt in Berlin.*[37] Margarethe fühlt tiefe Bewunderung für ihre
Großmutter. Angesichts ihrer eigenen Schwierigkeiten kann sie sich
ausmalen, was diese zwei Generationen ältere mittellose Witwe, die
Mutter ihrer Vaters, auszustehen hatte, bevor sie sich ihren ehren-
vollen Platz in der Gesellschaft eroberte. Kein Wunder, dass ihr Vater
so viel toleranter und aufgeschlossener ist als die Mama.

Um des Familienfriedens willen, aber auch angezogen von dem höheren Gehalt, der Pensionsberechtigung, der höheren sozialen Anerkennung und – vor allem – der Aussicht, mehr von der Welt und der guten Gesellschaft kennenzulernen, fügt sich Margarethe in den Wunsch ihrer Eltern, ihre Stelle zu wechseln. Dass es noch einen weiteren Grund für sie gibt, nach Deutschland zurückzukehren, darüber spricht sie nicht. Sie berichtet ihren Eltern von der Einladung auf den Hügel zur Hochzeitsfeier einer Nichte von Bertha Krupp, und ohne jeden Hintergedanken freuen sie sich mit ihr. Sowohl Eleonore wie auch August von Ende haben jede Hoffnung aufgegeben, ihre 26-jährige Tochter, die in den Augen der Welt längst eine alte Jungfer ist, unter die Haube zu bringen. Wer sollte auch diesen Blaustrumpf, dieses späte Mädchen, das weder schön noch reich ist, dafür aber über große Willenskraft und Intelligenz verfügt, heiraten wollen!

Auf dem Hügel herrscht munterer Hochzeitstrubel, überall stehen festlich gekleidete Menschen herum, ein heiterer Ton herrscht, und nicht einmal die strenge Erscheinung des Hausherrn kann die gute Stimmung beeinträchtigen. Bertha Krupp, in ihren reiferen Jahren so schön, anmutig und kultiviert wie eh und je, schließt Margarethe fest in die Arme. »Meine junge Freundin, ich danke dir, dass du gekommen bist. Du musst mir alles erzählen! Später, wenn wir wieder unter uns sind.« Und mit einem herzlichen Kuss verabschiedet sie sich, um sich ihren anderen Gästen zu widmen.

Einen Augenblick steht Margarethe alleine da, sehr schlank, das dunkelblonde Haar streng nach hinten gekämmt, in einem bunten Sommerkleid mit einer Schärpe um die Taille. Wie selbstverständlich fügt sich wieder ihre Hand in die von Fritz, als er sie in den Garten führt, wo sie ungestört miteinander reden können. Und hier, zwischen den alten Bäumen und blühenden Beeten, erklärt er ihr seine Liebe.

Sie zögert mit der Anwort, denn sie spürt, dass seine Liebe stärker und reifer ist als die Zuneigung, die sie ihm entgegenbringt. Er küsst erst ihre Hand, dann ihren Mund, und es ist ihr angenehm. »Ich bin zu alt für dich«, sagt sie, »wir sind der gleiche Jahrgang. Und dein Vater will unsere Verbindung nicht.« Das stimmt, er kann es nicht leugnen. »Aber Mutter liebt dich auch, Marga«, erwidert er, »und Vaters Widerstand werden wir brechen, hab nur noch ein wenig

Geduld.« Hat er ihr nicht gerade erklärt, dass er bereits seit seinem
21. Geburtstag wisse, dass er sie liebe? Wie lange will er noch warten?
Sie weiß, dass sie mit ihren 26 Jahren nicht mehr lange warten kann.
Alfred, das ist ihr klar, wird nicht so schnell aufgeben. Außerdem
vermutet sie, dass es nicht nur der Standesunterschied ist, der ihm
an einer Heirat zwischen ihr und Fritz nicht gefällt. *Der eigentliche
Grund war wohl ein gewisser Widerspruchsgeist. Zu jener Zeit war es
in der Kruppschen Ehe schon zu gewissen Mißhelligkeiten gekommen,
und da Herr Krupp es liebte, daß die Anregung für alles nur von ihm
ausgehen sollte und nur sein Wille Geltung haben dürfte, reizte es ihn
wohl gerade, seiner Frau in der offenbaren Begünstigung der Wünsche
des Sohnes tyrannisch entgegen zu treten.*[38]

Sie fühlt tiefe mütterliche Zärtlichkeit für Fritz, den *bei weitem
über sein Alter hinaus gereiften Mann, der es vermocht hatte, (fast)
sechs Jahre lang seine tiefe Liebe zu (ihr) (…) dem herrischen Willen
seines Vaters unterzuordnen, der gegen die Heirat mit dem adligen
Fräulein ist, dessen Vater es gewagt, an seiner eigenen Tafel ihn sozusagen zurechtzuweisen. Er fürchtet von dieser Seite unliebsame Ein-
mischungen für später.*[39] Aber sie wird sich nicht das Herz brechen
lassen von dem alten Tyrannen. Trotz steigt in ihr auf. *Ich fühlte für
Fritz eine herzliche Neigung und obgleich ich diese erwidert fühlte,
hielt ich unsere Gleichaltrigkeit für ein Hinderniß einer Heirath und
empfand es dankbar, durch meine Tätigkeit in England und später in
Dessau in jeder Beziehung zu sehr in Anspruch genommen zu sein und
von mir unnütz erscheinenden Wünschen und Gedanken abgelenkt zu
werden.*

Später, am Abend, als sie in dem hellen Gästezimmer im ersten
Stock in ihrem gemütlichen Bett liegt und durch das große Fenster
den hellen Sternenhimmel sieht, erst da wird ihr die Ironie der Situation bewusst: hier ihre Mutter, die in altmodischem Festhalten
am adeligen Standesbewusstsein sich nicht damit abfinden kann,
dass ihre Tochter Beziehungen zu einer bürgerlichen Familie hat.
Dort Fritzens Vater, der in ebenfalls altmodischem Festhalten am
Bürgerstolz sich heftig wehrt gegen die Verbindung seines Sohnes
zu einem altadeligen Mädchen. Sie und Fritz, die Vertreter der neu-
en Generation, hingegen wissen, dass die Lebensumstände beider
Gesellschaftsschichten sich einander angeglichen haben, und dass

der Gegensatz, an dem ihre Eltern festhalten, längst im Schwinden ist.

Heute wird sich dieses Problem nicht lösen lassen. Kurz bevor ihr die Augen zufallen, beschließt sie, dass sie Fritz das Leben nicht noch schwerer machen wird, als es schon ist. Und was bedeutet noch ein weiteres Jahr? Dessau lockt und die große weite Welt, die sich ihr dort öffnen wird. Und so legt sie bei ihrem Treffen am nächsten Tag ihre Arme um ihn, erwidert seine Küsse und genießt die beiden wundervollen Tage gemeinsamer Freude und Leichtigkeit von ganzem Herzen.

Erzieherin bei Hofe (1879–1882)

Die Herzogin Antoinette von Sachsen-Altenburg ist eine gut aussehnde mollige Vierzigerin, die ihrem Mann, Herzog Friedrich I., insgesamt sechs Kinder geboren hat. Das jüngste Kind, Margarethes Zögling, ist bei Margarethes Ankunft elf Jahre alt und trägt den Titel Alexandra Theres Marie Prinzessin von Anhalt. Die Herzogin ist 16 Jahre älter als Margarethe, jung genug, um in Margarethe eine willkommene jugendliche Hausgenossin zu sehen. Der herzogliche Haushalt ist groß, das Schloss noch größer, sozusagen eine Welt für sich. Gleich bei der Ankunft, als Margarethe sich der Herzogin vorstellt – bis dahin wurden nur Briefe und Empfehlungsschreiben gewechselt –, macht sie ihr klar, dass sie wünsche, die Erzieherin möge ihren *eigenen Verkehr fast nur auf das Schloß beschränken*[40]. Margarethe hält sich daran und auch an andere Vorgaben der Herzogin. Es wird ihr nicht schwer, denn sie ist diszipliniert, und vor allem ist sie dankbar für die vielfältigen Anregungen, die sich ihr bieten.

Mein Zögling, die 11jährige Prinzeß Alexandra, (…) war ein ziemlich phlegmatisches, zurückhaltendes Kind, das sich mir aber bald anschloß, und da mir auch das Herzogspaar in seiner wahrhaften Vornehmheit mit großer Freundlichkeit – ebenso wie die jungen Prinzen – entgegenkam, (…) so gelang es mir bald, mich gemüthlich einzuleben.[41]

Über 30 Jahre sind vergangen, als Margarethe diese Worte niederschreibt. Wieder überwältigen sie die Erinnerungen an die Zeit, die
sie so sehr genossen hat. *Den Winter verbrachten wir in Dessau, da-*

Herzog Friedrich I. von Anhalt, 1882 und Herzogin Antoinette von Anhalt, 1882

gegen den Sommer und Herbst abwechselnd in dem nahen reizenden
Wörlitz oder im Harz auf dem herrlich gelegenen Ballenstedter Schloß.
Die dortigen Aufenthalte genoß ich besonders durch die wundervollen
Ausflüge, die fast täglich zu Wagen oder zu Fuß in die herrliche Gegend
gemacht wurden, und auch zu näherem Verkehr mit dem gräflich As-
seburgsche Ehepaar in Meisdorf führten.[42]

Die Sommer, diese herrlichen Sommermonate! Wenn das Heu
duftet, die Luft in der Hitze flimmert, wenn die Ohren sich füllen
mit dem Gezwitscher und Gelärme der Vögel, wenn die herzogliche
Kutsche über die Erdwege rumpelt und sich Wolken von Staub
legen über sie und die kleine Prinzessin – dann, ja, dann verspürt
Margarethe wahre Glückseligkeit. Wie ihr Vater liebt sie die Natur,
liebt sie es, außerhalb der Mauern der Schlösser und Burgen zu sein.
Und im Sommer hat sie die Freiheit, dies zu tun. Die Schulstunden, die sie der kleinen Alexandra zu geben hat, kann sie ins Freie

verlegen. Hier unterrichtet sie in Biologie und Naturkunde, hier singen sie zusammen kleine Lieder, hier plaudern sie im obligaten Französisch. Es ist nicht leicht, Prinzessin Alexandra dazu zu bewegen, zu wandern und Ball zu spielen. Aber Margarethe hat bei ihrem Englandaufenthalt gelernt, wie wichtig Sport für die Erziehung von Kindern ist, und setzt sich durch.

Alexandra Prinzessin von Anhalt

Manchmal, bei den anregenden Besuchen in Schloss Meisdorf, begleitet sie Gräfin Asseburg auf ihren Spaziergängen. *Durch die Vogelliebhaberei der besonders natürlichen und liebenswürdigen Gräfin erschloß sich mir ein ganz neues Interesse.*[43] Die Gräfin kann jeden Vogel benennen, jedes Zwitschern zuordnen, und jedes Nest oder Ei, das sie auf ihren Wanderungen finden, gibt Anlass zu ausführlichen Erzählungen und Erklärungen. Margarethe hört ihr aufmerksam zu, lernt und genießt. Die Besuche in dem schlichten klassizistischen Bau von Schloss Meisdorf mit den weißen Fensterumrahmungen in der gelben Fassade gestalten sich informell, locker, ein willkommener Gegensatz zu dem streng geregelten herzoglichen Alltag in Dessau. Auch nach Schloss Ballenstedt werden Ausflüge veranstaltet. Es ist der Dessauer Linie nach dem Tod des letzten Herzogs von Anhalt-Bernburg vor fast 20 Jahren zugefallen. Nun wohnt dort seine Witwe, Friederike, einsam und immer wunderlicher werdend, im Südflügel. Die Dessauer fahren mehrmals im Sommer dorthin, um auf ihrem neuen Besitz Präsenz zu zeigen, und Margarethe nutzt die Ausflüge, die alte Dame zu besuchen. Sie findet sie im Südflügel, im ersten Stock, in ihrem Lesezimmer. Dort sitzt sie auf dem grünsamtenen Biedermeiersofa, den großen ovalen Tisch vor sich, und an der gestreiften Tapete hinter ihr hängt das

Porträt, das Wilhelm von Kügelgen, ihr Hofmaler, in der Blüte ihrer Jugend von ihr gemalt hat. Neben ihr, halb verdeckt durch einen großen quadratischen Ofenschirm, steht der elegante Kachelofen mit den beiden kannelierten Seitenteilen und einer schönen weiblichen Statue an der Vorderseite.

Diesen und einige andere Räume hat die Herzoginwitwe vor vielen Jahren bei ihrem Einzug in das Schloss nach ihrem Geschmack einrichten lassen. Margarethe empfindet den altmodischen Stil des Biedermeier der Bewohnerin angemessen, besonders heute, an diesem Regentag, an dem wenig Licht durch sein einziges Fenster fällt. Sie sitzt bei ihrem jungen Zögling mit dem Gesicht zum Fenster, und beide hören dem Hof-Vorleser zu. Es gab immer einen Vorleser bei Friederike, und einer von ihnen hat die Szene so beschrieben: *Die Damen sitzen auf großen grünsamtenen Lehnstühlen um einen Tisch, und ich sitze separirt in einer tiefen Fensternische, wo ich mich nach Belieben ausdehnen und zusammenziehen und spreizen kann, und lese Shakespeare vor. Mitten im Monologe Hamlets, oder bei der Todesangst des Clarence, der im Thurm ermordet wird, fährt dann die Herzogin auf:* »Guter Herr von Kügelgen, wenn ich sagen darf, haben Sie von der gräßlichen Operation gehört, die man mit der armen Frau von Sonnenberg vorgenommen hat«?[44] Friederike langweilt sich, die Tage dehnen sich ihr öde, denn nach dem Verlust der Regentschaft weiß sie nicht mehr so recht, was sie mit ihrer Zeit anfangen soll. Die gelegentlichen Besuche ihrer Kinder und anderer Familienmitglieder füllen sie nicht aus. Sie freut sich über jeden Besuch und nimmt sich auch die Zeit, Margarethe und Alexandra im Schloss herumzuführen und ihnen seine alte Geschichte nahezubringen. Dann geht es wieder ans Abschiednehmen, die herzoglich anhaltinisch-dessauische Familie reist wieder ab, und zurück bleibt eine alte Frau, um die es immer einsamer wird.

Margarethes »herzogliche Familie« verbringt den ganzen Sommer in Wörlitz, dem Schloss mit dem berühmten Park. Im Gegensatz zu den steifen französischen Gärten des absolutistischen Barock hat Fürst Leopold III. Mitte des 18. Jahrhunderts hier eine in ganz Europa gerühmte Einheit von Architektur und Natur geschaffen: den englischen Garten. Und das wirklich Außergewöhnliche daran ist die Tatsache, dass es nirgends Absperrungen gibt. Schloss und Park gehen ineinander über, und von Anfang an ist es der Bevölkerung erlaubt, das Anwesen frei zu betreten. Die Schönheit des Parks, der wirkliche, wenn auch idealisierte Landschaft imitiert, dieses Inei-

Margarethe von Ende, Straße bei Wörlitz

nanderfließen von Wiese, Rasen, Büschen, Bäumen, Perspektiven, spiegelnden Wasserflächen – das alles bezaubert Margarethe, die später, als Herrin auf dem Hügel, einen Teil dieses Konzepts auf ihr neues Heim übertragen wird.

Doch noch ist dieses Ereignis fern und Margarethe nichts anderes als die aus hochadeliger – und damit standesgemäßer – Familie stammende Erzieherin an einem herzoglichen Hof, einem von vielen, die es im Zweiten Deutschen Reiche gibt. Erzieherin, oder Gouvernante, das ist Ende des 19. Jahrhunderts der Begriff für einen Frauenberuf, der sich in vollem Umbruch befindet. Er beinhaltet alles, von der geduckten alten Jungfer, die mit den Dienstboten in der Küche isst, bis zu der Gouvernante, die als Freundin der Hausfrau wie ein Familienmitglied im Hause gehalten und geschätzt wird. Das Einzige, was diese unterschiedlichen Stellungen miteinander verbindet, ist die Verpflichtung, sich Tag und Nacht um die anvertrauten Kinder zu kümmern. Darüber hinaus steht es der Gouvernante frei, was sie aus ihrer Stellung macht.[45]

Eine kluge Erzieherin weiß, dass ausschließlich die gute Beziehung zur Mutter der Kinder ihre Stellung bestimmt. Nur wenn ihr dies gelingt, kann sie auf Dauer ihre Position halten und sichern. Und Margarethe ist klug. Sie hat von Hause aus Erfahrung mit schwierigen Müttern und ist es gewohnt, sich in eine Gruppe einzufügen. Den Umgang mit Kindern hat sie ein Leben lang geübt. Und sie hat Glück gehabt mit ihrer ersten Stelle, wo die freundliche und mütterliche Hausfrau ihr die Wege geebnet hat. So ist sie jetzt gewappnet. *Rasch hat auch Margarethe gefallen, im Fluge sich ihre Stellung (...) erobert. Die Einfachheit der Lebensweise und des Nichtsvorstellenwollens der Herrschaften heimelt sie ganz besonders an, und nicht lange, so wird sie im Winter im Dessauer Schloß oft von der Herzogin zugezogen, die ihre Hofdamen nur zu offiziellen Gelegenheiten sah.*[46]

Wie in vielen anderen adeligen Häusern üblich, werden nur die Töchter von einer Gouvernante unterrichtet. Die Söhne haben ihre eigenen Hauslehrer, die sie in den wissenschaftlichen Fächern unterrichten, jenen Fächern, die man den Gouvernanten nicht zutraut. Es ist also besonders fortschrittlich, dass man in Dessau auch der jüngsten Prinzessin Unterricht in den wissenschaftlichen Fächern geben lässt. Margarethe berichtet später: *Ihre eigentliche Obliegenheit, die Erziehung des prinzlichen Kindes, das bald seine Verschlossenheit ihr gegenüber aufgab, war besonders fördernd für sie selbst, denn sie wohnte den Stunden der Lehrer der Prinzeß bei, in deren Unterricht sie sich mit ihnen teilt.*[47] Margarethes Lerneifer und Schwung fallen auf fruchtbaren Boden, sie macht einen guten Eindruck auf den Prinzenerzieher. Ihre hervorragenden Kenntnisse der englischen und französischen Sprache empfehlen sie zusätzlich, und so dauert es nicht lange, dass *der Erzieher des älteren hochbegabten Prinzen Aribert ihr seinen Zögling gern und oft überläßt. Wieder wird sie voll und ganz in Anspruch genommen.*[48] Der 17-jährige Aribert, die elfjährige Alexandra und die 26-jährige Gouvernante – sie bilden ein munteres, lebensfrohes und lernbegieriges Trio. Heute würden wir sagen: Sie hatten viel Spaß.

Der Tag hat kaum genug Stunden für Margarethes zahlreiche

Pflichten. Morgens Frühsport – Margarethe spielt mit Aribert und Alexandra das gerade in Mode gekommene Lawn-Tennis, fährt Rad oder macht im Winter mit Alexandra gymnastische Übungen –,

Links die Prinzen, in der Mitte das Herzogspaar von Anhalt, rechts stehend Margarethe von Ende, vor ihr sitzend ihr Zögling Alexandra, 1880, Privatbesitz

dann Unterricht in Geografie, Geschichte (vor allem der der eigenen Familie), Naturkunde, Literatur und Sprachen. Mittags essen Margarethe und Alexandra im Schulzimmer, nachmittags geht es dann weiter mit Hausaufgaben und Konversation. Auch das Spielen kommt nicht zu kurz.

Der Abend nach der Teilnahme an der Hoftafel gehört Margarethe. Manchmal ruft die Herzogin sie zu sich, dann sitzen die beiden Frauen bei einer Handarbeit und kommen sich in guten Gesprächen näher. Nicht zu nahe, dafür sorgen Margarethes natürliches und anerzogenes Feingefühl und ihr Takt. Sie ist sich ihrer Stellung immer bewusst, bleibt dabei aber trotzdem eine selbstbewusste Frau. Vermutlich ist es gerade diese innere Stärke, die sie der Herzogin so angenehm macht. Und – das sicher ganz besonders – ihre Fähigkeit, tatkräftige Hilfe zu leisten bei familiären Problemen, sei es beim

Empfang anstrengender Gäste oder der Beschäftigung munterer Kinder, der eigenen wie auch derjenigen der Besucher. Immer ist Margarethe ein Hort der Vernunft und Ruhe.

Unter dieser äußeren Ruhe jedoch verbirgt sich ein blitzgescheiter Kopf, ein tief sitzender Lebens- und Lernhunger. *Den größten Kontrast aber zu ihrem englischen idyllischen Einerlei bildet der Einblick in die große Welt, zu deren Verkehr der hochgebildete alte Theaterintendant Dessaus, von Normann, sie so recht geschickt macht. Er speist täglich an der Hoftafel, und um ganz und voll zu verstehen, was »kluge Männer sprechen«, vertieft sie sich in die von ihm empfohlenen Bücher über Kunst und Literatur.*[49] Mit jedem Buch, das sie liest, mit jedem Thema, das sie versteht, mit jedem klugen Satz, den jemand mit ihr spricht, fühlt sie sich bestätigt und motiviert.

Margarethe hat die kleine Alexandra lieb gewonnen. Bis zu ihrem Tod hebt sie die Briefe des Kindes auf, wie diesen vom 31. August 1880. Margarethe ist zu einem kurzen Urlaub auf dem Hügel bei Bertha zu Besuch und erfüllt ihr Versprechen, Alexandra regelmäßig zu schreiben. Die zwölfjährige Alexandra antwortet ihr aus Gerau in ihrer winzig kleinen, fast unleserlichen Handschrift:

Liebes Fräulein von Ende!
Meinen besten Dank für Ihre Briefe, die mich sehr erfreuten. Unsere Reise hierher war sehr heiß und waren wir sehr froh, als wir endlich ankamen. Wir haben bis jetzt immer schönes Wetter gehabt und sitzen deshalb viel im Freien. Vorm Frühstück gehen wir mit Aribert spazieren, heute suchten wir Beeren im Wald. (…) Wir bleiben noch bis Freitag hier und fahren den Abend nach Sondershausen und von da aus am Sonnabend Nachmittag nach Celle zurück. Eduard ist zu Hause geblieben, worüber er natürlich sehr traurig war. Von Papa haben wir gute Nachrichten, er hat aber noch keine Gemse geschossen. Ich freue mich sehr, daß Sie jetzt in Essen bei Ihrer Bekannten sind und es Ihrer Freundin besser geht. Wie traurig, daß Sie sie nicht früher sehen konnten. Wenn Sie zurück kommen, müssen Sie mir viel erzählen von der Sprachenverwirrung; hoffentlich können Sie noch deutsch! Wir werden Sie mit einem Stock empfangen: Eduard braucht dringend die Ruthe. Auf frohes Wiedersehen freut sich
Ihre dankbar Sie liebende Alexandra.[50]

Darunter hat die Mutter noch einen Gruß hinzugefügt:

Ihr lieber Brief hat mir große Freude bereitet. Herzlichen Dank muß ich Ihnen gleich noch heute dafür sagen und hinzufügen, wie es auch meiner Schwester auffällt, wie sehr sich Ihre kleine Schülerin zu ihrem Vortheil verändert hat. Wenn man, wie Sie es thun, mit treuem Eifer, Liebe und Gottvertrauen seine Pflichten nach besten Kräften erfüllt, dann gelingt es auch, das Ziel zu erreichen. Mögen wir uns auch stets mit dem gleichen Vertrauen und Liebe entgegenkommen, ich halte dieses auch für eine große Hauptsache der Erziehung.

Wie wohlthuend ist der Gedanke, daß Sie sich freuen, wieder an Ihr Werk zu gehen, und wir alle uns von Herzen freuen, wenn Sie wieder bei uns sein werden!

Ich wollte Sie bitten, wenn möglich, sich Sonnabend Abend wieder bei uns einzufinden. Sollte jedoch, etwa am Sonnabend, noch etwas vor sein, wozu Sie bereits eingeladen sind, so thut es ja gar nichts, wenn Sie erst Montag früh eintreffen. Sie werden doch wohl die Nacht durchreisen? Also auf recht baldiges frohes Wiedersehen. Meine Schwester und Eduard grüßen Sie herzlichst, mein liebes Fräulein, mit Ihrer Sie treu liebenden dankbaren Antoinette.
(Haben Sie Nachsicht mit diesen Zeilen, alles spricht um mich herum.)[51]

Oft denkt sie an Fritz Krupp und seine Worte bei ihrer letzten Begegnung. Ob aus seiner Werbung etwas wird – sie weiß es nicht. Aber falls ja – welch bessere Vorbereitung auf ihre zukünftige Stellung könnte es geben, als sich hier in Dessau zu bewähren, Kontakte und Freundschaften zu knüpfen und alles zu lernen, was sie vielleicht später auf dem Hügel brauchen könnte. Auch Bertha schreibt, und Margarethe weiß, dass sie ihr als Schwiegertochter willkommen ist, ja, dass sie sich diese Heirat von Herzen wünscht. Umso mehr fühlt sie den Ansporn, dieses Vertrauen, diese Freundschaft nicht zu enttäuschen. Berthas Charme, ihre Bildung, ihre Leichtigkeit im Umgang mit den Menschen – das alles, so fühlt Margarethe, ist ihr in diesem Maße nicht gegeben. Sie ist solider, bodenständiger, schwerblütiger, und vielleicht auch intelligenter, intellektueller. In ihrem Herzen jedenfalls haben diese beiden Menschen einen festen

Platz gefunden. Und Alfred? Er ist die große Unbekannte bei allen ihren Plänen. Sicher scheint ihr nur, dass weder Bertha noch Fritz sich Alfred entgegenstellen werden, wenn es hart auf hart kommt. Deshalb, so denkt sie, ist es das Beste, einfach abzuwarten und zu sehen, wie sich die Dinge entwickeln.

Und das fällt ihr hier, am Hofe in Dessau, wirklich überhaupt nicht schwer. Trotz des Fast-Verlöbnisses mit Fritz ist sie dabei, sich ein ganz kleines bisschen zu verlieben. Jedes Mal, wenn der Stiefbruder der Herzogin, Prinz Albert zu Altenburg, nach Dessau kommt, beginnt ihr Herz zu klopfen, und sie muss gegen den albernen Drang ankämpfen, sich dauernd nach ihm umzusehen, nach seiner Stimme zu hören und in seiner Nähe zu sein. *Abgesehen von den Vorzügen seiner äußeren Erscheinung, seiner Klugheit und seiner vielseitigen Bildung war er für mich einer der liebenswürdigsten Menschen, die ich je kennen gelernt habe.* So setzt sie ihm 30 Jahre später ein Denkmal in ihren Aufzeichnungen, die zur Veröffentlichung bestimmt waren. *Nach einer sehr stürmischen, abentheuerreichen Jugend stand er damals als Officier in russischen Diensten, und obgleich sein Erscheinen in Dessau wohl meist damit zusammenhing, daß er aus Geldnöthen befreit werden mußte, wurde er doch allseits mit Freude begrüßt, denn es war ihm eben gegeben, durch sein Wesen Alt und Jung zu bezaubern.*[52]

Margarethe jedenfalls bezaubert er, und gemeinsam mit den Kindern ihrer Herzogin lauscht sie gebannt seinen Erzählungen. Ihr ist natürlich bewusst, dass er sie nicht wirklich wahrnimmt, sondern dass er einfach in der ihm eigenen freundlichen Art mit ihr umgeht. Aber trotzdem: In so manchem ihrer nächtlichen Träume erscheint er, und sie muss sich am nächsten Morgen streng zur Ordnung rufen.

Vielleicht bemerkt die klarsichtige Herzogin etwas davon, denn sie bittet Margarethe um den Gefallen, sich um einen schwierigen Gast zu kümmern. Es ist ihre Schwägerin Maria-Anna von Anhalt-Dessau, *die in sehr unglücklicher Ehe lebende jüngste Schwester des Herzogs. Nicht sehr angenehm berührt durch ihre handgreiflichen Zärtlichkeiten und ihre oft sehr schlüpfrigen Erzählungen oder Scherze, vor denen mich die Herzogin vorher gewarnt hatte, widmete ich mich ihr doch, so viel es meine Zeit erlaubte, um der Herzogin, die sehr durch die Anwesenheit der Schwägerin litt, etwas zu entlasten.*[53] Die Fürstin ist etwa gleich alt wie die Herzogin und hat ebenfalls fünf Kindern das Leben geschenkt. Ohne Umschweife klärt die Herzogin

Margarethe von Ende 1881, Weinburg bei Rorschach

Margarethe über die lesbischen Neigungen ihres Gastes auf. Margarethe muss sich erst erklären lassen, was dies bedeutet, dann aber empfindet sie Mitleid mit der Fürstin, denn nun versteht sie deren Unglück erst richtig. Was als Pflicht begann, dann Mitleid wurde, entwickelt sich zu einer wirklichen Freundschaft. So unterschiedlich die beiden Frauen sind, so ergänzen sie sich doch auch, und da es der taktvollen Margarethe gelingt, *die richtige Form im schwierigen Verkehr zu finden*[54], findet sie in dieser *wunderschönen, musikalisch, malerisch und dichterisch hochtalentierten (…) Fürstin* ganz unverhofft eine Freundin für das Leben.

Den Glanzpunkt des Jahres bilden die längeren Besuche der Dessauer Herrschaft bei den Verwandten in Sigmaringen auf der reizenden Weinburg bei Rorschach am Bodensee.[55] In dem schlichten rechteckigen Bau, hingeschmiegt an die sanften Hänge südlich des Bodensees, residiert Fürst Anton von Hohenzollern. Margarethe berichtet, er sei *ein hochgebildeter, vorurteilsloser, liberaler Mann, mit allen Gesellschaftsklassen verkehrend, die freie Unterhaltung bei der Tafel fördernd, wo durch Los die Plätze bestimmt wurden.*[56] Kein Protokoll, keine feste Tischordnung bei der Hoftafel, berühmte Gäste der ersten Gesellschaft in Ferienstimmung entspannt und anregend erleben – Margarethe genießt das alles von Herzen. *Der Hof in Sigmaringen erscheint wie ein kleines Welttheater, die hohe Schule nach Goethe für den, der in der Welt etwas bedeutet. Für Margarethe von Ende war sie nicht nur interessant, sie steigerte die in ihr liegenden geistigen und gesellschaftlichen Gaben im Kontakt mit einer ihr adäquaten Atmosphäre. Sie war die letzte Etappe ihrer Bildung.*[57]

Frauen, die in der Welt etwas bedeuten (1879–1882)

Auf der Weinburg geht es in den Sommerferien nicht anders zu als in den bürgerlichen Häusern: Die Kinder und Enkel kommen zu Besuch aufs Land, um sich von ihren beruflichen Pflichten in den Residenzstädten zu erholen. Und so kommt eines schönen Tages eine besonders bunte Truppe an: Karl I., Fürst von Rumänien, Sohn des Hausherrn und designierter erster König Rumäniens, reitet an der Spitze seines 15-köpfigen Hofstaats den Berg hinauf. Margarethe steht mit Aribert und Alexandra auf dem Rasen neben dem Eingang zum Empfang bereit, wie auch die anderen Hausbewohner, und alle sind beeindruckt von dem exotischen Anblick, der sich ihnen bietet. Da gibt es einen echten Türken mit Fez und Krummschwert zu bestaunen, einen blonden Soldaten mit herabhängendem Schnurrbart, außerdem zwei hübsche Kammerjungfern im neuesten Pariser Schick, vor allem aber die Fürstin Elisabeth. Sie ist die Schwiegertochter des Hausherrn, eine Prinzessin aus dem Hause Wied: Ihre blonden Haare trägt sie hochgesteckt und krönt sie mit einer kleinen nachtblauen Samtkappe. Die helle Haut der Blondine kontrastiert mit dem dunkelblauen, knöchellangen Reitkleid, das

am Hals und am Saum mit sommerbunten Blumen und Blättern
bestickt ist. Von den Schultern bis zu den Reisestiefeln reichen zwei
ebenfalls kunstvoll bestickte Bordüren. Ja, Elisabeth hat ihren Auftritt bis ins Kleinste inszeniert. Als zukünftige Königin von Rumänien will sie vor allem für ihr Land werben. Bitterarm ist es, ein
Fürstentum vorerst nur, mit dem Anspruch auf eine Königskrone,
und angewiesen darauf, dass die anderen europäischen Staaten es
zur Kenntnis nehmen.

Elisabeth, die »wilde Rose von Wied«, wie sie vor ihrer Heirat
genannt wurde, ist eine Meisterin der Kunst geworden, die wir heute »Public Relations« nennen: Sie trägt bestickte Kleider, um den
Stickerinnen ihres Landes zu helfen, sie singt die Volkslieder Rumäniens mit ihr klangvollen, gut geschulten Stimme, und sie hat sich
im russisch-türkischen Krieg von 1877–1878 nicht nur mit Hingabe,
sondern auch mit Organisationstalent und praktischer Vernunft
der Verwundetenpflege beider Seiten angenommen. Margarethe ist
beeindruckt. Wenn es ihr doch auch gelingen könnte, an der Seite
von Fritz Krupp in ähnlicher Form zu wirken! Sie nimmt es sich
zumindest ganz fest vor.

Abends, an der Hoftafel, platziert sie das Losverfahren an die Seite
Elisabeths. Und da erfährt sie, dass auch dieses Leben seinen Kummer
kennt, dass auch Elisabeth und ihr Ehemann, der jetzige Fürst und
spätere König Carol, ein Kreuz zu tragen haben. Vor einigen Jahren
haben sie ihr einziges Kind, ein Töchterchen, im Alter von vier Jahren
verloren. Es war an Typhus erkrankt und starb nach wenigen Tagen.
Margarethe schaudert es. Wie kann man mit so etwas Furchtbarem
fertig werden? Sie wagt nicht zu fragen, aber Elisabeth beantwortet
die unausgesprochene Frage dennoch. »Ich habe angefangen, eine
Liebhaberei aus meiner Kindheit und Jugend zu beleben«, berichtet
sie: »Ich dichte seither. Und es hilft mir, über mich, meine Gefühle,
aber vor allem auch über mein Land zu sprechen und zu dichten. Bis
jetzt kennen nur meine Familie und meine Freunde einiges davon,
aber ich bin fest entschlossen, bald meinen ersten Gedichtband zu
veröffentlichen.« Schräg gegenüber fängt Margarethe den resignier-
ten Augenaufschlag eines der älteren Prinzen auf. Scheinbar sind
nicht alle von den Dichtungen der zukünftigen rumänischen Königin angetan. Nun, sie wird sich ihr eigenes Urteil bilden.

Später, im Salon, bitten die Damen Elisabeth um eine Probe ihres Könnens. Sie lässt sich nicht lange bitten und trägt das Gedicht vor, das ihr Dichterinnen-Pseudonym erklärt: Als Carmen Sylva will sie sich einen Platz im Dichterhimmel sichern, und wenn es an diesem Abend auch kaum einer glaubt, es wird ihr gelingen.

Carmen heißt Lied; und Sylva heißt Wald,
Von selbst gesungen das Waldlied schallt,
Und wenn ich im Wald nicht geboren wär',
So säng' ich die Lieder schon längst nicht mehr.
Den Vöglein hab' ich sie abgelauscht,
Der Wald hat Alles mir zugerauscht,
Vom Herzen that ich den Schlag dazu,
Mich singen der Wald und das Lied zur Ruh'.[58]

Noch herrscht an diesem und den anderen Vortragsabenden allgemeine Skepsis vor, noch ahnt niemand, dass Carmen Sylva eines Tages tatsächlich zur Botschafterin rumänischer Kultur werden wird. Margarethe erinnert sich milde, dass an der Dichterin *oft recht ermüdend wirkenden Vorlesungen aus ihren Werken der Fürst Anton und Fürst Carol nie teilnahmen.*[59] Aber trotzdem, in der heiteren informellen Stimmung dieser Sommertage kommen sich Carmen Sylva, die dichtende Fürstin, und Margarethe von Ende, die altadelige Gouvernante, so nahe, wie es ihre jeweilige gesellschaftliche Stellung erlaubt. Beide werden den Kontakt halten für den Rest ihrer beider ereignisreichen Leben.

Und noch eine starke Frau lernt Margarethe in der Weinburg kennen. *Als Erweiterung lebendiger Geschichte sozusagen, tritt die besonders liebenswürdige kluge Gräfin von Flandern auf, mit ihren Kindern im Alter der kleinen Prinzeß Alexandra, darunter Albert, der spätere König von Belgien, und der älteste frühverstorbene Thronfolger Baudouin mit seinem Erzieher, einem hochgebildeten Mann.*[60] Marie, Gräfin von Flandern, ist eine Tochter des Hausherrn, auch ihr kommt Margarethe über die Kinder näher. Und auch sie gewinnt Margarethes Bewunderung und Respekt, vor allem wegen ihrer herausragenden geistigen Gaben und ihrer liebenswürdigen Art. Klugheit und Liebenswürdigkeit, auch Schönheit, das sind die Eigenschaften, die in Margarethes Augen eine Dame ausmachen. Alle Frauen, die sie in ihren Erinnerungen bewundernd erwähnt und denen sie später nacheifern wird, lassen sich so charakterisieren. Was liegt näher als anzunehmen, dass es auch Margarethes Ziel ist, sowohl klug wie liebenswürdig zu werden und damit ihr Schicksal zu meistern in der Art jener großen adeligen Damen, denen sie in ihren Lehrjahren als höfische Gouvernante begegnet.

Doch auf die Ferien folgt der Alltag. Zurück in Dessau und wieder dem strengen, immer gleichen Tagesplan unterworfen, erreicht sie eine schlechte Nachricht. Ihr Vater, der Oberpräsident, wird Opfer seiner Aufrichtigkeit. Bereits einmal hat ein Augenblick der Unachtsamkeit ihn um das Wohlwollen eines Mächtigen gebracht, als er an der Tafel von Alfred Krupp allzu offen seine Meinung sagte. Nun ist ihm Ähnliches geschehen gegenüber Reichskanzler Bismarck. Undiplomatisch, vielleicht sogar unpolitisch, auf jeden Fall der Folgen nicht achtend, hat er im Reichstag eine Meinung vertreten, die nicht die von Bismarck war. Und dafür wird er gestraft.

So lautet jedenfalls die recht einseitige Überlieferung, die sich in der Familie von Ende erhalten und die viele Jahre später seine Tochter Margarethe ihrer Biografin übermittelt hat.[61] *Das Schicksal des hohen Staatsbeamten ist fast tragisch zu nennen, dem auf der Höhe seiner Kraft und seines Wirkens mit leisem Fußtritt von oben bedeutet wird: geh! Im Jahre 1881 mußte der Oberpräsident diese Bitternis durchkosten, und es zeugt für seine römische Denkweise, daß dies geschah, ohne ein Wort der Anklage für den rücksichtslosen, nur nach Persönlichem handelnden Ursacher seines herben unverdienten Schicksals, Bismarck, der es dem Herrn von Ende nicht vergessen, daß er in einer Reichstagssitzung eine eigene Meinung gegenüber der seinen verfochten.*[62] Ganz so war es sicher nicht. In Wahrheit war August von Ende 1881 schon weit in den 60ern, sicher nicht mehr auf der Höhe seiner Kraft und seines Wirkens und außerdem in seinem politischen Handeln sehr umstritten.[63] Besonders bitter empfindet er seinen Abschied vor allem deshalb, weil er nur wenige Monate vor der bevorstehenden Erhöhung der Beamtenpension erfolgt. Natürlich schmerzt ihn die Tatsache, dass diese Erhöhung für seine Pension nicht gelten wird. Sein Leben lang hat er sein Amt nach bestem Wissen und Gewissen ausgeübt, immer aber waren seine

Mittel knapp. Das sollte sich nun auch im Alter nicht mehr für ihn ändern. Ohne Zweifel eine bittere Erkenntnis.

Eleonore von Ende begegnet dieser neuerlichen Krise ihrer Familie mit den üblichen Argumenten. Ihr Mann muss fort aus Kassel, fort aus dem Umfeld seiner Kränkung, zumindest so lange, bis sich die Wunden schließen. Also organisiert sie eine sechsmonatige Reise nach Italien, auf der sie ihre Tochter Lollo begleiten soll. Das jüngste Kind aber, die 13-jährige Irene, schickt sie ihrer Gouvernantentochter nach Dessau – soll diese sich um die kleine Schwester kümmern, so wie sie es doch immer getan hat. Dass sie Margarethe damit ein Problem schafft, das kümmert sie nicht.

Margarethe von Ende, Dessau, 1881

Denn selbstverständlich kann diese nicht einfach ein Kind bei sich im Schloss einquartieren. Zwar verfügt sie dort über ein eigenes Apartment, aber ihre Zeit und Arbeitskraft gehörten ihrem Zögling. Trotzdem, wie bisher immer bei den Auseinandersetzungen mit ihrer Mutter, findet sie eine Lösung. Sie quartiert die kleine Irene von Ende in einer Dessauer Pension ein, deren Betreiberin ein mütterliches Auge auf das Kind hat. Sie kann sich das leisten, denn ihr Jahresgehalt von 1500 Mark erlaubt ihr, diese Kosten zu übernehmen. Und es gelingt ihr, bei der Herzogin die Erlaubnis zu erlangen, dass ihre Schwester Irene, die im gleichen Alter wie die Prinzessin ist, ab und an etwas mit dieser zusammen unternehmen darf. So wird die Zeit überbrückt, bis ihre Eltern sich auf ihrem Alterssitz in Blasewitz bei Dresden eingerichtet haben und das Kind wieder zu sich nehmen können.

Margarethes Zeit als Gouvernante nähert sich ihrem Ende. Ein neues Leben tut sich für sie auf, denn endlich hat Fritz Krupp die

Kraft gefunden, seinem Vater die Erlaubnis abzuringen, ihr einen offiziellen Heiratsantrag zu machen. Ostern 1882 verbringt Marga mit ihren Eltern in Blasewitz, und dorthin kommt Fritz zu Besuch, *den ich während der letzten zwei Jahre nicht mehr gesehen hatte und kaum mehr angenommen hatte, daß er noch an mich dächte.*[64] Sie hat sich in diesen Jahren damit abgefunden, dass ihre Beziehung mit Fritz nicht zur Heirat führen wird. *Um so überraschter war ich, als, nachdem wir uns zwei Jahre nicht gesehen und nur durch seine Mutter gelegentlich Grüße ausgetauscht hatten, Fritz Krupp mir plötzlich seine Gefühle und Wünsche zum Ausdruck brachte und meine Bedenken bezüglich der Gleichaltrigkeit und seine eventuelle Beeinflußung durch die Vorliebe seiner Mutter für mich energisch zum Schweigen brachte. Da Herr Alfred Krupp sich mir gegenüber stets sehr freundlich zeigte, hatte ich keine Ahnung, daß Fritz nur durch den Widerstand seines Vaters (…) verhindert wurde, mir gegenüber seinen Gefühlen und Wünschen Ausdruck zu geben, und daß er durch die Erfolglosigkeit der wiederholten diesbezüglichen Kämpfe wohl mehr zu leiden hatte als ich in meiner Resignation.*[65] Erst jetzt erfährt sie auch von dem Ereignis, das in der Weihnachtszeit auf dem Hügel stattgefunden hat und das von nun an innerhalb der Familie Krupp stets dezent als »das Zerwürfnis« bezeichnet wird.

Das Zerwürfnis (1881)

Kerzengerade sitzt Alfred Krupp, inzwischen 69 Jahre alt, seiner Frau gegenüber. Auf dem Tisch zwischen ihnen welkt der Blumenstrauß, den er ihr zu ihrem 50. Geburtstag geschenkt hat, langsam vor sich hin. So wie unsere Ehe, denkt Bertha traurig. Dann strafft auch sie ihr Rückgrat und bietet ihm die Stirn. »Fritz ist 27 Jahre alt, also alt genug, um zu wissen, was er will«, sagt sie und versucht, das Zittern in ihrer Stimme zu beherrschen, »du kannst ihm nicht ewig verwehren, sich mit Margarethe zu verloben. Du weißt, dass die beiden sich gut verstehen, seit Langem schon. Und nun will

Fritz nicht länger warten. Es ist an der Zeit, dass du ihm deinen Segen gibst.«

Seine Stimme ist kühl, seine Worte sind so unbeugsam und starr wie seine Haltung, als er entgegnet: »So wie du den deinen ja schon lange gegeben hast, ich weiß. Aber dieses Mädchen ist keine Frau für unseren Sohn. Du kennst meine Meinung. Sie bringt nichts mit in eine Ehe außer einem alten adeligen Namen. Sonst nichts, keine Beziehungen, kein Vermögen, keine nützliche Verwandtschaft. Sie ist nicht einmal schön, und außerdem ist sie zu alt für Fritz. Er soll sich eine andere suchen.«

»Aber sie hat Charakter. Sie kann Fritz helfen, ihm zur Seite stehen. Sie wird sich um seine Gesundheit kümmern. Sie kann ihm Kinder schenken. Sie …« Berthas Hände verkrampfen sich in ihrem Schoß: »… sie ist ein so lieber Mensch.«

Alfred und Bertha Krupp, um 1881

Ein heller Blick ihres Mannes trifft sie. »Bertha, ich willige nicht ein. Du weißt, warum. Fritz ist immer noch nicht gesund. Wir wissen beide nicht, ob er die Firma überhaupt auf Dauer führen kann. Und ich werde nicht ewig leben. Also braucht er eine Frau, die aus einer Fabrikantenfamilie kommt, die weiß, was zu tun ist, und die in ihrer Familie auf Menschen zurückgreifen kann, die ihr und Fritz fachlichen Rat und Unterstützung bieten können, sobald sie ihn brauchen.«

Wie oft in den letzten Jahren haben sie dieses Gespräch schon geführt, denkt Bertha. Und immer ohne jedes Ergebnis. Aber dieses Mal wird sie nicht nachgeben. Fritz braucht Margarethe, davon ist sie im innersten Herzen überzeugt. Er braucht eine starke Frau, einen Menschen, der ihn führt und für ihn da ist. Und er hat sie wieder und wieder gebeten, den Vater nun endlich zum Einlenken zu bewegen. Den Vater, ihren Alfred, den sie so innig geliebt hat. Und der ihr so fremd geworden ist in den letzten Jahren. Er hat sich ihr verschlossen, sich zurückgezogen hinter einen Wall aus Einsamkeit in einen Bereich, der nur Raum lässt für die Fabrik. Ihr allein gilt all sein Denken und Wirken. Selbst nachts entzündet er das Licht neben seinem Bett und füllt Zettel um Zettel mit seiner großen und energischen Schrift: schriftliche Befehle und Anordnungen, die am nächsten Morgen der Prokura oder dem Hausmeister übergeben werden.

Wann hat er das letzte Mal gelacht, wann die Tischgäste mit einer geistreichen lustigen Wendung überrascht? Sie kann sich nicht erinnern. Ja, wenn Margarethe und Fritz da sind, wenn sie das Haus mit Lachen und Munterkeit füllen, wenn Enkel geboren werden, dann kann sie sich vorstellen, ihr Alter mit Alfred auf dem Hügel zu verbringen. Aber ohne die beiden? Nein, dann will sie hier nicht leben, in diesem kalten Haus, an der Seite Alfreds, der nicht mehr ihr Alfred ist, sondern nur noch ein mächtiger alter Mann, der sein Haus bestellen will ohne jede Rücksicht auf seine Frau und seinen Sohn.

»Wenn du deine Einwilligung zur Hochzeit nicht gibst«, hört sie sich sagen, »dann gehen wir weg, Fritz und ich. Dann bleibst du hier ganz allein, dann kannst du machen, was du willst. Aber ich werde nicht mehr da sein. Nie mehr.«

Wieder dieser helle Blick, hart und klar. Er sieht sie an: »Bertha, ich werde dich nicht halten, wenn du gehen willst. Aber bedenke, was du tust. Denn wenn du gehst, Bertha, gehst du für immer, und du kannst nie mehr hierher zurückkommen.« Seine Haltung ist so unbeugsam und starr wie zuvor, aber eine Hand hebt sich von seinem Knie und es scheint, als wolle er die ihre ergreifen. Bertha sieht es nicht. Die Augen voller Tränen, zutiefst verletzt und aufgebracht, rafft sie ihr Kleid und stürzt aus dem Zimmer.

Selbstverständlich weiß innerhalb von wenigen Minuten das ganze Personal Bescheid. Die Hausherrin in Tränen aufgelöst in ihrem Schlafzimmer, der Hausherr schweigsam in seinem Bureau, das allein genügt, das Haus in Aufruhr zu versetzen. Dann wird der Hausarzt Dr. Emil Schmidt zu Alfred gebeten, gleichzeitig bittet Bertha ihre Zofe, für eine längere Reise zu packen, und an Fritz, den Sohn und Erben, werden von beiden eilige Briefe abgeschickt. Innerhalb

weniger Stunden reist Bertha in Begleitung von Dr. Schmidt nach
Italien ab. Alfred Krupp bleibt allein zurück. Für drei Monate ganz
allein, denn sein Sohn Fritz kommt erst im April des nächsten Jahres
auf den Hügel zurück.

Die Gerüchteküche brodelt. Innerhalb der über 100-köpfigen Dienerschaft bilden sich Parteien: Die einen halten zu Alfred, die anderen zu Bertha. Selbstverständlich ist die Partei Alfreds die mächtigere
und einflussreichere. Ohne triftigen Grund – da sind sich alle einig –
kann eine Frau ihren Mann nicht verlassen. Nicht im Wilhelminischen Reich, nicht 1881. Also hat Bertha ihren Mann nicht verlassen,
sondern er hat sie verstoßen. Das wird die offizielle Version.

Auch Gründe werden genannt: Sie habe ihn nicht aus Liebe geheiratet, es sei keine glückliche Ehe gewesen. Bertha sei das Opfer
von Einflüsterungen falscher Freunde geworden, die ihre Eifersucht
angestachelt hätten. Von schönen Schauspielerinnen in Düsseldorf
wird gemunkelt. Niemand macht sich die Mühe, darauf hinzuweisen, dass Alfred, der schon immer ein Theaterliebhaber war, erst
gemeinsam mit Bertha zum Förderer von Schauspielern, Musikern
und Dichtern wurde und dass gerade die Anwesenheit seiner Frau
dem Hügel jenen kulturellen Glanz verleiht, der ihn in Künstlerkrei-
sen attraktiv erscheinen lässt.

Die andere Fraktion sieht es anders: Ist es nicht auffallend, dass
der attraktive Dr. Schmidt immer an Berthas Seite ist? Dass er sie auf
jeder Reise begleitet? Dass er in unmittelbarer Nähe ihres Schlafzimmers auch auf dem Hügel schläft. Dass er sie ganz offensichtlich bewundert und verehrt? War vielleicht sie es, die es mit der ehelichen
Treue nicht so genau nimmt? Niemand macht sich die Mühe, darauf
hinzuweisen, dass Dr. Schmidt seit 1871, also seit mehr als zehn
Jahren, der Hausarzt des Ehepaares ist, dass er im Krieg 1870/71 ein
Lazarett bei Krupp betreut hat, dass er 1875 für die Erweiterung bzw.
den Neubau des Krupp'schen Krankenhauses verantwortlich war,
dass er also nicht nur der persönliche Arzt des Ehepaares, sondern
auch ärztlicher Berater der Firma ist. Warum sollte er nach all den
Jahren plötzlich für seine 50-jährige Patientin entflammen?

25 Jahre später, Alfred und Bertha sind schon lange tot und begraben, führt Hausmeister Herms einen Gast durch das Haus. Da
Herms erst seit 1883 auf diesem Posten ist, kann er die Ereignisse, die

er schildert, nicht selber an verantwortlicher Stelle miterlebt haben. Was er während der Führung plaudernd erwähnt, dürfte die in Personal- und Dienstbotenkreisen akzeptierte Fassung der Ereignisse sein. Wir kennen sie nur, weil der geführte Gast sich alles merkt und später niederschreibt.

Gerade über (Alfreds) Zimmer liegt im 2ten Stock das früher von Dr. Schmidt bewohnte Zimmer. Wie ich[66] *verstand, war Dr. Schmidt so etwas wie der Hausarzt von Frau Bertha Krupp, er erscheint aber auch als Hausfreund auf Hügel eine Rolle gespielt zu haben, die an der zwischen Alfred Krupp und seiner Frau eintretenden Mißstimmung ihren Anteil hat. Herms meinte, wenn er ein Ehrenmann gewesen wäre, hätte er sagen müssen: »Ich sehe, daß ich hier ein Störenfried des häuslichen Glückes bin«, und wäre gegangen. Herms ist der Überzeugung, daß etwas Unrechtes zwischen Dr. Schmidt und Frau Bertha Krupp nicht vorgefallen sei.*

Die Verstimmung zwischen den beiden Gatten führte 1881[67] *zur Trennung, sie muß aber schon einige Jahre vorher bestanden haben. Alfred Krupp litt sehr darunter und suchte sich gelegentlich Zerstreuung zu verschaffen. Er pflegte dann wohl auf einige Tage nach Düsseldorf zu gehen. Er fuhr oder ritt hin und nahm gewöhnlich 6–8 Pferde mit. Abends gab er dort Soupees, zu denen auch Damen vom Theater geladen waren. Der harmlose Charakter dieser Veranstaltungen geht daraus hervor, daß in der Regel Herr Jencke oder sonst Herren von der Fabrik dabei gewesen. Aus dem Anlaß eines solchen Ausflugs muß es eines Tages zu einem heftigen Auftritt zwischen Alfred Krupp und Frau Bertha gekommen sein, wobei sie erklärte, sie werde ihn verlassen. Er warnte: »Bertha, bedenke, was Du tust.« Aber sie ging, und zwar nach Leipzig. Dr. Schmidt ging mit ihr und wohnte auch bei ihr.*

Mit Bezug darauf, inwieweit es sich bei Alfred Krupp um Verfehlungen gegen die eheliche Treue handelte, sagte Herms, Alfred Krupp habe einmal gesagt: »Jedermann weiß, daß ich in meinem Leben nie gelogen habe, und man muß mir glauben, wenn ich sage, daß ich niemals ein Weib außer meiner Frau berührt, seitdem ich mit ihr verheiratet bin.«

Als Frau Bertha Krupp ihn verlassen hatte, ließ er alles, was ihn an sie erinnerte, aus seiner Umgebung fortschaffen. Dennoch ging ihm die Trennung sehr zu Herzen, und er hoffte immer, seine Frau würde von selbst wieder zurückkommen. Er selbst hätte nie und nimmer den geringsten Schritt zu einer Annäherung getan. Gegen alle Bitten nach dieser Richtung hin war er hart wie Stein. Herms sagt, er habe vor ihm auf den Knien gefleht. Frau Margarethe Krupp bot ihren großen Einfluß auf ihn auf, aber vergebens.

Dem Verhältnis zwischen Mutter und Sohn und zur Schwiegertochter (Margarethe) legte er kein Hindernis in den Weg, er sucht das bestehende gute Einverständnis nie zu stören.

Eines Tages kam Frau Bertha nach Essen und Alfred Krupp hoffte, sie werde Schritte tun, eine Aussöhnung anzubahnen. Sogleich ließ er, als er von ihrer Anwesenheit hörte, in aller Eile die Zimmer so gut es ging wieder in den alten Stand setzen, aber Frau Bertha Krupp ging wieder, ohne einen Schritt getan zu haben. Alfred Krupp soll bei dieser Gelegenheit gesagt haben: »Nun ist es auf immer vorbei.« Tatsächlich haben sich die beiden Gatten im Leben nicht wieder gesehen.

Wahrscheinlich war sie mit der Absicht einer Annäherung gekommen, aber schlecht beraten worden. Herms meint, an dem ganzen Zerwürfnis sei der Rat »guter Freunde« viel schuld gewesen. Frau Bertha Krupp, die 20 Jahre jünger war als ihr Mann, sei von diesem aufs Äußerste verwöhnt worden. Daß sie bis an sein Ende in seinem Herzen nicht erstorben war, beweist ein Miniaturbild, das sich in (...) Alfreds Krupps Schlafzimmer vorfand. Es war ein Lieblingsbild von ihr, das er behalten hatte, wohingegen er sonst alle Erinnerung an sie aus seiner Umgebung verbannt wissen wollte.

Erst nachdem Alfred Krupp die Augen geschlossen, kam seine Frau wieder auf den Hügel. Sein Tod ging ihr sehr nahe, etwa 15 Monate später folgte sie ihm ins Grab.

Dies alles zeigt: Auch 1906 brodelt sie noch, die Gerüchteküche! Und ganz offensichtlich hat sich die Alfred-freundliche Partei durchgesetzt. Was Wunder, er ist der Chef und zahlt die Gehälter. Was wirklich geschehen war, wird sich niemals mit letzter Sicherheit sagen lassen. Sicher ist nur eins: Auf dem Hügel ist nach dem Zerwürfnis nichts mehr, wie es war. Verschwunden ist die Atmosphäre von Heiterkeit und Freude, die Bertha immer verbreitet hat. Verschwunden der stetige Strom von Freunden und Verwandten der Eichhoffs,

Vergangenheit die lustigen Feste und Spiele für die jugendlichen Freunde und Verwandten. Geblieben ist ein großes, innen ganz weiß gestrichenes Haus, das geführt wird wie ein heutiges Hotel, perfekt, aber kühl. Ein Haus, das allen Luxus bietet, den ein Gast der Krupp-Werke erwarten kann, das reibungslos funktioniert, dem aber eines fehlt: die Seele.

Bertha ist fort, und sie wird erst wieder nach Alfreds Tod auf dem Hügel wohnen. Sie ist vorerst in Italien, dann in Köln bei ihrer Familie, dann wieder in den altbekannten Kurorten, die sie seit Jahren besucht. Am Ende wird sie ihren Wohnsitz in Leipzig aufschlagen. Es fehlt ihr an nichts, das Geld kaufen kann. Auf ihrem Wanderleben ist sie immer in Begleitung. Dr. Schmidt ist an ihrer Seite, manchmal ihr Sohn Fritz, immer eine ihrer weiblichen Vertrauten oder ihre Freunde und Verwandten. Aber sie leidet. Denn anstatt eine Versöhnung zwischen Vater und Sohn zu erreichen, hat ihr Eingreifen das Gegenteil bewirkt: Sie und ihr Mann sind auseinander, Margarethe weiterhin in der Ferne, und Fritz sieht sich in einer ungemütlichen Situation zwischen Vater und Mutter, die auch sein Verhältnis zu Bertha belastet.

Ein halbes Jahr nach der Trennung schreibt sie an einen Verwandten: *Ich war so elend, so innerlich müde, so herunter. (...) Ich komme mir noch immer wie eine ganz andere vor, wenn ich von meinen Erlebnissen schreiben soll. Es hat sich nichts verändert, das wissen Sie von Fritz. (...) Nach dem traurigen Ereignis, das mich (...) ganz unglücklich macht, ist das Verhältnis zu Fritz unnatürlicher denn je. Auf dem Hügel sieht es trostlos aus. Die (...) vorzüglichen Menschen sind beinahe alle weggeschickt worden, und ein Cordon ist gezogen, in dem nur Alfreds Camarilla herrscht. Ist das nicht trostlos?*[68]

Alfred igelt sich ein, umgibt sich nur mit der Dienerschaft seines Vertrauens, zieht sich immer mehr zurück auf die Interessen seines Werkes. Wie wird es mit der Fabrik weitergehen? Er fühlt sich alt und krank. Er weiß, dass er für die Zukunft sorgen muss. Was er mittels seines Testaments regeln kann, das regelt er. Die Prokura, also die Geschäftsleitung des Krupp-Werkes, weiß, was zu tun ist. Offen bleibt nur noch die Frage: Wer folgt Alfred nach? Friedrich Alfred, sein Sohn?

Das Vertrauensverhältnis zwischen Vater und Sohn ist gestört. Alfred gibt sowohl Bertha als auch Margarethe von Ende daran die Schuld, aber auch der nach wie vor schwankenden Gesundheit von Fritz. Er hält Fritzens angeborene, von Herzen kommende Liebenswürdigkeit für Schwäche. Er ist auch nicht bereit anzuerkennen, dass Fritz inzwischen ein guter Moderator geworden ist zwischen seinem immer wunderlicher werdenden Vater und der Krupp'schen Prokura. Dass Fritz sich unauffällig, aber erfolgreich einen Platz in der Firma erkämpft hat und dass er loyal zu Alfred steht, das alles sieht er nicht.

Alfreds Verzweiflung (1882)

Am 28. März 1882 schreibt Alfred einen Brief nach Berndorf bei Wien. Einen Brief, geboren aus Verzweiflung und Realitätsflucht, aus gekränktem Stolz und gebrochenem Herzen. Kurz: einen Brief, den er nie hätte schreiben dürfen.[69] Der Adressat des Briefes ist Arthur Krupp, der seit dem Tode seines Vaters Hermann, Alfreds Bruder, die familieneigene Metallwarenfabrik in Berndorf bei Wien leitet. Der 26-jährige Arthur ist Alfred Krupps Neffe und der Vetter von Fritz Krupp.

Alfred Krupp sitzt in seinem großen Arbeitszimmer im ersten Stock der Villa Hügel. Hinter ihm steht das Schreibpult mit dem aufgebockten Sattel davor, auf den er sich setzt, wenn ihn sein Rücken so plagt, dass er im Sessel nicht sitzen kann.

Jetzt aber hat er den Rücken dem Fenster zugekehrt, den schmalen Kopf über die mächtige Arbeitsplatte geneigt und schreibt einen Brief, von dem er glaubt, dass kühle Vernunft ihn diktiert, während doch in Wahrheit die Verbitterung über Berthas Abreise und über seinen widerspenstigen Sohn die Worte diktieren, die jetzt aus seiner Feder fließen:

Meine Frau ist für unbestimmte Zeit nach Italien, Fritz ist auf dem Weg nach Marokko – zur Erholung, nachdem er in Spanien Geschäfte erledigte. Ich war seit 3 Monaten meistens in Düsseldorf, der Hügel ist

Arbeitszimmer von Alfred Krupp, um 1883

wie ausgestorben. Jetzt sitze ich hier ganz allein im Hause, denn Dr. Schmidt ist mit nach Italien. (…) Fritz ist nicht fest von Gesundheit, wer weiß, ob er sich verheiratet und ob Sprossen folgen oder meine Linie (wie die Aristokraten es nennen) auszusterben berufen ist.

Schon vor 20 Jahren habe ich, angesichts solcher Möglichkeit, Deinem seligen Vater die Hoffnung ausgesprochen, daß mal einer seiner Söhne, mit Intelligenz, Kraft und Energie ausgerüstet, meinem Sohn zur Seite an die Spitze treten möge. (…)

Du hast Dir nun eine würdige Stellung erworben und ich habe mich gefreut über den Erfolg. Nun – da Du und Deine liebe Frau ein kerngesundes Paar ausmacht, so thue Deine Schuldigkeit mit aller Weisheit und sorge dafür, daß die Krupps nicht aussterben und daß womöglich mal Einer oder Zwei – je nachdem die Kette groß sein wird, hierher zu wandern bereit sein mögen, wenn es so wie hier auch Deinerseits und ihrerseits für gut erkannt wird.

Ich bin mit dem Testament beschäftigt. Ich muß den Fall auch an-
nehmen, daß Fritz ohne Sohn stirbt, und da möchte ich zuvörderst auf
Deine Nachkommenschaft hinweisen und je nach Umständen könnte
ja vor der Reise auch ein Sohn hier die Erziehung genießen und zu
einer künftigen Stellung ausgebildet werden.

Ich habe so Vorteilhaftes über Deine liebe Frau gehört, daß ich seit
langem das Verlangen hatte, sie kennen zu lernen. Ihr werdet, wenn
Gott Euch segnet, Eure Kinder gewiß gut erziehen und zwar im Hause,
in der Familie, unter den Augen der Mutter und nicht in der lieblo-
sen Fremde, die auch das Kindes- und Heimatgefühl nur zu leicht
schwächt. (...)

Hier bricht der alte Mann ab, es scheint ihm nun doch zu viel, was
er dem jungen Neffen verrät: seine Einsamkeit während aller Jahre
seiner Ehe, das Gefühl, von der innigen Beziehung zwischen Mutter
und Sohn ausgeschlossen geblieben zu sein, seine Hilflosigkeit, sich
gegen die Instrumentierung von Leiden zu wehren – so jedenfalls
empfindet und sieht er es aus seiner Warte. Und doch schreibt er
weiter und berichtet nun über sich, in einer Weise, die mit feinem
Humor Distanz schafft zu dem, was ihn im innersten Herzen bewegt.

Ich reite bei gutem Wetter täglich ein paar Stunden, die Hälfte des We-
ges Trab oder Galopp. Nur bei der Übung bin ich gesund. Vor 63 Jahren
ritt ich schon. (daß ich jetzt 70 werde, weißt Du wohl). Wahrscheinlich
werde ich einmal herunter fallen und das Genick zerbrechen. Das
denke ich schon seit 15 und mehr Jahren – aber es eilt nicht. – In den
nächsten Tagen gehe ich nach Hannover, um womöglich ein paar gute
neue englische Pferde zu kaufen. Es kommen hier viele fremde Offizie-
re, und so eine Cavalcade von 8 bis 10 Reitern ist ein Plaisir.

Mit der Fabrik geht es wohl immer flott dort – so auch hier.

Ich habe auf Fabriken, Hütten und Bergwerken in Essen und
Rheinprovinz (außer Spanien) circa 18–19 000 Arbeiter, 6500 Seelen,
13 000 schulpflichtige Kinder der Arbeiter. Jede Stunde Tag und Nacht,
Jahr um Jahr, werden ca. 2000 Centner Kohle – täglich circa 48 000
Centner – verbraucht. Im Commissionsbuch sind durchschnittlich
Bestellungen notiert für 40 bis 50 Millionen Mark. – So vergönne ich

mir denn neben mäßiger Speise – ein bis zwei Gerichten – 3 Flaschen Bordeaux par jour und quäle mich so bescheiden durch.

Jetzt wirst Du wohl Zeug's genug haben und denken, von so ungewohnter Schreib-Dissenterie könnte man am Ende auch ein Leiden bekommen. Ich will mich daher beherrschen und weiter Nichts mehr sagen, als daß ich einer angenehmen Nachricht auch betreffs Zukunftsaussichten als teilnehmender Onkel und Interessent entgegen sehe. Bewahre dieses Schreiben wegen seiner ernsten Teile für die Zukunft für den Fall, daß Andere Einsicht darin nehmen sollen und dürfen. Meine herzlichsten Grüße Deiner lieben Frau.

Dein treuer Onkel Alfred Krupp

Der arme Arthur! Er kann nicht glauben, was seine Augen lesen! Zuerst einmal wird er ganz maßlos wütend ob des Ansinnens, quasi gegen das Inaussichtstellen von tausenden von Zentnern Kohle und drei Flaschen Bordeaux pro Tag auf Bestellung einen oder mehrere Erben zu liefern. Er beschließt sicher sofort, diesen Brief seiner frisch angetrauten Ehefrau nicht zu zeigen. In diesem Augenblick ahnt er natürlich nichts von der Ironie der Geschichte, die darin liegt, dass – eine Generation später – ein Vetter aus Essen nach Wien abkommandiert werden wird, um das Erbe in Berndorf anzutreten, weil Arthur selbst keine Nachkommen hinterlässt.

Vorerst bereitet es ihm viel Kopfzerbrechen, einen zumindest halbwegs diplomatischen Antwortbrief zu entwerfen. Er entschließt sich, den ironisierenden, burschikosen Ton seines Onkels aufzunehmen, und schreibt, nachdem er von dem Tod des eigenen Vaters berichtet hat:[70]

Doch es ist albern von mir, derartiges einem Schwarzseher zu schreiben; denn Onkel, Du bist ein Schwarzseher geworden, was mich sehr betrübt hat und was ich – offen gestanden – nie von Dir erwartet hätte. Wenn Dir der angeschlagene Ton meines Briefes nicht paßt, so werfe ihn ungelesen ins Feuer. Es ist dann nichts weiter als eine ehrliche gute Absicht verloren gegangen, und das ist Dir gewiß auch recht oft passiert, daß Dir ein in guter Absicht gegebener Rat übel gedeutet wurde.

Wenn aber ein Onkel seinem Neffen einen derartigen Brief schreibt, wie Du mir einen geschickt, so hat der Neffe, falls er in seinem Onkel seinen verstorbenen Vater verehrt, die moralische Verpflichtung, ihm offen die Meinung zu sagen. Freilich könnte ich meine Sätze in weit feinere Form kleiden, aber dann ist es mir nicht mehr aus der Seele gesprochen, und man nennt das dann gewöhnlich einen gekünstelten Brief. Aber das soll ja nicht der Zweck meines Briefes sein, darum schreibe ich – ob Du ungehalten bist oder nicht – wie mir die Schnauze steht.

Warum beklage ich, daß Du schwarzseherisch geworden bist? Weil, nach meiner Meinung, ein solcher Mensch nichts mehr zu leisten im Stande ist. (…) Ich glaube aber und hoffe, daß es bei Dir eine augenblickliche Schwermut ist, die dich einen solchen Brief schreiben läßt, weil Du Dich allein fühlst. (…)

Nach Weihnachten frug ich in Essen an, ob Margreth und ich unseren Besuch abstatten dürften, erhielt aber die Nachricht, daß Du Dich in wichtigen Angelegenheiten in Düsseldorf befändest, Tante Bertha im Begriffe wäre, nach Italien zu reisen, und Fritz auf dem Weg nach England ist. (…) Arthur weiß also ganz genau Bescheid über das Zerwürfnis, und das macht ihn nur noch wütender.

Was Fritz anlangt, so könnte jeder Vater Gott danken, wenn er einen solchen Sohn hätte. Er besitzt den Unternehmergeist, den ein Sohn eines großen Vaters unbedingt haben muß, wenn nicht das Geschäft einstens zurückgehen soll. Er ist bescheiden, und dieser Umstand läßt ihn erkennen, daß nicht alles vollkommen ist und sein kann. Wie er sich zu vervollkommnen sucht, trachtet er auch das weiter zu bringen, was ihm das größte Interesse erscheint und erscheinen muß. Daß er leider etwas kränklich ist, ist sehr zu bedauern, aber gerade dieser Umstand hat ihn mit einer kolossalen Kraft ausgestattet, die ihn alles mit einer für ihn sehr wichtigen Objektivität beurteilen läßt. Ferner veranlaßt seine Kränklichkeit ihn einen derartig soliden Lebenswandel zu führen, wie er nicht bald wieder bei einem jungen Menschen zu finden ist. Und das ist wirklich Dein Ernst, daß Du glaubst, ein solcher Mensch sei nicht fähig, Nachkommen zu erhalten? Lasse ihn nur erst einmal heiraten, dann wirst Du schon zu Deiner Nachkommenschaft kommen …

Hier bricht Arthurs Briefentwurf ab. Wir wissen nicht, ob Alfred diese oder eine abgemilderte Antwort erhalten hat. Mit Sicherheit aber wird ihm klar, dass nur eine Heirat von Fritz ihm den ersehnten Firmenerben sichern kann. Und so überwindet Alfred Krupp endlich seinen Stolz und gibt seine Einwilligung zur Ehe seines einzigen Sohnes Fritz mit dem Freifräulein Margarethe von Ende. Unter einer sehr harten Bedingung allerdings: Das junge Paar muss sich verpflichten, seinen Wohnsitz bei ihm auf dem Hügel zu nehmen.

Fritz kann noch ein weiteres Zugeständnis seines Vaters erreichen: die Erlaubnis, ein Semester in Braunschweig zu studieren. Endlich kann er selber lernen, wie wissenschaftlich gearbeitet werden muss und wie Versuche zu kontrollieren und zu dokumentieren sind. Wenn es auch nur einige wenige Monate sind, die er dem Studium widmen kann, so gewinnt er doch einen tiefen Einblick in den Forschungsstand der Schmelz- und Legierungstechnik, also jener Gebiete, die ihn am meisten begeistern.

Endlich vereint (1882)

Biblische sieben Jahre hat Fritz um Margrethe geworben und gelitten. Nun hat er endlich den Widerstand seines Vaters gebrochen, hat sich eine Stellung und ein Einkommen in der Firma gesichert und sogar noch ein Semester Studium bewilligt bekommen.

Von dem Wunsch beseelt, alles so korrekt wie möglich zu machen, schreibt Fritz Ostern 1882 an Margarethes Eltern und bittet sie um die Hand ihrer Tochter:

Ich mache nicht viel Worte, denn ich glaube oder ich hoffe vielmehr, Sie selbst kennen seit langem meine Liebe und Hochachtung zu Ihrem Fräulein Tochter Margarethe. Erst nach Ihrer Einwilligung würde ich mir erlauben, bei ihr um ihre Hand zu bitten.
In erregter Spannung Ihr seit langem treu ergebener Fritz Krupp[71]

Einem Freund, den er wohl mündlich von seinen Absichten unterrichtet hat, in aller Form um die Hand Margarethes anzuhalten, schreibt er:

Eben erhalte ich Ihre Glückwünsche, wofür ich herzlich danke. – Ich brauche Sie wohl nicht zu bitten, vorläufig die Sache noch in Essen vertraulich zu behandeln, denn weder die Eltern von ihr, noch sie selbst haben ihre Einwilligung gegeben. Erst in diesem Augenblick wird die Mutter meinen ersten Brief haben und sie weiß noch nichts von meinem Schritt.

Ich dachte, Sie wüßten, wer sie ist und daß ich schon 6–7 Jahre um sie freie. Haben Sie nie Fräulein von Ende bei uns gesehen? Hoffentlich erkennen Sie meinen Geschmack an! Nun halten Sie mir den Daumen, daß alles gut geht.

In alter Treue Ihr Fritz Krupp[72]

Es geht alles gut, jetzt, da der alte Mann auf dem Hügel seine Einwilligung gegeben und damit den Weg frei gemacht hat für den Einzug einer neuen Frau Krupp auf dem Hügel.

Natürlich willigen die Eltern Margarethes ein. Die eigenwillige, charakterstarke Tochter mit einem wohlhabenden Fabrikanten zu verheiraten, erfüllt ihre kühnsten Träume. Und Fritz hat bei den wenigen Malen, die er sie besucht hat, ihr Herz und ihre Achtung gewonnen durch seine natürliche, liebenswürdige und uneitle Art. Das Herz August von Endes öffnet sich ihm ganz, und selbst die adelsbewusste Eleonore – durch lebenslange Entbehrungen finanzieller Art zermürbt – kann nun nichts mehr dabei finden, einen wohlhabenden und fürsorglichen – wenn auch nur bürgerlichen – Schwiegersohn in ihre Arme zu schließen.

Freudig bereitet sie deshalb am 6. Mai 1882 für ihre älteste Tochter eine elegante und intime Verlobungsfeier vor, im allerkleinsten Familienkreise der von Endes. Der Bräutigam erscheint zur Verlobung ganz allein, und gleich nach dem festlichen Mittagessen reist er wieder ab, zurück in sein studentisches Quartier nach Braunschweig. Von dort aus gibt er seine Verlobung öffentlich bekannt, was zu dem üblichen Rascheln im lokalen Blätterwald führt. Auch die Braut verabschiedet sich eilig von ihren Eltern und kehrt an ihre Arbeit an den Hof in Dessau zurück, zu der kleinen Prinzessin und ihrer Familie. Alexandra findet alles sehr aufregend und höchst romantisch, und die nüchterne Margarethe erwehrt sich lächelnd der Vergleiche mit Aschenputtel oder der Gänsehirtin am Brunnen.

Auch Alexandras Eltern, das Herzogspaar von Anhalt, freuen sich für Margarethe und überraschen sie mit der Einladung zu einer zweiten Verlobungsfeier, diesmal in größerem Kreise und in dem sehr viel größeren Rahmen ihrer Sommerresidenz in Wörlitz. Das elegante klassizistische Haus strahlt in der Sommersonne, die Pfingstrosen blühen und duften in dem berühmten *Park, der mit seinen Grotten, Brücken, Inseln und den verschlungenen Seen und Kanälen*[73] so viel zu bewundern und zu bestaunen bietet. Margarethes Eltern sind eingeladen – entzückt sagt Eleonore sofort zu – und Fritzens Vater, und auch dieser sagt nicht nur zu, sondern erscheint auch wirklich. *Natürlich nahm zuerst die Lokalpresse und dann auch die hauptstädtische Anteil an dem seltenen Ereignis, blieben doch Krupps gelegentliche Aufenthalte in Berlin und alles, was*

Verlobungsfoto von Friedrich Alfred Krupp und Margarethe von Ende, Mai 1882

seine Person anging, selten unbemerkt. Aus Wörlitz wurde am 11. Juni berichtet: Nachdem vorgestern der Kanonenkönig Krupp mit seinem Sohn hier angekommen und im Hotel am Eichenkranz abgestiegen, fand gestern die Verlobungsfeier des Letzeren mit der Erzieherin unserer Prinzeß Alexandra, Fräulein Margarethe von Ende, statt. Anläßlich des Ereignisses fand auf dem Herzoglichen Residenzschloß ein glänzendes Diner statt.[74] Nur eine, die diesem Glanze so ganz entsprochen hätte, fehlte und wird von Fritz genauso schmerzlich vermisst wie von Margarethe. Bertha Krupp, von ihrem Mann und dem Hügel getrennt und zurzeit zur Kur in Italien, ist nicht gekommen. Sie schreibt aber warm und herzlich und in *übergroßer Freude* an Margarethes Mutter: Ich bin so glücklich, *daß mein Liebling nun wirklich mein Töchterchen wird. (…) Marga wird ihm das Höchste*

*bleiben. (…) Sie ist seine einzige Liebe gewesen, und ich habe sie mit
ihm geliebt von Anfang an. (…) und sie ist auch für mich die einzige
Liebe geblieben. (…) Wie gern möchte ich einmal in meines Fritz
strahlendes Gesicht sehen, wie möchte ich das liebe schöne Auge küssen, das es ihm gleich von Anfang an angetan.*[75]

Dieser Wunsch erfüllt sich ihr erst zwei Monate später, am 19. August, bei der Hochzeit in der Wohnung der Brauteltern in Blasewitz
bei Dresden. Vorher nutzt Eleonore von Ende vermutlich die Gelegenheit eines letzten Gesprächs, ihrer großen Tochter den Ratschlag
zu geben, den sie schon von ihrer Mutter erhalten hat: »Lass deinen
Mann machen, was er will. Du ertrage alles, schließe die Augen und
denk an etwas Schönes. Dann wird alles irgendwie schon gehen.«
Margarethe nimmt den Rat entgegen, entschlossen, ihre Ehe in keiner Weise so zu gestalten wie die ihrer Mutter. Diese Worte werden
in dieser oder ähnlicher Form noch weitere zwei Generationen lang
den Bräuten der Familie mit auf den Weg gegeben.[76]

Bei der Trauung ist die Mutter des Bräutigams, Bertha, anwesend,
nicht aber der Vater des Bräutigams, Alfred Krupp. Es wird eine
schöne, harmonische und heitere Feier, auch wieder im kleinen
Kreise. Die von Ende'sche Seite ist zahlreich vertreten mit Schwestern, Brüdern, Tanten und Onkeln der Braut, während der Bräutigam recht verloren erscheint in dieser munteren Menge. Nur die
Schönheit und Herzlichkeit seiner Mutter retten ihn vor Peinlich-
keiten. Die Trauung in der Kirche zu Striesen ist schlicht und kurz,
ebenso das anschließende Hochzeits-Déjeuner.

Endlich können sich Margarethe und Fritz verabschieden. Sie
verbringen ihre Hochzeitsnacht in Dresden. Zum ersten Mal nach
so langen Jahren sind sie miteinander in einem Schlafzimmer ganz
allein. Es wird eine Nacht der Gespräche, der sanften Berührungen
und der wachsenden Nähe. Die beiden jungen Menschen, beide
28 Jahre alt, sind in der Liebe unerfahren. Sie haben viel darüber
gehört, was in dieser Nacht zu geschehen hat, aber niemand hat sie
die Liebe gelehrt. Und so stellt sich Fritz ein wenig ungeschickt an,
und Margarethe denkt, »eigentlich ist es gar nicht so schlimm«, aber
auch, »eigentlich schön ist es auch nicht«. Aber Fritz spürt die warmen Arme, die ihn umfangen, und fühlt sich geborgen und geliebt
wie lange nicht in seinem Leben.

Ob er sich darüber klar ist, dass seine Marga sehr genaue Vorstellung darüber hat, wie diese Ehe funktionieren soll? *Die Voraussetzung jeder guten Ehe, die Vereinigung von Starkem und Milden, sollte sich, wenn auch nicht in herkömmlicher romantischer Auffassung, der Mann nur der Starke, die Frau nur die Milde, in der Vermählung von Fritz und Margarethe erfüllen.*[77] So beschreibt Marga viele Jahre später ihre Sicht der Dinge, in der sie die Rolle der Stärke und er die der Milde übernimmt. Am Anfang mag es so gewesen sein. *Schon wenige Wochen nach seiner Vermählung konnte Fritz dem von ihm gleich mit ins Herz geschlossenen Schwiegervater mitteilen:* »*Es ist mir, als ob ein neues glückliches Leben für mich angebrochen wäre, und als ob die Sorgen für die Zukunft, die mir mein ganzes Leben nie rosig erschienen ist, mit einem Mal sich bedeutend verringert hätten.*[78] Er blickt in die großen dunklen Augen, die er liebt, er wärmt sich an ihrem Leib, lauscht den Worten, mit denen sie ihn ermuntert und stärkt, und spürt, dass sein Leben einen Anker bekommen hat, einen Mittelpunkt.

Margarethe hingegen weiß, dass sie ihre Ehe unter schwierigen Bedingungen beginnt. Zu bewusst ist ihr der schwankende Grund, über den sie schreitet. Sie spürt, wie hoch der Preis ist, den sie und Fritz zu zahlen haben. *Sein plötzlicher Entschluß*, so interpretiert sie Alfreds Verhalten, *endlich dem Wunsche seines Sohnes (…) nachzugeben, war augenscheinlich darauf zurückzuführen, daß er sich (…) sehr vereinsamt fühlte. Jedenfalls knüpfte er an unsere Heirath die Bedingung, daß wir auf dem Hügel wohnen müßten, offenbar in der Hoffnung, seinen Sohn wieder mehr an sich zu fesseln, von dem er wußte, daß er unter dem Zerwürfnis der Eltern schwer litt, und ohne sich zu äußerlich verurtheilender Parteinahme berechtigt zu fühlen, doch innerlich auf Seiten der Mutter stand.*[79] Zu klar ist auch die Erinnerung an das Verhalten ihres Schwiegervaters bei ihrem letzten Treffen: kühl, höflich und entsetzlich reserviert. Sie hat es viele Jahre später so beschrieben: *Gleich nach der Hochzeit stattet das junge Paar dem Vater seinen pflichtschuldigen Besuch auf dem Hügel ab. Die junge Frau, die stets klug zu schweigen sich geschult, beobachtet ihr gegenüber am Mittagstisch den Mann, von dem ihre nächste Zukunft mit abhängt. Er erscheint ihr trotz seiner Liebenswürdigkeit, über die er, weil es ihm jetzt so beliebt, in reichem Maße verfügt, und trotzdem er sichtlich gealtert, nicht milder geworden. Nein, völlig unnahbar, gleichsam eine Erznatur selbst, den Riesenblöcken gleichend, die Tag und Nacht in seinen Essen gebändigt werden. Zwischen den beiden Männern sickert höflich Unterhaltung. Der Sohn, dem leichtes Plaudern überhaupt nicht gegeben, läßt es an keinem Zeichen hochachtender Ehrerbietung fehlen. Es ist ein so durch die Vernunft geregelter Verkehr, kühl weht die Atmosphäre. Der Mutter sonnige Heiterkeit, ihre befreiende Natürlichkeit kann nicht mehr vermittelnd wirken.*[80]

Erst jetzt – während der Hochzeitsreise – erfährt sie von ihrem Mann all die Einzelheiten von Alfreds Veto, erst jetzt berichtet ihr Fritz, dass nicht sein Zögern, sondern die Ablehnung des Vaters seine Erklärung so lange hinausgezögert hat. Er beichtet ihr auch noch ein anderes, weit schwerwiegenderes Versagen, das vielleicht schuld daran ist, dass sich Bertha und Alfred im Leben nicht mehr versöhnt haben. Es lastet schwer auf seiner Seele. Auch an dieses Gespräch erinnert sie sich später noch genau:

Er hat auch seiner Marga – und gewiß zu seiner wahren Erleichterung – eine Art Unterlassungssünde gebeichtet, durch die sie einen Einblick in sein schweres Seelenleben und in das traurige Verhältnis des Sohnes zum Vater gewonnen. Seine Mutter hatte ihm zur Verlobung überschwenglich glücklich geschrieben, ihr Fernsein bedauert und den Wunsch geäußert, ihrem Mann zu danken für die endliche Erlaubnis zur Ehe. Nicht als ob sie dadurch an einen Schritt zurück auf den Hügel gedacht, nein, nur ein Sondieren, mit dem sie den Sohn betraut: »Ich stelle aber es Dir anheim, ob Du meinen Brief dem Vater zeigen kannst oder nicht.«[81] Aber Fritz, statt seinen eigenen Instinkten zu vertrauen, fühlte sich unfähig, diese Entscheidung zu treffen. So fragte er zwei Freunde des Hauses um Rat. Einer von ihnen war Berthas Cousin Geheimrat Rennen, der sie besonders ins Herz geschlossen hatte. Beider Männer Ratschlag war der gleiche: *Die Frau, der bitter Unrecht geschehen, könne nicht den ersten Schritt tun.* Margarethe teilt diese Meinung nicht: *Ein Rat vom männlichen Standpunkt aus natürlich, aber ein übler Rat trotzdem, da so die einzige Gelegenheit der Annäherung der Gatten für alle Zeiten – wie die Folge lehren sollte – verpaßt war.*[82]

Margarethe kommentiert Jahre später den Anfang ihrer Ehe ganz nüchtern: *Da mein Mann durch die großen Aufregungen, die das*

Zerwürfnis seiner Eltern für ihn mit sich gebracht hatte, gemüthlich und körperlich sehr angegriffen war, begannen wir unsere Ehe unter recht ernsten Verhältnissen.[83] Das Ziel der Hochzeitsreise bestimmten die Gesundheit des Bräutigams und sein Wunsch, seiner Frau Marokko zu zeigen, das Land, in dem er, weil es seinem Asthma guttat, schon mehrmals gewesen ist. Was liegt näher, als auf dieser Reise das Nützliche mit dem Angenehmen zu verbinden und einige Geschäftstermine wahrzunehmen? Margarethe stört das nicht, sie ist vollkommen bezaubert von der *wundervollen neuen Welt*[84], die sich ihr auftut.

Doch zuerst Paris! Paris im Frühsommer! Gemeinsam trinken die beiden Kaffee auf den Champs-Elysées, und Margarethe lässt sich nur zu gerne überreden einzukaufen in den wundervollen Geschäften, die ihr bislang verschlossen waren. Margarethe und Fritz treffen sich in Paris mit dem Krupp'schen Geschäftsträger Karl Menshausen. Er ist ein alter Freund von Fritz noch aus seiner Essener Zeit und jetzt ein angesehener Krupp'scher Beamter. Auch er plant seine Hochzeitreise. Und da sich Margarethe und Magdalena Menshausen auf Anhieb verstehen, entschließen sich die beiden Paare, die Reise nach Marokko gemeinsam zu unternehmen.

Vorher allerdings muss Fritz laut ärztlicher Anordnung im Seebad Biarritz einige Wochen kuren. Es ist die Zeit, in der Margarethe ihren Mann richtig kennenlernt. Erst jetzt erfährt sie, wie sehr sein Leben geprägt ist durch seine gefährdete Gesundheit. Er leidet an Asthma – das weiß sie bereits –, aber auch an lebensbedrohenden Anfällen von Gelenkrheumatismus, die mit hohem Fieber verbunden sind. Zweimal ist er an Anfällen dieser Art erkrankt, beide Male nur knapp dem Tod entgangen. Dabei hasst er das Kranksein und die Beschränkungen, die es ihm auferlegt. So wie jetzt, wo er wochenlang in Biarritz ausharren muss, um seine Lungen mit der salzhaltigen Luft und seinen ganzen Organismus in dem gesunden Seeklima zu stärken. Doch dieses Mal ist Margarethe bei ihm. Sie leistet ihm Gesellschaft und heitert ihn auf. Gemeinsam schreiben sie die Bedanke-mich-Briefe für ihre Hochzeitsgeschenke und Kennenlern-Briefe an Verwandte, die einen der beiden noch nicht kennen.

Noch ist Margarethe unsicher im Umgang mit der neuen Familie und versteckt sich hinter gouvernantenhafter Förmlichkeit. *Verehr-*

ter Onkel!, schreibt sie an Alfreds jüngsten Bruder Friedrich Krupp, der nicht zu ihrer Hochzeit gekommen ist, *halten Sie mich nicht für undankbar, wenn ich Ihnen erst heute meinen herzlichsten Dank für Ihre gütigen Wünsche zu unserer Hochzeit und das reizende Geschenk ausspreche. (…) Es war außerordentlich gütig von Ihnen, mir solch eine große Überraschung zu bereiten, und ich werde das wertvolle Schmuckstück stets hoch in Ehren halten und mich beim Tragen desselben stets dankbar des gütigen Gebers erinnern.*

Außerordentlich bedauert haben wir es alle, daß Sie – verehrter Onkel – verhindert waren, unserer Hochzeit beizuwohnen, doch rechne ich bestimmt darauf, daß mir bald das Vergnügen zuteil werden wird, Ihre Bekanntschaft zu machen, und ich Gelegenheit haben werde, Ihnen meinen Dank mündlich wiederholen zu können.

Ich schließe, da Fritz noch einige Zeilen beifügen will, und bleibe mit herzlichem Gruß

Ihre ergebene Nichte Margarethe Krupp[85]

Und Fritz, dem der wochenlange Dauerregen in Biarritz auf die Nerven geht, fügt lustlos an: *Aus dem fernen Frankreich sende ich Dir herzliche Grüße und möchte auch meinerseits ausdrücklich im Verein mit Marga Dir aussprechen, wie sehr ich Dein Nichterscheinen bei unserer Hochzeit bedaure. Hoffentlich haben wir Dich nach unserer Rückkehr bald mal zu Gast. Mitte November hoffen wir in Essen einziehen zu können. Bis dahin müssen wir, wegen Änderungen im Haus, in der Ferne weilen. Leider haben wir unsere Reise noch gar nicht recht genießen können, da das Wetter ganz außerordentlich schlecht war.*[86] Und das Wetter bleibt schlecht, während ihrer ganzen Hochzeitsreise, die sie nun endlich gemeinsam mit dem jungen Ehepaar Menshausen antreten. Auf dem Weg nach Marokko nehmen sie die übliche Route des Bildungsbürgertums ihrer Zeit: Sie reisen über Madrid quer durch Spanien nach Gibraltar. An jedem dieser Orte lässt sich Margarethe neu bezaubern, füllt ihre Sinne mit Kunst, Musik und Kultur, mit der südlichen Leichtigkeit und dem für sie so neuen und ungewohnten Erlebnis des luxuriösen Reisens. Alles, was Geld zu bieten hat, darf sie nutzen: die besten Hotels, die komfortabelste Klasse in der Eisenbahn, die eleganteste Kutsche, das köstlichste Essen und Trinken – nichts scheint ihr zu fehlen.

Das sagt sie sich selbst, wenn sie abends mit Fritz allein bleibt und sein Umgang mit ihr sich in nichts von dem eines Bruders unterscheidet. Sie schilt sich selbst eine Gans. Ist sie nicht zu alt für romantische Träume von Lust und Leidenschaft? Von Zärtlichkeit, wie sie sie aus den Romanen kennt? Warum muss immer sie es sein, die jene Situation schafft, aus der allein der doch von beiden ersehnte Erbe entstehen kann? Hat sie in den Jahren von den Umständen erzwungener eiserner Beherrschung den Charme und die Attraktivität eines begehrenswerten Mädchens verloren? Sie grübelt und versteht es nicht.

In Gibraltar besteigt die kleine Reisegruppe das Schiff, das sie nach Tanger bringt. Dort erwarten sie Vertreter der Firma, und Fritz verbringt seine Tage mit geschäftlichen Treffen. Nur wenig Zeit kann er aufbringen, um ihr zu zeigen, was er in Tanger liebt. *Eine Hochzeitsreise im eigentlichen Sinne, das Herz voll jubelnden Glücks, ist es nicht gewesen,*[87] urteilt Margarethe viele Jahre später. Ob sie damals schon so empfunden hat? Oder ob das bittere Fazit, das sie nach so vielen Jahren zieht, wohl damals schon abzusehen war? *Vielleicht war den beiden Gatten überhaupt nicht gegeben, ihr Ich ganz und voll in der Liebe aufgehen zu lassen.*[88] Vielleicht ist aber einfach nur in der langen Zeit, die Fritz und Margarethe aufeinander gewartet haben, das Verliebtsein verloren gegangen zugunsten von Zuneigung und Freundschaft. Margarethe liebt ihren Fritz, wie sie ihre Brüder liebt, mit Füsorge und Hingabe. Und er? Sie gesteht sich ein, dass er ihr nicht die Leidenschaft entgegenbringt, die eine junge Frau erwarten kann.

Unerfreuliche Briefe erwarten die beiden jungen Menschen dann auf der Rückkehr von Tanger sowohl in Granada wie auch in Sevilla. Das Wetter ist wunderbar mild, beide fühlen sich gesund und voller Tatendrang, aber an eine schnelle Rückkehr nach Hause ist nicht zu denken. Alfred macht ihnen klar, dass er sie noch nicht in Essen erwartet. Er ist inzwischen selbst in das Logierhaus eingezogen, das wir heute als das Kleine Haus kennen und das eigentlich dem jungen Paar zugedacht war. Der Grund ist die Verzögerung der umfangreicher Reparaturarbeiten im Großen Haus. Eine neue Heizungsanlage wird eingebaut und in den Empfangsräumen die Beleuchtung von Gas auf Elektrizität umgestellt. Die Arbeiten ziehen sich über Gebühr hin. Alfreds Hausmeister, sein führendes Personal und seine

Kammerdiener haben keinerlei Eile, das junge Paar zu empfangen. Sie haben es sich mit dem alten Chef gemütlich eingerichtet, und eine neue junge Herrin kommt ihnen nicht gelegen.

Wie oft erlebt man es, so schrieb Bertha in der ersten Zeit nach ihrer Trennung von Alfred, *daß gegen die Ihrigen mißtrauische Naturen sich umso leichter von fremden, und nicht den besten Elementen, lenken lassen, die ihnen ohne Ehre und Gewissen nach dem Munde reden.*[89] Etwas sachlicher sieht es Berdrow: *Was ihn (Alfred Krupp) umgab, war sicher keine Camarilla, aber eine durchweg männliche Dienerschaft, die unter einem gerade damals ganz minderwertigen Hausmeister stand und in Abhängigkeit gehalten wurde. Durch Liebedienerei und Heuchelei hatte sich dieser Mann in das Vertrauen Krupps in einem Maße eingeschlichen, wie es nur durch Krupps zutiefst aufgewühlten Seelenzustand zu begreifen ist. (…) Die Arbeiten im Großen Hause, die sich aus tausend Einzelheiten zusamensetzten, hinauszuziehen, war nicht schwer für einen geschickten und gewissenlosen Menschen, der zudem damit seinem Herrn vielleicht noch einen Dienst zu erweisen glaubte.*[90] Was auch immer der Grund sein mag, Margarethe erkennt klar, dass sie nicht warten können, bis Alfred wieder aus dem Logierhaus auszieht, sondern dass eine andere Lösung gefunden werden muss. All das, was anderen Bräute selbstverständlich erwarten können, wird sie sich erst mühsam erobern müssen, das wird ihr immer mehr bewusst. *Trotz all des Schönen und Interessanten, das uns unsere Reise bot, sehnten wir uns auch nach eigener Häuslichkeit. (…) Durch seine unterdrückte Jugend und besonders auch durch die trüben Familienereignisse der letzten Zeit war das Verhältniß meines Mannes zu seinem Vater äußerlich wohl ein höfliches, innerlich aber ein sehr gespanntes, so daß ein formloser Verkehr ganz ausgeschlossen war. Mir wurde es daher bald klar, daß es meine nächstliegende Aufgabe sein würde, als Vermittlerin zu wirken.*[91]

Manchmal, wenn sie neben ihrem schlafenden Mann im Bett liegt und den Sternenhimmel vor ihrem Hotelfenster betrachtet, wird ihr bange vor all dem, was vor ihr liegt: Sie muss mit der Ablehnung des Schwiegervaters leben und ihm trotzdem ganz nahe sein. Sie wird ihren eigenen Hausstand haben, aber das Personal wird ihr feindlich entgegentreten, denn es ist dem alten Herrn verpflichtet. Die Freunde Berthas werden ihr insgeheim die Schuld geben an dem

Zerwürfnis. Und wie in den adeligen Familien wird es nur ein Ereignis geben, das alle mit ihr versöhnen wird, und das ist die Geburt des von Alfred sehnlichst erwarteten Enkels. Und selbst das, so weiß sie inzwischen, ist ein Problem.

Fragiles Glück im Gartenhaus (1882–1883)

Weihnachten nähert sich und damit der Tag, an dem Fritz und Margarethe nach Essen gerufen werden. Margarethe ist nervös, ein Zustand, der ihr, die sich eher für nüchtern und vernunftbetont hält, fremd ist. Um sich auf die Begegnung mit ihrem Schwiegervater vorzubereiten, erinnert sie sich noch einmal bewusst des Eindrucks, den der erste Besuch auf dem Hügel auf sie gemacht hat. Das ist nun zehn Jahre her, und von dem, was sie damals beeindruckte, ist vieles nicht mehr vorhanden oder doch sehr verändert. Trotzdem hat sie alles noch genau vor ihrem inneren Auge, so wie sie es später ihrer Biografin beschreibt:

Besonders interessant aber war ihr die Beobachtung des Genies im Alltagsgewand. Er, der sich dem jungen Mädchen gegenüber stets gleichmäßig freundlich gab, hielt doch immer seine kühle Reserve in Haltung und Benehmen, die seinem Äußeren sozusagen erst die richtige Folie verlieh. Gemessen zum gesamten Hauspersonal vom Leibarzt bis zum langjährigen Hausmeister, Portier und der Dienerschaft. Er traut ihnen, er, der sonst so voll Mißtrauen gegen alle Menschen zu sein scheint, verschmäht sogar hie und da nicht, ein Scherzwort an sie zu richten. Sehr vornehm in seiner Einfachheit mutet dieser Umgang mit seinen Leuten an, die an ihm mit der größten Ergebenheit hängen.

Ganz Kavalier der reizenden Gattin gegenüber, die ihm ihre Liebe bei jeder Gelegenheit zeigt. Da steht sie am Fenster und winkt mit ihrer schönen beringten Hand dem Gatten zu, wie er das liebt, ehe er sich zum täglichen Spazierritt anschickt auf seinem Vollbluthengst Darling. Ein Bild zähester Kraft dieser ganze Mann in seiner straff militärischen Haltung, in hohen anschmiegsamen Reiterstiefeln und dem Cutaway, das kleine Haupt aus deutscher hoher Halsbinde und Vatermörder gebieterisch ragend …[92]

Doch Margarethe weiß, dass sie diese Freundin auf dem Hügel nicht mehr erwartet. Stattdessen empfängt ein gealterter Alfred die beiden jungen Leute, immer noch straff und unbeugsam in seiner Haltung, aber versteinert in seinen Ansichten und Gewohnheiten. Dass Sohn und Schwiegertochter überhaupt nach Essen kommen können, ist Margarethes Hartnäckigkeit zu verdanken. *Das junge Paar ist infolge verschiedenen brieflichen Parlamentierens, das Marga mit dem Schwiegervater von Köln aus unternimmt, nach Essen zurückgekehrt und erscheint auf dem Hügel. Die junge Frau bittet um eine Unterredung, und sie wird vorgelassen.*

Alfred Krupp 1882

Sie mutet an wie eine Scene mit Spieler und Gegenspieler, diese Unterredung, bei der zum erstenmal der große Mann etwas vom Geist und Willen der Schwiegertochter spürt. Sie trägt den Sieg davon, ringt ihm die unwillig gegebene Erlaubnis zum Bleiben ab.[93]

Allerdings werden sie nicht in dem vorgesehenen Quartier im Logierhaus wohnen können. Zwar ist das Heizungssystem des Großen Hauses inzwischen fertiggestellt und Alfred wieder zurück in seine alten Räume in der Villa gezogen, aber die Umbauarbeiten im Logierhaus, das Alfred für das junge Paar bestimmt hat, stehen noch an. Fritz und Margarethe bezeichnen es als Kleines Haus, denn so erscheint es ihnen: wie die kleinere Ausgabe der großen Villa, in der Alfred wohnt. Es wird noch ein ganzes Jahr dauern, bis alle Umbauarbeiten beendet und Fritz und Margarethe einziehen können. Bis dahin dürfen sie das sogenannte Gartenhaus beziehen. Dort haben Alfred und Bertha einige ihrer Ehejaare verbracht, dann wurde es für Firmengäste genutzt, bis die Villa Hügel sowohl als Wohnhaus Krupp wie auch für Gäste zur Verfügung stand.

Fritz und Marga verbringen in diesem Provisorium eine unbeschwerte Zeit. Hinter dem Gartenhaus erhebt sich das Gebäude mit dem Hammer Fritz, vor ihm erstreckt sich der allerletzte Rest eines ehemals großen Gartens. Der Teich samt Anlegestelle und Ruderboot ist längst von Fabrikbauten verschlungen worden. Jetzt liegt das Gartenhaus, wie umklammert *von mächtigen Fabrikgebäuden und ihren Risenschloten*[94]. Trotzdem: Während hinter dem Haus die Hämmer Fritz und Max stampfen und die Schmelzbauten ihre Dämpfe ausstoßen, zwitschern vorne die Vögel und wehen die Blumen im Wind. Bertha hielt das Leben hier nicht aus, wohl aber Margarethe.

Sie sitzt im herbstlichen Garten, und der Lärm der Fabrik hindert sie nicht daran, voller Freude in den Briefen zu lesen, die ihr die junge Alexandra, ihre frühere Schülerin, geschrieben hat. Den ersten erhielt sie noch während ihrer Hochzeitsreise. Alexandra ist nun schon eine junge Dame von 14 Jahren, den Kinderschuhen entwachsen und voller Neugier auf das Leben. Sie hat sie in der Obhut von Fräulein Selke, ihrer eigenen ehemaligen Erzieherin in Düsseldorf, gelassen und weiß sie in guten Händen. Als sie die Anrede liest, stellt sie lächelnd fest, dass der Brief nicht mehr an das »Fräulein«, sondern an die gesellschaftlich gleichberechtigte »Margarethe« gerichtet ist:

Ballenstedt, den 10. September 82.
Liebe Margarethe!
Vielen Dank für Ihren Brief, der mich sehr erfreute. Wie ich höre, amüsieren Sie sich sehr gut in Paris. In Spanien wird es sicher auch sehr hübsch sein, und müssen Sie so gut sein und mir recht viel davon erzählen! Die Eltern sind jetzt wieder da und machen wir viele Partien, da das Wetter fast immer schön ist. Onkel Albert und Leo sind jetzt hier und gehen immer auf die Jagd. Ich schreibe hier im Erker; es ist eine reizende Aussicht hier. Heute ist Diner bei der Herzogin, ich bin nicht dabei. Jeden Tag habe ich hier eine Stunde bei Herrn Hoffmann: Religion, Deutsch, Rechnen.
Eben fällt mir ein, ich habe Ihnen noch gar nichts von unserem be-

rühmten, reizenden Häuschen im Walde erzählt, welches wir entdeckt
und »Die fröhliche Klause« genannt haben. Wir sind dort sehr oft den
Abend zum Essen, es ist nicht sehr weit. Ein ziemlich großes Zimmer
ist dort mit schöner blauer Tapete, eine sehr nette kleine Küche und
ein Boden. Wir haben das Zimmer schön mit Bildern etc. geschmückt,
Bänke und Tische gezimmert und kochen auch dort: Spiegeleier, Rühr-
ei, Kartoffeln, Apfelkuchen usw., was sehr amüsant ist. Auch haben wir
einmal – Frl. Selke, Aribert, Anna und ich – oben in der kleinen Küche
bei den Kommerzfrauen Räderkuchen gebacken. Wir schicken davon
an Emma und haben Els und Dolphus auch davon gegessen, und ihn
sehr gut gefunden.

Schade, daß Irene nicht hier ist, sie würde sich sicher auch sehr
amüsieren, sie hat mir so lange nicht geschrieben, ich habe ihr zuletzt
geschrieben. Ein Lehrer von der Anstalt hier, ein Herr Reinhart, den
Herr Hoffmann kennt, hat ein sehr hübsches Stück für mich kompo-
niert zu Klavier und Harmonium, welches ich mit Herrn Hoffmann
spiele, und werde ich es den Eltern nächstens vorspielen. Ich gehe mit
nach der Weinburg und freue mich sehr darauf. Für den Winter haben
wir auch schon Pläne, wir wollen ein Conzert geben. Emma will auch
singen, und dann wollen wir die Haydnsche Kindersymphonie aufführ-
ren. Ich nehme die Trommel, Lili vielleicht die Trompete, Emma das
Klavier, die Hofdamen wirken auch mit und vielleicht noch ein paar
Mädchen. Frl. Selke ist der Kapellmeister.

Mama grüßt Sie herzlich und will Ihnen bald schreiben, ebenfalls
Frl. Selke (…) Hoffentlich schreiben Sie mir bald wieder und erzählen
mir recht viel von allem. Nun adieu, liebe Margarethe, bitte grüßen
Sie Herrn Krupp sehr von mir. Mit vielen Grüßen an Sie selbst, bin ich
Ihre Sie herzlich liebende Alexandra
(Verzeihen Sie die entsetzliche Klaue!!)[95]

Margarethe muss lachen. Diese »Klaue« ist ihr ja nur zu gut bekannt. Winzig klein und fast unleserlich ist sie, und sie hat es trotz
aller Versuche nicht geschafft, sie zu verbessern. Nun, es kann nicht
alles gelingen, denkt sie und freut sich von Herzen über die Lebensfreude, die aus dem Brief spricht. Und auch aus dem nächsten, den
Alexandra sechs Wochen später schreibt:

Sigmaringen, den 31. October 1882

Liebe Margarethe,
Haben Sie vielen Dank für die beiden interessanten und riesigen

Schloss Wörlitz, kolorierte Zeichnung, die Margarethe Krupp 1884
an ihre ehemalige Schülerin Alexandra von Anhalt schickt als Anregung
zu einer Übung

Briefe. Ich bin ganz beschämt, noch nicht geantwortet zu haben. Die
Geschichte von der Nadel ist sehr amüsant, und müssen Sie sich dort
sehr gut unterhalten. Als wir noch in der Weinburg waren, haben wir
zum Geburtstag von der Großtante lebende Bilder gestellt, was sehr
nett war. Das Ganze hieß »Herzlichen Glückwunsch« und haben wir
es so wie damals in Dessau gemacht mit den Buchstaben. Ich war da-
bei Igel und Hofdame, und das Ganze war so, daß wir alle in unseren
verschiedenen Kostümen der Großtante noch einmal gratulierten und
Blumen brachten. Natürlich wurde alles erst den selben Tag bestimmt
und mußte gehegt werden. Auch war vorher noch Prof. Luchs aus
Preußen mit von Howerder da, und konnte man nicht gleich anfangen,
doch wurde alles noch sehr schön.
   Nun sind wir wieder in Sigmaringen und wohnen in demselben

Zimmer, wie wir früher gewohnt haben, und muß ich viel daran denken. Frl. Selke findet alles sehr hübsch hier, die Sammlungen etc. Auch waren wir schon einmal im Theater und sahen »Drei Staatsverbrecher«, was sehr hübsch war. Heute regnet es hier und können wir sicher nicht heraus. Mama läßt sehr grüßen und auch für Ihren Brief danken. Sie hat schon Ihr gewünschtes Bild von Albert von der Tante aus Flandern, die Sie auch vielmals grüßt, bekommen. Auch habe ich von Tante Luise schon für ein Bild für Sie gebeten. Gestern waren wir in (unleserlich), die Cousinen, Frl. Selke, Frl. von Lindheim, Miß Macshane und ich. Die Cousinen und ich ritten abwechselnd auf dem weißen Esel im Garten umher, was sehr amüsant war.

Leider passierte ein Unglück wie wir wieder fortfahren wollten. Die Cousinen, Frl. von Lindheim und Miß Mac fuhren in einem geschlossenen Wagen voran, ich mit Frl. von Lindheim im immer offenen Zweisitzigen hinterher. Plötzlich hören wir einen furchtbaren Krach. Der erste Wagen schwankte sehr und die Räder zerbrachen vollständig, doch wir anderen sprangen rasch heraus, und ist glücklicherweise nichts geschehen. Es war nämlich ein großes Loch voll Wasser mitten auf dem Weg und mit Brettern und Laub bedeckt, so daß man gar nichts davon sehen konnte. Es war noch gut, daß die Pferde gleich anzogen und heraussprangen, und der Lakai hält sie gleich fest. Es war ein schöner Schreck für uns alle. Natürlich konnte man den Wagen gar nicht mehr gebrauchen und fuhr ich und Frl. Selke im zweisitzigen Wagen gleich nach Haus, und die anderen kamen später mit der Eisenbahn zurück. Ein großes Abenteuer!

Heute ist der Onkel aus Flandern wieder abgereist, er war nur ein paar Tage hier, er ist nach Brüssel. Die andern reisen erst später. Wir reisen wahrscheinlich auch bald fort, und wird Young sich sehr freuen. Frl. Selke läßt sehr grüßen und bittet ebenso wie ich unbescheiden bald wieder um einen Brief. Mama und die Cousinen und alle anderen lassen sehr grüßen. Richtig, ich habe Ihnen ja noch gar nicht erzählt, daß von der Weinburg aus die Eltern, Onkel Fritz und Tante Luise, Eduard und Aribert mit der Cammerfrau von der Tante Luise auf sechs Tage nach Italien sind und zwar in Mailand. Die Eltern haben mir eine sehr hübsche runde Uhr und Kette mitgebracht; ich trage sie immer, sie geht gut und kann ich mich sehr schön nach richten.

In der Weinburg habe ich oft mit dem Cousin nach der Klavierbe-

gleitung von Frl. Selke gesungen, auch zum Geburtstag von der Groß-
tante, was sehr amüsant ist. Auch pfeife ich jetzt oft mit dem Klavier.
Vorgestern war Frl. Selke in Tübingen bei Professor von Marditz, da es
ja so nah von hier ist; sie blieb Sonnabend und Sonntag dort. Gestern
war im großen Saal ein Beamten-Diner, bei dem wir auch waren. Der
Saal war sehr schön erleuchtet. Es ist köstlich, an unseren Stubentüren
stehen noch die Zettel, auf deren einem steht: »*Prinzessin Alexandrine*
mit Frl. v. Ende«*. Ich schlafe natürlich in meinem kleinen Schlafzim-*
mer, wie damals. Frl. Selke findet die Jagdbilder in ihrem Zimmer
auch köstlich. Vielleicht gehen wir jetzt doch noch spazieren, denn es
wird klarer.
Mit vielen, vielen Grüßen
Ihre Sie herzlich liebende Alexandra
(Verzeihen Sie die Klaue!)[96]

Vor Margarethes innerem Auge steigen Bilder vergangener Sommer auf: das riesige Schloss Sigmaringen mit den rot umrahmten
unendlich vielen Fenstern und Türmen und den großen Toren und
den herrlichen Gartenanlagen. Sie meint den Sommerduft aus Heu
und Blüten zu spüren und die Hand Alexandras in der ihren. Der
Abschied ist ihnen beiden schwer geworden. Das Kind wird sich an
Fräulein Selke gewöhnen, wie auch vorher an sie. Aber sie fehlt ihr,
und Marga nimmt sich fest vor, die Verbindung nicht abreißen zu
lassen. Eines Tages, wenn sie sich hier in Essen richtig eingerichtet
hat, wird sie Alexandra und ihre Familie einladen, und dann werden
sie wieder etwas unternehmen, »was ganz amüsant ist«. Ein bisschen
tut ihr das Herz weh bei all den Erinnerungen, die bei der Lektüre
auf sie eindringen. Aber damals war es ein fremdbestimmtes Leben,
während dies hier ihr eigenes Leben ist, das sie nur mit Fritz teilt,
und wo sie selbst bestimmen darf, was geschieht.
Das junge Paar verfügt über drei hohe große Räume, ein Wohn-,
Speise- und Schlafzimmer, an die sich auf beiden Seiten je ein kleines
Palmenhaus anschließt. Dazu die notwendigen Haushaltungsräume.
Tag und Nacht dröhnt der Donner der Hämmer und das Sausen der
Räder und läßt die Wände des Hauses erzittern. Melodien der Arbeit,
süß den Ohren des Mannes und der jungen Frau bald ein Lied der
Heimat. Wenn Sonntags frühzeitig die Maschinen ruhen, und die

Räume nicht schüttern, wachen wohl die Gatten von der Stille um sie her auf.[97] Manch heutiger Großstadtbewohner kann beides nachvollziehen: die Gewöhnung an Lärm und Geschäftigkeit wie auch das Aufschrecken durch die plötzliche Stille.

Fritz und Margarethe genießen in dem Jahr, das sie im Gartenhaus verbringen, eine harmonische Zeit der Gemeinsamkeit, wie sie ihnen später nicht mehr gegönnt sein soll. Sie können miteinander sprechen, sich austauschen. Margarethe nimmt Anteil am beruflichen Leben ihres Mannes, sie will alles wissen über über das große Werk, das um sie hämmert und lebend pulsiert. Sie fühlt, dass Fritz ihre Stärke braucht, und sie will ihm eine Gefährtin sein, der er sich öffnen kann. Wie fragil die junge Ehe dennoch ist, beschreibt sie so: *Das Glück des häuslichen Herdes, nach dem sich die Jungvermählten schon auf der Hochzeitsreise gesehnt, sie genießen es jetzt, aber es kommt ihnen vor, wie ein dem Schicksal abgerungenes, das sehr vorsichtig und klug genossen sein will.*[98] Denn natürlich kreist das Gespräch um die allmächtige, ihr Schicksal ganz bestimmende Gestalt von Alfred Krupp.

Wenn das Abendlicht durch die hohen Fenster scheint, wenn der Fabriklärm weniger wird und Fritz aus seinem Büro zum Abendessen kommt, dann ist der runde Tisch der Ort, an dem sie über ihre Zukunft beraten. Der Ort auch, an dem Margarethe sozusagen Nachhilfestunden nimmt in Familiengeschichte und Einblick gewinnt in das Tagesgeschehen der Fabrik. Der Ort, an dem Fritz ihr erklärt, wie sehr er unter der Behandlung seines Vaters leidet, wie dieser seine Stellung in der Prokura beschränkt, ihn in seinen Aufgaben überwacht und beschneidet. Margarethe hört ihm zu und versucht ihn zu trösten, aber es gelingt ihr nicht wirklich, denn auch sie versteht Alfreds Verhalten gegenüber seinem einzigen Sohn nicht. Was ihr aber immer klarer wird, ist, dass sie eine Brücke bauen muss zwischen Vater und Sohn. Sie weiß, dass Fritz seinen Vater liebt und von ihm anerkannt werden will. Muss nicht auch Alfred seinen Sohn lieben? Sie ist überzeugt davon, und sie wird einen Weg finden, die beiden einander näherzubringen.

Sie begleitet Fritz jeden Morgen auf seinem Weg ins Büro. Es liegt nur einige Gehminuten entfernt, denn Fritz hat es pietätvoll in dem alten Stammhaus eingerichtet, in dem sein Vater aufwuchs

und von dem aus die Firma Krupp ihren Anfang nahm. *Ein Arbei-
terhäuschen, unscheinbar, nur zweckdienlich, mit an die bergische Art
erinnerndem breiten Dach, unter dem die kleinen Fenster mit ihren
grünen Läden noch kleiner erscheinen, und dahinter, wie aus dem
Häuschen emporgewachsen, zwei mächtige Fabrikkamine. (...) Wie
jedes Antiquarium ist auch dieses in seiner Ursprünglichkeit erhalten,
die hier die Arbeitsstimmung und herbe Anspruchslosigkeit vergangener Geschlechte band. Vor dem geraden Fenster mit Tüllgardinchen
der Schreibtisch, wirklich nur ein Tisch. An der Längswand das Bett,
gegenüber ein gemächliches Sofa und ein Biedermeierspiegel an der
geblümten Tapete nebst einigen Karten und eine Kommode aus derselben Zeit. Der Repräsentant der dritten Generation des Hauses*[99] *hat
den unteren Räumen, die er benützt, nur weniges hinzugefügt. Ein solider Schreibtisch mit Arbeitssessel, gar nicht bequem erscheinend, bei
dessen Anblick unwillkürlich die vorne übergeneigte Haltung von Fritz
Krupp deutlich wird, zu der ihn das Asthma bereits in jungen Jahren
zwang. Zum kurzen notwendigen Ausruhen daneben ein gepolsterter
Lehnstuhl, über dem Schreibtisch der spiritus rector, das große Bild
des Vaters, wie jeder Fabrikarbeiter es kennt. Neu nur ein kleiner sehr
bescheidener Baderaum.*[100]

Während also Alfred im Riesenhaus am Hügel ganz allein residiert
und seine einsamen Tage in dem ebenso riesigen Büro im ersten
Stock verbringt, beginnt Fritz seine Tätigkeit in der Prokura vom
Stammhaus aus. Geduldig und diplomatisch erträgt er die Schwierigkeiten seiner Stellung. Sie ist von Anfang an beschnitten. Er weiß
es nicht, und selbstverständlich erklärt es ihm sein Vater nicht, aber
Alfred hat seine Meinung so formuliert: *Ich will nicht gleich eine
Inthronisation etablieren, der Anspruch soll erworben werden. Ich will
in einer Übergangsperiode mich erst überzeugen, in welchem Maße
mein Sohn die Kraft und den Willen besitzt zu künftigem Disponie-
ren.*[101] Später wird sich zeigen, dass Fritz sowohl die Kraft wie auch
den Willen zur Macht besitzt, aber heute ist er klug genug, seine
Kräfte realistisch einzuschätzen. Statt sich im Vater-Sohn-Konflikt
zu verschleißen, versucht er, Geduld mit diplomatischem Geschick
zu verknüpfen und so einiges von dem zu bewirken, das er für
wichtig hält. Dennoch: *Die anspruchslose Art des jungen Mannes, gar*

nicht seiner Tüchtigkeit entsprechend und leicht vor der Welt über sie
täuschend, wie auch seine angeborene Güte, können an dem gespann-
ten Verhältnis zwischen Vater und Sohn nichts ändern.[102]

Margarethe und Fritz Krupp. Weihnachtskarte 1882 für die Eltern von
Margarethe

Die anderen Mitglieder der Prokura, harte erfahrene Geschäfts-
leute, gewöhnt an Alfreds autoritären und harschen Stil, stufen den
jungen Chef schnell als liebenswürdig und ausgleichend ein, aber
auch als wenig selbstständig und durchsetzungsfähig. Für sie ist er
der schwache Nachfolger eines starken Vaters.

Alfred hat Fritz zwar einen Sitz in der Prokura, wie die Geschäftsleitung sich nennt, gegeben, allerdings ohne eigenes Aufgabenge-
biet.[103] Fritz kann sich also nicht entfalten. Dafür gewinnt er einen
tiefen Einblick in das Geschehen bei Krupp. Wie tief dieser Einblick
ist und wie gescheit der Kopf, der ihn verarbeitet, werden seine Kollegen von der Prokura nach Alfreds Tod sehr bald merken. Vorläufig
erwirbt er sich Anerkennung als Moderator zwischen ihnen und
seinem Vater, und es gelingt ihm, so manche Auseinandersetzung zu
entschärfen. Auf seinen Reisen nach Ägypten, Spanien, der Türkei

und Japan lernt er, die Interessen der Firma gegen die ausländische Konkurrenz erfolgreich zu verteidigen, und vor allem kümmert er sich um eine engere Beziehung zwischen Krupp und der Wissenschaft. Gegen den missmutigen Widerstand Alfreds setzt er die Einrichtung eines Firmenlaboratoriums durch. Trotzdem, er bleibt der »junge Chef«, den keiner so ganz ernst nimmt.

Und in gewisser Hinsicht nimmt auch Marga ihn nicht richtig ernst. Sie hat ihn aufrichtig liebgewonnen und sorgt für ihn, wie sie für ihre Brüder gesorgt hat. Sie hält sich für die Stärkere in dieser Ehe, für kämpferischer und härter im Nehmen. Vor allem meint sie, die Initiative ergreifen zu müssen gegenüber den Schwierigkeiten, denen ihr Mann sich gegenübersieht. Noch lässt Fritz sich das gefallen, noch ist es ihm angenehm, diese willensstarke Frau an seiner Seite – und in seinem Bett – zu haben. Noch.

Es ist das Wesen des Genies, unberechenbar zu sein (1883)

»Guten Morgen, Frau Krupp«, grüßt sie freundlich der Portier, der aus seinem Klinkerhaus auf die Zufahrtsstraße getreten ist, um ihr das Tor zu öffnen. Margarethe überrascht diese Anrede immer noch – zu kurz ist die Frist, die seit ihrer Hochzeit verstrichen ist. Sie grüßt aus dem Fenster ihrer Kutsche zurück, lässt sich in die Polster fallen und betrachtet die junge Kastanienallee, die sich vom Tor aus bis zur Villa erstreckt. Die Hufe der beiden Pferde klappern auf den Steinen, die Kutsche schaukelt, und sie hört das die Pferde beruhigende Pfeifen ihres Kutschers. Ab und an taucht hinter den Bäumen eines der vielen Gebäude auf, die sich zwischen dem Tor und dem Eingang der Villa befinden: Reitbahn, Stallungen, Gewächshäuser und Personalbehausungen. Von der Allee etwas weiter entfernt gibt es noch den Schießstand, die Feuerwache und den Wasserturm. Alles Bauten, die dazu bestimmt sind, dem Großen Haus die von Alfred gewünschte Wohnqualität zu sichern.

Ein weiterer Pfiff des Kutschers, und der Wagen hält vor dem

Haupteingang. Margarethe wartet, bis der herbeieilende Diener ihr den Wagentritt heruntergeklappt hat, nimmt dann seine weiß behandschuhte Hand und steigt, so anmutig wie möglich ihre weiten Röcke raffend, aus dem Gefährt. Sechs Stufen geht es hinauf zu dem Eingang, der unter einem schmalen, von zwei Säulen getragenen Balkon liegt. Die große Tür öffnet sich zu dem geräumigen Vorraum, von dem aus rechts die Räume für den Portier und den Hausmeister abgehen und den Margarethe schnell durchschreitet. An der Tür zu der großen Unteren Halle hält sie inne. Immer wieder imponiert ihr der Anblick, der sich ihr bietet. Da wachsen acht schlanke gusseiserne Säulen elegant aus dem Parkett, dessen Quadrate sich in Hell und Dunkel abwechseln. Die Säulenreihe führt zu der Mitteltür des Speisesaales, die flankiert wird von zwei hohen Wandspiegeln auf kaminähnlichen Konsolen, durch deren metallene Gitter Warmluft in die Halle strömt. Die gleichen Wandspiegel gibt es an der rechten und linken Längsseite. Gewissermaßen gekrönt wird die Halle durch rosettengefüllte Kassetten, die schwer auf den lastenden Balken ruhen. An beiden Längsseiten sind zwischen den Säulen kunstvolle Lüster angeordnet, die mit Öl betrieben werden und die Halle in sanftes Hell und Dunkel teilen.[104] Nur durch das Treppenhausfenster fällt etwas Tageslicht in die riesige Halle, die an diesem grauen Vormittag düster und ungastlich wirkt.

Die junge Frau Krupp wickelt ihren wollenen Schal fester um ihre Schulter. Wie immer zieht es kalt aus den eigentlich für die Heizung vorgesehenen Öffnungen. Ihr tut der Schwiegervater leid, der seit seinem Einzug in dieses Haus vor zehn Jahren, im Januar 1873, erfolglos, aber mit nie nachlassender Energie gegen die Unvollkommenheit seines Heizungs- und Lüftungssystems kämpft. »Wie Don Quijote gegen die Windmühlen«, denkt sie, und »vielleicht müsste man heute eine modernere Technik verwenden.« Doch sie wird sich hüten, dieses Thema Alfred gegenüber zu berühren.

Sie ist hier, weil sie vermitteln, weil sie eine freundliche Atmosphäre schaffen will in diesem Hause, in dem sie und ihr Mann mit dem großen Alten so viele Stunden verbringen werden. Da wird sie Alfred ganz sicher nicht veranlassen, sich in Rage zu reden, indem er beschreibt, wie sehr die Architekten versagt hätten bei der Realisierung seiner technischen Pläne. Sie versteht nichts von Architektur, aber sie kennt Alfred inzwischen gut genug, um sich vorstellen zu können, dass er an diesem Versagen auch seinen Anteil hat. Trotzdem empfindet sie tiefes Mitgefühl mit ihm. Mit welchen Hoffnun-

Untere Halle, 1883

gen hat er dieses Haus gebaut. Es sollte ein gesunder Ort sein, an dem seine Frau und sein Sohn auch im Winter leben könnten. Eine Alternative zu den gesundheitlich veranlassten Winterreisen in die Kurorte des Südens, die beide so viele Monate von ihm fernhielten. Es sollte ein Ort sein, der Bakterien und Krankheitserregern keine Chance gab. Margarethe, die sich immer noch genau an ihre Erlebnisse bei der Choleraepidemie in Breslau erinnert, kann in diesem Punkt ihren Schwiegervater sehr gut verstehen. Hätte man damals schon gewusst, was Bakterien sind und wie man sie bekämpft, hätte auch sie alles getan, um Leid, Krankheit und Tod von den Ihren abzuwenden.

Sie lässt ihre Blicke über die entlang den Längswänden aufgestellten Möbel gleiten, über die hölzernen Bänke und die mit Rohrgeflecht versehenen Stühle ohne jedes Polster. Sie kennt diese Möbel noch aus dem Klosterbuschhof, zu dessen ländlich-schlichtem Stil sie besser passten als hier in die herrschaftliche Halle. Keine Bilder, keine Teppiche mildern die funktionale Strenge der Unteren Halle. »Das würde ich ändern«, denkt sie, »hier sollten schöne Gemälde hängen und bedeutende Möbel stehen.« Sie durchschreitet die Hälfte der Halle und wendet sich nach rechts. Vor ihr dringt Licht durch das hohe Fenster des Treppenhauses. Es webt weiche Konturen um das zierliche, kunstvoll aus Eisen gegossene Treppengeländer. Blätterartige in strengen Quadraten angeordnete Ornamente zeigen sich unter dem in roten Samt verborgenen Treppengeländer, dessen Stütze sie nicht benötigt. Behende eilt sie die Stufen hinauf bis in die Obere Halle, die der Unteren in Größe nur wenig nachsteht. Aber sie ist viel heller, denn ihre Decke aus gewölbten Glaselementen lässt das Tageslicht herein. Nun noch ein paar Schritte nach links, und sie durchschreitet die Tür zum Arbeitszimmer ihres Schwiegervaters.

Sie kann es unangemeldet tun, denn er erwartet sie. Er erhebt sich von seinem Stuhl hinter dem fast quadratischen Schreibtisch und geht auf sie zu. Vorerst sieht sie nur seine Silhouette vor dem Fenster hinter ihm. Der charakteristische kleine Kopf auf dem hageren Körper fällt sofort auf. Dann bittet er sie mit einer Handbewegung, an dem Besprechungstisch Platz zu nehmen. Hinter dem Schreibtisch sieht sie das Stehpult und den davor aufgebockten Sattel, beides parallel zum Fenster aufgestellt, sodass das Licht von links auf die Papiere fällt. Sie hat schon davon gehört, denn so mancher findet es extravagant, auf einem Sattel sitzend an einem Stehpult zu arbeiten. »Nun ja«, sagt er, ihren Blick kommentierend, »das tut meinem Rücken gut. Wenn du in meinem Alter bist, wer weiß, vielleicht benutzt du ihn dann auch.« Sie lächeln sich an, und Margarethe spürt, wie eine warme Welle der Sympathie sie durchflutet.

Es fällt ihr nicht schwer, mit Alfred zu sprechen. Sie hat sich in die Familiengeschichte der Krupps eingearbeitet, hat sozusagen Nachhilfestunden genommen bei ihrem Mann und allen, die ihr etwas berichten konnten. Es erscheint ihr vollkommen selbstverständlich, dynastische Studien zu betreiben. Schließlich war auch die Familiengeschichte ihrer früheren Zöglinge immer ein wichtiges Unterrichtsfach für die Erzieherin gewesen. Sie setzt sich also zu Alfred und fragt ihn aus nach seinen Vorfahren. Und so erzählt er ihr von seinem Vater, dem Erfinder Friedrich, nach dem die Firma heißt und der an der deutschen Kleinstaaterei, den Napoleonischen Kriegen und seiner schlechten Menschenkenntnis scheiterte. Der Betrügern aufsaß, der das Vermögen seiner Frau und seiner Mutter verbrauchte in den unendlichen Versuchen, Gussstahl hoher Qualität herzustellen. Alfred erinnert sich daran, wie sein Vater starb, einfach so, nachdem er sich zu Bett gelegt hatte, und nicht wieder aufstand. An gebrochenem Herzen ist er gestorben, denkt Margarethe, einfach an der Erschöpfung und am Kummer. Von beidem gab es genug, denn es war ein bitterer gesellschaftlicher Abstieg gewesen von einem Mitglied der Essener Honoratioren zu einem armen Schlucker, der in einem winzigen Häuschen wohnte und gemeinsam mit einigen Arbeitern am Schmiedehammer stand. Seine Familie überlebte nur dank der – oft recht unwillig gewährten – schwiegerväterlichen Hilfe.

Friedrichs Frau, Alfreds Mutter, war Therese Wilhelmi, *einer wohlhabenden Essener Kaufmannsfamilie fröhlicher Sprößling. Das Bildchen der alten Frau (eine kleine Federzeichnung) fesselt durch sein wahrhaft sprechendes Gepräge. Ein scharfes Profil, von außergewöhnlich langer Nase beherrscht, eine mächtig gewölbte Stirn, darüber das glatt gescheitelte Haar seitlich von Kämmchen gehalten und in langen Locken aus der Staatshaube vorquellend. Sie ist Friedrich Krupps feurige Jugendliebe gewesen, die er rasch geheiratet. Schönheit ist wohl nie ein Epitheton ornans für sie gewesen, wenn nicht Welterfahrung und unbeugsamer Wille auch beim Weibe die körperliche Schönheit ersetzt. Ein unerschütterliches Vertrauen in sich und ein spezifisch westfälisches Gottvertrauen veranlaßten sie, ihr großes Vermögen ihm zu opfern und ihn bei all seinen Enttäuschungsstationen (…) mutig wieder aufzurichten. Als junge Witwe zögerte sie nicht, für den einzig hinterlassenen Besitz ihres Mannes, den stilliegenden Hammer auf der Walkmühle bei Altenessen mit größter Entschlossenheit einzutreten.*[105]

»Vergiss nicht, sie war uns eine gute Mutter. Sie hat für uns vier Kinder gekocht und gewaschen, sie hat mit sehr wenig Geld und großer Energie unseren Haushalt geführt«, berichtet Alfred, und seine harten Züge werden weich. »Sie ist täglich in die Fabrik gegangen. Sie hat dort nach dem Rechten gesehen, hat Butterbrote geschmiert für die Arbeiter der Nachtschicht, und um ein Uhr nachts, wenn alle

Therese Krupp geb. Wilhelmi, Ehefrau des Firmengründers
Friedrich Krupp und Mutter Alfred Krupps

fec C. Vogt

gegangen waren, die Lichter gelöscht.« Noch vieles andere erzählt er Margarethe aus seiner Kindheit und Jugend. Und *vor dem geistigen Auge der Schwiegertochter erscheint er jetzt in seiner Entwicklung, des innerstes Wesen zu studieren ihr so nötig dünkt.*[106] Es erscheint ihr sogar, dass er so manches gemein hat mit ihrem eigenen Vater, der ebenso gut mit den einfachen Leuten umgehen und ihre Anliegen verstehen kann wie Alfred. Das jedenfalls denkt sie, als Alfred ihr die Anekdote erzählt, als er – 15-jährig und wie seine Altersgenossen aller Zeiten immer hungrig – eine Arbeiterfrau traf und sie um etwas zu essen bat. »*Ich hab eben die Kartoffeln für die Swin, wenn de davon ein paar habbe willst, dann mack ich ihm ene Tasse Kaffee dazu.*« *Das macht ihn froh, wie ihm sein ganzes Leben lang der vertrauliche Verkehr mit den einfachen Leuten und die souveräne Nichtachtung aller materiellen Genüsse eine Quelle reiner Freude geblieben ist.*[107] Margarethe beginnt, sich Alfred näher zu fühlen, und es erscheint ihr nicht mehr nur als eine harte Pflicht, sich um ihn kümmern zu müssen. An diesen Tagen, an denen sie mit ihm allein zusammensitzt, kommen sich die beiden näher, verbindet sie das Gespräch über die Familie, das wechselvolle Schicksal der Firma und Alfreds Erinnerungen an die Kindheit seines Sohnes.

Nur ein Thema ist tabu: Über Bertha darf sie nicht reden. Dabei drängt es Margarethe, über sie zu sprechen, denn ihre Abwesenheit ist so sehr fühlbar. *Eine große Stille, ja Einsamkeit, lagert überall. Alle zahlreichen Freunde und Bekannten Bertha Krupps sind mit ihr verschwunden. Auch ist die Zeit da, wo der Hausherr die Beschwerden des Alters fühlt. Er reitet nur noch sehr selten durch sein Werk, wie er es sonst täglich getan, empfängt bei sich oder gibt telegrafische Order von Düsseldorf aus, wo er oft Anregung und Erheiterung durch Theaterbesuch und Fremdenverkehr findet. Vielleicht schweigt dann die stumme Anklage, die in dem Fernbleiben früherer Besucher liegt und in dem Blick des Sohnes, der so schwer unter dem Fernsein der Mutter leidet.*[108] So schildert Margarethe Krupp Jahre später die Situation.

Heute, in der gelockerten Atmosphäre dieses Nachmittags, übertritt sie das Schweigegebot. Sie bittet ihn, den Befehl, Berthas Zimmer auszuräumen, zu widerrufen. Da trifft sie ein abgrundtief trauriger Blick, und trotz seiner harschen Worte: »*Das hättest Du nicht zwischen uns berühren sollen, meinet- und auch deinetwegen nicht*«,[109] spürt sie den Drang, den Arm um ihn zu legen und ihn zu trösten. Sie tut es natürlich nicht, er würde es sich wohl auch verbitten.

Es sind nur wenige Augenblicke, in denen er ihr erlaubt, unter seine harte Schale zu sehen. Die Worte, mit denen sie ihn Jahre später beschreibt, lauten »schroff, herb, scharf«, und sie kritisiert seine wechselvollen Launen und seinen Hang zu Argwohn und Sarkasmus. Aber sie bewundert ihn auch. Sie vertieft sich in die Briefe des Direktoriums, erkennt seine Leistungen in den guten und schlechten Zeiten seiner Führung an und versteht, wie sehr er unter seinem Rückzug aus der Firma leidet. Sie versteht seine Motivationen und seine Geschäfte und

Margarethe Krupp, 1885

macht sich vertraut mit den Produkten der Firma. Sie erkennt aber auch – geschult durch ihre Gespräche mit Fritz –, dass seine Zeit vorbei ist, mag er sich dieser Erkenntnis auch noch so sehr verschließen. *Es ist das Wesen des Genies, unberechenbar zu sein, deshalb auch die Schwierigkeiten seiner Behandlung,*[110] ist das Fazit, das sie zieht. Je mehr sie ihn kennenlernt, *soweit das bei dem alten Herrn möglich*[111] ist, desto mehr fasziniert er sie. Sie spürt, dass sie ein Teil seiner Familie und seines Werkes wird, und das macht sie stolz. *Was Frauen aus dem Hause Krupp vor ihr getan: schwere Pflichten mit selbstverständlicher Freudigkeit auf sich zu nehmen, dies wird auch jetzt ihr teil und es herrscht eine eigentümliche Geistesverwandtschaft zwischen den einfachen Frauen bürgerlichen Geblüts und der adligen Vertreterin des Hauses der Gegenwart.*[112] Margarethe von Ende ist bei Krupp angekommen.

Eine Frau zwischen zwei Männern (1883–1885)

Als die mit Gepäck und Möbeln hochbeladenen Fuhrwerke vor dem Eingang des Kleinen Hauses angelangt, abgeladen und wieder davongefahren sind, nimmt das junge Ehepaar Krupp mit zwiespältigen Gefühlen von seinem neuen Heim Besitz. Noch stehen überall Kisten herum, noch wuseln Haushälterin, Köchin, Dienstmädchen und Hausdiener durch Küche, Garten und Zimmer, noch haben die neuen Möbel, die Margarethe in Düsseldorf und Berlin gekauft hat, nicht ihren endgültigen Platz bekommen. Gemeinsam mit Fritz durchwandert sie die Zimmer, und er erklärt ihr, wie seine Mutter mit der ihr eigenen Eleganz die Räume für die Gäste der Familie und der Firma eingerichtet hatte. Margarethe hat vieles davon übernommen und mit ihren eigenen Möbeln kombiniert. Dieses Haus soll, das wünschen sie und Fritz sich beide, Fröhlichkeit ausstrahlen und ein Gegengewicht bilden zu dem *gedrückten Leben auf dem Hügel.*[113]

Fritz und Margarethe stehen auf der Terrasse ihres Hauses und blicken auf den nach Süden sich öffnenden Terrassengarten. Kiesbestreute Wege durchziehen ihn, und es gibt eine gepflegtes rechteckiges Rasenstück, in dessen Mitte ein Teich mit Springbrunnen liegt. Nach Süden zu wird der Garten begrenzt von einer Pergola, hinter der das Gelände steil abfällt bis zum Fluss. Auch zwei hübsche säulenbestandene Pavillons gehören zu ihrem Reich, in denen Margarethe im Sommer den Tee einzunehmen gedenkt. Zur rechten Seite hin, wo sich an die offene Galerie das wahrhaft Große Haus Alfreds anschließt, wird der Garten von einem Lindenhain begrenzt, der Sichtschutz bietet gegen den ähnlich gestalteten, wenn auch größeren Terrassenteil, der zu seinem Haus gehört.

Fritz und Marga haben auf der Veranda einen Augenblick der Ruhe gefunden, um sich abzusprechen über die Art, wie sie die Nachbarschaft zu Alfred gestalten wollen. Es wird nicht einfach werden, das ist ihnen klar. Denn nicht nur der Hausherr kann ein Problem sein, sondern auch sein Personal. Jahrelang hat es die Ablehnung des Chefs gegen Margarethe von Ende miterlebt. Die Leute wissen auch, dass die letztendliche Akzeptanz recht unwillig geschehen ist. Und es geht auf dem Hügel zu wie in allen großen Häusern und Schlössern der wilhelminischen Zeit: Der Komfort der Herrschaft

Villa Hügel, Gartenseite, 1891, links das Große, rechts das Kleine Haus, um 1891

geht zur Lasten ihrer Intimität. Nichts bleibt verborgen und unbesprochen. Unter dem zahlreichen Personal bilden sich Fraktionen, die sich auf die eine oder andere Seite schlagen, wenn sich die Herrschaft streitet. Und wie heute die Presse jeden Schritt der Prominenten kommentiert, so wird auch auf dem Hügel getrascht und geklatscht. Leise natürlich nur und unter der Hand, am Arbeitstisch in der Küche oder beim stundenlangen Silberputzen in der Silberkammer. Nach außen hin tritt nur der Hausmeister in Erscheinung, der würdevoll und dezent das Personal zu beaufsichtigen und zu kontrollieren hat. Aber auch er kann nicht verhindern – manchmal vermutet Marga eher das Gegenteil –, dass kleine giftige Spitzen gegen das junge Paar gerichtet werden. Petitessen nur, aber manchmal hart an Insubordination grenzend. Sie berichtet ihrem Mann so wenig wie möglich davon. Sie kennt die Art, wie Hausbedienstete denken, denn sie war ihnen in ihren früheren Stellungen nahe. Sie hat gelernt, sich durchzusetzen und abzugrenzen und ihre Position zu wahren. Das kommt ihr jetzt zugute. Und langsam, in dem Maße, wie sie sich Alfreds Respekt und Zuneigung erobert, gewinnt sie auch die Achtung des Hügelpersonals.

Manchmal, so wie jetzt, fühlt Marga die Last, die ewig Vermittelnde zwischen Fritz und ihrem Schwiegervater zu sein. Den einen liebt sie, den anderen achtet und bewundert sie und lernt, ihn zu mögen, aber die beiden Männer finden keinen Weg zueinander. Die Kühle, die Höflichkeit und Förmlichkeit ihres Umgangs macht sie frösteln. Hier, in ihrem neuen Heim, soll ein anderer Geist herrschen, das will sie erreichen. Im Laufe des Sommers füllt sich das Kleine Haus mit Leben. Margarethe teilt das *Glück ihrer Ehe, die völlig von materiellen Sorgen frei und zunächst kinderlos ist,*[114] mit seinen Freunden und ihren Geschwistern. Ihre Schwestern finden in dem Kleinen Haus ein Heim, ihre Brüder kommen zu Besuch, und manche bleiben lange und werden ihr und Fritz Weggefährten für das ganze Leben. Vor allem Felix von Ende, der um zwei Jahre jüngere Bruder Margas, freundet sich mit Fritz an. In ihm bündeln sich die künstlerischen Fähigkeiten, die er von seiner Mutter geerbt hat, mit Professionalität. Er studiert Malerei in Düsseldorf und München, wo er seine Zelte aufschlägt. Später wird man seinen Malstil pointillistisch und neo-impressionistisch nennen. Er wird Erfolg haben und gut von seiner Kunst leben können. Doch heute, als Gast des jungen Ehepaares Krupp, bezaubert er durch seine Liebenswürdigkeit, seine menschliche Wärme und seinen Humor.

Jahre später malt er ein liebenswürdiges Bild, das an diese fröhliche Zeit erinnert. Es zeigt zwei junge Mädchen sommerlich gekleidet auf einem grünen Sofa sitzend bei der Lektüre eines Buches. Auf dem Boden liegen Zeitschriften herum, und eine Katze rekelt sich genüsslich zu ihren Füßen. Der Gobelin, das Parkett und der weiße Kaminofen könnten auf das Kleine Haus hindeuten, und vielleicht handelt es sich bei den beiden Schönheiten um Schwestern Margas. Das Bild strahlt Fröhlichkeit und Harmonie aus, genau die Atmosphäre, die sich die Gastgeber wünschen.

Eines Tages erhält Marga ein Päckchen. Als sie das rote Samttuch öffnet, fällt ihr Blick auf ein kleines elegant gebundenes Büchlein. Neugierig öffnet sie es und liest: Carmen Sylva, Pensées d'une reine,

Paris 1882. Kann das sein? Kann das wirklich eine Veröffentlichung der Königin von Rumänien sein, an deren Besuch in der Weinburg sie sich so gut erinnern kann? Noch bevor sie den begleitenden

Felix von Ende: Junge Damen im Salon, 1902, Privatbesitz

Brief liest, wirft sie einen Blick in das Buch. Ja, dieser Stil, romantisch, erhaben, ein wenig hölzern, er erinnert sie an damals, als die junge Königin ihnen vorgelesen und wenig Anerkennung gefunden hatte. Tatsächlich, sie hält ein Buch von Carmen Sylva in der Hand. Welch schöne Überraschung! Margarethe freut besonders, dass die Verbindung mit den Menschen, die sie in ihrer Zeit als Gouvernante kennen- und schätzen gelernt hat, nicht abreißt. Sie nimmt sich vor, diese Kontakte auch weiterhin zu pflegen und Carmen Sylva, die Königin, mit ihrem Mann nach Essen einzuladen.

Die junge Herrin des Kleinen Hauses hat aber auch ein Kreuz zu tragen, und ihrem Fall hat dieses Kreuz den Namen Alfred Krupp. Marga, in ihrem steten Bemühen um Vermittlung und Auflockerung, und Fritz, von dem Pflichtgefühl des einzigen Sohnes geleitet, laden den alten Herrn so oft wie möglich in ihr Heim ein, um seine Einsamkeit zu mildern. Marga nennt das *ein Opfer ihrer Gemütlich-*

keit. *Es ist eins, denn wo Alfred Krupp erscheint, wagt keiner mehr sich zu geben, wie ihm der Schnabel gewachsen. Kein blendender Unterhalter, (...) horcht doch alles auf, wenn er spricht. Der in allen Sätteln gerecht ist, spricht geläufig mehrere fremde Sprachen, wie es der frühere bunte Verkehr seines Hauses verlangt, auch italienisch. Seitdem zwei italienische Fabrikbesucher es gewagt, in seiner Gegenwart in ihrer ihm fremden Sprache Bemerkungen zu wechseln, hat er sich einen italienischen Arzt verschrieben. Nur wenige Monate der Übung mit diesem und er meistert die Sprache, macht auch zur Abwechslung leichte italienische Verse.*

Der Gestrenge teilt auch bei Gelegenheit den Großen dieser Welt Lehren aus. Diesmal dem Kronprinzen von Portugal, der kurz vor seiner Abreise zum Abendessen auf dem Hügel im Jackett und staubigem Schuhwerk erscheint. Der Hausherr, ausnahmsweise im Frack, (...) mustert von oben herab den ganz Kleinen, bis sein Blick an den staubigen Schuhen haften bleibt. Eine sehr gedrückte Atmosphäre herrscht. Nach Tisch verschwindet Krupp mit den Worten »Königliche Hoheit, ich bin eine alter Mann. Sie erlauben, daß ich es mir bequem mache« und kehrt im Hausrock zurück. Es hat der ganzen Gewandtheit der jungen Frau bedurft, um die folgende peinliche Stille zu überbrücken.[115] Niemanden kann es verwundern, dass unter diesen Umständen in Alfreds Gegenwart das muntere Geplauder der Jugend verstummt und keiner sich so richtig wohlfühlt.

Nicht immer ist es in seiner Gegenwart so unbehaglich. Alfred hat Humor, und wenn er von Menschen umgeben ist, die er mag und die ihm liegen, kann er witzig und liebenswert sein. Großzügig ist er immer, vor allem wenn es um Musik und Theater geht, die beiden Künste, die ihm sein Leben lang wichtig sind. Er selbst spielt täglich Klavier, so wie er – solange es seine Kräfte erlaubten – täglich ausgeritten ist. Deshalb wendet sich so mancher Künstler, wenn er sich in einer finanziellen Notlage befindet, an ihn, so wie Engelbert Humperdinck 1885. Er lebt einige Monate auf dem Hügel, erhält eine gute Bezahlung und beschreibt seinen Job so: *Meine Aufgabe ist, abends nach dem Dinner ihm und den Gästen – Chinesen, Japanern, Portugiesen* (also auch dem unpassend gekleideten Kronprinzen) *und Negerkönigen à la King Bell usw. – etwas vorzuklimpern, zu was ich Lust habe. Für diese enorme künstlerische Leistung habe ich schwelgerische Ätzung und Schlürfung, einen prächtigen Ecksalon mit schöner Aussicht ins Tal und einen famosen Bechsteinflügel, schöne Spaziergänge in der nächsten Umgebung und, was das Beste ist, den ganzen Tag für mich, zu eigener Tätigkeit.*[116] Auf diesem Flügel, den Fritz ihm zwei Jahre später als Geschenk zukommen lässt, entsteht später seine Oper ›Hänsel und Gretel‹.

Aber es mangelt auch nicht an jungen Frauen, die sich des alten Herrn Wunsch nach Gesellschaft aus egoistischen Gründen zunutze machen. Ganz empört berichtet Elisabeth Klüpfel, die Alfred sehr verehrt, von einem solchen Fall. Elisabeth Klüpfel ist die Frau eines Krupp'schen Beamten, wie die Angestellten der Firma damals genannt wurden, und hat Zugang zu Alfred gefunden, da sie sehr gut Klavier spielt und ihn unterhält in der leichten, femininen Art, die er so sehr schätzt. Sie schreibt an ihre Eltern: *Von dem alten Krupp muß ich Euch auch noch etwas schreiben, derselbe unterstützt eine Schülerin von Liszt, die ihn mit der nötigen Unverfrorenheit darum anging, und hat infolgedessen auch mit Liszt brieflich verkehrt, lud denselben sogar auf den Hügel ein und schickte ihm, als daraus nichts wurde, schließlich 600 feine Zigarren. Liszt hat nun Krupp geschrieben und ihm ein Heft seiner Kompositionen verehrt. Den Brief samt Noten schickte Krupp mir sofort, und ich habe nun das zweifelhafte Vergnügen, die schweren Lisztschen Stücke einzuüben und draußen zu spielen. Und nicht genug daran, Krupp schickte mir all die Briefe von der Schülerin zur Einsicht. Dieselben sind originell, aber eingebildet und etwas anspruchsvoll, so daß vorauszusehen ist, daß die ganze Sache bald auseinandergeht. Es geht ja mit solchen Manieren gewöhnlich schief bei ihm. Es ist doch immer, als müßte er sich für die Herzensleere da und dort entschädigen.*[117]

Auch Margarethe spürt diese Herzensleere und erkennt seine Einsamkeit. Deshalb will sie helfen, ihm und auch Fritz. Aber sie selbst kann sich in der Gegenwart der beiden Männer, die ihre Welt bedeuten, nicht entspannen, nicht wohlfühlen. *Meine Rolle als vermittelndes Element war und blieb auch fernerhin recht schwer und erforderte manches Opfer meiner persönlichen Wünsche. Aber ich sah es als meine erste Pflicht, unter Hintenansetzung meiner Persönlichkeit für meinen Mann zu sorgen, und freute mich, seine Gesundheit und besonders seine Nerven sich stärken zu sehen.*[118] Sie ist in der Lage, die Situation zu beherrschen, indem sie ihre warmherzige Freundlichkeit mit der gesellschaftlichen Gewandtheit kombiniert, die sie bei Hofe vervollkommnet hat. Aber immer schmerzt ihr Herz, denn sie weiß, wie Alfred und Fritz leiden unter ihrem Unvermögen, sich innerlich näherzukommen.

Weihnachten 1885

Franziska Ellmenreich ist bereits eine erfolgreiche Schauspielerin, als sie die Bekanntschaft von Alfred Krupp macht, der, so wie sie, im Zweibrücker Hof absteigt, wenn er *zu außergewöhnlichen Theatervorstellungen von seinem Schlosse »Hügel« herüberreitet*[119] nach Düsseldorf. Sie liebt diese Stadt. *Kehrte ich also immer schon gern als Gast in Düsseldorf ein, so bildete es jetzt einen starken Magnet durch den regen Verkehr mit dem neugewonnenen hochverehrten Freunde, der mir nie mehr fehlte, sobald mein Gastspiel begann. Ich war dann regelmäßig, so weit es meine Tätigkeit gestattete, sein Mittagsgast, meist allein mit ihm und einem italienischen Professor, der ganz bei Krupp lebte, ihn in seiner Sprache unterrichtete, die der 73-jährige*[120] *Mann noch zu studieren begonnen hatte, und in der er sich mit Vorliebe unterhielt. Am Abend nach der Vorstellung versammelte sich meist ein Kreis auserwählter charmanter Menschen, der sich aus Malern, Männern der Wissenschaft und höheren Industrie mit ihren Frauen zusammensetzte und unter anregender Geselligkeit verflogen die Stunden, durch den ansprechenden Humor des liebenswürdigsten Wirtes und vorzugsweise durch Musik gewürzt. (...). Diese Abendgesellschaften führten bisweilen auch den jungen Krupp mit seiner damals jungen Gattin dem heiteren Kreise zu.*[121]

Eine schöne, junge Schauspielerin, die ihn anhimmelte – das war ganz nach dem Herzen des alten Herrn, und so lud er sie ein, die Weihnachtstage mit ihrem Mann und ihren Kindern bei ihm auf dem Hügel zu verbringen. Ihr verdanken wir eine sehr lebendige Schilderung, wie das Große Haus auf ein unbefangenes, begeistertes jugendliches Gemüt wirkte. *Weihnachten 1885 lud Krupp mich ein, das Fest mit den Meinen auf Schloß Hügel zu verleben. Es liegt herrlich, hoch und frei auf einer Anhöhe zwischen Düsseldorf und Essen, umgeben von den schönsten Waldungen und Parkanlagen. Der Wirtschaftsbetrieb ist in großem Stile eingerichtet, in den vortrefflich gehaltenen Stallungen standen derzeit einige zwanzig Pferde, es wurde täglich geritten. Bei schlechtem Wetter benutzte man die Reitbahn, die mit großem Komfort und ganz originell eingerichtet war. Das Wohnhaus selbst ist sehr groß, umfaßt unten eine Flucht von Sälen, und ist oben von einer glasgedeckten Galerie begrenzt, von welcher man in die Familienräume gelangt. Die untere Halle ist so geräumig, daß man vier darin aufgestellte Billards zwischen plätschernden Fontänen, blühenden Gewächsen, Kandelabern usw. kaum sieht.*

Empfangen wurde man auf Schloß Hügel vom Haushofmeister, der die Appartements anwies, nach Gewohnheiten der Gäste fragte, und jedem kleinsten Wunsche bereitwillig entsprach. Eine Jungfer wurde mir zu meinem ausschließlichen Dienste zugeteilt. Mehrere zusammenhängende behagliche Zimmer nahmen meinen Gatten nebst Kind, Governeß und mich selbst gastlich auf. Man bewegte sich frei bis zur gemeinsamen Lunchstunde um 1 Uhr: Gewählt, aber einfach waren die Mahlzeiten, bei denen zwanglose Heiterkeit herrschte. Krupp schluckte dabei viel Eisenpillen mit der scherzhaften Bemerkung: »Sonst habe ich das Eisen gemacht, jetzt macht das Eisen mich!« *Beim Kaffee animierte er mich zum Dominospiel, in dessen tieferen Sinn er mich mit Eifer und Geduld einweihte. (…) Nach dem Dinner genossen wir die gemütlichsten und heitersten Stunden; man musizierte, unter den Gästen waren fast immer hervorragende Virtuosen, die von Krupps Generosität zu erzählen wußten. Mit der (…) Klavierspielerin Burmester, einer Hamburgerin – die ihre herrliche Kunst mit vollen Händen spendete – war ich wochenlang gemeinsam Gast auf Hügel. (…)*[122]

In Franziska Ellmenreichs Augen war Alfred ein Ritter ohne Fehl und Tadel, ein *König in seinem Reiche, ein Vater unter seinen Kindern – mit Liebe und Ehrfurcht umgeben.* Und als sie Jahre nach seinem Tod als Gast von Fritz und Margarethe wieder auf dem Hügel ist, gefällt ihr gar nicht, was die beiden darin verändert hatten. *Im Geiste sah ich die liebe, aufrechte ehrfurchtgebietende, fast puritani-*

sche Gestalt des früheren Herrschers in diesem Reiche sein weißes, weises Haupt schütteln über die Wandlungen, die um ihn sich vollzogen hatten. Luxus liebte er nicht.[123] Doch der Hügel – ist er nicht Luxus pur? Das Leben mit den Gästen nicht vollkommen vergleichbar mit der Hofhaltung eines der zahlreichen deutschen Fürstentümer? Und ist es nicht der allergrößte Luxus, seine Umgebung ganz und gar nach seinem Geschmack zu gestalten, und das nicht nur in Fragen der Architektur, sondern auch bei der Auswahl der Menschen, die einen umgeben? Dies jedenfalls fragt sich Margarethe, die von den schwärmerischen Auslassungen Franziskas etwas ermüdet ist. Sie zeichnet sich in ihren Augen nicht durch Sensibilität und Gespür aus, sonst hätte sie in den vielen Tagen ihres Aufenthaltes doch etwas spüren müssen von den Spannungen und manchmal düsteren Stimmungen des Hausherrn und seiner Umgebung.

Margarethe ist in diesen Tagen um Weihnachten ohnehin sehr nachdenklich, denn sie ist in anderen Umständen. Endlich, nach vier Jahren Ehe, erwartet sie ein Kind. Nun muss sie nicht mehr die verstohlenen Blicke auf ihre schlanke Taille fürchten, sie atmet auf. Ob es wohl der von Alfred so ersehnte Enkelsohn werden wird? Der zukünftige Großvater jedenfalls freut sich, und das kommende freudige Ereignis hellt seine Stimmung auf. Fritz überschüttet seine Frau mit Geschenken an diesem so besonderen Weihnachtsfest. Er möchte ihr, so erzählt sie später, am liebsten die Sterne vom Himmel holen. Er will nichts wissen von den leisen Sorgen, die sie sich macht, weil sie bei ihrer ersten Geburt schon 31 Jahre alt ist. Kein Kummer soll ihre gemeinsame Freude trüben. Die ersten Geschenke trudeln ein. Von ihrer Schwester Martha ein liebevoll angefertigtes erstes langes Kleidchen für das Baby und von ihrer Schwiegermutter, die sich von Herzen mit ihren Kindern freut, eine erste Aussteuer für das zukünftige Enkelkind. Alle diese Gaben werden im Kleinen Haus auf den Weihnachtstisch gelegt.

Dieses wunderbare Weihnachtsfest trägt Margarethe noch viele Jahre in ihrem Herzen. Es ist so friedlich, so harmonisch und behaglich wie kaum ein späteres. Der raumhohe Weihnachtsbaum wird mit allerlei Leckereien behängt, die die Kinder der Nachbarschaft plündern dürfen. Auch die zehn Dienstboten des Kleinen Hauses werden beschenkt und bewirtet mitsamt ihren Angehörigen. Später, nachdem dieser sozusagen öffentliche Teil vorüber ist, sitzen Fritz und Marga mit der eigentlichen Weihnachtsfamilie noch gemütlich zusammen. Es sind ihr Bruder Felix und Dr. Buzzi, Alfreds italienischer Hausarzt, sowie ihre ehemalige Erzieherin Selke aus Düsseldorf und ihre inzwischen alt gewordene Düsseldorfer Gönnerin Frau von der Leyen. Marga lässt sich mit einem zufriedenen Seufzer in den Sessel sinken, denn das Stehen strengt sie jetzt schon sehr an. Ihr Blick hängt an Fritz, an seinem runden liebenswerten Gesicht und seiner leicht schlaksigen Gestalt. Immer noch fühlt sie im Innersten des Herzens den Wunsch, ihm wie einem Bruder zu helfen und ihm beizustehen, aber sie verkennt nicht, dass er täglich an seinen Aufgaben wächst und sich jeden Tag ein wenig mehr von ihr entfernt. »Er ist erwachsen geworden, ein richtiger Mann«, denkt sie. Und während um sie herum das Gespräch plätschert, fühlt sie sich glücklich und entspannt wie noch nie. Nun, da sie den Erben – oder die Erbin – unter dem Herzen trägt, ist ihr Platz in der Gesellschaft gesichert. Auch der Platz an der Seite ihres Mannes. Sie wird sich auch weiterhin einarbeiten in die Themen, die Fritz interessieren, also alles, was die Fabrik angeht. Ebenso wird sie nicht nachlassen in ihrem Bemühen, das Verhältnis zwischen Alfred und seinen Kindern, wie sie sich und Fritz ihm gegenüber immer bezeichnet, zu verbessern und zu erwärmen. Und vor allem wird sie alles tun, um die Tradition der Familie zu wahren und weiterzuführen, nun, da sie ein Glied in der Kette der Krupps geworden ist.

Geburt und Tod (1886–1887)

So wunderbar das alte Jahr endete, so betrüblich beginnt das neue. Denn schon im Februar erreicht Margarethe eine traurige Nachricht aus Dessau. Dort ist inzwischen Martha, eine ihrer jüngeren Schwestern, Hofdame bei der Herzogin. Nun schreibt sie Margarethe, der junge Erbprinz Leopold Friedrich sei am 2. Februar 1886 gestorben. Er war der älteste Bruder ihres Zöglings Alexandra, und sie hat ihn natürlich gut gekannt. So manche Erinnerungen werden wach an die Zeit in Dessau, und Margarethe fühlt tiefes Mitleid mit seinen Eltern, ihrer ehemaligen Herrschaft, mit denen sie seit ihrer Heirat engen brieflichen Kontakt hält. Sie fühlt sich der Familie, die sie so freundlich aufgenommen hat, lebenslang verbunden, und noch nach Generationen bleibt das freundschaftliche Verhältnis zwischen den Anhalt-Dessaus und den Krupps bestehen.

Aber Margarethe hat nicht viel Zeit zum Trauern. Ihre Mutter ist eingetroffen. Über alle Auseinandersetzungen hinweg, die Mutter und Tochter getrennt haben, finden sie nun wieder zueinander. Endlich finden sie die Kraft, über ihre Entzweiung zu reden, über den *offenen Conflikt zwischen meiner Mutter und uns erwachsenen Töchtern, an dem – wie ich später einsah – wohl beide Theile gleiche Schuld trugen, wir Töchter uns damals aber im alleinigen Recht dünkten*[124]. So sieht es Margarethe jetzt, und auf dieser Basis kann auch Eleonore wieder zu ihrer Tochter finden.

Die Geburt des ersten Enkelkindes löscht in den Augen der Großmutter jeden Makel der Tochter. Und Margarethe fühlt sich sicher und geborgen in der Anwesenheit ihrer Mutter, die ihre eigenen zahlreichen Geburten sozusagen zu einer Expertin auf diesem Gebiet gemacht haben. Am 29. März 1886 entbindet sie ein Mädchen, das den Namen Bertha bekommt. Mit Tränen in den Augen nimmt der junge Vater seine Tochter in den Arm, ihn stört es nicht, dass sie »nur« ein Mädchen ist. Bertha Krupp, die andere Großmutter, ist überglücklich, dass die Kleine ihren Namen tragen soll. Sie lebt – inzwischen schwer nierenkrank – in Leipzig, fern vom Kleinen Haus am Hügel, in dem sie doch jetzt so gerne wäre.

Im Park blühen die Narzissen und es wird Frühling. Fritz sitzt an Margarethes Bett in den Sonnenstrahlen, die durch das Fenster fallen, und erzählt ihr die Neuigkeiten des Tages. »Fürst Bismarck will, dass ich mich für den Reichstag aufstellen lasse. Papa ist natürlich ganz dagegen, Du weißt, er hält nichts von Politik. Und ich selbst habe überhaupt keine Lust dazu, mich öffentlich darzustellen. Aber es wird mir immer wieder bedeutet, wie nützlich es für die Fabrik sein kann, Bismarck zu unterstützen. Ich glaube, ich werde tatsächlich kandidieren, aber nur, damit ich des Kaisers Flottenpolitik unterstützen kann. Das ist mir wichtig, als Krupp, aber auch als deutscher Patriot.« Margarethe versucht, Interesse zu zeigen, aber sie ist immer noch sehr müde von der Geburt. Sie genießt es, ihren Mann bei sich zu haben und sich geborgen zu fühlen. Zwar würde sie am liebsten sagen, »Ist es wirklich klug, hier in Essen zu kandidieren, wo Krupp schon so beherrschend wirkt? Wäre es nicht besser, den Politikern das Feld zu überlassen, und sich als Fabrikant auf das Fabrizieren zu konzentrieren?«, aber es fallen ihr die Augen zu und sie schläft ein. Am nächsten Tag ist Fritz schon wieder auf einer Geschäftsreise und sie vollkommen beschäftigt mit ihren Mutterpflichten. »*Du glaubst nicht*«, schreibt sie an ihre Schwester Martha, »*wieviel Zeit man mit solch liebem kleinen Geschöpfchen vertrödelt und vertändelt, trotzdem sie doch meistens schläft.*«[125] Sie ist sehr

Friedrich Alfred (Fritz) Krupp mit Töchterchen Bertha am 3. April 1886

unglücklich, dass eine Amme genommen werden muss und beglückt, als das Kindchen nach dem Quackeln wieder gedeiht.

Trotz der Trauer um den Tod ihres ältesten Sohnes erklärt sich die Herzogin von Anhalt-Dessau bereit, die Patenschaft für die kleine Bertha zu übernehmen. Sie selbst kann zwar nicht kommen, sendet aber zu ihrer Vertretung ihre Hofdame, Margarethes jüngere Schwester Martha, die an ihrer statt das Kind über das Taufbecken hält. Taktvoll schreibt Margarethe ihrer Schwester, dass die Tauffeier nur im kleinsten Kreise und in schlichtem Rahmen stattfinden soll. Sie kennt ja die nach wie vor großen finanziellen Sorgen ihrer Eltern und Geschwister und will unnötigen Geldausgaben für Kleidung vorbeugen. *Es wird auch wirklich keine steife Feierlichkeit, der beide Eltern so abhold.*

Im Sommer scheint die Parksonne auf dem Hügel ins Kinderwägel-

chen, das Anneken Groshag mit ihrem lieben westfälischem Gesicht bewacht. Großvater Krupp liebt es, neben ihr niederzusitzen. Er freut sich des rosigen Enkelchens, obwohl es nur ein Mädchen und auf den Namen Bertha getauft ist. Er scherzt: »Wenn sie erst 16 bis 18 Jahre alt sein wird, wie werden dann die Kavaliere kommen.« Das Kind, so urteilt Margarethe, ist seine letzte Freude gewesen.

Margarethe Krupp mit Bertha als Baby 1886/1887

In den folgenden Monaten erleben Marga und Fritz noch einmal das Glück eines erfüllten Ehelebens. Sie wissen es noch nicht, aber es wird das letzte Mal sein, dass sie miteinander in einem Bett schlafen, kuscheln und sich nachts aneinanderschmiegen. Fritz geht es gesundheitlich viel besser, seitdem er auf der letzten Erholungsreise nach Nizza auf Margas Anregung mit Professor Schweninger zusammentraf.

Dieser ging das Asthma seines neuen Patienten in ganz neuer Weise an. Beispielsweise musste Fritz in Nizza von der Vorderseite des Hotels in eine kleine, auf den Hof gehende Stube übersiedeln. Zu Fritzens Überraschung besserte sich das Asthma. Der neue Äskulap mit seinen originellen Methoden hat sich das Vertrauen des so Ärztemüden errungen. Er unterwirft sich dessen Anordnungen und wahrhaftig, das Asthma weicht. Schweninger kommt auch auf den Hügel. Zu den originellen Methoden, die er dort anwendet, gehört die Anweisung, bei Wind und Wetter, bei Wärme oder Kälte immer mit dem offenen Wagen zur Fabrik zu fahren. Von da an setzt sich der für Wind und Kälte so Empfindsame der Unbill der Witterung entschlossen aus, und mit gutem Erfolg. Doch nicht nur Fritz, auch Alfred gewinnt Vertrauen zu Dr. Schweninger. Er richtet seine Lebensweise nach dessen Vorschriften mit der pedantischen Genauigkeit *ein, die ihm eigen, bis zu den dreimal am Tag wiederholten sieben Backpflaumen.*

Marga erwartet wieder ein Kind. Diese Schwangerschaft fällt Margarethe schwerer als die erste, die ja erst vor wenigen Monaten geendet hat. Sie fürchtet sich vor der zweiten Entbindung und hat Todesahnungen. Sie macht sich Gedanken, wie Fritz und Bertha ohne sie zurechtkommen können. *Das Jahr 1887 sollte wieder freudige Erwartung in das kleinere Haus, einen immer bemerkbareren Abstieg des Lebens ins große, bringen.* Alfreds Leben neigt sich dem Ende zu, und auch das ist Anlass zu trüben Gedanken. Margarethe empfindet es als ihre Pflicht, ihn auf seinem letzten Weg zu begleiten. Aber es ist nicht nur Pflichtgefühl, das sie empfindet. Inzwischen hat sie ihn auf eine gewisse Weise lieb gewonnen, und sie fühlt, dass dies keine einseitige Zuneigung ist. *Auch der alte Herr sorgt sich um sie, nachdem er einmal Tränen in ihren Augen gewahrt. Er läßt ihren Bruder Felix, der auf dem Hügel angelangt und mit ihm immer gern zusammengewesen, zu sich bitten und empfiehlt ihm die Sorge für die Schwester in der Abwesenheit seines Sohnes. Der Dienerschaft prägt er ein: »Wißt, daß der geringste Wunsch meiner Tochter für Euch Befehl ist.« Für ein auskömmliches Jahreseinkommen im Fall ihrer Witwenschaft hat er längst testamentarisch gesorgt.* Wie bei der ersten Schwangerschaft, als der Tod des Erbprinzen von Anhalt-Dessau ihre Vorfreude überschattete, so wächst auch das zweite Kind in ihrem Leib heran, während sie einen ihr lieb gewordenen Menschen bis zum Tod geleitet.

Noch von der ersten Geburt geschwächt, leidet sie unter der Abwesenheit von Fritz, der nach den kurzen Wochen ihres gemeinsamen Glücks wieder auf Reisen ist. Ahnt Marga schon, dass dieses kurze Aufflackern der Sinnlichkeit zwischen ihnen beiden das letzte sein wird? Dass ihr Mann sich von der mütterlichen Frau, die sie jetzt ist, entfernen wird? Dass er sich ihr auf seinen Reisen entfremdet? *Die junge Mutter fühlt sich so einsam, trotz der Anwesenheit lieber großer und kleiner Gäste.* Dabei ist sie selber es, *die dafür sorgen mußte, daß mein Mann sich möglichst viel auswärts erholte, um sich für die absehbarer Zeit ihm zufallende Aufgabe zu stärken.*[126]

Und so lässt sie ihre Gäste manchmal allein und wandert – nur begleitet von der Kinderfrau und der kleinen Bertha im Kinder-

wagen – durch die weiten Wege des Hügelparks. Hinunter fast bis
zur Ruhr, die zwischen den Bäumen in jeweils anderen Farben
hindurchleuchtet.

Der Weg zurück, den Berg hinauf, fällt ihr schwer, aber bis hinein
in die warmen Sommerwochen des August geht sie ihn immer zu
Fuß. Danach fühlt sie sich körperlich müde, aber geistig wunderbar
erfrischt, eine Wirkung, die seit Kindheitstagen die Natur auf sie
hat. Der frische Wind lässt die Bäume beben, leichte Staubfahnen
erheben sich von dem trockenen Weg, und überall im Gras sieht
sie die Kornblumen leuchten. Das Vogelgezwitscher verscheucht
die traurigen Gedanken, sie fasst wieder Mut. Und so verläuft die
Geburt der kleinen Barbara am 28. September 1887 leicht und prob-
lemlos. Noch einmal strahlt Fritz sie an, noch einmal nimmt er sie
fest in den Arm und dankt ihr. Aber seine Gedanken wandern fort
von ihr zu dem neuen Leben, das er nun, nach dem Tod seines Vaters, energisch in die Hand nehmen wird.

Am Tag vor Alfreds Tod sind Fritz und Dr. Schweninger aus Heidelberg angereist. Der Arzt *hatte ihm gesagt, daß er nur noch Wochen
leben könne, wenn er sich nicht aufraffe und aufzustehen versuchte.
A. K. erklärte, es sei nicht seine Art, sich gehen zu lassen und wenn er
sage, er könne nicht aufstehen, so müsse man ihm das glauben.*[127] Auf
den ausdrücklichen Wunsch Alfreds reisen sie am Abend wieder
zurück, um Fritzens Kur nicht zu unterbrechen. Keiner der drei
ahnt, dass dies ein Abschied für immer sein wird. Margarethe ist
im siebten Monat, sie reist nicht mit, sondern bleibt bei ihrem Kind
und ihrem Schwiegervater auf dem Hügel. Alfred steht nicht mehr
auf, Schmerzen in seinem ganzen Körper hindern ihn daran, aber er
ist trotzdem mobil. *Er hatte sich ein Bett machen lassen, das bequem
durch die Türen ging, so daß er von einem Zimmer ins andere gerollt
werden konnte.*[128] So verbringt Alfred seine letzten Lebenswochen,
die Marga viele Jahre später so beschreibt: *Er wird immer eigener,
verschlossener vor der Welt. Fühlt er vielleicht, daß er diese Welt nicht
mehr so recht versteht (…) oder wappnet er sich gegen sich selbst und
die zarten Regungen seines Herzens aus etwas wie Menschenverach-
tung heraus? Die Tochter weiß es nicht. Sie kennt ihn eigentlich nicht,
so wie niemand ihn wirklich kennt. Da ist und bleibt die Barriere,
die alle Wärme ausschließt, vielleicht das herbe Geschick großer Ge-*

Aquarell von Margarethe Krupp,
Unterer Hügelpark, um 1892

schlechter überhaupt, ein Ausgleich gleichsam zu ihrer glanzvollen äußeren Lage. Jedenfalls ist der Tochter die tägliche Unterhaltung bei Tisch, zu der sie sich selbst befiehlt, in den Räumen des Schwiegervaters nicht leichter geworden, wenn er ihr auch entgegenkommt. Er erzählt ihr von seinen Ausflügen nach Düsseldorf, Ems und Wiesbaden, von seinem Theaterbesuch und der Bekanntschaft mit einer hochgebildeten begabten Schauspielerin[129] in ersterer Stadt, die er aber ihrem Beruf als unweiblich abspenstig machen möchte. Er bringt seinen Kindern ein neues Bild von sich mit, ohne Perücke, mit ganz ungewohnt hoher Stirn. »Das ihr mich einmal seht, wie ich bin«. (…) Nach wie vor ist der Geist rege und produktiv. (…) Aber die Lebensunlust wächst. Was schon 1870 vorübergehend geschehen:[130] Er will nicht mehr aufstehen, diesmal aber aus wachsendem Leiden. (…) Ihm selbst, er fühlt es entgleitet das Leben immer mehr. Wenige Wochen vor seinem Ende deutet er seiner Schwiegertochter seine Todesgedanken an. Er fragt sie: »Wo wird man denn hier begraben?« und auf ihre Antwort »auf dem alten Friedhof am Bahnhof« sagt er: »Sorge, daß doch eine Bank dort ist, daß hin und wieder einer an mich denkt.«

Aber auch jetzt redet er nicht mit ihr über die so tief verschlossene Liebe zu seiner Frau. Er läßt nur sein Lager in ihren ehemaligen jetzt so öden Wohnraum bringen. Hier will er sterben. Die beiden Bilder in seiner Schatulle nimmt er hin und wieder in die Hand. Das eine zeigt seine Frau, das andere König Wilhelm, an dessen Namen sich vielleicht eine seiner stolzesten Erinnerungen knüpft. Der damalige Prinz von Preußen, den er persönlich durch sein Werk geführt, hatte geäußert, den Industriellen, der ein Kulturträger Deutschlands sei, müsse er persönlich kennenlernen. Die Höhe seines Geistes beim Abschluß seines glorreichen Lebens könnte durch nichts besser bezeichnet werden, als durch diese Erinnerung und zugleich sein persönliches Gefühl für den einzigartigen Monarchen, der auf der Höhe seines Glanzes nie die ihm eigene Einfachheit vergessen.[131] In diesen Wochen, in denen Alfred Marga zwar nicht sein Herz, wohl aber seinen Geist öffnet, wird ihr erst so richtig bewusst, wie parallel die Schicksale Kaiser Wilhelms I. und Alfred Krupps verlaufen sind. Beide fingen bescheiden an – der eine als Prinz von Preußen, der andere als Erbe eines ärmlichen Betriebes –, beiden war ein langes und arbeitsreiches Leben beschieden, und beide brachten es zu Größe, Ruhm und

Ehre: der eine als deutscher Kaiser, der andere als Herrscher eines
erfolgreichen, modernen Betriebes von nationaler Bedeutung. Das
Deutsche Reich und Krupp waren geschäftlich eng verbunden, und
die beiden Chefs kannten und schätzten sich persönlich. Wie tief
die Genugtuung Alfreds, der in seinen Anfangsjahren so oft von der
preußischen Bürokratie gedemütigt worden war, über diesen gegenseitigen Respekt war, zeigt sich in der Wertschätzung jenes Bildes,
das Marga beschreibt.

In seinen letzten Erdentagen bewegen ihn die Erinnerungen an
seine Frau und an seinen Souverän. Er spricht auch immer wieder
von der Fabrik, seiner anderen Geliebten (so hat er selbst sie bezeichnet). Und er geht nicht von dieser Welt ohne ein versöhnendes
Zeichen an seine Schwiegertochter, der er so bitter Unrecht getan
hat durch die jahrelange Ablehnung seiner Zustimmung zu ihrer
Ehe. In den fünf Jahren, die er sie nun besser kennt, hat er sie lieben
gelernt. Er kann es nicht zeigen, aber er sorgt dafür, dass sie erfährt,
was er zu seinem Freund Longsdon sagt: »*Ich bedaure, daß ich der
Heirat meines Sohnes nicht früher zugegeben, es wäre sonst manches
anders und besser gekommen.*« An der Schwelle des Todes beginnt
er zu zweifeln an seiner Unnachgiebigkeit, die zu der Trennung
von seiner Frau und zur Entfremdung seines Sohnes geführt hat.
Sie ist schuld daran, dass nun, in der Stunde seines Todes, nur seine
junge hochschwangere Schwiegertochter und ihr Bruder Felix bei
ihm sind. *Noch am Abend vor seinem Tode hat Frau Margarethe
Krupp mit Alfred Krupp Domino gespielt. Beim Spiele wurde ihm
schlecht. Von diesem Augenblick an ist er nicht wieder zum Bewußtsein erwacht.*[132] Am Nachmittag des 14. Juli 1887 gegen 18 Uhr tut er
im Beisein von Margarethe und Felix seinen letzten Atemzug und
entschläft friedlich.

Fast ein Staatsbegräbnis (1887)

Stille liegt über dem Hügel. In ihrem Salon im Kleinen Haus hält Margarethe zwei Blätter in der Hand. Soeben hat ihre Mutter, die zur Beerdigung Alfred Krupps aus Dresden angereist ist, sie ihr übergeben. Es ist der Brief, den Alfred im September 1882 an das Ehepaar von Ende schrieb, nachdem Fritz und Margarethe ihren Antrittsbesuch bei ihm auf dem Hügel gemacht hatten. *Nachdem das junge Paar hier war und meine Besorgnis um das Befinden meines Sohnes sich gelegt hat, schreibe ich Ihnen jetzt mut- und hoffnungsvoll, daß ich mir Glück wünsche zu der Verbindung unserer Kinder, daß ich Ihre Tochter auch als die meinige im tiefsten Herzen liebe und in dem Maße mehr, als ihre Vorzüge, die sie ja so anspruchslos verschleiert, mir klar geworden sind. Gebe der liebe Gott, daß das junge Paar, das ja vom besten Willen beseelt ist, stets mit der Einsicht und Kraft ausgerüstet sei, sich das größte Erdenglück zu verdienen. Ich habe das größte Vertrauen. (…) Und so lange mir noch zu Wünschen vergönnt sein wird, wird dies mein letzter Wunsch und mein Gebet sein.*[133]
Margarethe lässt den Brief auf ihren Schoß sinken. Tränen erfüllen ihre Augen, und ein tiefer Friede zieht in ihre Seele ein. So hat sie doch recht gefühlt, dass der große Alte sie gern um sich hatte, sie vielleicht auf seine Art sogar lieb gewonnen hat. Einen Platz in ihrem Herzen hat er schon lange. Sie rafft die raschelnde schwarze Seide ihres Trauerkleides zusammen und macht sich auf die Suche nach Fritz. Es ist Zeit, mit den Abschiedsfeierlichkeiten von Alfred Krupp zu beginnen. In der Halle des Großen Hauses begrüßen sie und Fritz einige Mitglieder der Prokura, die gekommen sind zu helfen und mitzutrauern. Elisabeth, die aus Stuttgart stammende Ehefrau des Finanzassessors und Prokuristen Ludwig Klüpfel, steht ganz verloren mit verweinten Augen neben ihrem Mann. Wenige Tage später berichtet sie ihren Eltern in einem langen Brief von Alfreds Tod. *Versöhnend ist, daß Herr Krupp so wenig gelitten hat und sanft gestorben ist; es war also richtige Altersschwäche, die sich weniger in Beschwerden als in Schwäche und Kraftlosigkeit zeigte. In den letzten Tagen noch ließ er sein Bett so stellen, daß er »seinen lieben*

Kaiser« vor sich habe. So lange es ihm noch gut ging, also vor 14 Tagen
etwa, beschenkte er uns öfters noch mit schönen Früchten, die letzte
Sendung kam zwei Tage vor seinem Tod.

Das Herz ist mir so schwer, ich bin halb krank von dem Kummer
und der Aufregung dieser Tage (…), nur im Gedanken an den Freund
und den Halt, den ich in ihm verloren. (…) Sonntag war Trauerfei-
erlichkeit auf dem Hügel. Ach, wie war mir, als ich da hereintrat, wo
er sonst immer mit Freundlichkeit uns empfing. In dem sogenannten
rothem Zimmer, wo wir so oft mit ihm saßen, war der Sarg aufgestellt,
fast verborgen von einer Unmasse von Blumen und Palmen. (…) Eine
schöne Rede hielt bei dieser Feierlichkeit der Pastor von Werden, beson-
ders schön die Ermahnungen an Fritz und die Beamten, sie möchten
das Werk des großen Mannes in Ehren fortführen und dem Namen
Krupp den alten Glanz erhalten. Seine Leiche habe ich nicht mehr ge-
sehen, aber Ludwig und die Herren, welche am Freitag zur Erledigung
von verschiedenen wichtigen Angelegenheiten draußen waren, sagten,
er läge so schön und friedlich da, daß es einen ganz erhebenden Ein-
druck mache, ihn anzusehen.

Nach der Trauerfeierlichkeit war großes Diner draußen, da viele
Freunde da waren. Ich muß so aufrichtig sein zu gestehen, daß ich
mich während desselben aus meiner traurigen Stimmung reißen ließ,
nachher aber wünschte, daß diese gesellige Vereinigung lieber unter-
blieben wäre – denn es war eine unnatürliche Sache. Es waren so viele
Unbetheiligte dabei, die scherzten und lachten, ein solches Gemisch
von Traurigkeit und Heiterkeit, dem sich auch die Betrübten nicht
ganz entziehen konnten, wie zum Beispiel ich. Ich fühlte mich nachher
ganz unglücklich darüber.[134] Auch für Margarethe ist es die erste
große Beerdigung, die sie erlebt, und auch ihr erscheint es pietätlos,
dass sich im Garten des Großen Hauses so viel Munterkeit entwickelt.

Neben ihr sitzt in ihrem Rollstuhl ihre Schwiegermutter Bertha
Krupp, Alfreds Witwe. Ihr Erscheinen erregt Aufsehen. Mitleidig
blickt Margarethe auf das blasse, in seiner Ebenmäßigkeit immer
noch schöne Gesicht ihrer Schwiegermutter. Wie alt sie geworden
ist, ihre mütterliche Freundin, denkt sie, und spürt die tiefe Traurigkeit, die Bertha umgibt. Sie soll nun nicht mehr fortgehen von dem
Hügel, der ihr Heim war, verspricht sich Margarethe selber. Sie wird

wieder in die Zimmer einziehen, die ihre gewesen sind und die ihr Mann bis kurz vor seinem Tode immer wieder besuchte. Sie liebt ihn immer noch, da ist sich Margarethe sicher, und spürt tiefes Mitleid

mit dieser alten Frau und dem Mann, der vor zwei Tagen gestorben ist. Auch Fritz betrachtet seine Mutter bekümmert. Während er die Beileidskundgebungen seiner Gäste empfängt, bleiben ihm das Getuschel und Geraune um ihr Erscheinen nicht verborgen. Margarethe bemerkt, dass Bertha und ihre Freunde für sich alleine bleiben. *Fremdartig berührte es uns, jetzt wieder den ganzen früheren Kreis von Bekannten im Haus zu sehen, alle, die er seit dem Weggang seiner Frau so ängstlich gemieden,*[135]

Leichenzug Alfred Krupps vom Hügel in die Stadt

berichtet Alfred-Freundin Elisabeth. Marga ergreift die Griffe des Rollstuhls und begleitet Bertha auf ihr Zimmer, sitzt noch ein Weilchen bei ihr und hält ihre Hand, während Bertha mit leiser Stimme von Alfred erzählt. Dann wird sie müde und zieht sich zurück. Marga geht in das Kinderzimmer und denkt, während sie dem munteren Krähen der einjährigen Bertha lauscht, dass sich wieder unter ihrem Dach die Seelen derer treffen, die diese Welt betreten, und jener, die sie bald verlassen werden.

In der Nacht fand die Überführung in das Ahnenhaus statt, denn Herr Krupp hatte es so gewünscht, von dem Haus aus, in dem er so viel Kummer und sorgenvolle Stunden erlebt und in dem sein Vater gestorben, bestattet zu werden. Um 11 Uhr wurde der Sarg aus dem Hause getragen und von Fritz und verschiedenen Freunden zu Wagen in die Fabrik geleitet, wo er um Mitternacht in das Ahnenhaus gesetzt wurde.

Die Prokura erwartete den Leichenwagen am Eingang in der Fabrik mit Fackeln. Am Ahnenhause angekommen, sang das Männerquartett einen Choral, unter dessen Klängen der Sarg in das Sterbezimmer seines Vaters gesetzt wurde. Das Fenster neben der Thüre wurde

Aufbahrung Alfred Krupp vor dem Stammhaus

durchbrochen, um den Sarg hineinzusetzen. Dies muß auf das Höchste ergreifend und feierlich gewesen sein.

Auf dem Hügel wollte er nicht beerdigt sein, sondern auf dem alten hiesigen Friedhof. Er ist nun in einer Baumschule, welche nur durch einen niedrigen Zaun vom Kirchhof getrennt ist, beerdigt, auf einem schönen freien Platz, von Tannen umgeben, auf dem Friedhof an der Kettwiger Chaussee. Montag früh um 10 Uhr war die Beerdigung, schlicht und einfach, so wie er selber war. Voraus trugen die ältesten ergrauten Arbeiter Blumen und Palmen, ihnen folgten die gesamten Tausende von Arbeitern, ein unabsehbarer Zug. Herr Jencke sprach sehr schön am Grab. (…) Daß ich ihn nun nicht mehr sehen werde, daß er mich nicht mehr freundlich ansehen und meinem Spiel zuhören wird, daß diese hohe Gestalt mit den durchdringenden Augen und der Würde eines Königs eingesargt liegt und jede äußere Spur verlöscht – ach! Es ist mir noch immer ganz undenkbar.[136]

Auch Fritz spürte die Symbolwirkung, die Alfred mit seiner Anordnung, vom Stammhaus aus beerdigt zu werden, beabsichtigte. Vielleicht ganz besonders stark, denn in eben diesem Gebäude hat

er seit seiner Heirat sein Büro eingerichtet. Drei Generationen haben von diesem Häuschen aus für die Firma gearbeitet, und nicht nur die jeweiligen Chefs von Krupp, sondern auch ihre Geschwister und Mütter. Langsam verstreuen sich die Gäste, der lange Zug löst sich auf. Bevor sich die Aufmerksamkeit auf den neuen Chef der Firma richtet, bevor der Alltag seine Macht wiedergewinnt und das Leben weitergeht, mag in so manchem Gespräch des Verstorbenen so oder so ähnlich gedacht worden sein wie von Elisabeth Klüpfel. *Im Allgemeinen kann man auch*

Grab Alfred Krupps auf dem Waldfriedhof in Essen-Bredeney

nicht sagen, daß er eine liebenswürdige Persönlichkeit in der wörtlichen Bedeutung dieses Wortes war, so bezaubernd er sein konnte. Denn dazu war er ein zu großer Egoist, das heißt immer nur für sein Geschäft, zu unbeugsam, schroff und mißtrauisch. Aber wo viel Licht ist, ist viel Schatten, und man muß bedenken, daß zu diesen Erfolgen nicht nur Genie, sondern auch Energie und ein eisernes Sich-Hinwegsetzen über alles Andere und durch nichts zu beugende Willenskraft gehört. Gott sei ihm in Gnaden gnädig! Wie es mit seinem Glauben stand, weiß ich kaum, aber sein Streben war edel, sein Fleiß über alles erhaben und er hat viele, viele Thränen getrocknet. Und nun sage ich Euch Lebewohl, ich kann von nichts anderem mehr schreiben, mein Herz ist zu voll von dem Dahingeschiedenen.[137]

Der 18. Juli 1887, an dem Alfred Krupp beerdigt wurde, endet für alle, die ihn begleitet haben, unterschiedlich. Der heiße Tag kühlt sich ab, ein leiser Abendwind kommt auf, und die große Menge, die sich auf dem Friedhof versammelt hat, zerstreut sich. Prinz Heinrich von Reuß, der den inzwischen 90-jährigen Kaiser vertritt, knöpft seinen Uniformrock auf, verschafft sich Kühlung, und enteilt in Richtung Bahnhof. Das Gleiche tun die anderen offiziellen Gäste: die beiden Regierungspräsidenten, die hohen Beamten von Stadt und Land und die Kollegen von der Industrie. Sie haben zwar zu Alfred, dem Menschen, keinen Zugang gehabt, aber als einen der Ihren ehren sie ihn trotzdem. Die über 12 000 Arbeiter von Krupp, die am Straßenrand in der warmen Sonne Spalier gestanden haben, kommentieren den Sarg, den Blumenschmuck, die An- und Abfahrt der vielen herrschaftlichen Kutschen, und der eine oder andere Ältere berichtet der jungen Generation von seinen Erinnerungen an Alfred. Er war ein großer Mann, darüber sind sich alle einig. Aber sein Sohn? Dieser blasse, blonde, 33-jährige Mann, der so unscheinbar hinter dem Sarg gegangen und in dem Heer von bunten Uniformen und glänzenden Zylindern beinahe unsichtbar gewesen ist – er soll in seines Vaters Fußstapfen treten? Daran hegen alle die allergrößten Zweifel.

DAS DEUTSCHE REICH UNTER WILHELM II. –
UND DAS KRUPP'SCHE REICH
VON FRIEDRICH ALFRED KRUPP

Junge Erben – alte Pflichten (1887)

Margarethe wacht am nächsten Morgen früh auf. Die Gedanken der Nacht haben sie wach gehalten, sie fühlt sich leer und ausgehöhlt, und sie hat sehr wenig Lust, sich den Anforderungen des Hügelbetriebs zu stellen. Doch sie weiß, es muss sein. Gerade sie, die Frau des neuen Chefs, muss ein Beispiel geben. Ihre Schwangerschaft macht sie schwerfällig, langsam streckt sie sich in ihrem Bett, hebt die Füße über die Kante, geht barfuß zum Fenster, öffnet es und lässt den Sommertag herein. Wie immer erfrischt sie der Blick auf die Bäume, das schimmernde Band der Ruhr und alle die geliebten Pflanzen ihres Gartens. Sie wirft einen Blick in das Kinderzimmer, in dem Bertha friedlich in ihrem Bettchen liegt, und fühlt, wie neue Energie sie durchströmt.

Im Nebenzimmer ist Fritz schon eine ganze Weile auf. Er verzichtet auf die Dienste seines Kammerdieners und kleidet sich selber an. Während die gewohnte Routine seine Hände beschäftigt, wirbeln seine Gedanken umher. Er ordnet sie, diszipliniert sich und findet die innere Ruhe, die er für diesen Tag braucht. Dies ist der Tag, auf den er sich schon seit vielen Jahren vorbereitet hat. Der Tag, an dem er sein Erbe antritt.

Nur wenige Kilometer entfernt, unten in der Stadt Essen, ist noch ein anderer Mann dabei, seine Morgentoilette zu machen. Auch er ordnet seine Gedanken und bereitet sich auf den Tag vor. Es ist Hanns Jencke, Geheimrat und seit 1879 Leiter der Prokura, jenes Gremiums, das seit der großen Krise Mitte der 70er-Jahre immer selbstständiger die Geschicke von Krupp führt. Der alte Chef ist immer wunderlicher geworden, und den jungen kann er noch nicht ernst nehmen. Er kennt ihn gut, seit acht Jahren ist Fritz formal Mitglied der Prokura. In dieser Zeit haben Alfred und Jencke ihn immer wieder in den Außendienst geschickt, auf weite Reisen im Dienste der Firma, die den für Jencke angenehmen Nebeneffekt hatten, dass er in der Prokura nicht allzu viel Einfluss gewinnen konnte. Jencke hofft von ganzem Herzen, dass das so so bleiben möge.

Wenige Stunden später treffen sich die beiden Herren in der Firma zu einem klärenden ersten Gespräch. Höflich und leise teilt Fritz dem 15 Jahre Älteren mit, dass er sehr wohl gedenke, die Geschicke der Firma eigenhändig zu lenken. Er weiß, dass er es mit einem brillanten Mann zu tun hat, und er weiß auch, welche Verdienste um Krupp sich Jencke erworben hat.

»Zuallererst danke ich Ihnen für die Treue, die Sie meinem Vater erwiesen haben«, sagt er, »und mir ist vollkommen bewusst, wie gut Sie und die Herren der Prokura die Firma geleitet haben in diesen letzten Jahren, in denen die Gesundheit meines Vaters es ihm unmöglich machte, dies selbst zu tun. Aber Sie wissen auch, dass es immer der Wunsch meines Vaters gewesen ist, die Firma durch den Inhaber leiten zu lassen. Und genau das will ich tun.«

Jencke nickt, dann blickt er seinem jungen Chef fest in die Augen. »Ich werde Sie in allem unterstützen«, erwidert er, »aber Sie wissen selbst am besten, dass die Größe der Firma es unmöglich macht, dass Sie als Fabrikbesitzer jede einzelne Entscheidung selbst treffen können. Ich bitte Sie deshalb, mich und die Prokura als Ergänzung Ihres Willens zu betrachten.« Er spürt, dass seine Handflächen feucht werden, und reißt sich zusammen. Er betrachtet Fritz, sieht seine helle Haut, sein jungenhaftes Aussehen, das scheue Lächeln und seine freundliche Ausstrahlung. Kann sich hinter dieser sensiblen Natur ein ebenso eiserner Wille verbergen wie bei dem Alten? Jencke beginnt es zu befürchten, er ist sich längst nicht mehr so sicher wie noch heute Morgen, dass er in Zukunft der allmächtige Generalbevollmächtigte sein wird. Und je länger das Gespräch dauert, umso klarer wird ihm, dass ihm hier nicht ein schwacher Erbe, sondern ein selbstbewusster Krupp gegenübersitzt.

Unbemerkt und unauffällig – soweit das möglich war – hat Fritz in den letzten acht Jahren eine klare Übersicht über die Lage der Firma gewonnen. Eine Fülle von Detailwissen kommt dazu, denn wie seinen Vater begeistert ihn alles Technische, vor allem Verfahrenstechnik und Grundlagenforschung. Anders als Alfred will er dieses Wissen aber nicht allein den angestellten Wissenschaftlern überlassen, sondern die Dinge selbst verstehen und gestalten.

Auch über die Art und Weise, wie er die Firma führen will, ist er sich völlig im Klaren. »Ich will«, teilt er Direktor Jencke mit, »zwar nicht alle Entscheidungen selber treffen, aber ich will unterrichtet werden über alle Entscheidungen, die die Prokura trifft. Ich behalte mir vor, Änderungen anzubringen. Vor allem aber will ich der Firma eine neue Richtung geben, die mehr den Anforderungen unserer heutigen Zeit entspricht.« Er lächelt, denn er weiß, dass es nicht leicht sein wird, Geheimrat Hanns Jencke, diesen 48-jährigen Verwaltungsfachmann, den Alfred ins Haus geholt hat, zu überzeugen. Fritz hat in den Jahren seiner eigenen Machtlosigkeit gelernt, dass die besten Pläne und Vorhaben ohne entsprechende Machtbefugnis nicht verwirklicht werden können. Er kann sich deshalb gut vorstellen, wie sehr Jencke eine Beschneidung seiner Entscheidungsgewalt fürchtet. Noch einmal dankt er Jencke mit warmen Worten, kündigt an, dass er am nächsten Tag mit den restlichen Mitgliedern der Prokura sprechen will, und macht sich auf den Weg zurück auf den Hügel.

Dort ist der Vormittag entschieden weniger friedlich verlaufen. Fritz spürt es sofort, als er die Halle des Großen Hauses betritt. Dort wird aufgeräumt, umgeräumt, gewienert und geputzt. Geschwunden ist die Ruhe der letzten Wochen, stattdessen wispert und tuschelt es allerorten. Der Anbruch einer neuen Ära löst Hoffnungen aus, aber auch Ängste. Unberührt von der Geschäftigkeit um sich herum ist nur Alfreds betagter Kammerdiener, der gemessen und langsam wie immer durch das Haus wandelt. Seine Gedanken gelten noch nicht dem Heute, sondern seinem verstorbenen Herrn, um den er von Herzen trauert.

»Wie ist es dir heute ergangen?«, fragt Fritz seine Frau während des Mittagessens, das sie – wie bisher immer – im Speiseraum des Kleinen Hauses einnehmen. Margarethe berichtet, dass sie auf dem Hügel eine ähnliche Situation vorgefunden hat wie er in der Fabrik. »Du weißt, wie viel Freiraum der Papa seinem Personal in den letzten Jahren gelassen hat. Und du weißt auch, dass trotz des Befehls deines Vaters, meine Anordnungen zu befolgen, eine Anzahl Bediensteter das nicht getan hat. Damit muss es ein Ende haben!« Sie berichtet von ihrem Gespräch mit Theodor Herms, einem jungen Mann, den Alfred vor wenigen Jahren im Hotel Victoria in Köln kennengelernt hat, wo er als Oberkellner arbeitete. Jetzt ist er 29 Jahre alt und trägt als Hausmeister des Hügels die Verantwortung für das Hauswesen. Er gesteht ihr, er habe sich bei Alfred nicht immer gegen die alten Bediensteten durchsetzen können, und bittet um ihre Unterstützung, die sie ihm gerne zusagt. Nur zu klar ist ihr, wie wichtig es ist, einen ihr ergebenen Mann in dieser Position an ihrer Seite zu haben.

Fritz, der sich über das alltägliche Funktionieren des großen Hauses nie wirklich Gedanken gemacht hat, hört seiner jungen Frau gut zu. Der Hausmeister – so erfährt er – ist ein mächtiger Mann. Er allein hat gegenüber der Herrschaft das Vorschlagsrecht zu Anschaffungen, Änderungen und Personalfragen. Nur über ihn kann ein Bediensteter des Hügels mit den Herrschaften in Verbindung treten, nur er allein entscheidet darüber, was er der Herrschaft vorlegt und was nicht. In einer dicken Akte mit dem Titel »Grundlegende Regelung zu den inneren Verhältnissen auf dem Hügel« hat Alfred 1877 die Rechte und Pflichten aller Angestellten festgehalten.[2] Vom obersten Bediensteten – dem Hausmeister – bis hinunter zur Küchenmagd regelt die Verordnung alle nur denkbaren Situationen. Sie verteilt Kompetenzen, regelt mögliche Streitigkeiten und erklärt genau, was jeder auf seinem Arbeitsplatz zu tun hat. Der Hügel besteht nicht nur aus den beiden Wohnhäusern, sondern verfügt darüber hinaus über eine große Anzahl von Dienstleistungsbetrieben. Auch für diese gilt das Regelwerk. Wie sollen die Früchte und das Gemüse verteilt werden, das die Gärtnerei bereitstellt? Wer kümmert sich um Gas und Wasser, wer um die Ställe, die Pferde, die Hunde? Wer hält instand, wer pflegt, wer befiehlt und wer gehorcht? Wer prüft die Kasse, wer die Qualität der gelieferten Waren? Alfred hat kein Detail übersehen.

Margarethe ist beeindruckt. Heute erst wurde ihr diese Akte auf den Tisch gelegt, noch hat sie keine Zeit gefunden, sich genauer mit allem zu befassen. Aber wie sinnvoll gegliedert, wie klar durchdacht die Regelung ist – das erfasst sie sofort. »Der Papa sieht eine strenge hierarchische Ordnung vor«, berichtet sie, »so etwa, wie ich sie von den adeligen Residenzen kenne. Nur, dass dort alles oft recht lasch gehandhabt wird. Hier bei uns soll das anders sein. Auf jeden Fall muss der Verwalter ein Mann Deines und meines Vertrauens sein.«

Fritz hegt nicht den leisesten Zweifel, dass seine energische junge Frau in kürzester Zeit die Zügel fest in der Hand halten wird.

Gleich nach der Mittagsruhe geht Fritz wieder in die Fabrik. Soweit es seine Gesundheit erlaubt, will er seine ganze Kraft einsetzen, um seine Stellung im Betrieb zu festigen und ihm seinen Stempel aufzudrücken. Marga bleibt allein in der Villa zurück, um sich in ihren »Betrieb« einzuarbeiten und das Funktionieren des Hauses besser zu verstehen. Sie weiß, es wird noch Wochen dauern, bis sie ihren Platz in diesem großen Räderwerk bestimmt und eingenommen haben wird.

Als die Nachmittagssonne schräg durch die Fenster des Hochparterres in die Küche des großen Hauses scheint, sitzt Marga mit dem Küchenpersonal am Tisch und trinkt einen Kaffee. Sie ist im siebten Monat schwanger, langsam lässt sie sich auf einem harten Küchenstuhl nieder. Wie viel bequemer ist er als die Plüschsessel im Salon! In all dem Durcheinander, in der Nervosität, die sie befällt, wenn sie an all die neuen Aufgaben denkt, die sie erwarten, weiß sie keinen beruhigenderen Platz als diesen. Wie oft hat sie mit ihren Geschwistern in der elterlichen Küche Kakao gekocht, Bohnen gepult und Kartoffeln geschält! Wie viele Gespräche wurden in der Intimität der gemeinsamen Arbeit geführt, während im Schrank die Töpfe und Pfannen blitzblank geputzt strahlten. Es war natürlich alles viel kleiner und bescheidener, und doch lebt für Marga auch in dieser großen Küche etwas von diesem Geist. Es ist eine schöne Küche, denkt sie, so hell und freundlich wie kaum eine andere. Die vielen halbhohen Fenster und die offene Lieferantentür lassen Licht und Luft herein, und die hellen Kacheln an Wänden und Böden wirken sauber und fröhlich.

In den nächsten Jahren wächst parallel zum stürmischen Wachstum der Fabrik unter Fritzens Leitung auch der Wirtschaftsbetrieb auf dem Hügel. Marga regiert ihn mit strenger Hand, aber warmem Herzen. Sie bleibt bis ins hohe Alter ihrer Gewohnheit treu, die Küche regelmäßig zu besuchen, um das Nützliche mit dem Angenehmen zu verbinden. Ein ehemaliges Küchenmädchen beschreibt diese Küche, und der Leser wird verstehen, warum Margarethe hier gerne weilte:

*In der Küche herrschte Ordnung und peinliche Sauberkeit. Die Koch-
töpfe waren alles aus Rotkupfer verzinnt, die Kaffeemaschinen blinkten
wie Silber, die Töpfe standen alle nach der Größe in Reihen geordnet.
Dann war ein großer Spieß, ein Grill und ein kleiner Spieß für Geflügel
da. (…) Außer der Küche, in der gekocht wurde, gab es noch eine große
Kaffeeküche, ferner eine Fleischkammer, eine Konservenkammer, eine
Teekammer, ein Kühlhaus, einen Gemüsekeller und einen Fischkeller.
Ein Küchendiener mußte den Herd scheuern in beiden Küchen, die
Kochtöpfe spülen und nach jedem Gebrauch mit Sand und Senf scheu-
ern, dabei sang er dann meistens »Ich bete an die Macht der Liebe«.
(…) Vier Beiköchinnen mußten sich in ihrer Arbeit abwechseln. Eine
Woche lang mußte man den Küchenchefs helfen beim Menü für den
herrschaftlichen Tisch, dann mußte man ins Küchenbuch eintragen,
was alles an Delikatessen geliefert wurde von Firmen aus Düsseldorf
und Berlin. (…) In der zweiten Woche mußte man für die Fleisch-
und Konservenkammer aufkommen und daselbst für Ordnung und
Reinlichkeit sorgen. Die dritte Woche hatte man seine Arbeit in der
Kaffeeküche, und in der vierten Woche hatte man im Gemüsekeller
und Fischkeller seine Arbeit mit Gemüseputzen und Fisch vorzubereiten. (…)*

*Jeden Morgen nach dem Frühstück kam Frau Margarethe Krupp in
die Küche und überlegte mit der ersten Köchin, was tagsüber zu den
Mahlzeiten gebraucht werden sollte, und machte das Menü für den
ganzen Tag. Wenn Frau Krupp dann zufällig in der Küche war und
die Gärtner brachten Bohnen zum Einmachen, dann half sie sofort
Bohnen abfasen, das hat sie so gerne gemacht. Dann hat sie sich zu uns
gesetzt und sich schön mit uns unterhalten. Einmal sagte Frau Krupp
(…) daß es in ihrer Jugend auch nicht so glänzend gewesen wäre bei
ihren Eltern; sie wären acht Kinder zu Hause gewesen und morgens
mit trockenen Semmeln zur Schule gegangen, und eins könnte sie mir
noch sagen: »Arbeit wäre der schönste Sport.«[2]*

Trotz aller strengen Regelungen zum Hügelbetrieb gibt es so manche
spontanen und menschlichen Begegnungen von Oben und Unten.
Jedenfalls blieb dem Küchenpersonal so gut wie nichts verborgen,
nicht einmal Margarethes Lieblingslied, das in diesen Jahren das
war, was wir heute einen Hit nennen würden:

Mein Herz ist voll Freude,
die Seele voll Sang.
Wohin ich nur wandle,
ist Wonne und Klang.
In Wäldern und Auen ist nur Melodei,
mein Schatz ist ein Spielmann. Tanderadei.

Herrin auf dem Hügel (1887)

Erst ganz langsam beginnt Margarethe, die Aufregungen der letzten Monate zu verarbeiten. Die Wochen vor Alfreds Tod haben sie angestrengt, und sein Tod erfüllt ihr Herz mit Trauer. Wie oft – so denkt sie jetzt häufig – war es ihr mühsam geworden, um ihn zu sein. Aber nun, da er nicht mehr da ist, vermisst sie ihn. Der Hügel scheint seltsam leer, trotz allem Leben, das ihn auch weiterhin erfüllt. Auch das Wiedersehen mit ihrer Schwiegermutter Bertha ist ihr nahegegangen. Dazu kommt die Erkenntnis, dass auch dieses Leben wohl nicht mehr lange währen wird. Mit aller ihr zur Verfügung stehenden Herzlichkeit hat sie Bertha angefleht, wieder nach Hause auf den Hügel zu kommen, und Bertha hat ihre Rückkehr für Weihnachten angesagt.

Wen wundert es, dass auch die Schwangerschaft ihr nicht leichtfällt. Düstere Gedanken haben sie in den letzten Monaten begleitet und Schatten geworfen über die Vorfreude auf ihr Kind. Doch nun stürzen die neuen Aufgaben und Pflichten nur so über sie herein. Sie hat gar keine Zeit mehr, in Depression zu versinken. Nur nachts, wenn Fritz wieder fern von ihr ist und sie alleine in ihrem großen Bett liegt, überkommt sie die vertraute Traurigkeit. Mit offenen Augen liegt sie da und kann nicht einschlafen. Sie greift nach dem neuesten Gedichtband ihrer alten Bekannten Carmen Sylva, die jetzt Königin Elisabeth I. von Rumänien ist und in Bukarest lebt. Trotz ihrer anstrengenden Pflichten gelingt es ihr, immer neue Gedicht- und Erzählbände zu veröffentlichen. Auf Margas Nachttisch liegt heute der Gedichtband ›Meine Ruh‹[3]. Margarethe blättert darin und findet einige Vierzeiler, die sie zum Schmunzeln bringen. Wie treffend karikiert doch dieses den Drang der Männer zu Orden und Ehrenzeichen:

Die Frauen aller Länder,
die lieben Filter und Bänder,
doch lieben die Männer in jedem Land
viel mehr noch das Blech und ein Stückchen Band.

Oder jenes, das ernster ist und sie daran erinnert, wie scharf bereits die junge Carmen Sylva das Leben um sich herum beobachtet hat:

Die Kinder reißen das Spielzeug entzwei,
Um besser zu sehen, was drinnen sei.
Wenn man die Menschen so recht zerissen,
Glaubt man nun Alles von ihnen zu wissen.

Margarethe dreht das Gaslicht aus, und als sie endlich doch einschläft, träumt sie von den Gestalten, denen die königlichen Gedichte Leben gegeben haben.

Am Morgen ist aller Spuk vergessen. Kaum ist sie aufgestanden, stehen schon die ersten Besucher vor der Tür, um mit ihr zu sprechen. Die Köchin fragt nach dem Menü für den Abendtisch, es sind Gäste angesagt. Der Verwalter legt ihr die neuesten Kostenvoranschläge vor, die der Architekt, der für die Verschönerung des Großen Hauses eingestellt worden ist, für sie vorbereitet hat. Die Hof-Möbelfabrik A. Bembé in Mainz hat einen Vertreter geschickt, der ihr die vorgeschlagenen Stoffmuster zur Entscheidung vorlegen soll. Und dann ist da noch der große Stapel Beileidskundgebungen von hohen Persönlichkeiten, die sie persönlich handschriftlich beantworten muss. Sie wagt gar nicht erst, einen Blick zu werfen auf den anderen Stapel Briefe, die ebenfalls der Antworten harren. Sie sind von Freunden und Verwandten, Menschen, die ihr und Fritz nahestehen. Als auch noch Hausmeister Herms kommt und sie bittet, mit ihm gemeinsam die Strafe festzusetzen für einen jungen Diener, der nachts unerlaubt das Haus verlassen hat, wird es ihr zu viel. »Das alles kann warten«, sagt sie zu Herms, »ich möchte mir jetzt ein Bild machen von dem Stand der Arbeiten im Großen Haus.«

In den wenigen Stunden, die Marga und Fritz noch gemeinsam verbringen können, planen sie die Verschönerung des Großen Hauses nach ihrem Geschmack. Die schlichte, ihnen ärmlich erscheinende Einrichtung von Alfred wollen sie ersetzen durch moderne Möbel. In der Unteren Halle und in den Gesellschaftsräumen sollen Alfreds schlichte Holzstühle mit Flechtsitz ersetzt werden durch standesgemäße schwere Sessel im modischen Renaissancestil, bequem gepolstert mit Leder, Plüsch und Samt. Die Wände der Gesellschafträume sollen mit Holzpaneelen und üppigem Schnitzwerk verkleidet werden, darüber dann bis zur Decke Tapeten aus geprägtem Leder oder Brokat.

Margarethe Krupp, um 1888

Vor Margarethes innerem Auge entstehen die repräsentativen Räume der Residenzen, an denen sie sich aufgehalten hat. Sie sind ihr Maßstab für die Änderungen auf dem Hügel. Sie und Fritz wollen die Abgrenzung zum Adel, die Alfred so wichtig war, privat und nach außen hin aufheben. Das erfordert das Interesse der Fabrik. Das erfordert aber auch Margarethes Selbstachtung. Sie ist jetzt 33 Jahre alt. Die Mehrzahl dieser Jahre sind schwierige Jahre gewesen. Ganz spurlos – das spürt sie eigentlich erst heute so richtig – sind die Jahre als Gouvernante nicht an ihr vorübergegangen. Sie hat sich in diesen Stand gefügt, es blieb ihr ja auch nichts anderes übrig. Aber neben den Erinnerungen an freundschaftliche Beziehungen zu ihrer Herrschaft und die durch ihre eiserne Disziplin erworbene berufliche Akzeptanz gibt es auch andere Erinnerungen. Jene an gesellschaftliche Demütigungen und selbstverständliche – und darum um so kränkendere – Zurückweisung. Nicht immer ist es einfach gewesen, unbemerkt und unscheinbar ein Teil der Hofhaltung zu sein, auf eigene Wünsche zu verzichten und den eigenen starken Willen zu verbergen. Jetzt erst fühlt sie sich frei, als Gleiche unter Gleichen, die Fäden zur adeligen Welt wieder aufzunehmen. Diese Welt soll hier auf dem Hügel ein Ambiente finden wie zu Hause. Die Gäste sollen sich wohlfühlen, ihr und Fritz Achtung entgegenbringen und zum Erfolg der Fabrik beitragen.

Heute ist vieles davon noch Zukunftsmusik. Das neue Gesicht des Hügels formt sich erst langsam. Sie geht mit Herms durch die Räume im Erdgeschoss, begrüßt die Maurer und Schreiner und sieht erfreut, dass im Obergeschoss bald alles so weit sein wird, dass sie, Fritz und Bertha vom Kleinen ins Große Haus umziehen können. Ob das Kind, das sie in ihrem Leib trägt, schon im Großen Haus zur Welt kommen wird? Oder noch in ihrer kleinen, aber gemütlichen Wohnung im Kleinen Haus? Sie hat nur noch wenig Zeit.

In ihrem zukünftigen Privatsalon lässt sie sich erschöpft auf einen Stuhl nieder, den ihr Herms bringt. Das Parkett ist schon gebohnert, auch das umlaufende Holzfries poliert und die dazwischenliegenden Felder fein bemalt.

Sie hat den flauschigen Teppich schon bestimmt, der hier liegen soll: großzügige Ranken auf hellem Grund. Die anderen Möbel wird sie vom Kleinen Haus herüberbringen: vier Sessel, bezogen mit heller, leicht gemusterter Seide, die Füße verborgen hinter dunklen Borten und Troddeln. Dazu ein kleines passendes Sofa, kleine dunkle Tische und Kommoden und nochmals vier Sessel, die mit ihrem dunklen unifarbenen Sambezug wohltuend mit den anderen kontrastieren. Noch sind die Wände mit der floralen Ledertapete leer, aber sie kann sich jetzt schon vorstellen, wie sie die vielen Bilder, an denen ihr Herz hängt, hier aufhängen wird. In diesem Salon wird sie versammeln, was ihr in ihrem Leben etwas bedeutet: den Putto aus weißem Marmor, die Landschaftsbilder und Porträts ihres Malerbruders Felix und vor allem Fotos ihrer Lieben. Welch ein Wunder ist doch diese neue Technik der Fotografie! Schöner und vor allem lebensechter kann kein gemaltes Bild sein. Trotzdem braucht ihr Bruder nicht zu befürchten, ohne Aufträge zu bleiben. Sie wird Felix bitten, das Feld über der Tür zu bemalen. Vielleicht mit einer schönen Italienerin, die unter einem Blätterbaum lagert.

Dann kann sie das Motiv der Blätter aufnehmen und einen passend gemusterten Brokatvorhang um die Tür drapieren. Das wird Felix freuen.

Salon von Margarethe Krupp, 1889

Herms tritt von einem Bein auf das andere. Margarethe schreckt aus ihrem Tagtraum auf. Es warten ja noch so viele andere Pflichten auf sie. Herms begleitet sie in ihren alten Salon im Kleinen Haus, wo sie endlich in ihren bequemen Sessel vor dem Schreibtisch niedersinken kann. Dann konzentriert sie sich auf das Gespräch. Der Hausmeister legt ihr eine Akte auf den Tisch. Darin hat er die wesentlichen Funktionen des Hügelpersonals aufgeführt.

»Der Koch, zugleich Chef des gesamten Küchenpersonals, ist verantwortlich für die Güte all dessen, was die Küche liefert. Ihm nachgeordnet ist die Küchen-Haushälterin, die ab sechs Uhr morgens darüber wacht, daß ihre Untergebenen zur selben Zeit auf dem Posten sind. (…) Die Küchen-Haushälterin hat für Tee, Kaffee und alles zu sorgen, was serviert wird. Ihr Reich ist das gesamte Souterrain.«[4]

»Vergessen Sie nicht, dass sie sich auch um die gute Qualität des

Essens für das Personal zu kümmern hat«, kommentiert Margarethe, der die hierarchische Gliederung des Personals in fast militärisch anmutender Art sehr vertraut ist. Genauso hielten es auch die
wohlhabenden Bürgerfamilien in Breslau und Berlin, ebenso wie
die Residenzen, die sie kennengelernt hat. Nur dass dort der Hausmeister den Titel Hofmarschall trug. Ansonsten weiß sie natürlich
genau, wie gut das Personal auf dem Hügel versorgt wird. Es wird
ihre Aufgabe sein, sicherzustellen, dass dies auch so bleibt.

»*Die Küchen-Haushälterin hat besonders auf Sittlichkeit und
Pflichterfüllung der dort Arbeitenden zu achten, speziell der Küchenmädchen und der Burschen. Lieferung und Zubereitung aller Viktuali-
en müssen überwacht, Herumstehende verwiesen werden. (…) Es gibt
weiter eine Zimmer-Haushälterin, die über die Hausmädchen wacht
und alle Zimmer täglich inspiziert. Die Weißzeug-Haushälterin steht
den Büglerinnen und Näherinnen vor. Der Portier weckt das Dienst-
personal morgens um halb sechs, registriert alle, die kommen und
gehen, meldet Wagen und Besucher und ist für den richtigen Gang der
Uhren, den Vorrat der illustrierten Zeitschriften und den Telegrafen-
dienst zuständig sowie für die inneren Klingelleitungen. Abends um 21
Uhr wird das Haus geschlossen.*«[5]
Margarethe hört nicht mehr so richtig zu, als Herms noch über
die Aufgaben der vielen anderen Bediensteten spricht. Er erwähnt
die Hausdiener, Servierdiener, Laufjungen, Hausmädchen, Küchenmädchen, Bügel- und Waschmädchen. Außerdem ein Viehmäd-
chen, das die Hühner füttert und die Eier einsammelt. Für alle
diese Menschen ist er der Ansprechpartner. Er wiederum berichtet
Margarethe und holt sich seine Anweisungen bei ihr. Für die vielen
Bediensteten, die die Wirtschaftsbetriebe, wie die Stallungen, die
Gärtnerei oder das hügeleigene Wasserwerk haben, ist der Hausherr
zuständig, sodass Herms auch mit ihm in enger Verbindung bleiben
muss.
Manchmal wird es ihm fast zu viel. Denn hinter dieser ganzen
Liste von Aktivitäten und Pflichten verbergen sich lebendige Menschen. Die Frauen und Männer, die auf dem Hügel arbeiten, stammen aus der engeren Umgebung. Ihr Zuhause waren Bauernhöfe
und Arbeiterquartiere. Wer das große Los gezogen hat, auf dem Hügel arbeiten zu dürfen, gibt sich alle Mühe, es der Herrschaft recht zu

machen. Aber nicht von allen kann man erwarten zu wissen, dass sie nicht »*in Gläser und Tassen oder Teller, auf Gabeln, Messer und Löffel hauchen oder spucken durften, um sie blank zu machen.*[6] Ebenso wenig wie es erlaubt ist, *mit dem Tuche, mit dem sie das Geschirr putzen, sich das Gesicht und den Nacken vom Schweiß zu putzen.*[7] Manchmal denkt Herms, dass es auch nicht schwieriger sein kann, die Fabrik zu lenken als dieses große Hauswesen.

Herms wird diese Dinge nicht vor seiner Herrin erwähnen, obwohl er vermutet, dass nichts davon ihr fremd ist. Stattdessen stimmt er mit ihr ab, in welchen Zimmer nach der Modernisierung des Hauses der Arzt, die Friseuse und das Kindermädchen untergebracht werden sollen. Außerdem erbittet er ihre Zustimmung, die mechanischen Signalklingeln in elektrische umzuwandeln und einen hydraulischen Lift einzubauen, der die Küche im Untergeschoss mit dem darüberliegenden Speisezimmer verbinden wird.

Draußen dämmert es schon, als er Marga verlässt. Sie ist müde. Das Kind in ihrem Bauch bewegt sich, zieht nach unten, und der erste Schmerz im Rücken tritt auf. Sie schellt nach dem Arzt, bittet das Kindermädchen, Bertha außer Hörweite zu halten, und lässt Herms bitten, Fritz Bescheid zu geben. Sie vermisst ihre in Geburten so erfahrene Mutter. Doch die Geburt ist diesmal leicht. Schon nach wenigen Stunden kann sie Fritz stolz ihr zweites Kind in den Arm legen. Wieder ist es »nur« ein Mädchen, aber das kümmert die Eltern nicht. Sie nennen das Baby Barbara, nach der Schutzpatronin der Schmiede und Krieger. Es ist der 28. September 1887. Die junge Amme, die bereits seit einigen Tagen mit ihrem eigenen Baby auf dem Hügel wohnt, nimmt das Kind in ihre Arme. Nun darf auch die 18 Monate alte Bertha das neue Schwesterchen bestaunen. Nichts könnte friedlicher sein als das Bild der jungen Familie, die sich um das Wochenbett versammelt, während draußen ein warmer Septembertag in den ersten Herbstnebeln endet.

Fritz tritt sein Erbe an (1887–1889)

Die Mitglieder der Prokura, die den jungen Chef nach Alfreds Tod auf dem Hügel besuchen, haben schon gehört, dass der neue Chef keinesfalls plant, sich auf die Rolle eines passiven Erben zu beschränken, sondern vorhat, aktiv in die Geschäftsführung einzugreifen. Nun treten sie in das Arbeitzimmer von Friedrich Alfred Krupp und staunen. Mit einigen wenigen Änderungen, die Fritz vorgenommen hat, ist es ihm gelungen, die Atmosphäre des Büros völlig zu verändern. Noch steht Alfreds Schreibtisch in der Mitte des Raumes, aber Fritz sitzt in einem schweren Armstuhl im Gegensatz zu Alfred mit dem Gesicht zum Fenster. Wer vor seinem Schreibtisch steht oder sitzt, sieht sein Gesicht im Tageslicht und nicht nur die Silhouette des Kopfes, wie im Falle Alfreds. Am Fenster steht anstelle des aufgebockten Sattels, den Alfred wegen seines Rückenleidens zum Lesen benutzte, nun ein gemütlicher Lesesessel mit Beitisch, der zum ausführlichen Aktenstudium einlädt. Geblieben sind der alte Teppich mit dem Blumenmuster und die Täfelung des Zimmers. Ein schmales Holzbord ist dazugekommen, auf dem persönliche Fotos stehen. Darüber hängen in drei schönen goldenen Rahmen die Porträts von Alfred und Bertha sowie eines von Kaiser Wilhelm I. Die größte Veränderung aber lässt sich auf dem Schreibtisch finden: Wo bei Alfred penible Ordnung mit genauer Platzierung aller Utensilien herrschte, da findet sich bei Fritz das kreative Chaos. Rollen mit Bauzeichnungen liegen da, Schreibzeug und Akten, und an der rechten Seite steht die Bronzefigur des Vaters. Ein bisschen symbolisch mutet das an, so mag der eine oder andere Besucher denken. Hier der Alte, dort das Neue.

Nur wenige Tage nach Alfreds Tod richtet Fritz eine Stifung zu dessen Gedenken ein. *Da beriet er mit sich allein, am 3. August 1887, wenige Wochen nach dem Tod des Vaters. Seinen Ahnen ist die Stiftung von einer Million Mark geweiht:* »*An die Arbeiter meiner Gußstahlfabrik und der zu dieser gehörigen Werke*«, *die ihnen und ihren Angehörigen zugute kommen soll. Dazu ein Legat von einer halben Million für die Stadt Essen zu wohlätigen und gemeinnützigen Zwecken.*[8]

Ganz offensichtlich hat er sich schon seit einer Weile auf die Stunde null vorbereitet. Mit der Stiftung – diesen Eindruck hat manch einer – beendet Fritz das Kapitel Alfred und wendet sich

Arbeitszimmer von Friedrich Alfred Krupp, 1889

der Zukunft zu. Einer modernen Zukunft, deren technische Basis nicht mehr Versuch, Praxis und Erfahrung sind, sondern Wissenschaft und Technik. Systematische Produktentwicklung, aggressive Markterweiterung, die strategische Rolle von Kommunikation und Teamarbeit – alles das sind Schlagwörter späterer Zeiten, die Friedrich Alfred aber bereits im letzten Jahrzehnt des 19. Jahrhunderts ein- und durchgeführt hat. Nach Jahren der Demütigung, Machtlosigkeit und Ungewissheit wird er seine neue Macht jetzt nutzen.

Es ist ihm nicht gegeben, vor einem größeren Kreis frei zu sprechen. Nur vor ganz Vertrauten und vor seiner Frau kann er sein Inneres öffnen und darüber reden. Wer ihn nicht kennt, hält das für Schüchternheit oder Schwäche. Wer weiß schon von den bitteren Erfahrungen, die er – der Sohn und Erbe von Glanz und Größe – schon früh gemacht hat. Was anderen jungen Männern in ähnlicher Stellung selbstverständlich ist, es wurde ihm verwehrt. Wie glücklich war er gewesen, als er mit 23 Jahren seinen Militärdienst begann! Sich selbst und seinen Eltern wollte er beweisen, dass er kein kränkelndes Kind war, das ständig umsorgt werden musste, sondern ein gesunder junger Mann. Nur vier Wochen hatte Alfred ihm gegönnt, so lange hatte es gedauert, bis Fritz auf »allerhöchste Intervention« hin zu seinem Vorgesetzten gerufen wurde und seine Entlassung erhielt. Er erhob Protest, doch ohne Erfolg. Später, so wurde ihm bedeutet, werde er verstehen, dass hier höhere Interessen im Spiel seien als sein eigener Wille. Fritz bleibt nichts anderes übrig als sich zu fügen.

Die gleiche Ablehnung erfuhr er bei seinem Wunsch zu studieren. Alfred sah nicht ein, wozu das gut sein sollte. Spezialisten und Wissenschaftler stellte die Firma nach Bedarf ein, damit hatte sich Fritz nicht zu belasten. Seine Universität, seine Quelle allen Wissens sei er, Alfred, ganz allein. Ihn zu begleiten, seinen Willen auszuführen, seine Ideen zu übernehmen – das war die Aufgabe, die der Vater dem Sohn stellte. Dies, so stellte er klar, war die unabdingliche Voraussetzung für den zukünftigen Leiter der Fabrik. Jeder noch so bescheidene Versuch, den Fritz unternahm, eigene Gedanken einzubringen, wurde radikal gestoppt mit der ernst gemeinten Drohung, dann eben einen anderen Erben zu suchen. Fritz fügte sich und war sich wohl bewusst, wie dies auf andere Menschen wirkte. Ein wenig Einfluss hat er in den letzten Jahren trotzdem bei Krupp gewinnen können. Das wichtigste Ergebnis dieser Jahre ist das Schattenkabinett aus Menschen seiner Wahl, denen er vertrauen kann. Manche von ihnen, wie Menshausen, werden ihm Freunde fürs Leben. Die Erfahrung, in der äußerlich glänzenden Stellung des Krupp-Erben im Innenverhältnis abhängig und machtlos zu sein, hat ihn geprägt. Sie hat ihn gelehrt, freundlich, diplomatisch und liebenswert sein Ziel zu verfolgen. Das war der einzige Weg, etwas zu erreichen. Es fällt ihm nicht schwer, denn er hat Berthas fröhliches Wesen geerbt. Aber er weiß es zu schätzen, dass er jetzt über die Macht verfügt, Dinge durchzusetzen.

Es ist eigen, das Wesen dieses schweigsamen Mannes, eine Kunst sein aufmerksames geduldiges Anhören der Meinungen seiner Untergebenen, ein schönes unbedingtes Vertrauen in deren Fähigkeiten und Charakter bekundend. Noch eigener berührt es, wenn er, nachdem er alle Meinungen resümiert, die eigenen kundtut, bestimmt, keinen Widerspruch duldend, scharf sogar, wenn es ihm nötig erscheint.[9] So charakterisiert ihn seine Frau viele Jahre gegenüber ihrer Biografin. Wie gut sie ihn doch kennt! Die beiden Wesenszüge, die sein späteres Leben bestimmen, das Starke und das Schwache, hat sie in diesen kurzen Sätzen angedeutet. Er kann Entscheidungen treffen, komplexe Zusammenhänge erkennen, und er zeigt Führungsstärke. Auf der anderen Seite schwächen ihn sein Wunsch nach Harmonie und Zuneigung und das Vertrauen, das er anderen schenkt. Es kann missbraucht und ausgenutzt werden – und wird es auch, wie die Gegebenheiten rund um die Capri-Krise zeigen werden.

Sechs Jahre sind Fritz und Marga bereits verheiratet, als sie das Erbe antreten. Beide sind sie jung, gerade 33 Jahre alt. Fast 13 Jahre lang kennen sie sich. Nun ändert sich ihr Verhältnis. Zu Alfreds Lebzeiten war Marga für ihren Mann der ruhende Pol, der Mensch, der ihn in den Arm nahm und ihm Mut zusprach. Der sich um seine Gesundheit kümmerte wie eine Mutter, der ihn ernst nahm und beschützte. *Es kamen natürlich schwere Aufgaben an meinen Mann heran,* berichtet sie, *die ihn derart in Anspruch nahmen, daß ich mich fortan noch mehr an entsagendes Zurücktreten gewöhnen mußte.*[10] So empfindet sie es, er aber empfindet sie manchmal als Last, diese übergroße Fürsorge. Er flieht immer öfter das häusliche Umfeld, das Baby, das Kleinkind, die Amme, das Kindermädchen, mittendrin Marga, die sich um alles kümmert. Sie ist nicht heiter gestimmt, denn kaum hat sie Alfred bis an sein Ende begleitet, ist es nun ihr Los, das Sterben und den Tod ihrer Schwiegermutter zu erleben. Das alles will Fritz nicht mittragen, darin nicht eingebunden sein. Er entfremdet sich langsam, aber unaufhaltsam seiner Familie. Und er schafft sich ein eigenes, männlich geprägtes Reduit in Form des Jagdhauses Sayneck.

Schon zu Alfreds Lebzeiten hatte Fritz begonnen, eine Jagd für seinen eigenen privaten Gebrauch zu suchen. Er fand sie in Sayneck im Sayntal nahe Neuwied und pachtete sie 1885 von dem Fürsten von Wied, ohne seinen Vater davon in Kenntnis zu setzen, wie er an Glasmacher, seinen Agenten, schrieb: *Vater vorher zu unterrichten ist nicht meine Absicht, da er sonst glaubt, ich wolle seine Erlaubnis einholen. In allen Privatangelegenheiten ist es mein Grundsatz, ihn nicht mehr zu fragen. Da ich außerdem überzeugt bin, daß gelegentliches Jagen mir wohl tut, so tue ich diesen Schritt – trotz seiner Abneigung – mit gutem Gewissen.*[11] Außerdem kaufte er dem früheren Pächter,

Aquarell von Margarethe Krupp, Das Sayntal, 1882

Graf Hachenburg, das bescheidene Jagdhaus ab, das dieser dort errichtet hat. Er lässt es um- und anbauen, bis es einem verwunschenen Schlösschen gleicht, in Fachwerk, mit Türmchen bestückt und von Weinlaub umrankt. Darum herum hoher Wald und ein Zugang, der sich steil und unbequem den Berg hinaufwindet.

Selbstverständlich gibt es in Sayneck kein fließendes Wasser und keine Heizung. Gar nicht zu reden von Gaslicht oder Elektrizität. Abends werden Kerzen entzündet oder Petroleumlampen, morgens findet der Jagdgast eine Kanne mit warmem Wasser vor der Tür, die dazu passende Waschschale befindet sich in einem schmiedeeisernen Gestell im Zimmer. Alles ist intim, klein, gemütlich und von Essen und Alfred himmelweit entfernt. Ein Ort zum Ausspannen und Genießen, zum Jagen und Schlemmen. Aber auch ein Ort, an dem geschäftliche Kontakte geknüpft werden, in lockerer Atmosphäre, in kleinem Kreise, exklusiv. *Wie anspruchslos es in den*

ersten Jahren herging, kann man aus manchen fröhlichen Trink- und
Tafelliedern entnehmen, die – von stets vorhandenen Hausdichtern
gespendet – (…) an gut besetzter Tafel erklangen und mit harmlosen
Neckereien weder den Hausherrn noch die Gäste oder das Lokal ver-
schonten. Da wird das Schloß in der Ballade »Sayneck 1887« mit den
Versen beschrieben:

Es steht ein Schloß am Sayner Bach,
der Weg hinauf ist nicht gemach,
So was wie Himmelsleiter.
Und wenn Du endlich oben bist,
So tapp im Dunkeln weiter.

Du stehst vor einem Zauberschloß,
Vom Umfang eher klein als groß,
Die Tür ist schwer zu finden.
Doch wenn Du sie gefunden hast,
Den Kopf kannst Du Dir schinden.

Jetzt geht das Wundern erst recht an:
Da drinnen stecken 20 Mann.
Doch such in allen Ecken,
Vom feminini generis
Ist gar nichts zu entdecken.

Eh man den Herrn sich präsentiert,
Ein wenig Toilett sich gehört,
Und kommst Du in die Kammer,
Ein Krüglein Wasser auf drei Mann,
Und erst beim Katzenjammer!

So geht es in diesem und manch anderem Saynecker Lied weiter, von
denen einige der Nachwelt in den Papieren eines oder des anderen
Jagdgastes für die Nachwelt aufgehoben sind. Frohsinn ohne Empfind-
lichkeit, ein gutes Jägerlatein und ein kerniges Deutsch, ein nahrhaftes
Essen und ein edler Trunk, dazu eine gute Wildbahn und ein derbes
Jägerfrühstück im Walde, über allem ein Jagdherr und Wirt von her-

vorragenden Eigenschaften – das war Brauch in Sayneck und wurde in wenigen Jahren Tradition für alle, denen die Freude dabei zu sein, vergönnt war.[12]

Das Jagdhaus in Sayneck, 1886, vor der Tür Familie Krupp mit Töchterchen Bertha und Personal

Ein typischer Jagdtag sah aus der Sicht des vom Hügel mitgebrachten Personals so aus: *Morgens in aller Frühe wurde gewöhnlich die Jagd angeblasen. Vor dem Aufbruch nahm die Jagdgesellschaft ein gemeinschaftliches Frühstück in oder vor einem Zelte ein, welches zu diesem Zwecke errichtet worden war. Vor dem Zelte loderte ein mächtiges Feuer, an dem das Frühstück von dem Küchenchef und seinen Helfern bereitet und serviert wurde und zwar genau in der Form, wie bei sonstigen Gelegenheiten in der Villa. – Wenn dann das Frühstück eingenommen war und die Jäger hatten die Wagen bestiegen, die sie dem Jagdgrunde zuführten, dann begab sich der Küchenchef mit seinen Leuten zu dem von dem Oberförster Lyncker bestimmten Rendezvousplatz für das zweite Frühstück. Hier wurde ein mächtiges Feuer geschürt und dann echte Waidmanns-Kost gesotten und gebraten. Das zweite Frühstück, welches um 1 Uhr serviert wurde, bestand meistens aus einer*

Suppe, Fleisch, Gemüse und Kartoffeln, nebst Käse und Brot. Dazu gab es, nach Wahl, Mosel- und Rheinweine, Münchener Bier, Krüge mit Glühwein und zum Schluß Cognac und Zigarren. – Nach dem Halali

Sayneck, im Sommer 1886, v. l. n. r. Bertha Krupp, Margarethe Krupp und Irene von Ende

fuhren die Jäger nach Sayneck zurück. Hier richtete der Oberförster die Strecke und der glücklichste, d. h. der erfolgreichste Schütze, erhielt unter Waidmannsheil den Eichenbruch. Dann wurde die Strecke des Wildes gezählt und die Anzahl sofort Frau Krupp durch den Telegraph mitgeteilt. Nach Abbruch der Jagd zogen sich die Jäger um und erscheinen zum gemeinschaftlichen Diner. Nach dem Essen blieben die Herren dann bei Bier oder Wein noch sitzen, oft bis spät in die Nacht.[13]

Zu den Gästen in Sayneck gehört auch Margas Lieblingsbruder Felix, der im April 1887 an Fritz schreibt: *Zunächst danke ich Dir herzlich für Deine Glückwünsche zu meinem Geburtstage, auch durch die photographische Jagdgesellschaft auf Sayneck hast Du mir eine große Freude gemacht, denn durch die vielen mir bekannten Gesichter treten die in Sayneck so vergnügt verlebten Tage wieder lebhaft in meine Erinnerung.*

Bei den winterlichen Jagden sind die Herren unter sich, der Sommer dagegen gehört der ganzen Familie. Da genießen Marga und die engsten Freunde der Familie den Zauber dieses verwunschenen

Sayneck, Sommer 1886, hinten v. l. n. r.: Friedrich Alfred Krupp, Irene von Ende, vorne: Margarethe Krupp, Bertha Krupp mit Enkelin Bertha auf dem Arm

Ortes. *Aber es gab auch stillere Tage in Sayneck, schöne Sommertage, an denen Friedrich Alfred Krupp mit seiner Frau dort glückliche verträumte Stunden genoß, manchmal auch nicht allein, sondern mit einem oder anderen Gast aus dem engsten Freundeskreise, und endlich auch mit Fritzens Mutter, der zu Liebe dieses Haus in seiner Waldesruhe zum Teil mitgeschaffen war. Den eigenen Mitteilungen der Frau Margarethe Krupp entnehmen wir, daß Sayneck nicht allein der Jagd wegen erworben worden wurde, sondern zugleich, um neben der Wohnung auf dem Hügel ein zweites eigenes Heim zu besitzen, wohin sie sich beide zu ungestörtem Aufenthalte zurückziehen und wo Fritz Krupp auch seine Mutter zuweilen bei sich haben konnte, ohne der Empfindlichkeit oder den Erinnerungen seines Vaters zu nahe zu treten.* [14]

Den letzten unbeschwerten Sommer, den Fritz und Marga mit

Bertha Krupp verbringen, sind sie mit ihr in Sayneck. Bertha ist bereits schwer von ihrer Krankheit gezeichnet. Die Tage in der Stille des Saynecker Tals tut ihr genauso wohl wie die liebevolle Zuwendung ihrer Schwiegertochter Marga. An den wenigen Tagen, an denen auch Fritz zu Besuch kommt und sie ihre ganze kleine Familie um sich hat, nimmt sie wohl schon innerlich Abschied von dieser Welt, dankbar für diese kostbaren Augenblicke.

Fritz liebt Sayneck. Die Saynecker Jagd, die jeweils im November stattfindet, wird er nie ausfallen lassen, das nimmt er sich fest vor. Wenn er nicht vom Kaiser selbst gerufen wird, dann soll ihn zur Jagdzeit nichts abhalten von diesem Ort, der gleichermaßen seiner Gesundheit und seiner Entspannung dient. Wo er kein Krupp sein muss, sondern Mensch sein kann, ein Ort eben, an dem er sich rundherum glücklich fühlt. Ein Ort auch, der ihm Gelegenheit gibt zu seiner *größten Freude, die an ihm schon als Kind beobachtet war, nämlich die Freude, anderen Freude zu bereiten, selbst zu genießen.*[15]

Vier Todesfälle und eine Ägyptenreise (1887–1889)

Margarethe steht bereits im Reisekleid unter der Tür, da nimmt sie noch einmal die erst drei Monate alte Barbara in den Arm und küsst die kleine Bertha liebevoll auf die Stirn. Dann steigt sie in die Kutsche, die auf sie wartet. Es fällt ihr schwer, ihre beiden Töchter zu verlassen. Sie ist froh, dass sie nicht selber stillt, und weiß, dass die Kinderfrau, Anna Garschagen, sich in ihrer Abwesenheit bestens um Bertha und Barbara kümmern wird. Dennoch, es fällt ihr schwer. Sie selbst hat ja die Geburt noch nicht richtig überwunden, die erworbenen Pfunde wollen nicht weichen, und sie fühlt sich matt und antriebslos. In wenigen Tagen ist Weihnachten, und sie wird nicht auf dem Hügel sein. Die Kinder werden noch nichts vermissen, dazu sind sie noch zu klein, das wenigstens ist ein Trost. Und Fritz wird über die Feiertage zu ihr nach Leipzig kommen, auch das ist ein Trost.

Dort, in Leipzig, wartet eine alte todkranke Frau auf sie: Bertha Krupp, ihre Schwiegermutter. Sie leidet an Herz- und Nierenproblemen, und es besteht, wie Dr. Schmidt ihr und Fritz mitgeteilt hat, keinerlei Hoffnung auf Genesung. Sie lächelt ein wenig vor sich hin. All die Jahre war er immer an Berthas Seite. Er kennt ihre Stimmungen und ihre schwankende Gesundheit. Er nimmt Rücksicht auf sie und schont sie, wo er kann. Wann immer ihm in Leipzig seine Tätigkeit als Professor Zeit lässt, besucht er Bertha und heitert sie auf. Regelmäßig schreibt er an Fritz und berichtet ihm über den Gesundheitszustand seiner Mutter. Sein letzter Brief ließ keinen Zweifel: Es geht zu Ende, langsam zwar, aber unaufhaltsam. Margarethe möchte die Kranke nach Hause auf den Hügel holen. Vorläufig ist das allerdings nicht möglich, und so fährt sie zu ihr, um ihre alte Freundin und Gönnerin zu pflegen. Es ist nicht nur die Pflicht, die sie ruft, es sind auch Zuneigung, Freundschaft und Mitleid.

Bis Mai bleibt sie in Leipzig. Bertha dankt es ihr immer wieder. Sie ist sehr alt geworden, auch rundlich, und sie trägt eine Brille. Nur ihr Haar erinnert in seiner Fülle noch an ihre frühere Schönheit. Solange draußen vor den Fenstern ihrer geräumigen Wohnung die Schneeflocken fallen, erholt sie sich nicht. Erst als das Leben wieder erwacht, die warmen Frühlingswinde durch die Fenster in ihr Krankenzimmer wehen – erst da fängt Bertha an, wieder Kräfte zu sammeln. Die traurigen Gedanken des Winters verblassen, und sie muss nicht mehr immer an Alfred denken, an ihre gescheiterte Ehe und das, was hätte sein können und nicht war.

Viele Gespräche finden statt zwischen diesen beiden so unterschiedlichen Frauen, die doch füreinander tiefe Zuneigung empfinden. Bertha, die sensible, fröhliche, nur von ihren Gefühlen gesteuerte Schönheit auf der einen Seite und auf der anderen die eher intellektuelle Margarethe, deren Leben Disziplin und Pflichtgefühl dominieren. Und schön, das weiß Margarethe selbst am besten, ist sie nicht, dazu sind ihre Züge zu grob, ihr Busen zu üppig und ihre Ausstrahlung zu einschüchternd. Zwar ist auch Berthas Schönheit dem Alter zum Opfer gefallen, aber immer noch strahlen ihr Charme und ihre Liebenswürdigkeit so hell, dass dies dem Betrachter gar nicht auffällt.

Margarethe geht aus sich heraus, wenn sie mit ihrer Schwiegermutter spricht. Sie erzählt Bertha von Fritz, von ihren Kindern und sogar von sich selbst, und plötzlich erscheint ihr alles leichter, weniger gewichtig, vergnüglicher. Bertha lächelt bei den Erzählungen über Margas Geschwisterschar, ja, sie schmunzelt sogar, als Marga ihr von den lästigen Bitten um Geld seitens ihrer Verwandten berichtet. »Ach«, meint Bertha, »daran musst du dich gewöhnen. Wenn es nicht deine Geschwister sind, dann sind es Verwandte von unserer Seite, und wenn es nicht die sind, dann kommen die Bekannten, sogar die Fremden. Alle finden, wir seien verpflichtet, ihnen zu helfen. Und nicht nur das, Marga. Vergiss nicht, dass jene, die deine Hilfe empfangen, anderen die gleiche Gabe neiden.« Sie sieht auf einmal traurig aus. »Weißt du, Alfred hat meiner Familie immer großzügig geholfen. Auch das hat Neid erregt, vor allem auf dem Hügel und in der Firma. Ich weiß, dass da heute noch so mancher Groll gehegt wird.« Sie lächelt wieder und sagt: »Aber was immer du auch tust, tu es, wenn es dir richtig erscheint. Sei du dir dein eigener Maßstab, dann kann der Neid dir nichts anhaben.«

Bertha ist es auch, die sie liebevoll in den Arm nimmt, als Marga die Nachricht von dem Tod ihres Bruders Erich erreicht. Auch er, ihr »vorjüngster Bruder«[16], fällt einer Krankheit zum Opfer. Er, *an dem sie besonders gehangen, weil sie dessen immer zarte Gesundheit besonders gepflegt.*[17] Manchmal erscheint es Marga, als habe sich der Todesengel bei ihr eingenistet, um sie nicht mehr zu verlassen. Innerhalb eines Jahres holte er Alfred, dann Erich und jetzt, sicherlich bald, Bertha.

Im Mai endlich ist Bertha in der Lage, die Reise nach dem Hügel anzutreten. Sie zieht in ihre alten Zimmer ein und verbringt so viel Zeit wie möglich mit ihren Enkelinnen. Fritz besucht sie so oft, wie es seine Zeit erlaubt. Aber die Schmerzen werden immer schlimmer, und keines der Medikamente hilft wirklich. Berthas *Leiden wird immer trauriger, die Pflege immer schwieriger. Es bedarf der ganzen moralischen Kraft Margas, um noch etwas Licht in dieses Sterbeleben hineinzubringen, das erst im September von seinem Leiden erlöst wird.*[18] Am 4. September 1888 stirbt Bertha in dem Haus, das sie vor so vielen Jahren im Zorn verlassen hat, unter großen Schmerzen, aber in innerem Frieden und im Beisein ihrer Kinder, wie sie Fritz und Marga immer so gerne genannt hat.

Im Beisein auch von Professor Schmidt, der mit ihr auf den Hügel gekommen ist und sie bis zum Ende ärztlich betreut hat. Von seinem Kummer berichtet Hausmeister Herms Jahre später: *Bei der Leichenfeier der Frau Bertha, als alle schon versammelt waren, habe er Dr. Schmidt vermißt und sei in sein Zimmer hinaufgegangen, ihn zu holen. Dort habe er ihn vollständig gebrochen gefunden, unfähig sich aufzuraffen. Er sei dann auch nicht bei der Feier erschienen. Kurz nach dem Tode von Frau Bertha habe Dr. Schmidt den Hügel verlassen.*[19] Er war ihr treuester Freund, der sie von ihren ersten Ehejahren an bis zu ihrem Tod ärztlich betreut, begleitet und beschützt hat. Mit Alfreds und Fritzens Einverständnis selbstverständlich, auch von beiden honoriert, aber trotzdem immer unter dem Verdacht des klatschsüchtigen

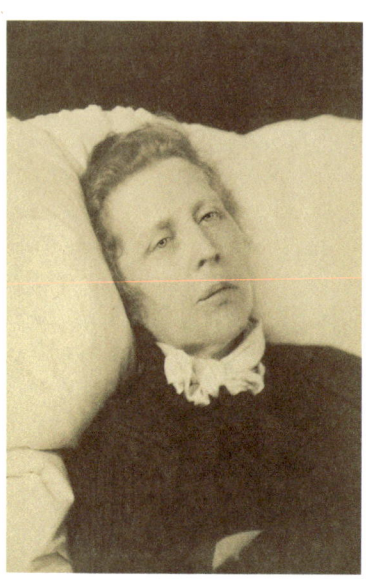

Bertha Krupp auf dem Sterbebett, 1888

Hügelpersonals, ihr mehr als nur ein Arzt zu sein. In Wahrheit bleibt er auch nach Berthas Tod den Krupps freundschaftlich verbunden, wovon ein ausführlicher Briefwechsel zeugt, den er, seine Frau und seine Kinder mit Fritz und Margarethe noch jahrelang unterhalten.

Fritz ist innerlich hin- und hergerissen zwischen der Trauer um seine Mutter und der Freude, die er bei seiner Arbeit in der Fabrik empfindet. Wenn er Marga ansieht, erscheint sie ihm blass und traurig, und er fühlt sich schuldig, weil er sie in diesen schweren letzten Monaten so allein gelassen hat. Das überspielt er, indem er ihr von seinen Erfolgen im Betrieb erzählt, ein ganz und gar unfehlbares Mittel, sie zu fesseln und ihren Geist zu beschäftigen. Manchmal empfindet Fritz ihre Begeisterung und ihr Interesse für die Fabrik als belebend, manchmal eher als Bedrohung. Er schämt sich dieses Gefühls, und doch verlässt es ihn nicht. Endlich der Tyrannei seines

Vaters entronnen, fürchtet er nichts so sehr wie eine neue Bevormundung, und sei sie auch noch so gut gemeint.

Marga hört gebannt zu, als er ihr vom Kauf der Zeche Hannibal berichtet und davon, dass er das Alleineigentumsrecht der Kohlefelder erworben hat, die sich unter den Werkanlagen hinziehen. Durch die gleichzeitig erworbenen Zechen Sälzer und Neuack[20] ist der Betrieb jetzt abgerundet. *Wenn oben die Werke dröhnen, dann pochen unter ihnen die Bohrer, und die Arbeit im Licht und die unter der Erde ergänzen sich, spielen sich in die Hände, ein wundervoller Akkord.*[21] So malerisch beschreibt Margarethes erste Biografin später diese Tatsache. Fritz erhöht die Fertigungstiefe der Fabrik (wie wir heute sagen würden) durch weitere Zukäufe, die die benötigten Rohstoffe sichern sollen, und Marga begeistert sich dafür. Sogar der legendäre Hammer Fritz muss weichen, er wird durch eine hydraulische Presse abgelöst. Die Fabrik wächst und gedeiht, und Fritzens Pläne, sie zu modernisieren und zu verwissenschaftlichen, nehmen Gestalt an. Trotzdem, Marga ist innerlich erschöpft, und auch Fritz hat den Tod der Mutter noch nicht verwunden.

Nach diesem schweren Trauerjahr (…) glaubte mein Mann uns eine besondere Erholung gönnen zu dürfen, indem wir kurz vor Weihnachten über Athen nach Cairo reisten und von dort aus eine Nilfahrt zum ersten Katarakt unternehmen. Trotzdem (…) mein Mann – getreu seinem Grundsatz, auch Andere theilnehmen zu lassen, deren Verhältnisse es nicht gestatteten, sich selbst zu erfreuen – verschiedene Verwandte und Freunde zu der Reise eingeladen hatte, so daß ich ihn wieder nicht für mich hatte, so genoß ich doch die großartigen Eindrücke in dem harmonischen Kreise sehr.[22] So vornehm und gemildert schildert Marga die Situation. Wilhelm Berdrow, der Krupp-Archivar und offizielle Biograf, beschreibt in seinem unveröffentlichten Manuskript die Ägyptenreise ausführlicher. *Im allerkleinsten Kreise und nur mit der notwendigsten Dienerschaft wäre es Marga am liebsten gewesen, einmal ganz heraus aus dem Zwange der »Stellung« und dem repräsentativen Glanze des Hügels, aber sie ahnt schon, daß es nicht ganz nach ihren Wünschen geht. Ein Reisemarschall muß sein, ein sprachen- und weltgewandter Herr, (…) Sohn des Oberbürgermeisters Lauter in Karlsruhe und als Vertreter industrieller Werke schon erprobt. Für sich selbst braucht F. A. Krupp seinen Freund Menshausen als Begleiter und landeskundigen Führer. Für Frau Marga, die unterwegs viele Stunden auf die Gesellschaft des Gatten wird verzichten müssen, ist als Ersatz ihr Bruder Felix von*

Margarethe und Fritz Krupp beim Schachspiel an Bord der Nilbarke Alma, Ägyptenreise 1888–1889

Ende bestimmt, Kunstfreund und tüchtiger Landschaftsmaler. Und als sich ganz zuletzt noch die Berndorfer, Arthur Krupp und seine immer vergnügte und unterhaltsame Gattin Margreth, bescheiden und etwas zaghaft um die Teilnahme an der Reise des hohen Paares bewerben, bringt Krupp es nicht übers Herz abzulehnen und ladet sie für die ganze Reise als seine Gäste ein. Damit wächst natürlich auch der Umfang der Bedienung und der gesamte Zuschnitt, aus der geträumten Zweisamkeit ist ein ganz stattlicher Kreis geworden.[23]

Nach einem kalten und verregneten geschäftlichen Aufenthalt in Athen erreichte die *Gesellschaft nach einer sehr stürmischen Überfahrt Alexandrien und anschließend Kairo, wo ihnen im Hotel Nil der Krupp gewohnte trauliche Aufenthalt bereitet war. (…) Der Aufenthalt in Kairo,* der von Fritz wieder intensiv für geschäftliche Besprechungen genutzt wird, *zog sich bis in die Weihnachtswoche hin. Inzwischen*

*waren auch die Arbeiten für die wohnliche Einrichtung der Segelbarke,
die Krupp von der Gesellschaft Cook für die ganze Dauer der Nilfahrt
gemietet hatte, unter seinen eigenen Augen vollendet, und sie versprach*

Ausflug nach Karnak, Ägyptenreise 1888–1889

*mit Gesellschafts-, Arbeits- und schönen Schlafräumen für die beiden
Ehepaare eine Reise mit jeglicher Bequemlichkeit und Unabhängigkeit. Ein kleiner Schleppdampfer, der gleichzeitig den Herren von Ende
und Reisemarschall Lauter zur Wohnung diente, sollte die Luxusbarke
(Dahabieh) auf der ganzen Reise begleiten und gleicherweise von
Windflauten wie von den Stromschnellen unabhängig machen. Das
Weihnachtsfest sollte noch in Kairo, aber schon auf eigenem Boden in
der hübsch ausgestatteten Dahabieh begangen werden und dazu hatten schon in der Heimat alle Teilnehmer ihre Vorbereitungen getroffen. (...) Ein echt deutsches Weihnachtsfest sollte unter den Sternen
des Südens gefeiert werden und so wurde es unvergeßlich für alle. (...)
Es war ein Fest, wie es nur F. A. Krupp zu veranstalten wußte, aus der
Güte seines Herzens und dem Reichtum seiner Mittel, die er für sich so
bescheiden und für andere so großartig in Anspruch zu nehmen wußte.
Tannenbaum, Lichterglanz, große Gaben und sinnige Überraschungen*

und dazu mit allem, was das Künstlerpaar Lauter und von Ende von sich aus noch erfinden konnte.

Und dann ging die Fahrt (…) an Bord der hübschen Barke dem – wie man hoffte – heißen Süden entgegen. Über Untiefen und Flauten zog der kleine Remolquer das Schiff wacker hinweg, dann aber mit stetigem Winde den eigenen Schiffern sich vertrauend glitten sie auf dem königlichen Strom Tag um Tag gen Süden: (…)[24]

Die Reise wird nicht nur Margas wegen unternommen. Fritz klagt niemals, aber sein Asthma und sein Gelenkrheumatismus zwingen ihn immer wieder dazu, Essen im Winter zu verlassen und in ein gesünderes Klima zu reisen. Ägypten tut ihm wohl. Das warme trockene Klima hilft gegen den Rheumatismus und da es außerhalb der Oasen keine Vegetation gibt, beruhigt sich auch sein Asthma. Die Arbeit begleitet ihn trotzdem. Täglich bekommt er Berichte der Prokura und zieht sich einige Stunden mit seinen Privatsekretären zurück, um die Geschäftspost zu erledigen. Diesen Rhythmus wird er sein ganzes Leben lang beibehalten, sodass die vielen Reisen, die er der Gesundheit wegen machen muss, zu keiner Unterbrechung seiner Arbeit führen.

Leider ist das Wetter zu Anfang der Reise untypisch kalt. *Es gab schließlich in dem kleinen Kreise mehr erkältete und verschnupfte als gesunde Teilnehmer. (…) Krupp selbst blieb sich immer gleich an Ruhe, Geduld und Güte, sei es als Leiter der bestens organisierten Landausflüge, beim Empfang begegnender hoher Herren, die ihm zuweilen schon von seinen Freunden in Kairo gemeldet waren, oder von den Beduinenscheichs passierter Dörfer, die in Krupp und Bismarck die großen Deutschen sahen und dem berühmten »Kanonenkönig« die Hand zu schütteln wünschten. In den damals noch nicht von den Talsperren überfluteten Tempelresten von Philä wurde am 21. Januar 1889 in fröhlicher Gesellschaft der Geburtstag des Kaisers festlich begangen, und Krupp machte sich das Vergnügen, seinem jungen kaiserlichen Herrn und Freunde von dort einen entsprechenden Glückwunsch zu diesem erstmalig auf dem Trohn erlebten Fest zu senden.*[25] *Einige Zeit später wurde Assuan und damit das Ziel der nilaufwärts gerichteten Fahrt erreicht. Mit Hilfe des kleinen Begleitdampfers, den Krupp für die ganze zweimonatige Stromfahrt gemietet hatte, ließen sich die Stromschnellen bequem überwinden und dann füllte man die Zeit bis*

Aquarell von Felix von Ende ›Dahabea Alma‹. Der Name der Nilbarke schmückt als Titelblatt des Erinnerungsbuch der Ägyptenreise 1888–1889

DAHABEA ALMA

zum Februar mit Ausflügen in die Wüste und Kamelritten auch auf weitere Entfernung angenehm aus, (…) trotzdem auch hier die Witterung keineswegs den erwarteten tropischen Charakter zeigte. Sogar ein

Fritz und Margarethe Krupp, Rast im Schatten, Ägyptenreise 1888–1889

Sandsturm von beachtlicher Stärke wurde den Ausflüglern auf einem ihrer Wüstenritte beschert, dessen Spuren sie nach der Rückkehr in allen Räumen des Schiffes fanden. (…)[26]

Vetter Arthur Krupp ist ein fanatischer Jäger. Seine Frau Margreth beschreibt in ihrem Tagebuch, welches Ausmaß diese Leidenschaft während der Schiffsreise auf dem Nil annimmt. *Hauptunterhaltung an Bord ist das Schießen, wozu ein ganzes Arsenal von Büchsen, Pistolen und Munition mitgenommen worden war, und man schoß auf alles und auf alle Entfernungen,* berichtet Berdrow, und Frau Margreth ergänzt wehmütig: *Es gibt unendlich viel Schießbares am Nil, schwarze und weiße Adler, Geier, Pelikane, Strandläufer, Reiher, Enten, Schnepfen, Tauben und selbst Krähen. Alle diese Tiere sitzen in paradiesischer Eintracht zusammen und nie habe ich gesehen, daß der Adler der neben ihm sitzenden Taube etwas antut.* Am 17. Februar wird Fritzens 35. Geburtstag gefeiert, dann reisen Arthur Krupp und

Margreth samt anderen Gästen ab, sodass die Gesellschaft außer Marga und Fritz nur noch aus ihrem Bruder Felix und Reisemarschall Lauter besteht. *Vom nächsten Tage an wurde es stiller auf der*

Memphis Sakkara, 23.12.1888, Margarethe und Fritz Krupp mit ihrer Reisegesellschaft auf dem Rückweg

Kruppbarke, dafür aber auch wohl erhohlsamer für die beiden, um derentwillen die große Reise eigentlich erdacht und ins Werk gesetzt war.[27]

Margarethe genießt Ägypten. Bei jedem Aufenthalt sucht sie sich einen ruhigen Platz und hält in ihrem Skizzenblock in schwungvollen Kohlezeichnungen das Gesehene fest. Die von der Mama angeordneten ungeliebten Kopierstunden in der Kasseler Gemäldegalerie tragen hier endlich Früchte. So wird sie sich an alles erinnern können: an den braunen Nil, der träge zwischen flachen Ufern fließt; an das Schilf und die Weiden, die ihre Zweige ins Wasser hängen lassen; an die großartigen Säulen der alten Tempel; an das gespenstische Tal des Todes, über dem die Geier kreisen.

Doch nicht nur die Vergangenheit fasziniert sie. Wunderbar ist auch das Hotel Nil in Kairo, mit seinem Innenhof voller Pflanzen und Springbrunnen, den Wänden mit tiefblauen Mosaiken und den hohen kühlen Räumen, durch die abends die kühlende Luft zieht. Sie lässt sich fortreißen von dem quirlenden Leben auf dem Bazar,

Beni Hassan, 31.12.1888, Margarethe und Fritz Krupp beim beschwerlichen Aufstieg

wo sie, Fritz und die Reisegesellschaft Möbel, Stoffe und Mitbringsel einkaufen für den Hügel. Wie malerisch sind die grünen Wassermelonen! Wie köstlich appetitlich das Essen, in vielem ungewohnt, aber immer ein Genuss. Ihr Skizzenbuch füllt sich, mit kräftigen Strichen führt sie den Kohlestift über das Papier und freut sich darauf, zu Hause noch einmal alles wiedererleben und genießen zu können.

Doch auch die schönste Reise endet einmal. Fritz und Marga reisen von Assuit, der damals letzten Eisenbahnstation am Nil, mit der Bahn zurück nach Kairo, um dann so lange in Italien zu bleiben, bis der Frühling wieder in Deutschland einkehrt. In Italien fühlt Margarethe sich einsam, denn sie vermisst ihre Kinder und sieht wenig von ihrem Mann, der wieder mit Pflichtbesuchen bei Hoheiten und Kunden beschäftigt ist und weiterhin von der Ferne aus sein Werk leitet. Die tägliche Routine ist fast wie auf dem Hügel, und die Arbeitslast wird für Fritz *so groß, daß er sich nur noch wenig der Familie widmen kann und die geschäftlichen Sorgen und die damit verbundenen Enttäuschungen drücken ihn oft derart nieder*

Zeichnung von Margarethe Krupp, Kaser al Zayat, 13.2.1889

Margarethe Krupp: oben: Zeichnung von Philae, unten Aquarell: Kaser al Zayat, 13.2.1889

und verbittern ihn so sehr, daß er immer verschlossener wird und sich noch mehr von der Allgemeinheit zurückzieht.[28] Doch nicht nur von der Allgemeinheit zieht er sich zurück, sondern auch von ihr. Sie fühlt, wie ihr Fritz entgleitet, und sie findet nicht die innere Kraft, dies anzunehmen und damit umzugehen. Es ist fast, als wolle Fritz ihr ausweichen, nicht mit ihr allein sein. Das kränkt sie, denn sie versteht es nicht. Dann trifft sie ein weiterer Schicksalsschlag. *Leider fand die Reise ein trauriges Ende, indem ich an das Krankenbett meines Vaters eilen mußte, dessen Tod im August des Jahres mich in neue Trauer versetzte. Dies traurige Erlebnis bedeutete auch insofern einen Eingriff in mein Leben, als ich mit gütiger Erlaubnis meines Mannes von nun an meiner Mutter die Sorge um meine jüngste, erwachsene Schwester Irene ganz abnahm.*[29] Wieder werden Margarethes Disziplin und ihr Pflichtgefühl wie selbstverständlich in Anspruch genommen.

Familientreffen der von Endes im Weißen Hirsch in Dresden, 1889
V. l. n. r.: Irene, Felix, Lollo, Martha, Armin, Margarethe, Hilmar, Mutter Eleonore, Kind Erica, Anna, Siegfried, Vater August

Vier Todesfälle innerhalb von zwei Jahren hat sie begleiten und erleiden müssen. Sie ist jetzt 35 Jahre alt und mit dem Tod vertrauter, als ihr guttut. Sie beginnt, sich zu verschließen und nach außen nur noch die Pflicht in den Vordergrund zu stellen. Würde sie das nicht tun, müsste sie an dem Sinn ihres Lebens verzweifeln. Denn dass die Basis ihres Lebens nicht die Ehe mit Fritz sein kann, das spürt sie immer deutlicher. Er meidet ihr Bett – ist sie nicht mehr attraktiv, zu dick, zu traurig? Es kommt zu keiner Aussprache, und nach außen hin bleibt die Fassade intakt. Nur eines gibt es noch, was Fritz und Margarethe vereint: die Leidenschaft für die Firma und die Bereitschaft, ihr Leben in ihren Dienst zu stellen.

Ehealltag bei Krupps (ab 1889)

Friedrich Alfred erwartet von seiner Frau, dass sie ihre Pflichten ausschließlich auf den Hügel und die Betreuung der immer zahlreicher werdenden offiziellen und privaten Gäste beschränkt. Er will der alleinige Herr im Hause Krupp sein, und das haben nicht nur seine Direktoren, sondern auch seine Frau zu respektieren. Marga versteht das. Die Rollenverteilung ist ihr vertraut, sowohl von ihrem Elternhaus her als auch von den adeligen Häusern, die sie kennt. *Die Aufgaben, die nach dem Tod seines Vaters an meinen Mann herantraten* – schreibt sie in ihren Erinnerungen –, *nahmen ihn nach jeder Richtung derart in Anspruch und lasteten, gerade wegen seines großen Pflicht- und Verantwortungsgefühls so schwer auf ihm, daß mir als meine Hauptpflicht bald klar wurde, persönlich keinerlei Ansprüche an ihn zu machen und dafür zu sorgen, daß er von Allem, was die Häuslichkeit und Familie betraf, nicht belästigt wurde. Daß es mir leicht geworden wäre, als Frau mich derart auszuschalten und mich im Leben meines Mannes so in den Hintergrund gerückt zu sehen, kann ich nicht behaupten. Andererseits gab es mir aber doch große Befriedigung zu fühlen, daß ich gerade durch mein persönliches Verzichten viel dazu beitrug, meinem Mann die Last seines Lebens zu erleichtern und auf alle Fälle nicht zu erschweren.*[30] Sie weiß aber auch, wie stark der Einfluss einer Frau sein kann, der es gelingt, ihrem Mann eine verständnisvolle, einfühlsame Zuhörerin und Ratgeberin zu sein. Immer, wenn Fritz in Essen ist oder sie beide gemeinsam reisen, übernimmt sie diese Rolle. Und so kommt es, dass sie viel mehr über die Vorgänge bei Krupp weiß als vermutet wird. Mit wie viel innerer Anteilnahme, Enthusiasmus und Detailkenntnis sie an Fritzens Arbeit teilnimmt, können wir dem Bericht ihrer späteren Biografin entnehmen:

Fritz Krupp hatte zunächst im neuen Jahr 1889 dieselbe bittere Erfahrung zu machen, wie der Vater 1872. Die Grubenarbeiter der Zeche Friedrich Ernestine und von Hannover streiken den 1. Mai, die von der Zeche Sälzer und Neuack, gewitzigt durch ihre üblen Erfahrungen 1872, folgen erst den 13. Dabei rastet die Arbeit. Das Werk hat wieder an Umfang durch die Martinwerkanlagen zugenommen. Zwei dienen allein der Herstellung von Stahlformgußstäcken, auf deren Gebiet – Friedensmaterial im Essener Sprachgebrauch – sich bald Spezialitäten entwickeln, wie unter anderem die Dynamomaschinen, zu deren Herstellung eine Flußstahlqualität mit besonderen magnetischen Eigenschaften nötig ist. Die Zahlen der Analysen im Laboratorium des Werks haben sich schon seit 1887 von 5000 auf jährlich 35 000 gesteigert. Auch ein weiteres Friedensmaterial wird fabriziert, Lokomotiv- und Eisenbahnräder. Dem Streik, der schon den 20. Mai geendet, steht Fritz Krupp mit derselben Ansicht wie sein Vater gegenüber: »Der tüchtige Arbeiter soll und darf darunter nicht leiden.« Darum wird weiter gearbeitet, trotz ungeheurer Verluste, gearbeitet auch, um den alten Ruhm der Firma nicht zu vernachlässigen, die Waffenfabrik der halben Welt zu sein. (…) Langwierige, kostspielige und systematische Versuche folgen, nur möglich dem durch den Vater praktisch und durch seine wissenschaftlichen Anlagen theoretisch Erfahrenen.[31] Und obwohl viele Jahre vergangen sind, als sie ihre Memoiren diktiert, bricht bei Margarethe die Begeisterung dieser Jahre durch: *Ein berauschender Gedanke, ähnlich dem Künstlerischen des Bildners, beseelt von Deinem und Deiner Berater Wissen und Können triumphieren Tausende von Händen über den spröden Stoff.*[32] Auch ihre Zuneigung zu Fritz, ihre mütterliche Fürsorge und ihre leise Kritik an seiner Gutmütigkeit, die ihr oft als Schwäche erscheint, schimmert in diesem Manuskript auf: *Von dem sich nirgends vordrängelnden, trotz stets schwankender Gesundheit – sein malum domesticum Asthma weicht nie völlig – rastlos tätigen Mann geht ein tiefer Strom anfeuernder Liebe zur Arbeit aus. Erfolg in ungeahntem Maße krönt sein Tun, aber im Abschluß der hochbezifferten Jahresbilanz finden sich auch Skrupel ein. Der Märtyrer seines Pflichtgefühls fragt die Gattin: »Was kann ich tun, um meinen Arbeitern, die meinem Dienst ihre ganze Kraft weihen, auch wiederum zu dienen?« Ein Empfinden, im Sinne der Welt überspannt, aber ebenso selten wie kostbar.*[33]

Die Fabrik, das wird die Richtschnur ihrers Lebens in diesen Jahren. Sie ist, so oft sie kann, an Friedrich Alfreds Seite und begleitet ihn bei seinen Plänen für Krupp. Dies aber nur dezent, unauffällig und von der Öffentlichkeit unbemerkt. Nach außen hin ist sie das Gesicht des Hügels, verkörpert die großzügige Gastlichkeit, die

Krupp gewährt. Was das bedeutet, schildert sie selber höchst anschaulich: *Auch gesellschaftliche Verpflichtungen traten immer mehr*
an uns heran, indem wir nicht nur Persönlichkeiten aus aller Herren
Länder zu empfangen hatten, die in geschäftlichen Beziehungen zu uns
standen, sondern auch die Spitzen der Behörden und Menschen der
verschiedensten Kreise aus der Provinz und Umgebung Verkehr bei uns
anknüpften. Schon allein unser eigener großer Bekanntenkreis, mit
dem wir pflichtgemäß möglichst in Fühlung zu sein suchten, veranlaß-
te im Winter größere Festlichkeiten von 200 bis 300 Personen. Ebenso
fleißig besuchten auch andere Kreise unsere Gesellschaften, so daß wir
wenigstens die Genugthuung haben konnten, Freude damit zu machen
und die damit verknüpfte Mühe also nicht umsonst war. Abgesehen
von verschiedenen Aufenthalten der Majestäten mehrten sich auch
die Besuche nicht nur deutscher, sondern auch vieler ausländischer
Fürstlichkeiten und sonstiger hervorragender Persönlichkeiten des In-
und Auslandes. Das bot natürlich viel Interessantes und Anregendes,
fesselte mich aber sehr ans Haus, da der Betrieb auch während der
zahlreichen Abwesenheiten meines Mannes aufrecht erhalten werden
mußte. Außerdem hatten wir oft monatelang dauernden Hausbesuch,
dem wir gesundheitshalber oder aus sonstigen Rücksichten gerne unser
Haus für so lange zur Verfügung stellten, wenn ich speziell dadurch
auch sehr gebunden war.[34] So sieht Margarethe ihre Rolle auf dem
Hügel in diesen Jahren, nüchtern und sachlich.

Frau Marga ist bald heimisch bei den Kruppschen Beamten und
überhaupt bei den Essener Bürgerinnen, berichten die Zeitgenossen
aus ihrer Sicht, sie *interessiert sich für alles, von den Sorgen des Haus-*
halt an bis zu ihren geistigen Bedürfnissen und Nöten, erteilt auch mit
Vorliebe Ratschläge bei der Erziehung der Töchter. Man gewöhnt sich
in Essen schon daran, daß nichts ohne ihre Kenntnisnahme, ihren Rat,
ihren Beistand geschieht, der immer den Nagel auf den Kopf trifft, der
immer männlich zuverlässig ist. Und wie kann diese Frau repräsentie-
ren bei den Festlichkeiten von zwei bis zweihundert Personen auf dem
Hügel! (...) Freilich verlangt dies nach außen so prächtige Leben sei-
nen Tribut. Immer weniger hat die Gattin ihren Gatten allein, am we-
nigsten, wenn er von seinen zahlreichen Geschäftsreisen zurückkehrt,
wo eine Anhäufung zu erledigender Geschäfte seiner harrt. (...) Das
Zweckmäßige, das von außen Vorgeschriebene regiert jede Stunde und

das ist schade. Es engt so leicht die Persönlichkeit in die konventionelle Schnürbrust ein.[35] Margarethe und Fritz hat der Ehealltag eingeholt. Und der Verantwortung, die sie beide so ersehnt haben, können sie nun nicht mehr entfliehen.

Margarethe Krupp mit Bertha und Barbara auf der Terrasse, 1888

Natürlich gibt es auch noch ihr Familienleben. *Da sind die Kinder, die Luft auf dem Hügel muß eine sehr gesunde sein, sie gedeihen so prächtig. (…) Anna Garschagen waltet unermüdlich ihres Amtes und wenn nötig sehr bestimmt. Wenn sie nämlich, die Kleinste auf dem Arm, der Älteren wehrt, in den Teich zu laufen, wo die Seerosen, die Lieblingsblumen von Frau Marga, angepflanzt sind. Da kommt der Papa. Er meint, dem Kinde solle sie mehr Freiheit gönnen, aber sie sagt nein. Das Kleine auf dem Arm könne sie die Ältere doch nicht retten, wenn sie ins Wasser fiele. Das sieht der Vater ein und schweigt. Er will, wie die Kinder heranwachsen, daß sie nur immer auf dem Hügel bleiben, denn er ist sehr ängstlich mit ihnen. Aber einmal kommen sie doch in der Kutsche, in rosa- und grünseidenen Kleidchen angetan, nach Essen zu einer Wohltätigkeitsveranstaltung, und alle Leute drängen herzu und sie müssen Händchen geben.*[36]

Doch der Winter auf dem Hügel ist ungesund, überall zieht es, und alle werden krank. Davon und von anderem berichtet ein Brief Margarethes an ihre Jugendfreundin Gertrud Decke:

Meine liebe Gertrud!
Zu Deinem Geburtstag sende ich Dir meine herzlichsten Glück- und Segenswünsche und hoffe innig, daß das neu beginnende Lebensjahr ein in jeder Beziehung glückliches für Dich werden möge, und besonders, daß Groß und Klein in Deiner Familie sich recht guter

Gesundheit erfreuen mögen. Wir haben das Jahr 93 in der Beziehung keineswegs gut angefangen, denn abgesehen davon, daß die Kinder seit Weihnachten eigentlich permanent erkältet sind, was ich bei ihnen gar nicht gewohnt bin, denn Husten kannten wir bis vor einigen Wochen gar nicht an ihnen, so geht es mir selbst auch gar nicht besonders, so daß ich in den letzten 14 Tagen mehr im Bett als außer demselben war. Ich denke mir, es muß eine Art Influenza sein, da ich es gar nicht los werden kann. Da mein Mann momentan fort ist, so benutze ich die Gelegenheit, mich gründlich auszukurieren und hoffe, daß ich bis nächste Woche, wo er zurück kehrt, wieder ganz mobil bin, denn da hört das Stilleben wieder auf und es heißt auf dem Platz sein. Ich wünschte nur, er könnte sich auch einmal ein gründliches Stilleben gönnen, denn er ist so überarbeitet und abgehetzt, daß er in Bezug auf seine Gesundheit doch sehr darunter leidet.[37]

Im März kehrt der Frühling ein, und auf dem Hügel wird es wärmer und fröhlicher. Wieder schreibt Marga an ihre beste Jugendfreundin:

Meine liebe Gertrud!
Für Deine lieben Wünsche und das allerliebste Deckchen, womit Du mich zu meinem Geburtstag erfreutest, sage ich Dir meinen herzlichsten Dank, ebenso für Deinen Brief, aus dem ich mit Vergnügen ersah, daß es Euch im Allgemeinen gut geht.
Von uns kann ich Gott Lob das Selbe berichten. Wir haben diesen Winter allerdings recht viel an bösen Erkältungen gelitten und mein Mann ist durch überhäufte Arbeit oft recht angegriffen und leidet jetzt recht häufig an Migräne, aber im Moment hat ihm eine 14tägige Ruhe in Wiesbaden sehr gut gethan, so daß er mit frischen Kräften von dort aus nach Berlin ging, wo ihn wieder viel Arbeit erwartete, während ich mit Irene und den Kindern früher zurückkehrte. Die Kinder waren zum ersten Mal auf Reisen resp. an einem fremden Ort, und war es höchst amüsant, die Eindrücke zu beobachten, die sie von Allem empfingen.
Daß ich meinen Geburtstag ohne meinen Mann feiern mußte, that mir sehr leid, aber ich habe mich schon öfter darein finden müssen, denn Pflicht geht eben vor Vergnügen. Sehr freue ich mich, in den

nächsten Tagen meinem Mann nach Berlin zu folgen, wo wir noch ungefähr vier Wochen gemeinschaftlich zubringen wollen, während Irene der Einladung einer Freundin nach Berlin folgt. Dort werde ich wahrscheinlich auch einige meiner Geschwister treffen und Anfang Mai füllt sich dann der Hügel wieder mit Gästen. (…)

Für heute lebe wohl, liebe Gertrud, denn vor unserer Abreise habe ich noch Vielerlei zu erledigen, da verschiedene häusliche Änderungen etc. vorzubereiten respektive zu entscheiden sind und jeder noch mit einem Anliegen kommt. Nimm nochmals meinen herzlichsten Dank für den Beweis treuer Freundschaft und sei Du und die Deinen auf Innigste gegrüßt von Deiner Dich liebenden Margarethe

Wohltätigkeit ist ein Gebot für die Dame von Stand, sei sie nun bürgerlich oder adelig. Margas Töchter können gar nicht früh genug anfangen, dies zu verinnerlichen. Je wohlhabender eine bürgerliche Familie ist oder je höher der Rang einer adeligen, umso größer ist die Verpflichtung. Margarethe hält nichts davon, Gutes nach dem Zufallsprinzip zu tun. Sie will die Mittel, die ihr zur Verfügung stehen, nach vernünftigen Gesichtspunkten verteilen. Hilfe zur Selbsthilfe nennen wir heute diese Einstellung, die etwas völlig anderes ist als der Wunsch, Almosen zu verteilen. Margas Mildtätigkeit ist handfest, praktisch und entbehrt jeder Sentimentalität. Der Bericht von Frau F. die ihre Erlebnisse aufgeschrieben hat, zeigt das ganz deutlich:

Im Herrenzimmer stand ein Schrank voll Wolle in allen Farben. Abends hat Frau Krupp dann gestrickt und gehäkelt für arme Leute und hat Stoffe abgemessen und eingepackt für all die armen Familien, welche sich schriftlich an Frau Krupp gewandt hatten. Auch nach Federbetten war die Nachfrage groß. Einmal hat Frau Krupp böse Erfahrungen gemacht. Sie hat mal eine Familie besucht, denen sie Federbetten geschenkt hatte, und als sie danach fragte, wurde ihr von den Leuten gesagt, daß sie dieselben ins Pfandhaus gebracht hätten. Mit Pferd und Wagen brachten die Kutscher in die ganze Umgegend von Essen die Pakete.

Frau Krupp ist auch die Wohltäterin meiner verstorbenen Mutter gewesen. Als sie erfahren hatte, daß meine Mutter schon 3 Jahre bett-

lägerig krank sei, sagte sie mir, ich solle alle zwei Tage meiner Mutter Stärkungsmittel bringen, wie Obst, Geflügel oder auch frische Buttermilch, worüber sich die Kranke am meisten freute. Ferner linderte Frau Krupp ihre Schmerzen durch eine Gummimatratze und einen neuen gepolsterten Fahrstuhl, mit welchem meine Mutter nur viermal ausgefahren wurde. Als sie am Sterben war, mußte ich meiner Mutter versprechen, daß ich jeden Tag für Frau Krupp bete. Nach Mutters Tod schenkte Frau Krupp meinem Vater den Fahrstuhl, der aber keinen Gebrauch davon machen wollte, und hat denselben für Kranke in ein Kloster gegeben.[38]

Das Weihnachtsfest ist jedes Jahr ein Höhepunkt, auf den sich Hoch und Niedrig und Alt und Jung gleichermaßen freuen. Mittels einer Liste, die wir heute Checkliste nennen würden, planen Margarethe und Hausmeister Herms das große Fest. Gilt es doch vor allem, niemanden zu vergessen oder zu kränken, das – so weiß Marga – ist wichtiger als eine kleine Panne im Ablauf.

Jedes Jahr zu Weihnachten wurden Hunderte von Familien in Essen beschert. Es gab einen Karton mit Wäsche und Kleidung und einen mit Lebensmitteln, wo eine Familie monatelang mit auskommen konnte. Ferner wurden jedes Jahr zu Weihnachten 60 arme Kinder vollständig eingekleidet, und sie durften die für sie in der großen Halle veranstaltete Weihnachtsfeier miterleben. Kleine Tische waren gedeckt, für jedes Kind Spielzeug, ein großer Teller mit Gebäck, Süßigkeiten, Feigen, Nüssen und ein großes langes Weißbrot von fünf Pfund, extra fein gebacken mit viel Rosinen. Dazu bekam jedes Kind einen neuen Nesselsack, worin sie ihre Geschenke alle mit nach Hause tragen konnten. Vorher wurden sie mit Kakao und Kuchen bewirtet. Die Kinder sangen dann bei der Weihnachtsfeier, wobei die Herrschaften auch teilnahmen, vierstimmige Weihnachtslieder, welche sie mit einer Lehrerin eingeübt hatten. Auch Gedichte wurden aufgesagt. Das ganze Personal stand oben auf der Tribüne und leitete die Feier mit herrlichem Gesang ein. Am Heiligen Abend war die Bescherung für die Familie Krupp und für das Personal. Vier Wochen vor Weihnachten hatte das Personal wöchentlich Gesangstunde und übte vierstimmig schöne Weihnachtslieder für Heiligabend. Um fünf Uhr begann die

Bescherung in der oberen Halle. Zwei hohe Weihnachtsbäume, einer bunt und einer silberweiß geschmückt, strahlten im Lichterglanz, und dann sah man herrliche lebensgroße Gemälde von Kaiser Wilhelm und

Arbeitszimmer von Margarethe Krupp, 1889

der Kaiserin und den Herrschaften selbst. Die Einrichtung in der Halle war kunstvoll. Der Blumenbinder aus dem Hause dekorierte jeden Tag die Hallen und Salons mit frischen Blumen.

Wenn nun die Bescherung begann, und die Herrschaften mit all dem Besuch in die Halle eintraten, setzte unser Chor ein mit dem Lied »Lobe den Herren«. Dann folgten die anderen Weihnachtslieder, und zum Schluß überraschten wir Frau Krupp mit ihrem Lieblingslied. (…) Dann gingen wir alle in die Halle, wo Frau Krupp uns freundlich begrüßte. Wir sahen alle Weihnachtstische. Frau Krupp zeigte uns, wenn wir an ihrem Tisch standen, alle ihre Geschenke und erzählte, von wem sie waren. Der Hausmeister, die Hausdame, die Kammerjungfer hatten auch einen Weihnachtstisch mit Geschenken. Die Kutscher, die Gärtner, alle nahmen an der Bescherung teil, ebenfalls alle Diener und alle Hausangestellten. Das weibliche Personal bekam Wäsche, ein Geldgeschenk und 30 Lot Wolle. Frau Krupp liebte

sehr, wenn die Mädel alle abends nach Feierabend in unserem gemein-
samen Zimmer fleißig nähten und strickten für unsere Aussteuer. Bei
der Bescherung gab es noch für jeden vom Personal zwei Lose, und auf
jedes fiel ein Gewinn, bestehend aus schönen Sachen aus dem Schloß,
wodurch Frau Krupp uns allen viel Freude bereitet hat. Nachdem die
Verlosung beendet war, bedankten wir uns bei Frau Krupp. Dann gab
es ein fürstliches Abendessen für die Herrschaft sowie fürs Personal,
unter anderem gab es sogar für alle Silbersalm, und der gute Wein
fehlte nie dazu.[39]

Einer nach dem andern macht sich auf den Weg nach Hause, oder
fällt satt und müde in sein Bett in der Villa. Im Oberstock, in dem
die Personalzimmer liegen, gehen die Lichter aus. Nur aus den Fenstern von Margas Arbeitszimmer dringt noch Licht.

Dort sitzt sie an ihrem Schreibtisch und schreibt wieder einmal
an ihre Freundin, wie es ihr ums Herz ist: *Und bleibt nur noch über*
mich selbst zu sagen, daß, obgleich ich meine 40 Jahre schon gründlich
fühle, ich in den letzten zwei Jahren mich gesundheitlich viel wohler
fühle als während ein paar Jahre vorher, worüber ich sehr froh bin,
denn meine Kräfte werden auch in der verschiedensten Art in An-
spruch genommen. Und manchmal wünschte ich auch, daß der Tag
12 Stunden mehr hätte, um der Familie, dem Haushalt, den gesell-
schaftlichen Verpflichtungen etc. ganz nachzukommen und dabei der
Welt von anderen Interessen durch Lesen etc. nicht fremd zu werden.
Dabei suche ich – hauptsächlich aus Gesundheitsrücksichten – täglich
wenigstens eine Stunde zu reiten, und spiele im Sommer regelmäßig
Tennis, was auch alles Zeit erfordert, kurz, eigentlich bin ich stets in
Hetze.[40]

Vom guten Leben auf dem Hügel (ab 1890)

Frau F., die lange Jahre in der Küche Dienst tat, beschreibt das gute Leben auf dem Schloss, wie sie den Hügel nennt, sehr anschaulich und lebendig:

Der Tagesablauf in der Küche war folgender: Um 7 Uhr mußte das Frühstück im Dienerzimmer auf dem Tisch stehen; dann kamen die Kutscher und Reitknechte und Stalljungen aus dem Wirtschaftsgebäude ins Schloß und nahmen ihr Frühstück ein. Es bestand aus gutem Bohnenkaffee, guter Butter, Brot, Zucker, Marmelade. Nichts war abgeteilt, jeder konnte nach Belieben nehmen.

Nach dem Frühstück erschienen die Reitknechte im Reitanzug mit ihren eleganten, stolzen Reitpferden vor dem Hauptportal. Sie führten die Pferde im Kreis herum, bis die jungen Damen, Frl. Bertha und Frl. Barbara, erschienen. Frl. Barbara hatte meistens eine Jockeykappe auf, Frl. Bertha trug öfter zu dem schwarzen Tuchreitkleid ein langes, helles Jackett und ein weißes Strohhütchen dazu. Es war ein Anisplätzchen, wie man so zu sagen pflegt. Die jungen Damen sahen so elegant und vornehm aus, daß ich mich freute, wenn ich Frühdienst hatte und das aus dem Küchenfenster beobachten konnte. Wenn die Damen vom Portal die Treppe herunterkamen, erschien der Stallmeister im eleganten Reitanzug mit Zylinder und Glacéhandschuhen, und nach vornehmer Begrüßung half er den beiden Damen mit einem Schwung in den Damensattel aufs Pferd. Dann ging es lustig zum Morgenritt: der Stallmeister zuerst, dann die jungen Damen und zum Schluß die Reitknechte, und manchmal noch hinterher die kleinen Stalljungen mit Frack und Zylinder, die als Reitlehrlinge beweisen mußten, was sie konnten.

Ferner hatten Frl. Bertha und Frl. Barbara noch jede einen weißschwarzen Foxhund. Es waren Fix und Fox. Die beiden sprangen dann mit lautem Gebell neben den Pferden her, wobei sie beide wußten, wo sie hingehörten. Um halb neun waren die Damen wieder zurück. Frl. Barbara kam dann im Galopp mit aufgelöstem wallendem Haar, die Mütze im Nacken. Fr. Bertha saß noch so wie vorher. Dieselbe hatte ein sehr ruhiges Wesen.

Um halb neun nahmen die Herrschaften das Frühstück im Speise-
saal ein: es gab Tee, eine warme Eierspeise, Toast, Brot und feinen
Aufschnitt.

Zu Pferd à deux! Bertha und Barbara Krupp, 1893, Hügel

Um 10 Uhr gab es dann für die Herrschaften fertige Appetithäpp-
chen und feines Tafelobst.

Um 9 Uhr frühstückten sämtliche Diener und Kellermeister, dann
gab es Feinbrot, Butter, feinen Aufschnitt, guten Bohnenkaffee, Zucker.
Alles war in Hülle und Fülle da. Wer zu faul zum Essen war, ging
hungrig vom Tisch. Im Mädchenzimmer war es dasselbe, es war alles
genug auf dem Tisch. Um 10 Uhr frühstückten in einem separaten
Eßzimmer die Küchenchefs, die Hausdame, die Wirtschafterin und
die Kammerjungfern, ferner ein Junggeselle, der als Telegraphist und
Portier am Hauptportal angestellt war.

Dieser Junggeselle war ein bildschöner Mann in den vierziger Jah-
ren, genannt Onkel Louis. Er wurde von allen Damen, jung und alt,
umschwärmt. Er hatte einen schönen, gepflegten Vollbart, und das
war sein Stolz. Er war ein gebildeter Herr und verfügte über mehrere
Sprachen. Er küßte im Vorbeigehen gern die jungen Zimmermädchen,

war also ein Schwerenöter, aber Onkelchen, wie wir ihn nannten, hatte auch seine guten Seiten. Ich verschwand oft abends nach Feierabend aus der Küche. Dann lief ich durch eine Schlucht im Park zu einem

Bertha und Barbara mit Groom in der Reitbahn, 1891

Tor am Weg, der nach der Ruhr führte, dort traf ich meinen Verehrer. Der schloß das Tor auf, und ich war draußen, er kannte meine Schritte auf dem Kies. Wir beide machten unseren Spaziergang durch den Wildpark und haben einen wunderschönen Liebsfrühling erlebt. (…) Wenn ich dann nach dem Spaziergang zurückkam, sorgte Onkelchen dafür, daß ich wieder ins Haus kam, ohne gemeldet zu werden, denn sonst bestand die Möglichkeit, entlassen zu werden. Es war sehr streng im Haus. Die Feuerwehrleute, die abends um die Villa patrouillierten, meldeten alles, was nicht erlaubt war. (…)[41]

Eine andere Anekdote, die man sich in der Küche erzählte, war diese: Herr Krupp war einmal in einem alten Häuschen gewesen bei einer alten Oma, die Reibepfannkuchen backte. Herr Krupp hat gesagt: »Das riecht sehr einladend«, da hat die Oma ihm einen Reibekuchen angeboten, den er mit Appetit verzehrte. Am anderen Morgen wünschte sich Herr Krupp zum ersten Frühstück Reibekuchen, der

wurde nun mit guter Butter gebacken. Nach dem Frühstück erschien
der Hausmeister in der Küche und sagte, die Reibekuchen hatten nicht
so geschmeckt wie der, den Herr Krupp auf dem Altenhof gegessen

Barbara Krupp mit Fix und Fox inmitten ihrer Kürbisplanzen, Sommer 1901

hätte. Da mußte ein Diener hin und fragen, worin sie die Reibekuchen
gebacken hätte. Die Frau sagte: »In Öl.« Jetzt nahmen wir am andern
Morgen feines Provenceöl, und wiederum kam der Bescheid, das wäre
auch nicht der Geschmack wie der Kuchen der Frau auf dem Altenhof.
Da ist dann Herr Krupp später noch einmal zum Altenhof geritten
und hat selbst gefragt. Da hat die alte Oma gesagt, auf Essener Platt:
»Geren Äpfel, Solt un en betten Mehl, un in Reiwolg[42], oken Ei.« Und
wir hatten mehrere Eier dazu genommen! Nun backten wir die Reibe-
kuchen nach dem Rezept der alten Frau.[43]

Auf Schritt und Tritt werden die Familienmitglieder beobachtet, und
ihr Verhalten und Aussehen wird kommentiert. Fritz kennt es nicht
anders, trotzdem liebt er es nicht und versucht immer wieder, in
privatere und intimere Gefilde zu entfliehen. Sayneck, später Meineck und noch später Capri dienen im Wesentlichen diesem Ziel.

Auch Margarethe ist sich dieser Tatsache sehr bewusst. War sie doch lange genug als Gouvernante auf der Seite derer, die beobachten. Ihre Reaktion ist eiserne Disziplin und Selbstbeherrschung für sich

Grundsteinlegung zum Spatzenhaus, Hügel, 29. 3. 1894

selbst und permanente Aufsicht und Erziehung zum öffentlichen Auftreten bei ihren Töchtern. Trotzdem verleben die beiden eine fast normale Kindheit, wie sie viele andere Kinder aus begüterten adeligen und bürgerlichen Familien auch kennen. *Bertha kann keinen Schmutz an sich leiden. Sie gräbt und buddelt darum auch nicht gern in der Erde, wie es Barbara mit Leidenschaft tut. Die Kinder haben schon früh ein Gärtchen, wo sie nach Herzenslust selbständig arbeiten und für sich sein dürfen. Barbara schickt den Gärtner weg, der ihr helfen will, die Bohnenstangen in die Erde zu setzen. Sie tut es selbst mit ihren sieben Jahren, die Schürze vor und ein Tuch um den Kopf gebunden. Sie erzieht auch ihren Hund Fox, und wenn es sein muß, mit einem Klaps der Peitsche. Darum pariert er ganz anders als Berthas Hund Fix, der nie geschlagen wird.*

Nur wenige Gehminuten unterhalb der Villa Hügel liegt, eingebettet in Wiesen und Blumenbeete, ein Häuschen en miniature. Es

gehört Bertha und Barbara ganz allein. Über seinem Giebel schnä-
beln sich zwei kleine hölzerne Spatzen und geben dem Häuschen
seinen Namen: das Spatzenhaus. *Kürzlich hat meine Mann den Kindern ein allerliebstes Häuschen
im Park bauen lassen, das eine
vollständige Küche und Wohn-
stube enthält,* berichtet Marga
ihrer Jugendfreundin Gertrud,
*in die ich die Möbel gebracht und
gemalt habe und wo sie mit Passion spielen und kochen, woran
Irene und ich uns auch mit Vergnügen beteiligen, so allerliebst
ist Alles.*[44]

Aber auch das Spatzenhaus ist
Schauplatz des strengen Kruppschen Protokolls. Die Hausle-
gende berichtet: *Fritz fragte einst
seine Kinder: was soll ich Euch
denn zum Geburtstage schenken?
Da antworteten die Mädchen:*
Wir wollen gern ein kleines Haus   Barbara, Onkel Winterfeldt und
haben, in welchem wir wohnen,   Bertha beim Schlittschuhlaufen,
spielen und kochen können. Da   Februar 1895
wurde dann feierlich der Grundstein gelegt.[45] Das Foto des Richtfests
zeigt die beiden Schwestern in offizieller Pose am Rande der Grube,
in die der Grundstein gelegt wird. Dort unten wirken die Baumeister
in festlichem Zylinder, oben hat sich das Hauspersonal aufgestellt.
Die Frauen tragen weiße Spitzenhäubchen und Schürzen und die
Männer ebenfalls Zylinder. An allen vier Ecken der Baugrube sind
weiß bemalte Pfosten aufgestellt, die mit Girlanden und Lorbeer
geschmückt sind. Das Hauspersonal singt zu dem feierlichen Akt,
bei dem die Anzahl der Erwachsenen ungleich höher ist als die der
vier Mädchen und zwei Buben, die fröstelnd im kalten Märzwind
stehen. Es ist der Tag von Berthas achtem Geburtstag, und das Fest
wird zu ihren Ehren veranstaltet.

Frl. Bertha und Frl. Barbara haben eine schöne Kindheit gehabt, be-

richtet Frau F. über das Spatzenhaus aus der Perspektive des Küchenpersonals. *Neben dem Schloß etwas abseits des Parks auf einer kleinen
Anhöhe stand ein reizendes Schweizerhäuschen, bestehend aus zwei*

V. l. n. r. Valy Jencke, Barbara und Bertha beim Dreiradfahren, Pfingsten 1892

*Räumen mit einer Veranda. Ein Zimmer, genannt Kasino, war mit klei-
nen Sesselchen und Tischchen ausgestattet. Die Küche war vollständig
eingerichtet mit Herd und Geschirr und Kochtöpfchen, darin haben sie
als Kinder gekocht und mit ihren Puppen gespielt. Sie schrieben selbst
die Speisezettel unter Anleitung ihrer Erzieherin, Frl. Brandt. Dann
kamen noch Frl. Lissy von Schirp aus Schloß Baldeney und ein Frl. von
Kretschmar[46], und dann war die Freude groß. In der Küche führte ein
ganz kleines, schmales Holztreppchen nach oben, da standen mehrere
Puppenbettchen und -wiegen mit großen und kleinen Puppen, das
waren die Puppenkinder. Ich bin einmal die Treppe hinaufgestiegen,
aber nur in gebückter Haltung, um mir die Einrichtung anzusehen. Es
war ein reizendes Puppenschlafzimmer, da konnten nur die Kinder sich
aufhalten, so niedrig war das Dachzimmer. Als ich von oben herunter-
kam, hatte ich einen Hexenschuß. Ein Telefon war auch da, so konnten
sie als kleine Kinder anrufen nach den Eltern im Haus.[47]*

Überhaupt ist es der Park, in dem Bertha und Barbara die meiste Freiheit genießen. Sie sind beide sportliche Mädchen. Im Winter laufen sie begeistert Schlittschuh. Warm eingemummelt und mit dicken Strickstrümpfen, die unter den kurzen Kleidchen herausgucken, gleiten und stolpern sie über das holprige Eis.

Im Sommer spielen sie Tennis auf den eigens für sie und die Gäste angelegten Plätzen, natürlich ebenfalls im Kleid. Außerdem fahren sie Rad, eine weitere moderne Sportart, die den Kindern viel Spaß macht. In den 1890er-Jahren gibt der Gesangsverein »Gemeinwohl« ein Konzert auf dem Hügel. *Als abschließende Überraschung seien die beiden Krupp Töchter Bertha und Barbara in den Saal »hereingeflitzt« und hätten den Sängern ihre Künste vorgeführt. Dafür habe man sie mit reichem Beifall bedacht,* berichtet ein

Fritz Krupp und Herr von Schütz beim Tennisspielen auf dem Hügel, September 1894

ehemaliger Teilnehmer dieses Konzerts.[48]

Papa Friedrich Alfred treibt ebenfalls Sport, allerdings weniger aus eigener Begeisterung, sondern auf Anraten seines Arztes, Hofarzt Dr. Schweninger. Er reitet und spaziert viel. Außerdem rudert und ficht er im Essener Turn- und Fechtclub, der 1884 auf seine Initiative entstanden ist.

Margarethe sorgt nicht nur für das leibliche Wohl ihrer Töchter, sondern auch für das geistige. Sie richtet ein schönes, zweckmäßiges Schulzimmer ein. Bertha und Barbara haben jede ein eigenes Schreibpult mit Staumöglichkeiten für die Schulbücher. Gegenüber steht der Schreibtisch der Lehrerin, an der Decke hängt eine Lampe, die alle drei Arbeitsplätze ausreichend beleuchtet. Das Klavier an der Wand zeugt von den ungeliebten Klavierstunden: Beide Töchter

sind unmusikalisch und empfinden den gesellschaftlich verordneten Drill als Qual. Sehr viel beliebter sind die Malstunden. Das
Aquarellieren und Zeichnen, das eine höhere Tochter zu beherr-

Margarethe, Hauptmann von Stuckradt und Gäste, Hügel, 1890

schen hat, gefällt ihnen, und noch als alte Frau malt Bertha schöne
Aquarelle und Wachskreidebilder. Ein Globus und eine Schiefertafel
vervollständigen die Einrichtung des Schulzimmers, das in seiner
Funktionalität heutigen Ansprüchen durchaus genügen würde.

Mit der ihr eigenen Gründlichkeit geht Margarethe bei der Auswahl der Gouvernante vor, die ihre beiden Töchter unterrichten
soll, als diese der Obhut des Kindermädchens Anna Garschagen
entwachsen. Sie beweist dabei eine glückliche Hand. Fräulein Margarete Brandt wird nicht nur die geliebte Lehrerin der beiden Töchter, sondern später auch die Gesellschafterin von Margarethe. Sie
verlässt den Hügel erst wieder nach Margarethes Tod. Insgesamt ist
sie 41 Jahre lang Teil der Familie, geachtet, respektiert, geliebt und
auch später nie vergessen.

Fräulein Brandt[49], wie sie von allen genannt wird, stammt aus
Hessen. Als ihr Vater, ein Musiklehrer, starb, war sie 12 Jahre alt.

Nur unter großen Opfern gelang es der Mutter, ihr den Besuch des Lehrerinnenseminars in Karlsruhe zu ermöglichen. Sie verlässt es als Oberlehrerin. Sie ist lernbegierig und bereit, ihre Ausbildung unter Margarethes Fittichen zu vollenden. Bertha ist vier, Barbara drei Jahre alt, als Fräulein Brandt im Oktober 1890 ihre Betreuung übernimmt. Sie ist 20 Jahre alt, 16 Jahre älter als ihr ältester Zögling. *Die Kinder lassen sich zu gern etwas erzählen und merken gar nicht, daß es eigentlich unterrichten ist, was die neue junge Hausgenossin da mit ihnen anmutig plaudert. Fräulein Margret Brandt blieb zuerst zur Gesellschaft von Irenen, die oft kränkelte, auf dem Hügel. Aber Frau Marga hat wohl bald die pädagogische Begabung der frisch vom Lehrerinnenexamen zu ihr Gekommenen erkannt, die sie vielleicht mit ihren strengen Augen wider Willen etwas eingeschüchtert. Streng sind diese großen schönen Augen geworden, ja sie regieren durch ihren bloßen Blick.*[50]

Die Kemenate, das Schulzimmer der Töchter, 1901

Es fällt Fräulein Brandt am Anfang schwer, sich an Margarethes rigide Erziehungsmethoden zu gewöhnen. *Erziehung zur Einfachheit, Selbständigkeit, zu pflichttreuem Handeln und dies um so systematischer, je mehr die Gefahren des Reichtums durch die großen Verhältnisse zunehmen,* lautet die Devise. Ihr und anderen Außenstehenden scheint das manchmal übertrieben. *Nach eineinhalb Jahren der Prüfungszeit ist sie die Lehrerin der Kinder geworden. Ein heikler Posten zunächst, nicht wegen der sehr lernbegierigen, ihr ans Herz gewachsenen Schülerinnen, sondern wegen einer Art Unselbständigkeit beim Unterricht. Letzterem hat die erfahrene Mutter nämlich nicht nur oft beigewohnt, sondern ihn auch korrigiert. Damit hat aber für Frl. Brandt eine Selbsterziehung begonnen, der sich wohl alle empfäng-*

lichen Naturen unterworfen, die den Einfluß von Margarethe Krupps Wesen gespürt. Doch auch ihre Jugend ist zu ihrem Recht gekommen und ihr Drang zur Weiterbildung, nicht nur in ihrer geliebten Musik.[51]

Margarethe Krupp mit Bertha und Barbara, um 1895

Eines Tages übergibt Anna Garschagen die beiden kleinen Mädchen in Fräulein Brandts Obhut, aber sie bleibt trotzdem auf dem Hügel. So wie auch die junge Amme der beiden Töchter auf dem Hügel bleibt. Denn auf Wunsch Margas hat Fritz einen Hühnerhof eingerichtet, der ihrem Mann anvertraut wird. *Aber welch ein Hühnerhof: ein wohlgepflegter, von Bäumen bestandener Weg teilt die Wiesen, auf denen die Schar der rötlich und schwarz Gefiederten sich ergehen und zu ihrem Nachtquartier heransteigen, das ausschaut wie ein gemächliches Jägerhäuschen. Hier wohnt ihr Hüter und Pfleger, der Ammerich vom Hausherrn genannt, der in schlechtem Verhältnis lebende Mann der früheren Amme, dem so ein Lebenspöstchen geschaffen.*[52]

Als Bertha 13 Jahre alt wird, sorgt Friedrich Alfred für neuen Lehrstoff und einen weiteren Lehrer. *Seit Oktober 1899 ist Dr. Ernst Kahrs als naturwissenschaftlicher Erzieher tätig, der den Mädchen*

vier Jahre lang allgemeine Naturwissenschaften, Physik, Chemie, Ast-
ronomie, Geologie, Rechnen, Algebra und Geometrie vermittelt. Nach
einem Bericht eines Zeitgenossen formuliert Friedrich Alfred Krupp

Bertha, Frl. Brandt, Barbara, Oktober 1891, Hügel

das Lehrprogramm so: »Die jungen Mädchen sollten lernen, die Erde
mit allen ihren Erscheinungen als ein gesetzmäßiges zusammenhän-
gendes Ganzes zu erkennen. Er wollte nicht, daß seine Kinder so
wenig von Naturwissenschaften lernten wie er in seiner Jugend, wo er
Latein und Griechisch habe ochsen müssen.«[53] In einem der beiden
Gartenpavillons lässt er ein vollständig eingerichtetes chemisches
Laboratorium einrichten, *welches auch einen großen Projektions-*
apparat von C. Zeiß enthält, der häufig zur direkten Vorführung
von Krystallisationsprozessen u. dergl. in Funktion titt, um die auch
in ästhetischer Hinsicht wirksamen Naturprozesse den jugendlichen
Schülerinnen klar vor Augen zu stellen.[54] Fritz hat ein klares Konzept
für die Erziehung seiner Töchter. *»Bei Gelegenheit eines Gesprächs*
über Mädchenerziehung entwickelte mir Geheimrat Krupp in wenigen
Worten seine Ansicht darüber und sagte, daß es ihm das wichtigste zu
sein scheine, wenn ein junges weibliches Geschöpf zu einer maßvollen

Bethätigung der Freude am Leben, zu humorvoller Auffassung von Widerwärtigkeiten und zur Einsicht in die uns tagtäglich umgebenden Naturvorgänge angeleitet werde. Dies bewahre das jugendliche

Fritz Krupp mit Bertha, Barbara und Schnofel, 1891

Gemüt vor Blasiertheit und werde auch eine Waffe dagegen sein, sich durch den Ernst des Lebens verbittern zu lassen.[55] Marga stimmt dem bezüglich der naturwissenschaftlichen Studien voll und ganz zu, findet es allerdings zu eng bemessen für die Aufgaben, die auf ihre Töchter zukommen werden. Deshalb *kamen auch von Essen und Düsseldorf noch Musik-, Zeichen- und Turnlehrer zu Privatstunden ins Haus. Im Bestreben, den Kindern wenigstens zeitweise den Vortheil von Mitschülerinnen zu verschaffen, nahm die gleichaltige Nachbarstochter Lissy von Battlenberg an dem Unterricht theil, und außerdem gelang es mir, halbe Jahre lang abwechselnd die Tochter einer mir befreundeten englischen Familie, Olive Moore*[56]*, und eine weitläufige Verwandte, Anne-Marie von Brederlow, im Hause zu haben, was sich nach jeder Richtung hin günstig für die Entwicklung der Kinder erwies. Dadurch, daß ich durch viel Hausbesuch mit noch anderen Mädchen und Knaben ihres Alters sorgte, gestaltete sich das Leben* *im Hause sehr fröhlich für die Kinder, abgesehen davon, daß es auch erziehlichen Werth für sie hatte.*[57]

Abends, wenn aller Lehrstoff durchgenommen ist, die Schüle-

Margarethe Krupp mit Bertha und Barbara am unteren Hügelteich, 1891

rinnen zu Bett gegangen und keine offiziellen Gäste zu bewirten sind, versammeln sich alle in Margarethes Salon. Irene, die junge Schwester mit ihrer zarten Gesundheit, die Gouvernante, der Erzieher, oftmals Felix von Ende und immer irgendwelche Freundinnen oder Verwandte von Marga. Ihnen ist sie treu geblieben, und auch Fritz fühlt sich in diesem Familienkreise wohl und entspannt. *Da fühlt der Gatte sich auch am wohlsten, da zeigt er, wie sonst wohl nur unter seinen Beamten und Arbeitern, die aus der Knabenzeit ins Mannesalter gerettete herzgewinnende Dankbarkeit für jede Freundlichkeit, jedes noch so kleine Zeichen von Vertrauen und Liebe. Fast so selten und freudebringend wie »Das Mädchen aus der Fremde« lugt er durch den Türspalt ins Zimmer, und wenn er fort ist, findet die Freundin, die für venezianische Gläser schwärmt, ein neues, seltenes auf dem Kamin.*[58] Marga aber weiß, dass diese Herzlichkeit auch ihre Schattenseite hat. Fritz *ist zwar von größter Gastfreiheit und stets be-*

*strebt, möglichst vielen Menschen Annehmlichkeiten zu bereiten, (…)
aber er verlangte dabei persönlich äußerlich und innerlich möglichst
unbehelligt zu bleiben. Um dies zu ermöglichen (…) mußte ich na-*

Elisabeth von Ende, Margarethe Krupp, Marie von Wintzingerode mit Hektor,
Juni 1891

*türlich die Hauptlast der sich mit den Jahren immer vergrößernden
Repräsentation auf meine Schultern nehmen und durfte dabei meine
eigenen Wünsche nicht berücksichtigen.*[59]

Doch nicht nur die beiden reichen Erbinnen, ihre privilegierten
Eltern und die ausgewählten Gäste erfreuten sich an der Pracht des
Hügels. Auch das weibliche Hauspersonal hat seinen Spaß. Wenn
die Katze aus dem Haus ist, tanzen die Mäuse höchst vergnüglich
auf den Tischen:

*Wenn Frau Krupp verreiste und war eben aus dem Haus, zogen wir
Mädchen uns die Livréekleider aus und unsere eigenen Kleider an.
Jeden Tag dieselbe Kleidung wird man leid, ebenso die einfache glatte
Frisur, die wir auf Wunsch von Frau Margarethe Krupp tragen muß-
ten. Wir erschienen nun alle mit modernen Frisuren. Der alte Onkel
Louis war der Kritiker und hatte für jede Frisur eine lustige Bemerkung.*

Als wir einmal einen lustigen Abend im Souterrain feierten, war er der einzige Herr und der einzige Tänzer unter all den jungen Damen. Zum Schluß bekam jeder von ihm ein breites, 10 cm langes Schwefelholz; das Licht wurde ausgemacht, die Hölzer angezündet, und wir gingen kreuz und quer durch die Halle. Onkel sagte, eine Nacht in Venedig könnte nicht schöner sein. Wir haben auch schöne Sommerabende im Park verlebt. Wir konnten auf dem Teich Kahn fahren und die Nachtigallen belauschen. Bei schlechtem Wetter blieben wir alle in unserem Gesellschaftssalon, wir waren stets unter uns Mädeln. Die Männer hatten ein Billardzimmer, wo sie ihre gemütlichen Abende verbrachten. Bei uns Mädeln ging es lustig zu: es wurden schöne Spiele gemacht, eine konnte die Karten legen und uns die Zukunft rosig wahrsagen. Wir hatten auch einen Odeonapparat mit vielen Platten, die Frau Krupp selbst für uns ausgesucht hatte und von denen wir einen Walzer von Strauß am liebsten mochten. Wenn Frau Krupp zu Hause war, haben wir meistens an unserer Wäscheaussteuer genäht und gestrickt. Unser aller Bestreben war, unsere Brautkiste zu füllen. Wir wetteiferten sogar, jede wollte mehr haben als die anderen. Wir freuten uns sehr, wenn eine große Kiste mit Wäsche gefüllt war.[60]

Es wundert nicht, dass die Mädchen vom Hügel sehr begehrt auf dem Essener Heiratsmarkt sind. Außer der gefüllten Brautkiste und guten Ersparnissen bringen sie Gesundheit, Grundkenntnisse in Hygiene und Haushaltsführung sowie erprobte soziale Kompetenz in ihren neuen Hausstand ein.

Alfred Krupps Denkmal (1889)

Es ist ein heißer Julimorgen im Jahr 1889, als sich Fritz und Marga aufmachen, die feierliche Enthüllung von Alfred Krupps Denkmal zu erleben. Sie sind Gäste dieser Veranstaltung, denn nicht sie, die beiden Erben, haben es gestiftet, sondern die Angestellten der Fabrik, die sogenannten Beamten. Natürlich hat das Krupp'sche Protokoll die Organisation übernommen, ebenso selbstverständlich hat die

Firma die Nebenkosten für das Fundament und die Umrahmung bezahlt, aber die Idee und auch die Finanzierung des eigentlichen Denkmals sind das Werk der Beamten und führenden Mitarbeiter. Sie waren es, die sofort nach Alfreds Tod einen Wettbewerb ausgeschrieben hatten, den zwei damals noch recht unbekannte Münchner Bildhauer gewannen: Aloys Mayer und Josef W. Menges.

Ein Meer schwarzer Zylinder und anderer weniger formeller Kopfbedeckungen umgibt das noch verhüllte Denkmal vor dem Haupteingang zur Fabrik. Würdige Herren und handfeste Männer stehen in dicht gestaffelten Reihen. Im Halbkreis aufgestellt der Werkschor, der seit Wochen die Lieder eingeübt hat, deren Texte die Werksangehörigen selbst verfasst haben. Marga, die selber gerne singt, für den familiären Gebrauch dichtet und eine Menge Gedichte auswendig weiß, hat immer besondere Freude an den Chören und Liedern der Kruppianer. Sie findet freundliche Worte des Dankes für die Dichter und Komponisten des heutigen Tages. Herrn Krause, dessen Gedicht ihr ganz besonders gut gefällt, dankt sie herzlich. Er spricht ihr aus dem Herzen mit der Deklamation, die er – das Gesicht unter dem hohen Zylinder von der Hitze und der Aufregung gerötet – im Versmaß etwas holpernd und unter dauernder Verwechslung von Dativ und Akkusativ im Angesicht des noch verhüllten Denkmals vorträgt.

Das Denkmal, das der Dank errichtet,
Wird heut vollendet vor uns stehn,
Nach ihm ist auch der Blick gerichtet,
Von allen, die vorüber gehn.

Nicht gilt es einem Kriegerhelden,
Auch nicht der Kunst in Wort und Bild,
Es soll von etwas andrem melden
Den Treuen, die ihm theuer sind.

Es zeigt den Mann, der viel errungen,
Durch seines Geistes Kraft und Muth,
Dem es durch Fleiss und Glück gelungen,
Zu schaffen ein unsterblich Gut.

Sein Name glänzt in der Geschichte,
Ein Stolz der deutschen Industrie,
Dem man in Lieder und Gedichte,
Gefeiert seines Schaffens Müh.

In ihm erblicken wir den Vater,
Der stets für unser Wohl bedacht,
Er war ein Helfer und Berather,
Der grosse Opfer uns gebracht.

Nie soll die Treue uns ersterben,
Wir bringen sie, als höchsten Lohn,
Wir halten sie, den einzigen Erben,
Des grossen Vaters, grossen Sohn.

So sei dies Denkmal denn ein Zeichen,
Von treuer Lieb unwandelbar,
Was nur auf Erden zu erreichen
Das bringen wir den Teuern dar.

Hier steht sein Bild, in voller Stärke,
Umrahmt vom schönsten Blüthenschmuck,
Am Anfang seiner grossen Werke,
Der Hochverehrte Alfred Krupp.

Das kommt wirklich aus dem Herzen, denkt Marga, und blickt zu ihrem Mann, »des großen Vaters großem Sohn«, hinüber. Auch sein Gesicht ist leicht gerötet, weniger der Hitze wegen als seiner Abneigung, öffentlich zu sprechen. Neben ihm wippt Töchterchen Bertha nervös in den Knien, denn sie soll das Denkmal enthüllen. Der feierliche Augenblick naht. *Es war die Einrichtung getroffen, daß nur ein Zug an einer Schnur durch das Töchterchen des Herrn Geh. Kommerzienrats Krupp genügte, um die das Denkmal nach allen vier Seiten hin umgebende Hülle von den sie haltenden Stangen herabsinken zu lassen. Leider wirkte die hin und wieder stark bewegte Luft dabei etwas erschwerend. Eine Fanfare ertönte, die Hülle fiel und strahlend im goldenen Sonnenschein zeigte sich die hohe Gestalt.*[61]

Auf schwarzem Sockel steht Alfred Krupp über der Versammlung, in seinen Tagesrock gekleidet, den Hut lässig in der rechten Hand, den Blick streng nach vorne gerichtet und im Gesicht nicht die Spur eines Lächelns. Zu seinen Füßen verbreitert sich der Sockel. An ihm lehnen malerisch zwei schöne Frauen, die allegorischen Darstellungen der Arbeit und der Menschlichkeit. Sie versinnbildlichen Alfreds Lebensmotto, das sich auf der Vorderseite des Sockels findet: »Der Zweck der Arbeit soll das Gemeinwohl sein«. Der Blick der Festgemeinde richtet sich auch auf die Inschrift an der Rückseite: »Gewidmet von den Angehörigen seiner Werke«.

Alle, die hier stehen, haben etwas zu diesem Denkmal beigetragen, und die, die es nicht taten, sind nicht hier. Denn natürlich gibt es – das wissen sowohl Margarethe wie auch Fritz – Kritiker und Unzufriedene unter den Beamten und Arbeitern von Krupp. Alfreds Menschlichkeit war ihnen Gängelung und die Arbeit, die er ihnen gab, kein Privileg, sondern ihr gutes Recht. Warum sollen sie ihm also danken oder gar einen der sauer verdienten Groschen für sein Denkmal spenden? Aber so denkt nur eine Minderheit. Die Mehrheit empfindet wie Herr Kneis, dessen Festlied nun feierlich vorgetragen wird und mit den Worten endet:

Lasst uns jetzt die Gläser heben,
Trinken auf der Firma Glück,
Die für ihre Untergebnen
Hülfreich sorgt bei Missgeschick.
Ja, sie sorgt gleich wie ein Vater,
Sei von mir hinzugefügt.
Wir sind alle Kruppianer,
Und ich glaube – das genügt!

Wie ein Gegenprogramm zieht vor Margarethes innerem Auge das Bild der Arbeiter vorbei, die auch hier, bei Krupp, gestreikt haben. Das ist nun beinahe drei Jahre her, aber Fritz hat es noch immer nicht verwunden. Er gibt der Sozialdemokratie Schuld, die ihm seine Arbeiter entfremde. Margarethe teilt diese Meinung, aber sie sieht auch die Krankheiten und das Elend, das viele neue Zuzügler nach Essen drängt. Viele von ihnen kommen aus Polen und haben

Mühe, sich in der neuen Heimat wohlzufühlen. Marga versteht, dass sie sich erst eingewöhnen und umgewöhnen müssen. Am besten, findet sie, wäre es, wenn Fritz sich völlig aus der Politik heraushielte und seine ohnehin begrenzten Kräfte ganz und gar auf die Firma richtete. Sie weiß, dass er für einen politischen Posten nicht geeignet ist, dass ihm die Nerven und die dicke Haut fehlen, die für dieses Geschäft nötig sind. Fritz weiß es auch, aber er lässt sich von den Berliner Mächtigen locken: erst in den Staatsrat, und jetzt vielleicht sogar noch in den Reichstag. Noch hat er nicht zugestimmt, aber sie glaubt kaum, dass er Bismarcks Werben lange wird widerstehen können.

Margarethe ruft sich selbst zur Ordnung und konzentriert ihre Gedanken auf Fritz. Er dankt und fährt dann fort: »*Das Denkmal, so mächtig aus Stein und Erz, wird einst im ewigen Kampf mit den Naturgewalten erliegen und vergehen; unvergänglich aber ist das Denkmal, welches Sie selbst sich durch diese seltene Bethätigung von Treue und Anhänglichkeit gesetzt haben: es wird fortleben in der Geschichte unseres Vaterlandes und kommenden Geschlechtern ein herrliches Zeugnis überliefern von herzerfreulicher Beziehung zwischen Arbeiter und Arbeitgeber.*«[62] Das, sagt sich Marga, ist eigentlich ein politisches Programm. Jedenfalls ist es Alfreds und Fritzens innerste Überzeugung und Maßstab ihres Handelns. Und auch meines, sagt sie sich und blickt mit Achtung und Zuneigung in die Gesichter der Männer, die für sie arbeiten. Fritz dankt Meister Röder und gibt ein Versprechen ab: »*Treue mit Treue zu vergelten, werde ich stets für meine heiligste Pflicht halten.*«[63] Dann kündigt er eine Stiftung an, die *alten invaliden Arbeitern einen friedlichen Lebensabend schaffen soll, indem kleine Einzelwohnungen mit Gärtchen in schöner gesunder Lage errichtet und zu freier lebenslänglicher Nutzniessung abgegeben werden.*[64]

Margarethe weiß, dass der Altenhof, das ist der Name der Siedlung, auf dem bereits für diesen Zweck von Alfred angekauften Gelände in Rüttenscheid errichtet werden soll und dass Fritz dafür aus seinem Privatvermögen 500 000 Mark stiften wird. Sie steht an seiner Seite und sieht dem langen Festzug zu, schüttelt Hände und lächelt und dankt in all die bekannten und fremden Gesichter, die vor ihr erscheinen. Sie ist glücklich. Sie fühlt sich eins mit ihrem

Mann, mit Alfred und mit den Beamten und Arbeitern um sich herum. Sie fühlt, dass dies eine große Stunde ist von äußerster Harmonie. Das wird nicht immer so bleiben, das weiß sie, und umso mehr genießt sie diesen Tag. Die trüben Erinnerungen der letzten Jahre verblassen, das Leben liegt wieder bunt und voller Herausforderungen vor ihr. Sie wird nicht versagen, sondern an Fritzens Seite sein und ihm helfen, Krupp in Alfreds und seinem Sinne weiter wachsen und gedeihen zu lassen.

Wenige Tage später trifft ein Brief von Alfred Longsdon ein. Ein Ausriss aus der ›Times‹ liegt ihm bei, der Marga so gut gefällt, dass sie ihn kopiert und an ihre Familie weitersendet. Welch eine Ironie ist es doch, dass ausgerechnet eine englische Zeitung so gut und passend über die Feier berichtet. Sie empfindet Freude und Genugtuung über die Anerkennung aus dem Land, das sie liebt und bewundert. *There was a march past of 17 000 of the men employed at the Essen works and deputations from the other and outside establishments belonging to Mr. Krupp. The whole scene presented a spectacle of the greatest interest, and the respectful manner in which all the men doffed their caps in passing their employer, who stood to aknowledge their devotion, showed unmistakably that the men looked upon him not merely as the payer of their wages, but as their friend and as the son of him whom they were attached to and whose monument they had mainly helped to erect. The whole was a scene that might, perhaps, teach other employers that workmen can appreciate such acts of kindness as those given by the late Alfred Krupp for the benefit of his men and so generously followed by his son. Such a contrast is a tribute to humanity, and is preferable, indeed, to the labour scenes recently exhibited in America and England, and may be a lesson to other large employers of labour, indicating as it does the amity and good feeling that can exist between employer and employed.*[65]

Als Marga diese Zeilen verschickt, ist sie wieder allein auf dem Hügel, Fritz ist wie so oft unterwegs. Sie ist stolz auf ihn, einverstanden auch mit seiner Reaktion auf das Angebot von Kaiser Friedrich III., der ihm im Dreikaiserjahr 1888 den Freiherrntitel verleihen wollte. Lächelnd erinnert sie sich an den Brief, den ihr Schwager Max Bruch damals an Fritz geschrieben hat und der genau das ausdrückt, was auch sie empfindet: *Du wirst nicht daran zweifeln, daß ich mich über*

*jede Auszeichnung, welche Dir und dem ruhmvollen Namen, den du
trägst, widerfährt, von Herzen freue. Ebensowenig wirst Du aber auch
von mir verlangen, daß ich Dir zur Erhebung in den Freiherrnstand,
von der Du in der Blühte des kräftigsten Mannesalter betroffen worden bist, gratulieren soll. Denn ich bin der Meinung, daß niemand
den Herrn Krupp aus seinem Stand heben kann. Das Verdienst hat
Euch längst geadelt, und dieser Adel steht in meinen Augen viel höher,
als der jetzt verliehene. Im Grunde wirst Du wohl nicht viel anders
denken. Die Regierung hätte Mittel und Wege finden können, dir in
anderer Weise zu zeigen, welchen hohen Werth sie mit Recht auf Deine
hervorragende Thätigkeit und auf die unvergleichliche Welt-Stellung
Eurer Firma legt.*[66]

Der väterliche Freund irrte sich nicht. Fritzens Reaktion beschreibt
das Braunschweiger Tageblatt vom 25. 4. 1888: *Der jetzige Inhaber der
Firma Krupp ist (…) nicht geneigt, den ihm zugedachten Adel anzunehmen. Der Vater (…) Krupp hatte schon vor vielen Jahrzehnten
geadelt werden sollen. Er hatte es aber immer abgelehnt (…) Der Sohn,
der jetzt Freiherr werden sollte, ist gleich nach dem Tode des Vaters mit
Ehrenbezeugungen überschüttet worden. Ohne daß er vorher Commerzienrath gewesen wäre, ist er, wohl das erste Beispiel dieser Art in
Preußen, sofort zum Geheimen Commerzienrath ernannt worden.*[67]

Fritz gibt seinen Stand nicht auf, weiß aber andere Ehren wohl zu
schätzen. Es ist sein Stolz, seine gesellschaftliche Stellung nicht der
Gnade des Kaisers, sondern seiner und seines Vaters Arbeit zu verdanken. Je mehr das Werk wächst und gedeiht, umso angesehener
wird er. Er hält die Fäden des Wachstums fest in der Hand. Er will
heraustreten aus dem Schatten seines Vaters, will als würdiger Erbe
und Mehrer des Erbes in die Firmengeschichte eingehen. Margarethe weiß das aus vielen Gesprächen, die ihre Kenntnis des Werks
bereichern und vertiefen.

Biografin Caspary berichtet: *In diesen und in den nächstfolgenden
Jahren ist das Werk ganz riesenmäßig angewachsen. Zu demselben
gehört jetzt der gesamte Betrieb der Schiff- und Maschinenbauaktien-
gesellschaft Germania, zunächst für 25 Jahre. Die Anlagen umfassen
die Werft in Gaarden bei Kiel und die Maschinenfabrik in Tegel bei
Berlin, beiläufig die erste in Deutschland, aus der Kriegsschiffe hervorgegangen sind. Die Germania wird jetzt die einzige Privatwerft, die am*

Bau vollgültiger Linienschiffsklassen der Deutschen Marine beteiligt ist, so das Linienschiff Zähringen und Braunschweig. Der Bau von Torpedokreuzern und Booten auch für fremde Länder, wie der Askold für Rußland, tritt hinzu. Ein vollständiger Umbau der Werft wird bald nötig, die Tegeler Maschinenbaufabrik nach Kiel verlegt und mit den dortigen Werken vereinigt. Durch Umtausch der Gelände der bisherigen Werft mit den entsprechenden der kaiserlichen, und durch Ankauf neuer Grundstücke wird das Areal der Germaniawerke abgerundet. Das Linienschiff Hessen, eine ganze Torpedobootserie – letztere etwas von der Denkweise des Leiters der Firma weisend, durch die besonders bequeme Unterbringung der Mannschaft – werden dort verfertigt. Die natürliche Folge, der Bau eines Hotels, eines Erholungsheims für Arbeiter und Beamte, auch Bade- und Regattavorrichtungen, unerschöpflich scheint das Rohmaterial für alle diese Betriebe. Der Dampfer Friedrich Krupp sorgt allein unablässig für Herbeischaffung kolossaler Mengen von Erz aus dem Grundbesitz in Bilbao.

Aber über das ganze Erdenrund steigt das Ansehen der Firma und zugleich das des deutschen Könnens, seitdem sie 1893 ausstellt – wie der Veranstalter weiß, ohne allen pekuniären Vorteil – in der Worlds Columbia Exhibition. Eine Apotheose des Riesenmäßigen, diese erste amerikanische Industrieausstellung, haben doch die Riesengeschütze, deren Transport allein an sich eine kühne Tat war, gewaltiges Aufsehen, die Panzerplatten, Geschosse, Walzen, Eisenbahnräder, Vordersteven, Hintersteven für moderne Schiffe und vieles andere, das höchste Interesse erweckt. (…)

Es ist ein Vorwärtswirken, gleiches Streben, ohne Ruhepausen.[68]

Der bunte Mix der Produkte – teils kriegerischer, teils ziviler Verwendung – spiegelt sich in der Besucherschar auf dem Hügel. Die Herren kommen aus Deutschland, Russland, der Türkei, Japan, China, Rumänien, Holland, Italien, Argentinien, der Schweiz, Belgien, Chile, Spanien, Brasilien, Dänemark, Ägypten, Bulgarien und anderen Ländern. Die Staaten und die großen Firmen kaufen ein bei Krupp. Die einen Geschütze, die anderen Eisenbahnschienen. Es sind immer große Summen, die auf dem Spiele stehen, und es ist wichtig, alle bei guter Stimmung zu halten. Das ist Fritzens und des Direktoriums Aufgabe in der Fabrik und Margarethes Verantwortung auf dem Hügel.

Der Verkehr auf dem Hügel wächst (…) zu einer Art Hofhaltung. (…) Offiziere aller Herren Länder besichtigen das Werk. Sie bringen nicht selten ihre Damen mit, die im Essener Hotel Krupps oder

Wintergarten, 1889

auf dem Hügel tagelang Gastfreundschaft genießen. (…) Prinz Heinrich, der Kronprinz, und alle seine Brüder erscheinen. Der Großerzog von Baden, Hessen, Mecklenburg, der König von Sachsen mit seinen Söhnen, der Herzog von Anhalt, Bulgarien, Griechenland, Siam, eine chinesische, eine marokkanische Gesandtschaft treten auf. Vizekönig von Patschili Li Hung Chang, von den Kruppianern Lui Chang betitelt, wird vom König der Arbeit durch sein mit Grün und Drachenwimpeln geschmücktes Reich geführt. Die Essener auf den Straßen drehen kaum mehr den Kopf herum nach den vielen ausländischen Figuren, denn wer zählt noch die Völker, nennt die Namen.[69]

Die Villa auf dem Hügel mausert sich zu einer Art Schloss. Der Ausdruck Villa verschwindet aus dem Gebrauch. Schloss darf man auch nicht sagen, das widerstrebt dem Bürgerstolz des Besitzers. Der Zwitter bekommt einen neuen Namen, einen einfachen und schlichten: Hügel. Der Hügel verfügt über 8100 Quadratmeter Wohnfläche.

Im Hauptwohnhaus, das Große Haus genannt, befinden sich davon über 100 Räume, die sich auf 4500 Quadratmeter verteilen.[70] Aber das reicht nicht für die gestiegenen Ansprüche. Der schlichte

Untere Halle, 1889

Zweckbau, der das Große Haus mit dem Logierhaus, Kleines Haus genannt, verbindet, wird aufgestockt und verschönert, die Garten – und Parkanlagen werden vergrößert und das Innere des Hauses wird der modernen Technik und dem Zeitgeschmack angepasst.

Der Wintergarten ist Margarethes orientalischer Bereich. Er ist lang, luftig und sonnig – ideal für die Vielzahl von Pflanzen, die dekorativ in Hochbeeten mit Borkenverkleidung oder in schönen Fayencetöpfen stehen. Die Fülle des Grüns wird nur unterbrochen von wenigen Sitzgruppen aus leichten Bambusmöbeln. Große elektrische Kronleuchter sorgen bei Nacht für gutes Licht. Die Sprossenverkleidung an den Wänden erinnert an chinesische Pavillons. Luftiger, leichter, moderner und lebendiger erscheint Margarethes Reich gegenüber dem ihres Mannes.

Einmal im Monat macht Margarethe die Runde durch alle Zimmer. Sie wird begleitet von Hausmeister Herms, der Hausdame und

jeweils dem Personal, das für die begangenen Räume zuständig ist.
Sie mag den neuen Hügel, der gegenüber Alfreds Zeiten pompöser
und repräsentativer geworden ist. Aber auch wärmer durch das

Speisesaal um 1916, mit Fries von Felix von Ende

viele Holz, das nun die Wände bedeckt. Und er ist viel besser auf
die vielen Gäste eingestellt, die zu Besuch kommen. Statt Billardti-
schen stehen in der Oberen Halle jetzt überall bequem gepolsterte
Sitzgruppen. Das moderne motorbetriebene Orchestrion in der
Empore wird fleißig benutzt von den vielen jungen Gästen, die nach
dem Essen begeistert das Tanzbein schwingen. Und der rote und der
weiße Salon mit den einladenden Sitzgruppen und den gemütlichen
Plauschecken stehen stets für die Familie und die engsten Freunde
bereit.

Elektrisches Licht, Bilder und Möbel in warmen Farben ersetzen
Alfreds Gaslampen und die weiße Kühle der Eisenkonstruktionen in
der Unteren Halle. Eine barock umrahmte Tür führt in die getäfelte
und nun auch wissenschaftlich geordnete Bibliothek, die Fritzens
ganzer Stolz ist.

Bei den Herren besonders beliebt ist die orientalische Ecke, die

Fritz unterhalb der Treppe eingerichtet hat für seine vielen Mitbringsel aus der Türkei und Ägypten. Sie ist wie ein Beduinenzelt gestaltet mit einem Dach aus gestreiftem Tuch, einer Waffensammlung und einem lebensgroßen Araberpferd mit Sattel und Zaumzeug. Über allem schwebt ein ausgestopfter Geier. Auch dem Treppenaufgang selbst gibt Fritz einen orientalischen Touch, indem er das gusseiserne Geländer mit Holz verkleidet. Bewundernd beschreibt ein Zeitgenosse das Ensemble: *Den Inhalt des Zeltes bilden Kunstschätze, die der geh. Commerzienrath Krupp aus dem Orient heimgeführt hat, und die durch die Hof-Möbelfabrik von A. Bemberg in Mainz zu einem künstlerischen Ganzen zusammengestellt sind. Die Gegenstände bestehen in Tempelschätzen, kostbaren Kabinetts, Möbeln, Teppichen, Stoffbehängen und Waffen aller Art. Mit Vergnügen schweift der Blick von einem Teil zum anderen, von dem Altar, der in der Mitte als Trohnsessel aufgebaut ist, zu den zierlichen Rauchtischchen, den schwellenden Polstern verlockender Sitze und zu den kostbaren Schätzen an den Wänden und auf dem Boden. Daß das Arrangement (…) in einem scheinbaren Zelt dargestellt ist, läßt das Ganze noch um so echter erscheinen, so daß wir uns geradezu in das Gemach eines reichen, orientalischen Fürsten versetzt glauben.*[71]

Ihr Lieblingsraum ist das Esszimmer. Die von der Holzvertäfelung nicht bedeckten oberen Wandteile hat Bruder Felix mit heiteren, fröhlichen Szenen aus Italien bemalt, in der schöne dunkelhaarige Mädchen saftige Trauben in sanften Händen halten. Geglückt findet sie auch den Verzicht auf einen großen Esstisch zugunsten von zwei kleineren, die gemütlicher und intimer sind. Befriedigt stellt sie fest, dass überall üppige Blumenarrangements stehen. Sie geben dem Haus den Stil und die Schönheit, die sie sich wünscht.

Franzisca Ellmenreich dagegen, Alfred Krupps treue Freundin, ist nicht sehr begeistert von der Veränderung. *Goldene Gitter schlossen die Räume voneinander ab, (…) ein üppiger Pflanzen-, auserlesener Skulpturenschmuck, Bronzen, herrliche Gemälde, machten das Ganze zu einem Museum.*[72] Ihr Urteil ist parteiisch, die alte Dame vermisst Alfred. Die neue, laute Zeit des Zweiten Wilhelminischen Kaiserreiches ist nicht mehr ihre Welt. Ein jüngerer Besucher dagegen, Finanzrat Haux, der zeitgleich mit dem Umbau bei Krupp eintritt, ist begeistert: *Erst mit Friedrich Alfred Krupp zog auch die Kunst, der*

Sinn für das Schöne auf dem Hügel ein. (…) Die Wände trugen reichen Bilderschmuck, meist Gemälde aus der neueren Zeit.[73]

Margarethe beendet ihren Kontrollrundgang in den Bereichen, die ihr besonders wichtig sind: Keller, Küche und Bäder. Sie ist stolz auf die vielen modernen Bäder des Hügels. Sie haben Heiß- und Kaltwasser, blitzende Duschköpfe und große schmiedeeiserne Badewannen, die auf Löwenfüßen stehen. Die Wände sind mit Marmor, die Fußböden mit hellen Kacheln und Keramikborten in dezenten Farben bedeckt. Ihr Haus kann sich mit jeder Villa in Berlin messen, nicht einmal die kaiserliche Familie hat es schöner. Und wie es der Krupp'schen Tradition entspricht, sind nicht nur die Bäder der Herrschaft luxuriös. Auch die Bäder im Personaltrakt sind gut ausgestattet, wenn auch hier die Wände nicht mit Marmor, sondern wandhoch mit Kacheln bedeckt sind. Und wie bei der Herrschaft, so verfügt auch beim Personal jedes Zimmer über ein eigenes Waschbecken.

Es ist alles in Ordnung. Alles funktioniert, alles ist elegant und schön. Margarethe fühlt sich gut gerüstet für die Anforderungen des Besuchs des allerhöchsten Gastes. Kaiser Wilhelm II. hat sich wieder einmal auf dem Hügel angesagt.

Kaiserliche und königliche Besuche (1890er-Jahre)

Schön war es auch, wenn Seine Majestät der Kaiser nach Hügel kam, berichtet Frau F. aus der Sicht des Küchenpersonals. *In der Küche wurde gescheuert und geputzt, als wenn der Kaiser auch dorthin käme. Es wurden Vorbereitungen getroffen und die feinsten Sorten Fleisch und Fisch, Wild und Geflügel, Gänseleberpasteten, Obst usw. bestellt. Am Tage der Ankunft dekorierte der Blumenbinder den Speisesaal, die Salons und Frühstückzimmer mit verschiedenartigen Blumen, unter anderem Orchideen, die zu der Zeit sehr selten waren. (…)*

Bevor der Zug einlief auf dem Bahnhof Hügel, wurden Teppiche gelegt vom Bahnhof bis zum Eingang der Schloßterrasse. Die Feuer-

wehr stand Wache an allen Ecken. Im Haus wurde von einem Diener
wohlriechende Luft mit einem Zerstäuber verbreitet. Seine Majestät
ging den Weg vom Bahnhof bis zum Schloß zu Fuß in Begleitung seiner
Adjutanten und der Hügeler Diener in Galakleidung. Der Kaiser be-
freite sich vom Reisestaub, dann hörte man laut den Gongschlag, und
es fand die feierliche Begrüßung statt mit Familie Krupp. Dann wurde
im großen Speisesaal Tee getrunken. Es gab extra fein gebackenes Gebäck und ganz kleine Schnittchen mit Butter, Orangenmarmelade und
anderer Konfitüre, ferner englisches warmes Teegebäck.

In der Küche ging es lebhaft zu, jeder hatte seine bestimmte Arbeit.
Es waren mehrere Köche zur Aushilfe da. Einer vom Personal machte die Braten, einer die kalten Sachen, und die zwei Küchendiener
mußten die Langusten lebend in einen großen Kessel mit kochendem
Wasser tun, das fand ich eigentlich grausam. Die Scheren der Tiere
sind mit Draht zusammengebunden, sonst könnte einem ein Finger
abgekniffen werden. Nach dem Kochen sind die Tiere rot, das Fleisch
wird aus der Schale gelöst und mit feiner Soße serviert. (…) Weiter
gab es feines Gemüse, Hirschrücken, gespicktes Filet, Romainsalat,
Feldhühner nach Hügeler Art in ein Weintraubenblatt und eine Schei-
be durchwachsenen Speck eingewickelt gebraten, das war für einen
feinen Gaumen.

Wenn S. M. das nicht mundete, konnte er auch nach einer Platte mit
kaltem Braten greifen. Die Lieblingssüßspeise des Kaisers war Sago mit
durchpassierten Stachelbeeren zusammen gekocht. (…)

Der Kaiser brachte bei seiner Ankunft eine Menge großer Koffer
mit für Uniformen, Militärsachen und Helme, schließlich sahen wir
auch noch einen großen runden Korb mit Dackelhunden. In der Küche
konnten wir das alles sehen, weil das Gepäck dort hindurch zum Auf-
zug getragen wurde. Der Kaiser brachte auch allerhand Personal mit,
auch Frauen, die den Herren die Betten machten. Auch waren große
schöne Herren in Uniform dabei. Einmal rief des Abends ein Diener
des Kaisers in der Küche an und sagte, daß die Hunde Seiner Majestät
noch nichts zu fressen gehabt hätten. Da kam dann ein stattlicher Herr
in Uniform mit vielen Orden, brachte zwei Hunde, die dann auch ihr
Diner bekamen. Wir fragten den Diener, ob wir die Tiere streicheln
dürften, was er mit lautem Lachen bejahte. (…) Der Hundekorb
stand neben dem Bett des Kaisers. Das Kaiserzimmer war prunkvoll

und fürstlich eingerichtet, darin wohnten nur der Kaiser und sonstige Hoheiten.

Beim Besuch in Hügel blieb der Kaiser nur eine Nacht, es waren stets viele hohe Gäste eingeladen. Die Deutzer Pionierkapelle spielte nach dem Diner zum Tanz. Die Damen trugen alle Schleppkleider und waren dekolletiert. Wenn man von der Tribüne aus von oben in den Saal blickte, sah man die Brillanten glitzern. Da war unter anderem eine Brasilianerin, ein kleines, zierliches Persönchen mit dunkelbraunem Teint, gekleidet wie ein Rokokofigürchen, mit tiefschwarzen Haaren, geschmückt mit leuchtenden Brillanten und Edelsteinen. Sie war eine reiche Besitzerin von Kaffeeplantagen. Es war ein Vergnügen, wenn man das Dämchen beim Tanzen sah, sie war nicht mehr so jung, hatte aber trotzdem die meisten Chancen beim Tanz. Einmal war der Kronprinz Wilhelm zu Besuch, das war ein eleganter Tänzer. Obwohl mehrere schöne junge Damen anwesend waren, tanzte er meistens mit dem Rokokofigürchen, die viel älter war als er, aber sie war interessant. Mit dem Vornamen hieß sie Trinitatis.

Wenn der Kaiser nach seinem Besuch am anderen Morgen wieder abreiste, spielte vorher an der Terrasse, wo der Kaiser frühstückte, die Musikkapelle. Zuerst den Choral »Wir treten an zum Beten ...«, danach Ouvertüren und sonstige Konzertstücke. Dann nahm der Kaiser Abschied und die Damen machten einen Hofknicks, wie ich zufällig gesehen habe.

In der Küche ging es lustig zu beim Kaiserbesuch. Wenn die Herrschaften sich in den oberen Sälen amüsierten, hatten wir im Souterrain in den Küchenräumen unseren Spaß. Die Küchenchefs saßen im Küchenbüro bei Sekt und lustiger Unterhaltung in Erwartung eines Ordens vom Kaiser, wenn das Menü gut gelungen war. Wir Köchinnen und die Küchendiener waren alle in guter Stimmung von all dem Guten, was wir zu essen und zu trinken bekamen. Im allgemeinen gab es für das Personal täglich Faßwein bei Tisch, wenn hoher Besuch da war, guten Tischwein. Die beiden Küchendiener holten sich den Wein beim Küchenmeister im Wasserkessel, und wenn sie dann in rosiger Stimmung waren, machten sie lustige Vorträge. Das war eine Fröhlichkeit unter uns, das wäre ein Lustspiel für den Film gewesen mit all den Personen, die in die Küche kamen und sich mit uns amüsierten. Wenn Seine Majestät wieder vom Hügel abreiste, gab es jedesmal ein hohes Trinkgeld in die Hauskasse, welches unter dem Personal verteilt wurde.

Nicht nur im Souterrain, auch in der Beletage des Hügels sorgen die Besuche des Kaisers für zusätzliche Arbeit. Fritz und das Direktorium führen eine umfangreiche Korrespondenz mit Oberhofmarschall Graf August zu Eulenburg, um alle Details des Besuchs abzustimmen. Der Rundgang durch die Fabrik muss organisiert, die entsprechenden Personen eingeladen, das Zeremoniell akribisch vorbereitet werden. Vom Hügel aus wird die Rundfahrt des Kaisers zur Fabrik und zurück genau festgelegt, auch die entsprechenden Sicherheitsmaßnahmen werden getroffen. Falls ein Schießversuch auf dem Schießplatz Meppen auf dem Programm steht, muss auch dieser genauestens vor- und durchgeplant werden. Die Liste der Mitarbeiter, die vom Kaiser ausgezeichnet werden sollen, wird von Fritz persönlich vorbereitet. Dabei werden nicht nur Krupp'sche Beamte, sondern auch Arbeiter vorgeschlagen. Es ist wichtig, niemanden zu vergessen oder vor den Kopf zu stoßen.

Zu Hause stimmt er mit Marga die organisatorischen Fragen ab, die den Hügel betreffen. Marga bespricht sich mit dem Küchenchef, legt das Menü fest, die Verteilung der Zimmer, die Kleiderordnung und verwendet viel Zeit auf die Tischordnung. Weniger als 30 Personen sind es selten, die sich um den für diese Zwecke aufgestellten langen Tisch versammeln. In der Mitte der einen Längsseite sitzt der Kaiser, links neben ihm der alte Reichskanzler Fürst Hohenlohe-Schillingfürst (von den Insidern »Onkel Chlodwig« genannt), rechts von ihm Margarethe als seine Tischdame und gegenüber dem Kaiser Fritz Krupp. Der Rest der Plätze verteilt sich auf mehrere Exzellenzen, Minister, Oberpräsidenten, Oberleutnants und die anwesende Familie. An den äußeren Enden der Festtafel sitzen Bertha, die Erbin, mit Fräulein Brandt und gegenüber Justizrat Korn, der Sekretär von Fritz.

Kaiser Wilhelm II. ist ein glänzender Unterhalter, wenn er bei Laune ist. Sein sprühender Witz und seine Fähigkeit, über alles und jedes geistvoll zu sprechen, beeindrucken Fritz und Margarethe immer wieder. *Krupp, der ja nun gar kein Redner war, ist über den genialen Fluß der kaiserlichen Rede ganz begeistert, ist er nicht ein geistvoller, ein bedeutender Mensch?*[74] Marga sieht das eher skeptisch.

Sie weiß um Fritzens gutes Herz und seinen unerschütterlichen Glauben an das Gute im Menschen. Das macht ihn schwach und verwundbar gegenüber denen, die skrupelloser sind als er, das ist ihr vollkommen klar. Ihr Schwiegervater Alfred, so erinnert sie sich, hatte Fritz den Rat gegeben: *Du mußt beim künftigen Kaiser sein, was ich beim Alten war, dann kann auch kein Feind der Fabrik schaden.*[75] Fritz hat sich an diesen Rat gehalten, doch er hat eine persönliche Zuneigung zum Kaiser gefasst, die weit darüber hinausgeht. Margarethe ist natürlich auch klar, wie wichtig das gute Verhältnis zu Wilhelm II. für die Firma Krupp ist, aber persönlich findet sie an Wilhelm II. so manches übertrieben und wenig vornehm. Des Kaisers Art, bombastische öffentliche Reden zu halten, gefällt ihr nicht, auch nicht sein Bestreben, das ganze Reich mit Denkmälern seines Großvaters zu überziehen. Sie war nie eine besondere Freundin von Bismarck, denn die Verbitterung ihres Vaters über den Reichskanzler anlässlich seines Ausscheidens aus dem Dienst hat sie nicht vergessen. Trotzdem, die Art wie Wilhelm II. den Fürsten aus dem Amt gejagt hat, so kalt und erbarmungslos, so ohne Rücksicht auf die äußeren Formen, das nimmt sie ihm übel.

Marga mochte seinen Großvater, Wilhelm I., sehr viel lieber. Ihm war ihr Vater treu ergeben, ihm hatte sie beim Einzug nach Berlin 1871 zugejubelt, und er hatte Fritz freundlich empfangen, als dieser nach Alfreds Tod seinen Antrittsbesuch machte. *Krupps Audienz bei dem alten Kaiser, die in dem alten Schlößchen Babelsberg bei Potsdam stattfand, verlief in dem warmen Ton einer väterlichen Herzlichkeit des alten Herrn, der Friedrich Alfred schon als Knaben in dem sogenannten Gartenhaus der Fabrik gesehen hatte. Der Kaiser, wiewohl stark gealtert, war doch geistig rege und während der halbstündigen Audienz voll warmer Anteilnahme. Er hieß Krupp sich ganz in seine Nähe setzen und erkundigte sich eingehend nach den letzten Tagen seines Vaters, für den er immer eine hohe Bewunderung gehegt und dem auf seiner Lebensbahn hin und wieder geholfen zu haben, noch in der Erinnerung zu seinen Freuden gehöre. Er fragte nach Friedrich Alfreds Mutter, und erzählte ihm angeregt von der Überraschung, mit der bei seinem ersten Besuch bei Krupp in der bildschönen jungen Frau eine ihm wohlbekannte Erscheinung der Kölner Gesellschaft erkannt habe, der er dort in seiner Zeit als Gouverneur der Rheinprovinz be-*

gegnet war. Er war der Gattin Alfred Krupps dann auch während sei-
nes ganzen Lebens in ritterlicher Verehrung zugetan geblieben.[76] Aber
Wilhelm I. war kurz nach dieser Begegnung mit Fritz gestorben,
und nun sitzt an ihrer Seite sein Enkel Wilhelm II. Wie sein Großvater ist er Fritz zugetan und wie dieser anerkennt er die Bedeutung
der Firma Krupp für das Reich. Trotzdem findet Marga, dass er den
Vergleich mit seinem Großvater scheuen muss.

Aber er ist ihr Souverän, der Repräsentant des deutschen Reiches,
und als solcher verdient er ihren Respekt. Er ist außerdem einer der
größten Kunden der Firma, und auch deshalb ist es wichtig, dass er
sich auf dem Hügel wohlfühlt. Sie ist eine gute Patriotin, die erste
Dame des Hauses Krupp, eine versierte Gastgeberin, und sie erfüllt
ihre Pflichten perfekt. Sie sitzt bei Tisch an des Kaisers Seite, lächelt
und nickt höflich an den passenden Stellen seiner Ausführungen,
beobachtet mit strengem Blick das Personal und mit etwas weniger
Strenge ihre Töchter und Fräulein Brandt und wünscht sich, dass
der anstrengende Besuch bald zu Ende gehen möge.

Weitaus weniger mühsam ist 1896 ein anderer hoher Besuch, um
den sich Marga kümmern muss. Diesmal ist Fritz nicht in Essen,
deshalb ist es sein Sekretär, der Marga über den hohen Gast informiert. Er heißt Li Hung Chang, ist Vizekönig von China und hat
vor, bei Krupp Waffen einzukaufen. In Berlin hat ihn der Kaiser mit
allen Ehren empfangen, jetzt ist er unterwegs nach Essen und bringt
in seinem Salonwagen Dr. Schweninger mit, den Hausarzt von Fritz
und Margarethe und Leibarzt des Fürsten Bismarck.

Marga freut sich auf den Besuch des alten Freundes. So wird sie
abends Unterstützung bei der Unterhaltung haben und sich nach
dem offiziellen Teil mit dem Arzt zurückziehen können, um mit
ihm über Fritzens immer schwankende Gesundheit zu sprechen. Sie
sieht es ja in großer Sorge, wie seine Gesundheit darunter leidet, dass
er nie, wirklich niemals innerlich wirklich Abstand gewinnt von der
Fabrik. Zu viel Arbeit, zu viel schlechte Luft, zu viele Reisen, zu viel
Ärger vor allem in seinen politischen Ämtern – das alles verschlimmert seine alten Leiden: das Asthma, den Gelenkrheumatismus und
neuerdings auch eine Herzschwäche, die sich in heftigem Schwindel
äußert. Schweningers Ratschläge sind immer die gleichen: Diät, viel
Bewegung, viel frische Luft möglichst weitab von Essen und wenig

Aufregung. Mit bissigem Humor schreibt Fritz, dass zumindest die Hungerkur den erwünschten Erfolg gehabt habe, *denn alle Kleider schlotterten an seinem Leibe.*[77] Auch die Aufenthalte fernab von Essen versucht er zu verlängern. Aber wie nur soll er den inneren Abstand gewinnen, das dicke Fell, das ihm so fehlt? Margarethe weiß es nicht. Immerhin überlässt Fritz es ihr immer öfter, ihn auch bei seinen geschäftlichen Pflichten in Essen zu vertreten. So wie es heute der Fall ist.

Der Vizekönig von China wird das Standardprogramm absolvieren: Besichtigung der Fabrik, Wohnen und Essen auf dem Hügel, danach Fahrt nach Meppen, dem Versuchsgelände der Firma. Die Besichtigung der Firma übernehmen die Herren des Direktoriums alleine, aber nach Meppen muss Margarethe mitfahren. Das verlangt das Protokoll, und sie will auch selbst über alles informiert sein, was bei Krupp wichtig ist. Dazu gehört ohne Zweifel das Demonstrationsschießen auf dem Versuchsgelände in Meppen für einen so wichtigen Gast.

Marga wählt ein Kleid aus praktischem Flanell, eng geschnürt in der Taille, mit sanft über ihren Busen fallenden Spitzen und einer leicht angeschnittenen Schleppe. Feste Schuhe und ein schlichter Hut mit taubengrauer Schleife vervollständigen ihre Garderobe. Dann geht sie mitsamt dem Vizekönig, seinem Gefolge und dem für den Ausflug nötigen Hügelpersonal hinab zum Bahnhof, wo der Kruppeigene Salonwagen schon auf sie wartet.

Auch die Köchin Kathrin F. begleitet Margarethe auf dieser Reise und berichtet sehr lebendig darüber: *Einmal hatte ich das Vergnügen, mit Frau Krupp mit nach Meppen zu fahren. An der Fahrt nahmen teil der Vizekönig von China mit zwei chinesischen Dienern, der Hausmeister von Hügel, der Küchenchef, der Kellermeister, der Kammerdiener und zwei Servierdiener. Das Direktorium der Kruppschen Fabrik war auch anwesend. Wir fuhren mit dem Salonwagen, der in Essen an den Zug angehängt wurde. Es war ein feines Abteil für die Herrschaften, dann ein Abteil für das Personal und ein ganz schmaler Raum mit vielen Schubladen, in welchen sich die silbernen Tisch- und Eßbestecke befanden, ferner ein Kocher und ein Teekessel. Während der Fahrt tranken die Herrschaften Tee, und es wurden fertige Schüsseln mit kalten Speisen gereicht, die wir vom Hügel mitgenommen*

*hatten. Ich mußte auch Geschirr zum Kochen, Siebe, Kochlöffel und
dergleichen einpacken, die auf dem Schießplatz in der dortigen Küche
benutzt werden sollten.*

Der Vizekönig von China mit Bertha Krupp und Gefolge auf dem Teich des
unteren Gartens der Villa Hügel, Juli 1898

*Als wir in Meppen ankamen, fuhren wir zuerst in das Kruppsche
Hotel und übernachteten dort auch. Am nächsten Morgen früh um
acht Uhr fuhren wir mit einer Draisine weit hinaus in die Heide. Man
sah weit und breit kein Haus, nur fertige Kanonen standen dort und
sehr viele Granaten, nach allen Größen in Reihen aufgestellt. Es waren
mehrere Baracken auf dem Platz, in einer großen war der Speisesaal,
in einer kleineren ein Büro mit einem Hauptmann und mehreren
Offizieren. Dann gab es noch eine Baracke mit Küche und Vorrats-
raum und eine weitere, in der die Schlosserwerkstatt mit ungefähr
30 Schlossern war.*

*Als wir auf dem Platz ankamen, bildeten die Schlosser Spalier, alle
in reinen blauen Jacken. Mitten in der Reihe aber stand eine Heid-
schnucke, der Bock war der Wachhund auf dem Platz. Sah er einen
Fremden, kam er schnell gelaufen und stieß mit seinen Hörnern, was*

sehr ungemütlich war. Am Barackeneingang stand ein Besen, ich sah, wie ein Offizier das Tier damit abwehrte. Vor dem Speisesaal stand ein Tisch mit vielen Blumen. Der Gärtner war damit beschäftigt, den Speisesaal zu dekorieren, weil der König mittags mit den Herrschaften speiste. Ich kam aus der Küche und wollte in den Speisesaal gehen, da kommt der Bock ganz schnell auf mich zugerannt, als wenn er mich auf die Hörner nehmen wollte. Aus Angst sprang ich auf den Tisch mitten in die Blumen, worüber der Gärtner sehr ungehalten war. Ich freute mich, daß der Küchenchef das Bild nicht gesehen hatte. Als dann der Gärtner den Bock mit dem Besen abwehrte, kam der Hauptmann vom Schießplatz und der Hausmeister mit lautem Gelächter am Tisch vorbei, und ich war nun leider die Blamierte.

Gegen Mittag läutete eine Glocke, die anzeigte, daß alle in den Luftschutzkeller gehen sollten. Es sollten nämlich dem Vizekönig von China Kruppsche Kanonen vorgeführt werden, die auf in einiger Entfernung aufgestellte Panzerplatten schossen. Auf einmal dröhnte die Erde, als der erste Schuß losging, und der Kellermeister, ein richtiger Hofnarr, schlotterte mit den Knien, so daß ein allgemeines Gelächter erscholl. Als ich nachher noch oben in die Küche kam, lagen viele Töpfe und viel Geschirr auf der Erde, sogar der Fenstervorhang war heruntergefallen. Als ich nun den Küchenchef fragte, ob im Krieg mit solch schweren Kanonen auf Menschen geschossen würde, und er dies bejahte, konnte ich die Tränen nicht zurückhalten. (…)

Wie mir erzählt wurde, standen die Herren Offiziere, die Kruppschen Direktoren, der König und der Hauptmann beim Abfeuern in nächster Nähe der Geschütze. Und was geschah? Der König flog um wie ein Streichholz, er war ja auch klein von Gestalt, aber die deutschen Eichen blieben stehen und trotzten dem Kanonendonner.

Das Mittagessen des Königs bestand aus Reis und Tomaten und war von seinem eigenen Koch zubereitet worden, denn die Chinesen sind sehr mißtrauisch und essen nichts, was Deutsche gekocht haben. Als alle Herrschaften das Diner beendet hatten, wurde Frau Geheimrat Krupp eine vernickelte und verzierte Granate als Blumenvase überreicht. Dann fuhren die Herrschaften nebst Personal zurück nach Meppen in das Kruppsche Hotel. Als wir nun – der Kellermeister, drei Diener und ich – dort beim Kaffee saßen, sagt der Kellermeister zu mir: »Kathrin, du packst den Chinesen nicht an seinem Zopf!« Ich

Barbara, Margarethe und Bertha Krupp, 1891,
Gemälde von Bruno Piglhein

antwortete: »*Das wäre doch gelacht.*« *Die zwei Chinesen sahen uns mißtrauisch und ängstlich an, weil wir so lachten. In einem günstigen Augenblick stand ich auf, nahm die Kaffeekanne in die Hand, beugte mich neben dem Chinesen über den Tisch, goß mit der linken Hand dem Kellermeister Kaffeee ein und mit der rechten faßte ich dem Chinesen an seinen Zopf. Das gab ein Gelächter, und der Kellermeister fragte: »Wat es et, Kathrin?« Ich antwortete: »Padshor.« Pferdehaare flechten die Chinesen in ihr eigenes Haar. Nachdem der König abgereist war, fuhren wir am gleichen Tag nach Hügel zurück.*

Als Marga im Krupp'schen Salonwagen am Abend am Bahnhof unterhalb des Hügels ankommt, steht Fräulein Brandt mit Bertha und Barbara auf dem Bahnsteig. Sie geht in die Knie und umarmt beide Kinder. Dann gehen sie langsam die gewundene Straße zur Villa empor, nicht ohne einen kleinen Umweg zum Spatzenhaus, wo die Kinder für ihre Mutter heißen Kakao und Plätzchen vorbereitet haben. Margarethe hält die Tasse in der Hand, atmet den köstlichen Duft ein und spürt, wie die Pflichen ihres Alltags an Gewicht verlieren und einem Gefühl tiefen inneren Friedens Raum geben.

Die dunkle Seite des Reichtums – der Fall Dalwig (1895–1900)

Margarethe blickt in das Gesicht von Direktor Jencke und bewahrt Haltung. Höchstpersönlich bringt er ihr den Brief auf den Hügel, denn Fritz, der einen gleichlautenden erhalten hat, ist in Berlin. Es ist ihm ernst und peinlich zugleich, Überbringer so infamer und hinterhältiger Post zu sein. »Aber Frau Krupp, ich bitte Sie, die Sache ernst zu nehmen. Der Mann ist gefährlich, gerade weil er durch die Verwandtschaft mit Ihnen unsere Verhältnisse genau kennt. Bitte lesen Sie den Brief in Ruhe. Dann sprechen wir darüber, was wir unternehmen können. Ich lege Ihnen auch eine Aufstellung bei über die finanziellen Mittel, die Ihr Gatte ihm gewährt hat in den letzten Jahren. Bitte entschuldigen Sie mich jetzt für einige Augenblicke.« Hanns Jencke verbeugt sich knapp, vermeidet taktvoll, ihr ins Gesicht zu sehen, und wendet sich ab, um scheinbar interessiert die neuen Wandgemälde der Oberen Halle zu betrachten.

Margarethe sinkt auf den nächstbesten Sessel und blickt mit Grauen auf die Blätter in ihren Händen. Sie ist traurig und deprimiert. Sie hat die 40 überschritten, in den Augen ihrer Umgebung ist sie eine gesetzte Matrone. Und so fühlt sie sich auch. Die große Verantwortung, die sie hat, wird ihr immer schwerer. Es gibt dunkle Tage, an denen ihr alles zu viel ist. Ein Tag wie heute. Sie fühlt sich allein gelassen, vor allem von Fritz, der nur noch selten Zeit hat für seine Familie und kaum noch auf dem Hügel weilt. Aber auch von Mitgliedern ihrer eigenen Familie, die sich nicht scheuen, in ihr und ihrem Mann eine Art Milchkuh zu sehen, die es fleißig zu melken gilt. Kaum ein Brief, der nicht die Bitte um Geld oder um eine Gefälligkeit enthält. Aber alles verblasst gegenüber dem Brief, den sie jetzt widerwillig und mit Abscheu liest.

Er ist in Wien abgestempelt, an Hanns Jencke gerichtet und lautet: *Nur um einer etwaigen mißverständlichen Auffassung meines Briefes durch Herrn F. A. Krupp vorzubeugen, schreibe ich auch Ihnen. Herr Krupp, der natürlich, wie alle Geldmenschen, die Macht des Geldes sehr überschätzt, könnte vielleicht den Gedanken fassen, daß ich Drohungen ausstoße, um Geld zu erhalten. Nichts wäre irriger als diese Auffassung.*

Ich habe geschworen, Herrn F. A. Krupp als Repräsentanten der Macht, deren Wirkungen ich an der Unmöglichkeit sehe, zu einem Broterwerb zu kommen, umzubringen. Es mögen vielleicht (…) Arthur Krupp und die Herren Direktoren der Firma in Essen ebensoviel Schuld tragen als er, so ist er doch der Reichste und muß darum ans Messer. Ich bin mir dessen wohl bewußt, daß meine ganze Familie gleichzeitig untergeht. Für ein Prinzip muß man auch Opfer zu bringen bereit sein.

Vielleicht bringt man mich soweit, daß ich mich einmal nach Essen durchbetteln muß, hin komme ich aber. (…) Vielleicht läßt man mich zeitweilig einsperren und macht sonstige Kunststückchen. Auf die Dauer nutzt das aber doch nichts. Was ich durchzumachen hatte und noch habe, war zu viel. Ich muß frisches Menschenblut sehen, um in meiner Bude nicht verrückt zu werden. Soeben verdiene ich in

dieser Woche die ersten Gulden. Alles Arbeiten und Herumlaufen hilft
ja nichts. Dabei erdreistet sich Herr Menshausen, der Welt zu verkün-
den, ich hätte keine Energie. Das will *und werde ich Lügen strafen. Ich*
fluche dem Vater, der mich gezeugt, der Mutter, die mich geboren hat.
Wenn es einen Gott gibt, so hasse ich die Bestie von ganzer Seele. Töten
will ich, morden und jauchzen, wenn ein Hund, der niemals Not und
Sorgen gekannt hat, sich in Schmerzen windet. Hass und Rache sind
die einzigen Worte, die mir fortwährend in die Ohren gellen sollen, bis
ich verrecke. Du Hund von einem Gott, daß du stets mit den reichen
Leuten bist.[78]

Eigentlich, denkt Marga, kann man beinahe Mitleid empfinden
mit dieser gestörten Seele. Aber hier ist nicht ein anonymer Irrer
am Werk, sondern ein – wenn auch entfernter – Verwandter ihrer
Familie. Wie kann er nur so tief sinken! Wie kann er es wagen, die
Wahrheit so zu verfälschen! Wie viel Unterstützung sowohl in be-
ruflicher, finanzieller und menschlicher Hinsicht hat er von ihr und
Fritz erfahren. Zwar nicht seinet-, sondern seiner Frau willen, aber
die Hilfe war immer mehr als großzügig. Vielleicht zu großzügig,
meint sie und blickt auf die Aufstellung, die ihr Jencke dagelassen
hat.

Rittmeister a. D. Freiherr Alfred von Dalwig ist nach seinem finanzi-
ellen Zusammenbruch in Elberfeld kaufmännisch tätig gewesen. Seine
gewagten Abschlüsse machten ihn zahlungsunfähig; er mußte bei sei-
nen Gläubigern zu 50 % ihrer Forderung accordiren.[79] Oh ja, Margarethe erinnert sich genau. Damals flehte seine Frau, unterstützt durch
ihre Mutter, Fritz an, der jungen Familie zu helfen. Von Dalwig war
ja brillant, ein bildhübscher Rittmeister mit tadellosen Manieren.
Ein Charmeur, der nicht nur Frauen verführen, sondern auch Geschäfte anbahnen konnte. Marga war skeptisch, aber Fritzens gutes
Herz war stärker als ihre Bedenken. Er zahlte die Weiterbildung von
Dalwigs und ging so weit, ihn im Dezember 1888 mit der Vertretung
der Firma Krupp in Österreich zu beauftragen.

Der Bericht fährt fort: *Im Juli 1891 erfuhr Herr F. A. Krupp, daß von*
Dalwig außer alten Leutnantsschulden noch weitere Verbindlichkeiten
hatte. Daraufhin sind alle diese mit 70 000 Mark beglichen und weitere
Schulden in den Jahren 1892 und 1893 mit 17 000 Mark bezahlt. Im
Juli 1893 mußte die Vertretung Herrn von Dalwig genommen werden,

nachdem in Erfahrung gebracht worden war, daß derselbe kolossale Börsenengagements eingegangen war, zu deren Lösung 50000 Mark erforderlich waren, die Herr Krupp bezahlt hat. Von da an ist die Familie des Herrn von Dalwig seitens des Herrn Krupp unterhalten, zu ihm selbst waren alle Beziehungen gelöst.[80] Und nun das. Eine ernst gemeinte Morddrohung, die man nicht ignorieren darf.

Jencke nimmt ihr gegenüber Platz. »Wir werden die strafrechtliche Verfolgung des Herrn von Dalwig in Wien einleiten«, teilt er ihr mit, »aber ich bitte Sie, sich schon jetzt darauf vorzubereiten, dass seine Frau sich mit Sicherheit an Sie wenden wird mit der Bitte, ihm noch einmal zu helfen, um den großen Skandal in der Familie zu vermeiden.«

Das Serviermädchen kommt und bietet Tee und Schnittchen an. Die kleine Pause, die dadurch entsteht, wird durch kein Wort unterbrochen. Hanns Jencke schlägt vor, den schwierigen Verwandten nach Übersee abzuschieben, wo er weniger oder keinen Schaden anrichten kann. Es sei ja durchaus gängige Praxis, missratene männliche Familienmitglieder in die Kolonien oder nach Übersee zu schicken. Manche würden sich wieder fangen, andere dagegen zu Tode trinken. »Sie brauchen keinerlei schlechtes Gewissen zu haben, wenn Sie solch einem Vorhaben zustimmen.« Jencke reicht Marga die Abschrift des Briefes, den Fritz in Berlin erhalten hat. Da heißt es: *Zu verlieren habe ich ohnedies nichts als mein Leben. Meiner Frau habe ich für alle Fälle eine genügende Dosis Gift für sich und die Kinder gegeben. Meine Kinder sollen nicht um ihren Vater weinen. In anderen Sphären trocknet die Erbschaft die Tränen gar bald!*[81] Marga ist entsetzt. Es wird vereinbart, auf die Frau von Dalwig einzuwirken, ihn von seinem Vorhaben abzubringen und ihr anzubieten, dass sie und ihre Kinder im Reich bleiben können – mit entsprechender finanzieller Unterstützung seitens Fritzens und Margarethes –, während ihr Mann eine neue Chance in Übersee erhält.

Und so geschieht es: Frau von Dalwig gelingt es, den gescheiterten Kaufmann zu beruhigen und dazu zu bringen, um Entschuldigung zu bitten. Fritz und Marga zahlen ihm 13 500 Mark für die Reise nach Transvaal sowie die Mittel für seinen persönlichen Unterhalt für die Dauer eines Jahres. Länger sollte es nicht dauern, sich eine eigene Existenz aufzubauen.

Jencke präsentiert ihr und Fritz diese Lösung, als er nach Fritzens Rückkehr aus Berlin einige Tage später wieder auf den Hügel kommt. Fritz ist niedergeschmettert und deprimiert. Ein Mensch, der ihm nahestand, der zur weiteren Familie gehörte, dem er nur Gutes getan hat, offenbart sich jetzt als Erpresser und Bedroher. Das passt nicht zu seinem Glauben an das Gute im Menschen. Das ist ein weiterer Schlag gegen ihn, vor allem weil von Dalwig bei seinem Vorgehen Privates mit Politischem verbindet. Eine Kombination, die Fritz unendlich verletzt, wie Margarethe genau weiß.

Ihr ist längst klar, dass Fritzens Engagement in der Politik ein schwerer Fehler ist, und sie hat große Zweifel, ob er die Kraft und die Nervenstärke hat, mit den vielen Anfeindungen zurechtzukommen, die auf ihn gerichtet sind. Sie glaubt es nicht, denn in dem Maße, wie sich die politischen Anfeindungen mehren, verschlechtert sich seine Gesundheit. Vor allem die Sozialdemokratie hat ihn zum Inbegriff des kapitalistischen Klassenfeindes erklärt. Er wird im Reichstag angefeindet und in immer kürzeren Abständen auch in den Medien. Jetzt wird Fritzens menschliche Enttäuschung verschärft durch die Erkenntnis, dass von Dalwig das linke Spektrum benutzt, um ihm zu schaden. Zwar heißt es in von Dalwigs Schreiben von 1895 an Fritz: *Selbstverständlich haben meine Vorsätze mit der Politik* gar nichts *zu thun. Ich werde mein Leben beschließen, indem ich einen sehr reichen Mann* aus Prinzip *töte. Je mehr solche Taten geschehen, desto mehr wird sich das Großkapital dessen bewußt werden, daß es eine Dummheit ist, seine Macht dahin zu mißbrauchen, die Brotlosigkeit bei mißliebigen Individuen zu einer dauernden Institution zu machen.*[82] Das alles ist nicht schön, denn es wird in Berlin kommentiert und ist für Fritz äußerst unangenehm. Die weitere Zukunft wird zeigen, wie verlogen diese Worte sind. Bis 1912 – lange Jahre nach Fritzens Tod noch – wird sich der hässliche Vorgang hinziehen. Er ist eine von den vielen traurigen Erfahrungen, die zu Fritzens Menschenscheu und zu Margas späteren Depressionen beigetragen haben.

Deshalb sei die Geschichte des charmanten, labilen, uneinsichtig rachsüchtigen Rittmeisters hier zu Ende erzählt: *Von Dalwig spielte in Transvaal von vornherein den großen Herrn, der ein selbständiges Agenturgeschäft betreiben wollte, und lehnte auskömmliche Anstellungen in anderen Geschäften ab. Infolge seiner Bewerbungen um Agentu-*

ren sind von 1895 bis 1898 circa 40 Erkundiganfragen bei der Firma Krupp eingelaufen, welche sämtlich wie folgt beantwortet sind: »Auf die gefällige Anfrage erwidere ich ergebenst, daß Herr von Dalwig von Dezember 1888 bis Juli 1893 meine Vertretung in Österreich-Ungarn inne hatte, diese aber wegen seiner finanziellen Verhältnisse niedergelegt hat. Uber seine dermaligen Verhältnisse, seine Tätigkeit etc. bin ich nicht unterrichtet und daher zu meinem Bedauern nicht in der Lage, die gewünschte Auskunft über denselben zu ertheilen; nur soviel kann ich mittheilen, daß Herr von Dalwig sich in meinen Diensten als sehr gewandt und fleißig erwiesen hat.« Trotzdem hat sich bei Herrn Dalwig der Gedanke festgesetzt, daß Herr Krupp persönlich, sein Kapital und seine Macht ihn bekämpfe und ihn verderben wolle und er hat sich als Lebensziel gesetzt, Herr Krupp zu tödten. Am schlimmsten zeigt sich dieser Wahnsinn in seinem letzten Briefe an seinen Sohn, dessen Abschrift beiligt; ferner in der Anzeige an das Kommando des Kadettenkorps, in der er mit Indiskretionen droht und Herrn Krupp die schmachvollsten Äußerungen über die Person Seiner Majestät des Kaisers in den Mund legt.[83] In seinem Wahn greift Dalwig zu allen Mitteln. Er kennt ja die Beteiligten und weiß, wo er sie am empfindlichsten treffen kann und wovor ihnen am meisten graut: vor dem Verlust ihrer Privatsphäre. Deshalb sucht er Verbündete in den Medien und in der Politik. Wer wäre da geeigneter als die eingefleischten politischen Gegner von Fritz, die Sozialdemokraten? *Und doch wohnt in dem Unglücklichen noch Verstand. Was er selbst nicht vollbringen kann, dazu sucht er sich die Umsturzmächte seiner Tage zu Hilfe.* Im Januar 1899 tritt er auf dem Wege über Gradnauer in Verbindung mit der deutschen Sozialdemokratie, der er sich als Schrittmacher zur Bekämpfung Krupps für jeden beliebigen Posten zur Verfügung stellt. Die Partei würde bei jeder Wahl zwanzig Mitglieder im Reichstag mehr haben, wenn er selbst drin wäre. *»Geben Sie mir die Möglichkeit, Krupp zu bekämpfen. Ich kann Ihnen mehr nützen und ihm mehr schaden als 5000 Andere.«*[84] Diesmal erscheint dem ›Vorwärts‹-Redakteur Gradnauer die Munition, die ihm da gegen Friedrich Alfred Krupp geboten wird, nicht ausreichend zu sein für einen Angriff. Nur drei Jahre später wird ein anderer Zuträger aus dem privaten Bereich mehr Erfolg haben und den zweitgrößten Skandal des Kaiserreiches lostreten.[85]

Leben in Berlin (1890er-Jahre)

Es ist ein eiskalter Wintertag im Januar 1894. Fritz, Margarethe, Fräulein Brandt und die beiden Töchter – alle in warme Mäntel mit Pelzbesatz gehüllt – durchqueren das Brandenburger Tor und spazieren über den Pariser Platz Richtung Unter den Linden, der schönsten und repräsentativsten Straße Berlins. Eine dünne Schneedecke liegt über ihrem Mittelteil, der berühmten Berliner Flaniermeile, die den Fußgängern vorbehalten und mit einladenden Bänken und modernen Gasleuchten ausgestattet ist. Rechts und links, hinter den niedrigen Absperrungen, fließt der Pferdekutschenverkehr in beiden Richtungen an den aneinandergereihten mehrstöckigen Gebäuden vorbei. Die kahlen Linden, die der Allee ihren Namen geben, zeichnen skurrile Muster in den schneeverhangenen Himmel.

Fritz verweist auf ein modernes, sich teilweise noch im Bau befindliches Haus auf der rechten Seite. Es ist das Hotel Bristol, dessen prächtige, kuppelgekrönte Fassade einen neuen, kräftigen Akzent in Berlins Prachtstraße setzt. Vor dem säulengeschmückten Portal stehen die Mietdroschken Schlange. Im Hotel begrüßt Hoteldirektor Konrad Uhl das Ehepaar Krupp, insbesondere Margarethe. Ihr wollen die beiden Herren die nach Fritzens Wünschen gestaltete Wohnung zeigen, die er in Zukunft während seiner Berlinaufenthalte bewohnen wird. Margarethe schmunzelt, als Fritz ihr seinen »Fitnessraum« zeigt, den *eigenen Raum auf dem Boden des Bristol-Hotels, der mit allen gymnastischen Geräten ausgestattet ist und den Hollmann seine Folterkammer nennt*[86]. Nun, diese Folterkammer wird ihn in Form halten während der vielen Aufenthalte in Berlin, die ihm jetzt Pflicht geworden sind.

Während Bertha und Barbara aufgeregt und begeistert alles bestaunen, besprechen Marga und Fritz die Lage. 1894 ist er eine Verpflichtung eingegangen, die Marga besorgt so kommentiert: *Leider trat zu allem Anderen für meinen Mann auch noch die Annahme der Reichstagswahl hinzu, der er sich nur ungern unterzog, da er dem parlamentarischen Getriebe sehr fern stand. Die damit verbundenen*

längeren Aufenthalte in Berlin griffen ihn außerdem sehr an.[87] Fritz
hat immer mehr das Gefühl, ein Getriebener und nicht ein Treiben-
der zu sein. *Es war eine Zeit im Anfang seines Schaffens gewesen, wo er
die Arbeit gepackt, längst hatte sie ihn gepackt und er war ihr ergeben
mit Leib und Seele.*[88] Margarethe versteht, dass es nicht nur die Arbeit ist, die Fritz so auslaugt, sondern auch das zeitlich ausufernde
Programm gesellschaftlicher Verpflichtungen. Wenn der Kaiser zur
Mittagstafel befiehlt (das Wort sagt es schon), können sie nicht absagen. Dann muss auch Marga eine Fahrt nach Berlin einplanen, so
unwillkommen ihr das auch sein mag.

Heute ist solch ein Tag. Gerade trifft der Friseur ein, der Margas
Frisur der Großstadt anpassen soll. Das taubengraue Seidenkleid
liegt auf dem Bett bereit. Es ist bodenlang und hat eine angeschnit-
tene Taille, die Margas überflüssige Pfunde in diesem Bereich elegant
überspielt. Brüsseler Spitzen umrahmen das Dekolleté. Sie verzichtet auf jeden Schmuck außer einer eng an den Hals geschmiegten
Gemme, die sie von ihrer Schwiegermutter geschenkt bekommen
hat. Sie ist so elegant und hübsch, wie sie es bei ihrer molligen Figur
und ihren strengen, ausgeprägten Gesichtszügen nur sein kann. Es
wird schönere Damen geben an der heutigen Tafel – denkt sie –,
aber nur eine, deren Mann so perfekt die heutige Zeit repräsentiert
und der so gut mit Seiner Majestät harmoniert wie Fritz. Er quält
sich gerade mit dem engen Binder, der ihm den Hals abschnürt. Sein
Tagesfrack sitzt ausgezeichnet, und er hat die für diesen Anlass passenden Orden angelegt. Nun reicht er ihr den Arm, und sie gehen zu
Fuß über die verschneite Allee hinüber zum Neuen Palais.

Bei Tisch beherrscht der Kaiser das Gespräch, trotzdem entwickelt
sich eine rege Diskussion. Ein Thema, bei dem sich die Gemüter
erhitzen, ist die Flottenpolitik. Es herrscht Einigkeit über die Notwendigkeit, die Handelsflotte zu vergrößern und eine Kriegsflotte
aufzubauen. Wie anders soll das Deutsche Reich seinen »Platz an
der Sonne« sichern in einer Welt, in der alle gewinnträchtigen Orte
entweder von England oder Frankreich besetzt sind? Der »Frie-
denssicherung« soll die Flotte dienen und der Expansion in einer
Welt, in der die Rohstoffe und der Raum knapp werden. Vor allem
aber soll sie der deutschen Industrie nutzen, dauerhaft Arbeitsplätze schaffen und den Lebensstandard aller Beteiligten heben. »Wer

kann so vernünftigen Plänen widerstreben?«, fragt Seine Majestät, wohl wissend, dass die Frage rhetorisch ist. Denn natürlich gibt es sie, diese Gegner. Zwar haben sie keinen Repräsentanten am kaiserlichen Mittagstisch. Trotzdem sind sie allen Anwesenden präsent. Es sind die Sozialdemokraten und die Kommunisten, die sich über die großen Gewinne von Firmen wie Krupp, Stumm und Siemens erregen. Außerdem lehnen sie die ihrer Ansicht nach patriarchalische Gängelung der Arbeiter durch die Firmenchefs ab. Sie wollen keinen Kapitalismus, der die Reichen reicher und die Armen ärmer macht. Sie wollen Solidarität und Selbstbestimmung, und vor allem wollen sie Teilhabe an der Macht.

Admiral von Tirpitz, in tadelloser Uniform, schickt Fritz einen schnellen Blick zu: »Die Sozialdemokraten sehen in Ihnen das Sinnbild des Kapitalismus, Herr Krupp. Sie sind sozusagen ihr Mensch gewordener Feind.« Fritz hält dem Blick stand, schweigt aber, wie es seine Gewöhnheit ist. Er weiß, dass Tirpitz nicht sein Freund ist. Zu oft hat er Entscheidungen, die gegen Krupp fielen, revidieren müssen, weil der Kaiser selbst zugunsten Krupps intervenierte. Das macht keine Freunde. Und in gewisser Hinsicht hat er recht: Fritz ist ein Feind der Sozialdemokratie. Nie werden sie ihm verzeihen, dass er dem Kaiser ein Memorandum zugeschickt hat mit der Drohung, er werde die Firmenleitung abgeben, wenn Seine Majestät den sozialdemokratischen Forderungen nach Arbeiterkomitees in der Großindustrie nachgäbe. Es werde bei Krupp keine Beteiligung der Arbeiter an der Macht geben, erklärte er kategorisch. Der Herr des Hauses Krupp sei er. Punktum. Auch diese Haltung schafft ihm Feinde.

Marga ist das kleine Scharmünzel nicht entgangen. Es ist falsch, dass sich Fritz so exponiert, denkt sie nicht zum ersten Mal. Auch als Reichstagsabgeordneter vertritt er doch vor allem die Interessen der Fabrik. Das wird man missverstehen als persönliche Bereicherung. Noch dazu, weil es die gleichen Interessen sind, die Kaiser Wilhelm II. für das Reich hat. Die Anfeindungen, unter denen er jetzt schon leidet, machen ihn krank und depressiv. Warum tut er sich das an? Sie weiß die Antwort leider genau: Es ist sein Ehrgefühl und seine tiefinnerste Überzeugung, dass er dem Kaiser zur Seite stehen muss. Dass er ihn auf politischem Feld so unterstützen muss, wie der Kaiser es für ihn in Belangen der Fabrik tut. Auf dem späteren Heimweg sind beide schweigsam. Margarethe macht sich Gedanken, und Fritz ist todmüde. Morgen Abend muss er schon wieder zu einem Diner, und tagsüber sind Höflichkeitsbesuche im Marine- und im Kriegsministerium angesagt. Nur der Einkaufsbummel in den eleganten Geschäften Unter den Linden mit Marga und den Töchtern ist ein Lichtblick.

Im Laufe der Zeit finden Marga und Fritz einen Weg, die Zahl der anstrengenden Einladungen zu begrenzen. Der Trick ist, gar nicht erst »befohlen« zu werden. Das kann mithilfe von Graf Eulenburg, dem Oberhofmarschall des Kaisers, manchmal gelingen.

Hochgeschätzter Gönner, schreibt Fritz Krupp am 19. September 1899 an Graf August zu Eulenburg, *Wenn ich mich im Datum nicht irre, so soll am 18. d. J. vor der technischen Hochschule in Charlottenburg die Enthüllung der Wandbilder von Siemens und von meinem Vater erfolgen. Ich bin zu dieser für das Andenken meines Vaters und für dessen Familie sehr ehrenden Feier eingeladen. Jedoch sind solche öffentliche Schaustellungen, wo ich bis zu einem gewissen Grade als Sohn des Gefeierten mit in den Vordergrund gestellt werde, mir höchst peinlich. Ferner liegen andere Gründe vor, wegen derer mir die Teilnahme an dem Fest nicht sympathisch ist, so daß ich – entre nous – die Absicht hege, an dem betreffenden Tage »wegen Erkältung« abzusagen.*

Der einzige Umstand, der mich hiervon abhalten könnte, wäre der, daß Seine Majestät die Absicht hätte, der Feier Allerhöchstselbst beizuwohnen und daß aus diesem Grunde S. M. meine Anwesenheit wünschen möchte. Dies würde mir allerdings Befehl sein, und ich würde meine Abneigung zu überwinden suchen. Einer gütigen Rückantwort würde ich mit aufrichtigem Dank entgegensehen.[89] Eulenburg gibt Entwarnung: Der Kaiser wird zwar an der Feier der Hochschule teilnehmen, nicht aber an der Einweihung der Denkmäler. Fritz kann getrost wegen Schnupfens absagen.

Aber den Reichstagssitzungen kann er nicht entgehen, obwohl sie ihn über Gebühr anstrengen. Er findet keinerlei Gefallen an dem politischen Hin und Her. *Es konnte passieren, daß er, furchtlos und sich selbst getreu, den Beschlüssen seiner eigenen, der freikonservativen Partei, zuwiderstimmte. Er tat es, als er für die Aufhebung der Jesuiten-*

gesetze stimmte, und er begründete das mit den Worten: »Ich konnte mit Überzeugung nicht anders stimmen. Wenn man vor der auf Umsturz offen hinarbeitenden Sozialdemokratie alle Ausnahmegenehmigungen fallen läßt, erscheint mir das Gegenteil bei den Jesuiten als Unrecht.« Ihm als Arbeitgeber muß auch jeder Arbeiter, ob katholisch oder evangelisch, gleich nahestehn. »Ich verlange gleiches Recht für alle, aber einen mächtigen Damm gegen alle Sonderbestrebungen, die sich nicht mit der Autorität des Staates vereinigen.« Daß ihm das von seinen Fraktionsgenossen verdacht wurde, läßt sich begreifen, änderte aber nichts an seinen Beschlüssen.[90]

Bei aller Furchtlosigkeit bleibt er dünnhäutig gegenüber den üblichen Angriffen auf seine Person. Er erträgt es, weil er sich seiner Integrität sicher ist und sich deshalb für unverwundbar hält. Marga ist sich da nicht so sicher. Sie hört ihm zu, bietet ihm Trost und Verständnis und kann doch nicht erreichen, dass er sich aus seinen öffentlichen Ämtern zurückzieht.

Zu dem Leben in Berlin gehören die Arbeitsessen, die Fritz und Marga zu Ehren wichtiger Kunden geben müssen. Nicht immer sind sie ernst und langweilig, wie der Tagebuchbericht von Eugen Philippi, Theater- und Musikdirekor in Berlin, beweist: *Ein türkischer Pascha war mit seinem Sohne im Auftrage des Sultans nach Berlin gekommen, um Sr. Majestät die Einrichtung zu einem Rauchzimmer zu überbringen. Exzellenz Krupp gab zu Ehren dieses Paschas ein größeres Diner, zu welchem eine Anzahl höherer deutscher Offiziere geladen waren. Ich war beauftragt worden, mit zwölf Musikern zu konzertieren, außerdem aber ein italienisches Musikensemble im »Nationalkostüm«, das nicht singt, nur musikalische Aufführungen bringt und nur aus männlichen Mitgliedern besteht, zu engagieren.*

Am Donnerstag fand die Festlichkeit statt. Mittwoch mittag war mir der Auftrag erteilt worden. Die Sache war schwerer, als ich es mir gedacht hatte. In ganz Berlin war nichts Passendes aufzutreiben, überall bei allen Agenten in den verschiedensten Etablissements war ich umsonst gewesen. Ungarn, Russen, Serben, Kroaten, alles war zu bekommen, aber Italiener nicht zu finden. Ich fahre nach der Pappel-Allee in der Hoffnung, dort noch etwas Passendes aufzutreiben. In einer kleinen Kneipe höre ich in einem Nebenzimmer Mandoline spielen. Den jungen Mann nehme ich mir vor, und frage ihn, ob er nicht einige Landsleute wüßte, die mit ihm zusammen spielen könnten. Kurz und gut, wir suchten verschiedene Straßen ab, und ich bringe glücklich drei Männer zusammen, welche angeblich Mandoline, Gitarre und Schalmei spielen können. Die Gesamtwirkung, als ich das Ensemble hörte, war derartig, daß ich mich genötigt sah, den ganzen Nachmittag und den nächsten Vormittag mit den drei »Kavalieren« zu studieren, um eine nur einigermaßen anzuhörende Klangwirkung herauszubekommen.

Auf meine Erkundigung, wie es mit dem Nationalkostüm aussehe, teilten mir die drei biederen Handwerker mit, solche waren es nämlich, daß sie in »passender« Tracht kommen würden. Der Abend kommt, ich empfange die Künstler, und sehe Gestalten vor mir, die eher an polnische Landarbeiter denn an ein italienisches Konzert-Ensemble erinnern. Schnell packe ich die Künstler in eine Droschke und kostümiere sie in der nächsten Maskengarderobe als Italiener.

Während der ersten Stunde konzertierte ich mit meinem Orchester, und trotz der größten Mühe, welche wir uns gaben, erzielten wir weder Applaus noch einen Erfolg. Der türkische Pascha rührte sich nicht. Da ersuchte mich Krupp, nun die Italiener loszulassen. Mit Angst und Beben ließ ich die drei, die wie die Choristen irgendeiner Provinz-Monats-Oper aussahen, herein. Funiculi-Funicula war das erste Stück, welches sie spielten. Die Aufführung war von einer Art, daß sich der Komponist im Grabe herumgedreht haben muß. Mir stand der Angstschweiß auf der Stirn. Da, gleich nach dem ersten Stück erhebt sich der Pascha und geht mit seinem Sohn zu den drei »Künstlern«, um sich den musikalischen Genuß aus nächster Nähe anzuhören. Ein großer Teil der anwesenden Gäste folgt diesem Beispiel. Sechs oder sieben Piecen hatten die Italiener nur auf ihrem Repertoire, aber jedes Stück mußte verschiedene Male wiederholt werden. Der Künstler auf der Schalmei wurde immer stolzer und blies immer greller. Es war ein sensationeller Erfolg! Ich erhielt die Mitteilung, daß der Pascha sich ausgezeichnet amüsiert hätte, und daß Exzellenz Krupp mir sehr dankbar sei, besonders für das engagierte italienische Künstler-Ensemble, das in seiner Zusammensetzung »ganz eigenartig« gewesen wäre, Evviva Italia und die rettende Pappel-Allee![91]

Der brave Philippi hat offenbar die Ironie in Fritzens Kommentar, das Ensemble sei »ganz eigenartig« gewesen, nicht ganz verstanden.

Denn Fritz versteht etwas von italienischer Volksmusik und wird die mangelnde Qualität bestimmt bemerkt haben. Marga, die eher deutsche Volkslieder und Schlager bevorzugt, zieht ihn manchmal

wegen seines Musikgeschmackes auf. Beide sind von Natur aus nicht besonders musikalisch. Zu Margas Erziehung hat zwar Klavierspielen gehört, aber das empfand sie immer eher als gesellschaftlichen Zwang. Inzwischen hat sich ihr Ohr verfeinert, denn Fräulein Brandt, die Bertha und Barbara die gleiche Kunst lehrt, ist die Tochter eines Musikers und hebt das musikalische Niveau der Damen des Hauses. Es ist ihr Verdienst, dass Margarethe sich für Wagner und Bayreuth begeistert und die Festspiele nicht nur aus gesellschaftlichen Gründen, sondern aus Freude an der Musik Richard Wagners besucht.

Fritz Krupp im Tiergarten, Berlin, Winter 1896

Fritz hingegen bleibt *ein großer Verehrer der populären italienischen Lieder Musica proibita, L'addio a Napoli, Nona vero, O sole mio, Funiculi-Funicula usw. Krupp setzte sich mitunter lange Zeit ins Orchester und war einer der aufmerksamsten und dankbarsten Zuhörer, besonders wenn die vorstehenden Piecen gespielt wurden*[92], erinnert sich Musikdirektor Philippi.

Von dem berühmten Herrenfrühstück, das Fritz einmal jährlich in Berlin gibt und mit dem er alle seine gesellschaftlichen Verpflichtungen auf einen Schlag ablöst, kann Marga nur in der Zeitung lesen. Sie kennt die Gabe ihres Mannes, trotz aller eigenen Schüchternheit eine lockere und entspannte Atmosphäre um sich zu verbreiten. Die Berliner Börsenzeitung schreibt unter »Locales« am 14. Februar 1898: *Zu den interessantesten Wintergesellschaften, welche Berlin bietet, gehört seit einigen Jahren unzweifelhaft das Frühstück, bei welchem Geheimrath F. A. Krupp alljährlich die hervorragendsten Personen der Residenz um sich versammelt. Ist auch das schöne Geschlecht hierbei ausgeschlossen, so bieten diese Feste doch des Interessanten so viel, daß es für jeden der Theilnehmer – und es waren diesmal ihrer 270 – von unvergänglichem Eindruck bleibt, denselben angewohnt zu haben. Die gewinnende Art, mit welcher Herr Krupp jeden seiner einzelnen Gäste begrüßte, die zwanglose Form, in welcher er sich giebt und damit jeden seiner Gäste ermuntert, alle Gène abzulegen, der stricte Befehl, bei Auswahl der Tischgenossen – man speiste gestern, wo wieder ein solches Frühstück im Hotel Bristol stattfand, an Tischen von 8–10 Personen – Berufs- und Standesgenossen zu meiden, trug von vorneherein dazu bei, daß eine so fröhliche und angeregte Stimmung vorherrschte, wie sie wohl nur selten in Gegenwart so illustrer Persönlichkeiten zu bemerken sein dürfte.*

Aufnahme der Großherzogin von Baden: Ehepaar Krupp auf dem Schießplatz Essen, um 1900

Mit Ausnahme des Reichskanzlers Fürst Hohenlohe und des Staassecretärs des Auswärtigen, Herrn v. Bülow, waren sämtliche Preussische Minister und Staatsecretäre anwesend, sowie der Minister des Königlichen Hauses Herr v. Wedell, die Chefs des Militär-, Marine- und Civil-Cabinetts, zahlreiche der höchstgestellten Diplomaten, darunter der Österreichische Botschafter, Herr v. Szögyenyl, der Chef des Generalstabes und viele Generäle und andere hohe Officiere des Heeres und der Marine, sowie viele Staatswürdenträger des In- und Auslandes, Parlamentarier, Vertreter des Handels und der Industrie, der Kunst, Wissenschaft und Literatur.[93] Margarethe überfliegt die Schilderung der Tischdekoration (mit Blumen gefüllte, aus Pergamentpapier gefaltete und bemalte Kriegsschiffe) und des neuen Hotelsaales, der

mit diesem Frühstück eingeweiht wird. Sie erfährt, dass Fritz brav
von Tisch zu Tisch geht, die Stimmung steigt und der Unterhaltung
jeder Tiefgang mangelt. Ein richtiges Herrenessen eben, denkt Marga, schließt die Zeitung und reicht sie Fräulein Brandt, damit auch
diese in den Genuss des neuesten Berliner Klatsches gelangt.

Die Villa Vitzthum: Meineck (1894–1900)

Die Apfelbäume blühen im Tal, und in den weiten Wäldern, die Baden-Baden umgeben, sprenkelt das helle Frühlingsgrün den Tannen-
wald mit lauter hellen Tupfen. Margarethe atmet die warme würzige
Luft und fühlt die Sonne auf ihrem Gesicht. Unter den Arkaden der
Trinkhalle spazieren die Kurgäste langsam und gemächlich umher,
trinken das gesunde Wasser, plaudern mit Bekannten und Fremden
und erliegen dem verführerischen Zauber des Kurbetriebs, der die
Zeit ins Endlose dehnt und den Alltagssorgen jede Schärfe nimmt.
Marga wendet den Kopf und blickt zu Fritz, der mit geschlossenen
Augen auf der Liege neben ihr liegt. Sein Gesicht ist blass, und ab
und an schüttelt ihn ein Hustenkrampf. Marga erinnert sich an die
unerschütterliche Gesundheit ihres Schwiegervaters, der dennoch
sein Leben lang davon überzeugt war, an irgendwelchen Krankheiten zu leiden. Ganz anders Fritz: Nie war er wirklich gesund, aber
mit zäher Energie versucht er, dies zu verbergen. Doch die Herrschaft des Geistes über den Körper hat ihre Grenzen. Diesmal hat er
sich zu viel zugemutet.

»*Der Aufenthalt in Berlin, intensives Arbeiten und konstante Unruhe hatten meine Nerven stark reduziert.*«[94] So beschreibt Fritz gegenüber Ardenne, *der die zunehmende Belastung seines Freundes schon
lange mit Besorgnis beobachtete,*[95] die Tatsache, dass er Anfang dieses
Jahres 1894 einen Nervenzusammenbruch erlitten hat. Margarethe
ergreift sofort die Initiative und reist mit ihm und ihrer Schwester
Irene nach Florenz in der Hoffnung, er werde sich dort, fern vom
Hügel, wieder erholen. Stattdessen bekommt Fritz eine schwere

Grippe, und es dauert Wochen, bis er endlich so weit genesen ist, dass sie nach Baden-Baden reisen können. Dort treffen sie auf Dr. Schweninger, der seinem alten Schützling wieder einmal rät, einige

Villa Vitzthum in Baden-Baden, später Meineck

Wochen lang von jeglicher Arbeit auszuruhen und bei viel Bewegung die gute Schwarzwaldluft zu genießen.

Diesmal bleibt Fritz nichts anderes übrig als seinem Rat zu folgen. Und so gehen er und seine beiden Damen, Margarethe und Irene, jeden Nachmittag auf Wanderschaft. Sie erkunden zuerst die Kurstadt mit ihren schönen Villen und dem Palais des Großherzogs, dann den Friesenberg und die ausgedehnten Wiesen und Waldungen der näheren Umgebung der Stadt. Heute folgen sie den Windungen der Kaiser-Wilhelm-Straße den Berg hinauf und bleiben oben vor einem zauberhaften Palais stehen. Es liegt inmitten eines schönen Parks mit noch jungen Bäumen, sodass sie das Gebäude von der Straße aus gut sehen können. Das Gelände steigt leicht an, in sanfter Windung führt der Kutschenweg bis an das von einer Kuppel gekrönte Eingangsportal, dessen Portikus von einem überdimensionalen Wappen beherrscht wird. Das Schlösschen wirkt elegant

und trotzdem repräsentativ. Marga ist entzückt. Wenn schon die
Straßenfassade so schön ist, wie herrlich muss die Gartenseite sein
mit ihrem Blick über Baden-Baden.

Auf der anderen Seite der Straße gibt es kaum Bebauung, nur die
Wiesen und Wälder des Friesenbergs. Ein Landmann kommt den
Weg hinunter. Sie sprechen ihn an und erfahren, dass er auf dem
Gelände einen Bauernhof betreibt und Mannerz heißt. Sie erfahren
von ihm auch den Namen des Schlösschens. Es ist nach seinem Er-
bauer Graf Vitzthum von Eckstaedt genannt: Villa Vitzthum. Ganz
nebenbei erwähnt Mannerz noch, dass nicht nur der Graf verstorben ist, sondern auch seine Witwe, die märchenhaft reiche polnische Gräfin Potocka. Deren Verwandter, Graf Karl Lanckoronski,
sei selten hier und habe wohl nicht die Absicht, das Anwesen zu
behalten.

Die kleine Gesellschaft nimmt den Rückweg in die Stadt über
den steilen Beutigweg. Die Worte des redseligen Bauern sorgen für
Gesprächsstoff. Dr. Schweninger hat Fritz zwei mehrwöchige Aufenthalte pro Jahr in Baden Baden verordnet. Wäre dies nicht ein
wundervolles Zuhause für diese Zeiten? Als sie sich der Kurterrasse
nähern, auf der schon die Tischchen mit dem Fünf-Uhr-Tee bereit-
stehen, beschließen sie, dieses Thema in Baden-Baden nicht weiter
zu verfolgen. Ein öffentlich bekanntes Kaufinteresse seitens Herrn
Krupps würde nur den eventuellen Kaufpreis kräftig in die Höhe
schrauben. Stattdessen bitten sie Finanzrath Gußmann, sich diskret
über die Lage zu informieren. Allerdings nutzen Fritz, Marga und
Irene die Muße des Kuraufenthaltes, um Erkundigungen zur Geschichte der Villa Vitzthum einzuholen.

*Bis zum Jahr 1880 gab es nur ein großes Wiesengelände am Beutig,
dort, wo der steile Beutigweg, die vornehme Kaiser-Wilhelm-Straße
und die Werderstraße am alten Steinkreuz zusammenfließen. Dann
verkaufte August Rössler, der Besitzer des Holland Hotels, seine Wiesen
an Leonie, Gräfin Vitzthum von Eckstaedt, die Gattin des österrei-
chischen Botschafters in Madrid.*[96] *Im September 1881 legte Graf Vitzthum die ersten Baupläne für ein kleines Schlößchen vor, gefertigt von
dem Stuttgarter Architekten Fuchs. Obwohl der Bau schon genehmigt
war, ließ sich Vitzthum neue Pläne von dem Architekten Nicolas Es-
calier in Paris, rue de Rome 187, entwerfen. Sie wurden dann von der*

bekannten Baufirma Belzer ausgeführt.[97] Der Bau war Stadtgespräch in Baden-Baden. Er wurde im Jahr 1883 fertig, ist also erst elf Jahre alt, als sich Fritz und Marga für ihn interessieren. Es gibt noch viele,

Baden-Baden mit Villa Vitzthum

die sich an die Baugeschichte erinnern und an das Aufsehen, das der Bau erregte.

Die Villa, eher schon ein Schloß, hatte nur zwei Stockwerke. Die hohen Fenster des Erdgeschosses, die mächtige Kuppel in der Mitte des Gebäudes, die reichlichen Verzierungen und das stellenweise sehr flache Dach ließen von außen den Eindruck entstehen, es handele sich um ein sehr großzügiges eingeschossiges Gebäude. (…) Über ein Jahr dauerten die Arbeiten an diesem Gebäude. Im Spätherbst 1883 war es fertig und ganze Heerscharen von Einheimischen und Fremden zogen auf den Beutig, um das neue Haus zu bewundern.[98]

Diskret von Finanzrath Gußmann vermittelt, können Fritz und Marga an einem schönen Frühlingstag die Villa auch von innen besichtigen. Über die breite Auffahrtsrampe für Kutschen gelangen sie in das geräumige, getäfelte Eingangsvestibül und dann in die mächtige Halle, die den Mittelpunkt des Palais bildet. Im spärlichen Licht des großen Oberlichtes ist sie schnell durchquert, und schon öffnet sich vor ihnen der Grand Salon mit der Außentür zur Terrasse hin. Atemberaubend ist der Blick, der sich von dort aus über die Stadt, das Oostal und die Schwarzwaldberge bietet. Zwei schmale Säulen flankieren den Ausgang zur Terrasse, über dem wieder ein gigantisches Wappen der Vitzthum-Lanckoronskis angebracht ist, dann betreten sie die Terrasse selbst mit ihrer zierlich angeordneten Freitreppe hinunter zum Park. Er ist noch spärlich bepflanzt, aber Fritz erklärt Marga schon, wie sie ihn verschönern könnten.

Zurück in der großen Halle, von der aus man das Speisezimmer, die Bibliothek und etliche Schlafzimmer erreicht, bewundern sie die Holzvertäfelung, die alle Wände bedeckt. Den Zugang zum Treppenhaus verdeckt auf der einen Schmalseite eine säulengetragene Empore, auf der anderen Seite verspricht ein großer Kamin Wärme für kühle Sommernächte. Edle Hölzer bilden das Parkett. Im anliegenden Speisezimmer sind die Wände üppig mit geprägtem Leder und goldumrahmten Louis-XIV-Spiegeln verkleidet. In überreicher Zahl stehen die kostbaren Möbel, meist französischer Herkunft, in den Gesellschaftsräumen. Gold und Samt, kostbar bestickte Polsterungen und Kissen, ein Spinett, ein Flügel, Vitrinen voller Sammlerstücke und prächtig bestickte Samtvolieren ergeben den Eindruck von Luxus und Pracht. Auch die Lüster, deren Gaslichter die Düsternis der Zentralhalle erhellen, sind von barocker Pracht und hoher Qualität.

Marga verschlägt es den Atem. So, genau so, hätte sie sich den Hügel gewünscht. Zwar haben ihre und Fritzens Umbauten die Kälte des Hügels gemildert, ihm aber niemals das fabrikmäßig Kolossale, die bahnhofsartige Funktionalität als Gästehaus der Fabrik nehmen können. Es fehlen ihm die Eleganz und Leichtigkeit der Architektur, die sie hier in der Villa Vitzthum in Vollendung vorfindet. Hier wird sich Fritz bei seinen Kuraufenthalten wohlfühlen, davon ist sie überzeugt, ebenso wie sie und die Töchter. Und so beschließt Fritz, die Villa zu kaufen. Finanzrath Gußmann erhält den Auftrag, Graf Lanckoronski ein Angebot zu machen. Der Graf ist ein guter Verhandler: Er erhöht den Preis und überlässt ihnen dafür das gesamte

Inventar, samt einigen Wertsachen, die gesondert zu vergüten sind. Im Mai 1894 wird der Kauf abgeschlossen.

Fritz hat eine Absicht, von der Marga noch nichts weiß. *Dabei geschah etwas viel Größeres, das den vierzigjährigen Krupp und seine blitzartige Entschlußkraft, aber auch seine tiefe Liebe zu der Gattin so recht charakterisiert. Er kaufte in Baden Baden eine schöne Villa in wundervoller Lage und schenkte sie seiner Frau als Eigentum, (…) weil er ihr unter allen Umständen einen schönen und heiteren Witwensitz hinterlassen wollte.*[99] Kein Gesetz, kein Vormund ihrer Kinder, auch nicht die Kinder selbst sollen ihr diesen Besitz nehmen können, der ihr ganz allein gehört.

Schon ein halbes Jahr später, im Herbst 1894, verbringt Familie Krupp ihren ersten Erholungsurlaub in Baden-Baden im eigenen Haus. Dankbar schreibt Fritz an Finanzrath Gußmann:

In Meineck haben wir alles bestens vorgefunden. Meine Frau und ich erfreuen uns des hiesigen Besitzes und finden immer neue Schönheiten heraus. Änderungen und Reparaturen sind vorzüglich ausgefallen, in dem Inventar finden wir täglich neue, schöne Stücke, die zum behaglichen Aussehen wesentlich beitragen. Marx hat seine Sache ausgezeichnet gelöst, und von morgen an hoffen wir auch schon im Hause selbst uns ernähren zu können; bis jetzt laufen wir noch mittags und abends zu den Mahlzeiten in die Stadt, was auch ganz amüsant ist.

Auch Gäste haben wir schon: der erste Gast, Prinz Eduard von Anhalt, traf schon 4 Stunden nach unserer Ankunft hier ein. »Zwei glückliche Tage« haben wir hier schon verlebt, wir sind also den Hausbesitzern in dem bekannten Lustspiel über, und so hoffen wir aufrichtig, daß auch fernerhin wir noch viele glückliche Tage hier verleben werden. Daher werden wir natürlich auch oft Ihrer gedenken, dessen sorglichen Bemühungen allein wir dies zu verdanken haben; heute werden wir ein Glas auf Ihr Wohl trinken.
Bitte empfehlen Sie mich Ihrer Frau Gemahlin.
Meine Frau sendet Ihnen ebenfalls viele Grüße.
In herzlicher Verehrung Ihr F. A. Krupp[100]

Marga ihrerseits greift auch zur Feder und schreibt an ihre liebste Jugendfreundin einen Brief:

Meine liebe Gertrud!
Zunächst lasse mich Dir meine herzlichsten Glückwünsche zu Deinem
Geburtstage sagen, den wir in längst vergangenen Zeiten so oft ver-

Meineck, Ostern 1895
Fritz Krupp mit seinen Töchtern, Alice und Olive Moore aus Holyhead,
Irene und Elisabeth von Ende und Freunden

gnügt zusammen gefeiert haben, und den Du hoffentlich recht gesund
und zufrieden im Kreis Deiner Familie feierst. (...) Auch will ich die
Gelegenheit benutzen, ein gemüthliches Plauderstündchen mit Dir zu
halten und Deine Fragen nach unser aller Ergehen zu beantworten.
Nachdem ich voriges Frühjahr in rechter Sorge um meinen Mann
war, geht es ihm Gott Lob jetzt recht gut, nur sind leider die in jeder
Beziehung an ihn gestellten Anforderungen so groß, daß seine Gesund-
heit doch darunter leiden muß. Durch seine Wahl zum Reichstag ist
er jetzt natürlich noch mehr von Hause fort als früher schon, was mir
natürlich nicht sehr angenehm ist, und ihm auch noch mehr Arbeit
macht. Auf bestimmtes Verlangen des Arztes soll er aber mindestens
zweimal jährlich sich etwas Ausspannung gönnen und werden wir dies
wohl nun immer in Baden-Baden thun, wo mir mein Mann voriges

Frühjahr eine wunderschöne Villa geschenkt hat, die ich als mein Privateigenthum »Meineck« genannt habe, und wo wir im Herbst schon einige Wochen mit den Kindern zugebracht haben.[101] Die Familie, die

Englische Schwalben und deutsche Spatzen: Meineck, Ostern 1895
v. l. n. r.: Bertha und Barbara Krupp, Alice und Olive Moore

eigenen Kinder und die von Freunden, wie Alice und Olive Moore, deren Tante Margarethes erste Schülerin in Holyhead gewesen ist, außerdem nur ein kleiner ausgewählter Kreis von Freunden, das waren die Menschen, die Meineck bevölkern sollten.

Doch nicht nur die Familie Krupp genießt den Urlaub in Baden-Baden. Auch das Hügelpersonal, das sie dorthin begleiten darf, hat seinen Spaß, wie wir von unserer treuen Chronistin Kathrin F. erfahren. *Frau Krupp reiste jedes Jahr nach Baden Baden, dort hatte sie eine schöne Besitzung, Haus Meineck. Es war eine schöne Villa mit einem großen Park (…). Die Einrichtung war ganz herrlich. Im weißen Saal waren Elfenbein-Rokoko-Möbel mit Goldverzierung. Die Wände waren mit weinroter Renaissancemuster-Seide bespannt, in den Zwischenräumen waren Spiegel mit Meißener Porzellan-Etageren. In der Mitte des Salons standen drei große rote Sessel mit den Rückenlehnen*

aneinander, aus deren freiem Raum in der Mitte drei hohe Palmen
herausragten. Die Fremdenzimmer waren einheitlich in reizendem
Möbelkattun gehalten. Der Speisesaal war noch altertümlich mit Ker-
zenbeleuchtung. Haus Meineck steht auf einer Anhöhe. Vom weißen
Saal konnte man über die Stadt sehen und auf das herzogliche Schloß,
das auf der Anhöhe gegenüber liegt.

Frau Krupp nahm jedesmal, wenn sie nach Baden reiste, 15 Personen
mit. Um 7 Uhr morgens fuhren wir vom Bahnhof Hügel ab. Wir hatten
neue Reisekleider bekommen aus schwarzem Tuch und eine einfache
Reisekiste, mit schwarzer Tafelseide garniert. Ferner nahmen wir be-
legte Brötchen, Obst und Wein mit. (…) In Haus Meineck war die
Verpflegung noch feiner als in Hügel. Morgens um halb acht Uhr kam
ein 12jähriger Junge, mit roten Backen und schwarzen Augen, das Hüt-
chen keck auf dem Kopf, er war zum Malen. Er kam aus einem Dorf
hinter dem Merkur, dem höchsten Berg in Baden, zu Fuß eine Stunde
bergauf und eine Stunde bergab und brachte uns eine große Kanne
frischer Sahne zum ersten Frühstück. Dann kam der Milchbauer, der
sagte, auch wenn wir zu mehreren in der Küche waren: »Morgen, Herr
Chef.« Dann kam der Herr Prinzipal Wikersheim, derselbe nahm die
Bestellungen von Lebensmitteln entgegen und brachte uns jeden Tag
etwas mit zum Geschenk: Weintrauben, Most oder Torte. Nach ein
paar Stunden kam ein stämmiger Bursche und brachte die bestellte
Ware in einem riesigen Korb. (…)

Mittags um zwei Uhr erlaubte Frau Krupp, daß wir alle aus dem
Hause spazierengehen durften, damit wir die schöne Gegend kennen-
lernten. Es ging dann mit Gesang durch die Wälder und umliegenden
Dörfer. Die Mädchen erhielten von Frau Krupp jedes täglich 50 Pfen-
nig und die Männer 1 Mark für Ansichtskarten zu schreiben. Wenn
wir einkehrten, bezahlte der Hausmeister aus der Trinkgeldkasse, was
da verzehrt wurde. Mit Vorliebe besuchten wir das Jagdhaus, ein Aus-
flugsrestaurant mit großer Terrasse, mitten im Wald gelegen. Da gab es
nachmittags Sandtorte, und statt Kaffee stand eine große Karaffe Wein
auf dem Tisch. Auch zur Iburg gingen wir gern, es war eine Ruine.
Zuerst marschierten wir durch Buchenwald, dann machten wir eine
Kletterpartie, bis wir hoch oben waren. Hier hatte vor 100 Jahren ein
Raubritter Keller gewohnt, diese Sage erzählte uns der Hausmeister, als
wir dort oben in der Wirtschaft saßen beim Affentaler Rotwein, wozu

es Brot mit Schweizer Käse gab. Um 6 Uhr mußten wir zurück sein. Zwei vom Personal mußten nachmittags im Hause bleiben, wegen des Telefons und für den Fall, daß unerwarteter Besuch kam. Es war immer schön, wenn der Großherzog und die Herzogin nachmittags zum Tee kamen, in einem vierspännigen Viktoriawagen mit Lakai. Die Großherzogin war eine ältere Dame mit weißem Haar, darüber hing ein Spitzenschleier, und vorne auf dem Kopf trug sie ein Diadem. Der Herzog war ein stattlicher älterer Herr mit weißem Bart. (...)

An manchen Abenden hatten wir Kasinoabend, den wir in der Stube des Obergärtners Matz begingen. Über den Stallungen im Park (vier Pferde waren vom Hügel mitgenommen worden) lagen die Gesindezimmer, zu denen von außen eine Holztreppe über eine Veranda führte. Dort hatten die Kutscher und der Gärtner jeder ein Zimmer, die einfach eingerichtet waren. Beim Gärtner Matz sah das so aus: ein Bett, ein Tisch, dahinter eine Bank, ein Ofen, neben dem das Kaminholz lag, eine Konsole und zwei Stühle. Wir mußten dann sehen, daß wir jeder einen Sitzplatz bekamen. Vier saßen auf dem Bett, vier auf der Bank, ein Engländer war dabei, der setzte sich auf die Nachtkonsole, einer hatte Platz auf dem Kaminholz. Unsere Getränke hatten wir mitgebracht; wir hatten sie von der Mittags- und Abendmahlzeit gespart. Wenn wir alle Platz genommen hatten, leitete der Obergärtner den lustigen Abend ein mit ein paar Ländlern, die er auf einer Zither spielte. Wir sangen gemeinsame Lieder, erzählten lustige Geschichten und machten Spiele. Dazu tranken wir unseren Wein und freuten uns über den schönen Abend.

Wenn die Zeit nun zu Ende war und Frau Krupp abgereist war, blieb das Personal noch einen Tag im Haus. Es wurde aufgeräumt, wir packten unsere Sachen, und zum Abschiede verweilten wir noch ein Stündchen im weißen Saal. Die Herren Diener rauchten feine Zigaretten, die dort in kleinen Kästchen auf Tischchen vorhanden waren, ein Angestellter spielte am Flügel einen Walzer, und wir schwangen vergnügt das Tanzbein. Zum Abschied überreichte der Obergärtner uns Mädeln allen einen Blumenstrauß. (...) Dann fuhren wir vergnügt wieder nach dem schönen Hügel. Aber die ersten Tage auf dem Hügel gefiel es einem nicht mehr mit so vielen Menschen zusammen; in Baden Baden war eine herrliche Ruhe, keine Straßenbahn, keine Autos, nur zwei- und vierspännige Viktoriawagen.[102]

Entspannung, Vergnügen und Ausgelassenheit, frische Luft, gutes Essen und das ganz andere Leben als auf dem Hügel, das ist es, was alle an Meineck lieben. So entspannt, wie das Personal sich fühlt, so

Ausflug zu Rad, 15. 8. 1897, Baden-Baden
1. v. l. Fräulein Brandt, 5. v. l. Bertha Krupp, Fritz Krupp, ganz rechts Marga und Frau Moore

locker und unaufgeregt empfängt auch Marga ihre Besucher. Eingeladen sind nur die engsten Freunde und diejenigen Familienmitglieder, die ihr keine Last sind. Fritz empfängt seinen Freundeskreis in Sayneck, und die Verpflichtungen der Fabrik werden auf dem Hügel absolviert. Die Töchter Bertha und Barbara allerdings müssen auch in Meineck nach dem strengen Erziehungsplan ihrer Mutter leben. Nur ab und an gelingt es Fräulein Brandt, Margarethes strenge Konsequenz etwas zu mildern und ihren Zöglingen etwas mehr Spielraum zu verschaffen. Diese Taktik hat vor allem dann Erfolg, wenn Margas Lieblingsbruder Felix sich zu Besuch angesagt hat. Er bringt seinen Nichten immer etwas aus München mit, er bringt Margarethe zum Lachen und den ganzen Haushalt durcheinander. Diesmal präsentiert er Marga ein Gemälde für ihr Boudoir. Es heißt

»Klosterkatzen« und zeigt ein kleinen Jungen in Messdienertracht, der unter dem linken Arm eine dicke schwere Bibel trägt und in der rechten Hand das Weihrauchgefäß. An seinem Bein reibt sich eine dicke getigerte Hauskatze. »Siehst du, Marga«, sagt Felix im Beisein seiner beiden strahlenden Nichten zu seiner Schwester, »selbst den Novizen im Kloster ist ab und an eine Abwechslung erlaubt. Gleich wird der Junge seine dicke Bibel niederlegen und eine Weile mit der Katze spielen. Das tut beiden gut. Und danach geht es umso besser mit dem Studium der Theologie.« Marga durchschaut natürlich seine Strategie, aber da er sie schon immer um den Finger wickeln konnte, gibt sie nach: »Nun gut, dann geh nur mit Bertha und Barbara zum Tennisspielen. Fräulein Brandt kann die ausgefallene Schulstunde morgen nachholen.« Sie sieht den drei Ausflüglern nach und spürt selbst, dass sie manchmal zu streng zu den Töchtern ist. Aber wie anders sollen sie lernen, dass übergroßer Reichtum eher Verpflichtung ist als Privileg?

Freud und Leid mit der Familie (1890er-Jahre)

Zurück auf dem Hügel, gehen Margarethe und Fritz wieder ihren jeweils unterschiedlichen Pflichten nach. Auch die Töchter haben ihr eigenes Programm. Schon sind die schönen Tage von Meineck Vergangenheit, und es scheint Marga, als würden die Zeiten, in denen die Kinder das *Glück des längeren Zusammenseins mit Väterchen und Mütterchen*[103] genießen könnten, immer seltener. Wo immer die Familie sich befindet, sind auch die Abgesandten der Fabrik vor Ort, die Fritzens Versuche, sich zu entspannen, zunichte machen. Trotzdem liebt es Margarethe, Fritz auf seinen Reisen zu begleiten. *Umso dankbarer war ich,* so erinnert sie sich später, *wenn sich Gelegenheit bot, daß ich mich meinem Mann auf Reisen anschließen konnte, denn (…) ich hatte auf Reisen doch mehr von meinem Mann als auf dem Hügel in dem unruhigen Betrieb. Besondere Freude war es mir, als mit der Zeit die Kinder sich anschließen konnten und sich dadurch*

Gelegenheit für sie bot, in engere Beziehung mit ihrem Vater zu treten.
So habe ich viele schöne Erinnerungen an Teilnahmen an Bayreuther
Festspielen, Kieler Woche und Reisen, die mir nicht nur Schönes und

Hügel, Juli 1897, v. r. n. l.: Barbara, Bertha, Frl. Brandt, Margarethe und Gäste

Interessantes in Deutschland, sondern auch in Österreich, Belgien,
Holland, Italien, Dänemark, Norwegen etc. boten.[104]

Auf dem Hügel hingegen fühlt Marga, wie ihr Fritz entgleitet,
spürt, wie er sich in ihrer Gegenwart nicht mehr richtig wohlfühlt.
Nur das gemeinsame Zusammensein mit den Töchtern kommt den
harmonischen Stunden nahe, an die sie sich aus der Anfangszeit
ihrer Ehe erinnert. Irgendetwas stimmt nicht mehr zwischen ihnen. Eine tiefe Traurigkeit beginnt ihr Herz zu füllen, die sie durch
besonders diszipliniertes Verhalten und rigorose Pflichterfüllung
zu vertreiben sucht. Aber das gelingt ihr nicht. Und je strenger und
düsterer sie wird, umso weniger sucht Fritz ihre Gesellschaft. Ihr
scheint, er vermeide es, mit ihr allein zu sein, und suche die Stunden,
in denen das Beisein der Töchter oder von Freunden jede wirkliche
Intimität unmöglich macht. Margarthe findet keinen Trost bei dem
Gedanken, dass eine liebeleere kühle Ehe in ihren Kreisen etwas völ-

lig Normales ist. Was hat sie falsch gemacht? Warum zieht sich Fritz
immer mehr von ihr zurück? Geht sie ihm auf die Nerven, wenn sie
sich immer wieder um seine Gesundheit sorgt? Ist sie zu streng und
ernst geworden? Warum kann er nur noch im Beisein seiner engsten Freunde lustig und unbeschwert lachen, aber nicht mehr mit
ihr? Dabei ist er ihr nach wie vor ein rücksichtsvoller, freundlicher
Gefährte und Bertha und Barbara ein liebevoller Vater. Die dunkle
Wolke der Traurigkeit, die über ihr liegt, will nicht weichen, und je
länger sie grübelt, umso weniger sieht sie Licht.

Nur das gemeinsame Interesse an der Fabrik verbindet sie noch
immer innig mit Fritz, und die wenigen gemeinsamen Stunden, die
sie haben, sind ausgefüllt mit langen Gesprächen über seine Pläne
und Vorhaben. *Jetzt drängt es ihn zur Verwirklichung des großen
Projekts, die das Weiterblühen des Werkes erfordert, die Gründung des
Hüttenstahlwerkes Rheinhausen in Duisburg. Es soll das modern-
ste Werk werden, soll alle Erfindungen und Erfahrungen auf metal-
logischem und ökonomischem Felde berücksichtigen.*[105] Er lässt sie
teilhaben an seinen Überlegungen, wie sinnvolle soziale Arbeit bei
Krupp aussehen könnte. *»Es reicht nicht, den Leuten Arbeit und ein
Dach über dem Kopf zu bieten sowie eine gute Krankenversicherung«,*
erklärt er ihr, *»wir müssen auch etwas tun für ihre Bildung und die
Zukunft ihrer Kinder.«*[106] Sie versteht, dass seine Fürsorge über das
rein Soziale hinausgeht, dass es ihm um Humanität geht. Er will
nicht nur für Arbeit und das körperliche Wohl seiner Kruppianer
sorgen, sondern auch Geist und Seele Nahrung bieten. Sie beobachtet, wie er Baupläne zeichnet und Architekturskizzen macht, die
dann von den Fachleuten ausgeführt werden. So entstehen im Laufe
der 90er-Jahre die Arbeiterkolonien Friedrichshof und Alfredshof.

*Die Lieblingsschöpfung aber ist der Altenhof, eine Art echt deut-
schem kleinen Tuskulums für ausgediente Arbeiter und Witwen mit
zunächst 50 aus Wohnstuben und Kleinküchen bestehenden Wohnungen, alle zu lebenslänglicher Nutznießung. Und hier nistet förmlich die
humane Gesinnung, der Ausfluß reiner Mildtätigkeit, die unbewußte
Religion des Stifters. Eine gehaltene Stille und Friedlichkeit liegt über
dem Altenhof. (…) Ausblicke eröffnen sich hier ins Grün beschatteter
Plätze und durch ein gefällig geschweiftes Tor wieder in grüne Aussichten. (…) Unweit winkt im Grünen ein schmuckes Kirchlein. (…) Der*

Herr der Firma hat es besonders geliebt, in gestohlenen Viertelstunden seine alten Pensionäre zu besuchen, mit ihnen auf ihrem Bänklein vor der Tür zu sitzen und sich nach ihren Freuden und Leiden und Wünschen zu erkundigen. Die Alten kennen ihren Wohltäter nur so, freundlich, immer gut und keiner Klage taub.[107]

Doch die Wirklichkeit des Alltags ist nicht so harmonisch, wie es die beeindruckte Biografin Jahre später beschreibt. Besorgt beobachtet Marga, wie Fritz sich verändert. Er beginnt, sich gegenüber der Umwelt zu verschließen, im Umgang mit den Menschen seinem Vater zu ähneln. Er verkraftet die Verletzungen nicht, die ihm in der Öffentlichkeit zugefügt werden. *Er trug immer schwerer an den mit seinen Aufgaben verknüpften unvermeidlichen Widerwärtigkeiten, und die vielfachen Enttäuschungen, die er besonders an Menschen erlebte und in seiner Feinfühligkeit sehr schmerzlich empfand, verstärkten sein Bedürfnis nach Ruhe und Abgeschiedenheit.*[108] *Seine Nerven revoltieren, sein Wesen ist gedrückt, Folge seiner aufsteigenden Zweifel, denen er der Gattin gegenüber Ausdruck gibt, um sein körperliches Weiterkönnen. Weit schlimmer aber wirken die vielen Enttäuschungen an Menschen, die bösen Erfahrungen. Dieser redlichste und gütigste, der nie persönlichen Vorteils halber gehandelt, muß es erleben, daß die Lauterkeit seiner Motive Tag für Tag in der Presse verleumdet werden. »Krupp schreibt, um neue Lieferung zu erlangen, in Sachen Flottenvermehrung«, »Krupp empfiehlt behufs neuer Kanonenbestellung nachfolgende Veränderungen der Artillerie«.*[109]

Solche Artikel unterstellen, der Reichstagsabgeordnete Krupp sei identisch mit dem Lobbyisten Krupp, der das Interesse des Werks vor das Interesse des Reiches stelle. Fritz sieht da keinen Gegensatz. Er ist sich mit seinem Kaiser einig: Was Krupp nutzt, nutzt dem Reich, und umgekehrt. Marga dagegen wünscht sich, er würde sich wehren. Sie verweist auf sein großes Vorbild Bismarck, der allen Anfeindungen trotzte. Aber Fritz hat nie gelernt, auf politischem Feld zu kämpfen, und jetzt erweist er sich als dafür völlig ungeeignet. Hier tut sich eine Kluft zwischen den Ehepartnern auf, denn Marga, die sich in ihrem Leben alles hat erkämpfen müssen, glaubt nicht, dass Rückzug und Passivität die rechten Mittel seien, Verleumdungen zu begegnen. Da sie ihn liebt, versteht sie ihn jedoch, und umschreibt seine Haltung so: *»Es gibt ein Bild von Botticelli ›Die*

Verleumdung der Wahrheit‹, da steht sie in ihrer entblößten Frauen-
schöne stumm, die wehrlosen Hände gen Himmel gehoben, gegen ihre
Verleumder, anderes zu tun ist der verfolgten Reinen nicht gegeben.«[110]
Sie muss das akzeptieren, wenn es auch gegen ihr Gefühl geht. Aber
sie kann ihre Kritik nicht immer unterdrücken, und das führt zu
neuen Spannungen mit ihrem Mann.

Marga missbilligt auch die Unterstützung, die Fritz dem Sekretär
des Flottenvereins, dem Journalisten Schweinburg, angedeihen lässt,
der gleichzeitig die industriefreundliche Zeitung ›Berliner Neueste
Nachrichten‹ leitet. Er macht sich nach allen Seiten verhasst, und
mit ihm hasst man auch Friedrich Alfred Krupp, der sich öffentlich
und bedingungslos hinter ihn stellt. *Von allen Ahnungslosigkeiten,*
die Krupps arglose Seele in seinen letzten Jahren beging, war das viel-
leicht die Größte,[111] schreibt ein späterer Chronist. *Inzwischen hatte*
denn auch wirklich die große Hetze und Verleumdungskampagne
gegen Schweinburg begonnen, an der sich alle politischen Gegner der
Schwerindustrie, das Zentrum, die Juden, ja – man glaubt es kaum –
Tirpitz selbst und sein Reichsmarineamt gegen den Flottenverein,
gegen Schweinburg, im Grunde aber vielmehr gegen Krupp selbst
beteiligten.[112] Wieder einmal kann Marga im Gespräch mit ihrem
Mann ihre Kritik nicht zurückhalten, wieder einmal fühlt dieser sich
verletzt und von seiner Frau bevormundet.

Zwar kann er Schweinburg nicht in seinen Ämtern halten, doch
privat unterstützt er ihn auch weiterhin. Ihm ist immer noch nicht
klar, dass bei dem ganzen Skandal Schweinburg angegriffen wird,
das eigentliche Ziel aber er selber ist. Zumindest jetzt noch glaubt
Fritz Krupp, den zunehmenden Anfeindungen gewachsen zu sein.
Justitiar Korn schreibt in seinem Namen an den misshandelten
Journalisten: *Herr Krupp meint, es würde Ihnen zur angenehmen*
Beruhigung dienen, wenn er Ihnen sagte, daß er jetzt in den Zeitun-
gen noch schlechter behandelt würde wie Sie. Ausdrücke wie: elende
Krämerseele, Schuft, Hochverräter, Briefe mit Bedrohung des Nieder-
schießens etc. sind an der Tagesordnung. Auch verlangt die Braun-
schweigische Landeszeitung, daß er aus dem Flottenverein austritt, in
den nur Patrioten hineingehörten. Nehmen Sie diesen Trost freundlich
auf und glauben Sie mit uns, wie bald all der Lärm vergessen ist, der
heute die Gemüter erhitzt.[113] Doch dieser Humor ist Galgenhumor.

288 Unter Wilhelm II. – Das Reich von Friedrich Alfred Krupp

In Wahrheit leidet Fritz und wird der Politik müde. Er durchläuft seine Schule der Politik *gewiß mit einem niederbeugenden Ergebnis für seine ehrliche und friedliebende Natur. (…) Das Übermaß von Gewissenlosigkeiten, Hass und Gemeinheit im öffentlichen Leben, das Fehlen jeder anständigen Gesinnung im Kampf der Richtungen und Parteien so gut wie zwischen der Welt und dem Einzelnen in exponierter Stellung, erschütterten seinen Glauben an das Gute im Menschen.*[114]

Doch es sind nicht nur die politischen Erfahrungen, die seinen Glauben an das Gute im Menschen erschüttern. Nur Marga, Finanzrath Gußmann und Lieblingsbruder Felix wissen, dass auch im Familienkreis Spannungen entstanden sind, die Fritz belasten. Margas zahlreiche Verwandte haben keinerlei Hemmungen, sich des großen Reichtums ihres Ehemannes zu bedienen. »Ich schäme mich«, gesteht Marga in einem vertraulichen Gespräch Finanzrath Gußmann, »und es tut mir weh zu sehen, wie wehrlos Fritz den Attacken aus meiner Familie gegenüber ist. Was können wir tun, um zu verhindern, dass seine Gutmütigkeit weiterhin ausgenutzt wird?« Die Antwort ist entmutigend: »Nichts, gnädige Frau, können Sie tun. Nur versuchen, auf eine milde und diplomatische Art auf ihn einzuwirken, die erbetene Hilfe so sinnvoll wie möglich zu gewähren.« Gußmann, der neben den Firmenfinanzen auch die Verwaltung des privaten Vermögens des Ehepaares Krupp übernommen hat, fühlt, wie unangenehm Margarethe die Situation ist. »Am einfachsten wäre es womöglich, wenn Sie selbst bei Herrn Krupp gar nicht in Erscheinung träten. Wollen Sie diese unangenehme Aufgabe nicht Ihrem Bruder Felix überlassen? Er wird die Aufgabe sicher mit Takt und Liebenswürdigkeit meistern.« Wieder einmal hat sein diplomatisches Gespür ihn nicht getrogen. Felix übernimmt die undankbare Aufgabe und führt sie erfolgreich aus.

Ein besonders schwieriger Fall ist Margas Cousin Graf Felix von Königsdorff, der den gleichen Namen trägt wie sein Vater, der Lieblingsbruder von Margas Mutter Eleonore von Ende. Die Geldforderungen des Vaters hatten zu ehelichen Spannungen zwischen Margarethes Eltern geführt, die des Tunichtguts von Sohn belasten nun die Ehe Krupp. Fritz fühlt sich zur Hilfe verpflichtet, er scheut die üble Nachrede, die ihm entstehen könnte. Nun nimmt Felix von

Ende die Angelegenheit in die Hand. Am 2. August 1895 schreibt er an Fritz:

Es wird dich recht langweilen, aber ich glaube, es ist doch nothwendig, Dir in kurzen Umrissen den Verlauf der Königsdorffschen Angelegenheit zu skizzieren. Leider habe ich die verschiedenen Briefe nicht hier, so daß ich die Daten nicht angeben kann, und mich nur auf die Aufzählung der Thatsachen beschränken muß. Zunächst schickte ich Felix K. die von Dir erbetenen 500 Mark (etwa 6000 Euro) *nach Berlin, um seine Übersiedlung nach Königsberg zu ermöglichen. Hierauf vergingen fast zwei Monate, bevor ich wieder Nachricht erhielt, und zuvor machte mir jetzt Felix die Mittheilung, daß drei seiner Freunde, ein Graf Oerponcher, ein Graf Seidlitz und ein Bruder des letzteren, ein Baron Seidlitz, sich bereit erklärt hätten, ihm für zwei Jahre eine Zulage in der Gesamthöhe von 80 Mark* (etwa 960 Euro) *pro Monat zuzuwenden. Eine wiederholte Anfrage von mir, ob nun wohl auch einer der Freunde das Mandat übernehmen würde, die Gelder zu sammeln (dies war eine Bedingung, die ich Felix K. gestellt hatte, denn da er mir, besonders aber Dir als Hauptbetheiligten vollkommen fremd ist, legte ich besonderen Wert darauf, daß einer seiner Freunde hierdurch gewissermaßen gut für ihn sagte) blieb bis heute ohne definitive Antwort.*

Briefe, die ich von dem Grafen Oerponcher und dem Baron Seidlitz erhielt, lassen mich vermuthen, daß Felix seinen Freunden die ganze Angelegenheit nicht im richtigen Licht dargestellt hat. Ich schrieb daher an den Graf Oerponcher in sehr ausführlicher Weise und bat ihn, sich mit den anderen Herren darüber zu verständigen.

Für Juni, Juli und August schickte ich an Felix je 140 Mark (etwa 1680 Euro), *und zwar glaubte ich in Deinem Sinne zu handeln, wenn ich 100 Mark* (1200 Euro) *pro Monat auf Deine Rechnung stelle, und Hilmar und ich je 20 Mark* (240 Euro) *beisteuern. Siegfried hat eine Betheiligung abgelehnt. Da sich die Angelegenheit der Überweisung der Zulage nicht so gestaltet hat, wie ich hoffte, und ich in der Nichterfüllung dieser Bedingung – um mich milde auszudrücken – eine Absichtlichkeit vermuthe, so habe ich auch die monatliche Zulage von 140 M.* (1680 Euro) *für zwei Jahre vom 1. Juni 1895 an gerechnet nur bedingsweise zugesagt.*

Vor drei Wochen schrieb Felix K., Du hättest es ihm bei Gelegenheit einer persönlichen Begegnung in Berlin freigestellt, die 3000 Mark (etwa 36 000 Euro) betragenden Rechnungen an mich einzuschicken. Er fragt nun bei mir an, ob ich ihm das Geld schicken wollte, oder ob ich die Rechnung haben wollte. Ich verwies ihn daraufhin auf Dein erstes Schreiben in dieser Angelegenheit, in dem Du es zur ausdrücklichen Bedingung machst, daß er Dir die Namen seiner Gläubiger angeben soll, woraufhin du ihnen direkt die Beträge zusenden würdest. Hiernach entspreche es zweifellos Deinem Wunsch, daß auch ich die Angelegenheit in dieser Form erledige. Bis heute erhielt ich die Rechnung noch nicht. Überhaupt ist Felix so lässig in der Erledigung seiner Angelegenheit, daß ich verschiedentlich in meinen Briefen recht deutlich werden mußt. Leider mit wenig Erfolg.[115]

Auch weiterhin macht Felix Königsdorff munter Schulden im Vertrauen darauf, sein reicher Verwandter werde sie bezahlen. Und trotz aller Versuche, ihn daran zu hindern, geht seine Rechnung auf. Mit Bitternis registriert es Margarethe. Ihr ältester Bruder Siegfried, der sich weigert, den gierigen Vetter zu unterstützen, berichtet ihr, was die Brüder Felix und Hilmar ihr taktvoll verschweigen. »Er nimmt alle Hilfe von Fritz in Anspruch, und dann geht er zu seinen Kumpanen und erzählt, wie knickerig und knauserig Krupp doch sei. Schließlich, was seien 1000 Mark (etwa 12 000 Euro) für einen Mann seines Vermögens schon. Und dann spielt er weiter, kauft in Berlin großartig ein und denkt gar nicht daran, dieses Lotterleben zugunster ernsthafter Arbeit in Königsberg aufzugeben.« Siegfried, der Korrekte, ist empört. »Wenn alle Stricke reißen und selbst dein großzügiger Mann ärgerlich wird, dann spielt er den Kranken.« Margarethe weiß, wie hilflos sie in dieser Angelegenheit ist. Sie hat Einfluss auf ihre Geschwister, kann verhindern, dass diese Fritz zur Last fallen, aber bei Felix Königsdorff, über den ihre Mutter ihre schützende Hand hält, ist sie machtlos. Eleonore sorgt dafür, dass sich Fritz und Felix Königsdorff auf Familientreffen begegnen, wo Fritz dann stets mit neuen Forderungen des ewigen Pleitiers belästigt wird. So gehen die Dinge weiter ihren Gang. Fritz schreibt an Felix von Ende, dieser an Felix Königsdorff, und am Ende zahlt Krupp doch, ohne dafür irgendwelche Dankbarkeit oder Anerkennung zu bekommen.

Im Dezember 1895 reißt Felix von Ende die Geduld. Vor einem

halben Jahr erbat der missratene Vetter von Fritz Krupp 300 Mark (etwa 3600 Euro), nun sind daraus fast 4000 Mark (48 000 Euro) geworden, ganz zu schweigen von den laufenden monatlichen Zahlungen in ebenfalls nicht unbeträchtlicher Höhe.

»Lieber Vetter«, schreibt er Weihnachten 1895 an Felix Königsdorff. *Mein Schwager schickte mir Deinen Brief vom 17. d. Mts. hierher. Aus einer Randbemerkung, die er zu dem Schreiben gemacht hat, geht hervor, daß er von Deiner Eröffnung betreffs der beiden Wechsel sehr unangenehm berührt ist, denn die Ausrede Deinerseits, Du habest es nur vergessen, bei früherer Gelegenheit davon zu sprechen, ist doch wohl zu durchsichtig. – Ich für meinen Teil kann mir nicht versagen, Dir mein Erstaunen auszudrücken, denn als ich damals in München Deine Verhältnisse mit Dir besprach, sagtest Du mir, Deine dringenden Verpflichtungen betrügen etwa 200 bis 300 Mark. Inzwischen war die Summe meinem Schwager gegenüber auf 3000 Mark angewachsen, und jetzt kommen noch diese Wechselschulden dazu. Ich gebe ja zu, daß ich Dein Vertrauen nicht beanspruchen kann, aber auf die Zuverlässigkeit Deines Karakters wirft ein derartiges Verhalten gewiß kein gutes Licht, und nur in der Voraussetzung, daß man sich auf Dich verlassen könnte, hat mein Schwager Dir seine Hilfe zugesagt. Ich habe bisher diesen Punkt nicht zur Sprache gebracht, weil ich Rücksicht auf Deinen Gesundheitszustand nahm, aber so wie die Verhältnisse liegen, ist es das Richtige, Dir klaren Wein einzuschenken. Für diesmal wird Dir mein Schwager die erbetene Summe noch gewähren, sollten sich aber diese Art Eröffnungen wiederholen, so werde ich ihn dringend bitten, seine Hand ganz von Dir zurückzuziehen: selbstverständlich würden dann auch Hilmars und meine Zuschüsse aufhören. – Deine Gläubiger veranlasse, sich direkt an mich zu wenden. (…) Um die Summe noch einmal anzuführen, so habe ich die Vollmacht von meinem Schwager, 3000 M. (36 000 Euro) Rechnungen für Dich zu bezahlen, ferner 620 Mark (7440 Euro) Wechselschulden. Auch Deine Wertsachen will mein Schwager einlösen, und erwarte ich die Pfandscheine hierüber. – Um weiteren Einwänden vorzubeugen, will ich Dir noch sagen, daß dies die einzige Form ist, in der Dir Hilfe gewährt wird, das Geld selbst bekommst du unter keinen Umständen in die Hand.*[116]

Es sind harte Worte, die da gewechselt werden zwischen den beiden Vettern. Die Folgen davon spürt Margarethe sofort. Die von

Ende'schen Familientreffen, die ihre Mutter organisiert, werden immer spannungsreicher. Fritz zieht sich zurück und erscheint nicht mehr, umso mehr ergießt sich der Zorn ihrer Mutter über sie. Mit der alten Arroganz und dem ererbten adligen Hochmut erwartet Eleonore, dass Margarethe ihre alten Wertvorstellungen übernimmt. Dazu gehört die Überzeugung, auch nichtsnutzige und spielsüchtige männliche Familienmitglieder hätten Anspruch auf jede Art von finanzieller Hilfe seitens der vom Schicksal begünstigten Tochter.

Margarethe sieht nur noch den Ausweg, den Hügel und Meineck immer mehr zum Schauplatz des von Ende'schen Familienlebens werden zu lassen. Hier ist sie die Hausherrin und kann bestimmen, wer kommen darf und wer nicht. Ihre geheime schwarze Liste führt Felix Königsdorff an, aber auch zwei alte Tanten Pritzelwitz, ebenfalls aus der Familie ihrer Mutter, gehören dazu. Sie schreiben direkt an Fritz, unter Umgehung von Marga, die von dieser unangenehmen Sache wieder einmal nur indirekt erfährt und Fritz darauf ansprechen muss. Sie sitzt ihm an seinem Schreibtisch gegenüber, und er reicht ihr den Brief kommentarlos zu.

Im Vertrauen auf die verwandtschaftlichen Gefühle, die Sie, sehr geehrter Herr, für die Verwandten Ihrer Frau Gemahlin hegen, und auf ihre vielgepriesene Großmut, wagen wir diese Zeilen an Sie zu richten. Am 6. April d. J. starb unsere geliebte Mutter Julie von Pritzelwitz nach langem Leiden. Unser teurer Vater, Adolf von Pritzelwitz, seit 1876 im Badischen Train Bataillon Nr. 14 starb im Jahr 1883 als Rittmeister. Vier verwaiste Kinder blieben zurück. Der einzige Sohn dient als Lieutnant im V. Badischen Infanterie Regiment Nr. 143, eine Tochter ist verstorben. Wir beiden Unterzeichneten blieben bei unserer Mutter, teils um sie in ihren langjährigen Leiden zu pflegen, teils um das fast ausschließlich im Witwengehalt und einer kleinen Leibrente bestehende Einkommen durch den Ertrag erteilter Klavierstunden etwas zu erhöhen.

Da jetzt die eben genannten Einnahmen in Wegfall kommen, so sind wir auf den Ertrag aus unserer Hände Arbeit und aus den Klavierstunden angewiesen, der nach den jetzigen Verhältnissen ein derart geringer ist, daß wir unser Leben nicht damit bestreiten können. Wir wollen nun den Versuch machen, den kurz vor ihrem Tode ausgesprochenen

Wunsch unserer seligen Mutter, der uns auch Herzenswunsch ist, uns und unseren Geschwistern ein Heim zu erhalten, indem wir Pensions-gäste nehmen und die Zahl der bisher erteilten Unterrichtsstunden zu erhöhen suchen. Auch selbst wenn sich unsere Pläne in Ausführung bringen lassen, wird eine Existenzmöglichkeit sehr in Frage gestellt. Sollten Sie, hochverehrter Herr Kommerzienrat, vielleicht in Rücksicht auf unsere verwandtschaftlichen Beziehungen zu Ihrer Frau Gemahlin geneigt sein, unsere Lage durch gütige Gewährung einer Unterstützung zu erleichtern, so dürfen wir vielleicht noch eine Bitte vortragen.[117]
Bis hierher erscheint Margarethe die Geschichte glaubhaft, denn sie weiß von diesem badischen Familienzweig. Aber war da nicht auch eine wohlhabende Tante, die den beiden jungen Frauen helfen könnte?

Da es naheliegt, daß Sie in gegebenem Fall auch von anderer Seite Erkundigungen über unsere Verhältnisse einzuziehen gesonnen wären, so möchten wir Sie ersuchen, sich zu diesem Zweck an den in Ihren Diensten stehenden Herrn Lauter zu wenden. (…) Wir möchten für jeden Fall bitten, sich nicht auskunftshalber an unsere Verwandten zu wenden. Die Schwester unseres Vaters, Johanna von Pritzelwitz, hat es übernommen, unserem Bruder die bisher von Haus erhaltene Zulage zu geben, und würde auch sie gewiß gern etwas für uns thun, wenn ih-rer Güte nicht die Grenze des eigenen Könnens anerkennen müßte. Sie würde uns diesen Schritt, der uns selbst ja so unaussprechlich schwer wird, nie verzeihen, und bitten wir deshalb noch einmal recht herzlich, niemand von unseren Angehörigen von unserer Bitte in Kenntnis zu setzen. (…) Zum Schluß möchten wir nochmals um Verzeihung bit-ten, daß auch wir Ihre Großmut in Anspruch zu nehmen versuchen, an die gewiß schon die größten Anforderungen gestellt wurden.

In der Hoffnung, diese Zeilen nicht vergeblich an Sie, hochverehrter Herr, gerichtet zu haben, unterzeichnen wir uns in größter Hochach-tung als Ihre ganz ergebenen Anna und Agnes von Pritzelwitz, Karls-ruhe B., Kantstr. 29a, 4. Mai 1893[118]
Fritz und Marga sehen sich an. »Da stimmt etwas ganz und gar nicht«, empört sich Marga, »warum sollen wir uns um die beiden kümmern, wenn es die Tante nicht tut, die ihnen doch viel näher steht? Und arm ist diese Tante nicht, da lügen die beiden. Ich bitte dich, schreib ihnen ab. Ich werde mich in jedem Fall erkundigen,

aber eins ist schon sicher: Diese Geschichte stimmt so nicht.« Fritz schreibt einen Absagebrief, auf den keine Antwort mehr erfolgt. Marga hält lockeren Kontakt mit den beiden: Zwanzig Jahre später, während des Ersten Weltkrieges, erbitten sie wieder finanzielle Hilfe, wieder mit falschen und halbwahren Angaben. Die angeblich mittellose Tante hinterlässt beiden nach ihrem Tode eine beträchtliche Summe, die aber die Schulden der beiden nicht abdeckt. Marga wird in dieser Zeit das Nötigste veranlassen, bis auch ihr die große Inflation die Möglichkeit zu helfen nehmen wird.

Heute weiß das Ehepaar Krupp noch nichts von dieser Zukunft. »Nimm es nicht zu schwer, Marga«, sagt ihr Mann, »deine Brüder, deine Schwestern, sie alle bringen uns doch Fröhlichkeit auf den Hügel. Ich möchte sie nicht missen. Was sollten wir denn ohne deinen Bruder Felix tun, der uns so sehr bei der Einrichtung unseres Hauses hilft? Sieh, lies diesen weitaus erfreulicheren Brief von Felix, du wirst überrascht sein und dich freuen.« Marga weiß schon, dass Felix wieder eine gute Idee für die Umgestaltung des Hügels haben wird, und so ist es auch. Er schreibt: *Kurz vor meiner Abreise aus München hatte ich Gelegenheit, bei Bernheimer eine Serie von 4 Gobelins zu sehen, die mir besonders im Ton gut gefallen haben und die sich – glaube ich – sehr gut zur Dekoration der oberen Halle eignen würden. Dazu kommt, daß der Preis (11 500 Mark[119]) (138 000 Euro) nicht hoch ist. Bedenken habe ich nur wegen den Darstellungen der Erschaffung der Welt, bei der ja der gute Adam nun einmal eine Hauptrolle gespielt hat. Die drei kleineren Gobelins denke ich mir in die Felder über den Kaiserbildern und der eine größere als Dekoration resp. Vorhang auf eine der Galerien. Bernheimer hat die Sendung per Eilfracht an Dich abgeschickt, und bittet Dich, falls Du nicht darauf reflektierst, ihn dieselbe bis etwa 15. Januar zurückzuschicken. Wenn die Gobelins auch bei der ersten Besichtigung nicht Deinen Beifall finden, so lasse sie bitte doch provisorisch an die Wände aufhängen, damit Du siehst, wie sie im Ton wirken und ob überhaupt Gobelins das Richtige für diesen Zweck sind. Selbstredend bist Du in keiner Weise verpflichtet, im Gegentheil, Bernheimer versicherte mir ein über das andere Mal, der Gedanke, daß Du etwas nehmen könntest, was Dir nicht besonders gut gefiele, würde ihn ganz unglücklich machen.[120] Unser Schwiegervater kam aus Dortmund zurück und brachte uns von Euch Lieben so gute*

Nachrichten. Er war ganz entzückt von der reizenden und herzlichen Aufnahme, die ihr ihm wieder bereitet habt. Die Bilder im Eßzimmer haben ihm sehr gut gefallen und hörte ich von ihm, daß auch Du, lieber Fritz, fortgesetzt Freude daran hast.[121] Das stimmt, denkt Marga, die Bilder im Esszimmer gefallen ihnen beiden gut. Sie sind so heiter, so italienisch, so fröhlich, dass sie dem eher dunklen Esszimmer neues Leben und mehr Fröhlichkeit verleihen. Felix ist inzwischen ein anerkannter Künstler, der in München und Berlin gut verkauft. Trotzdem wartete er nervös auf das Urteil seines Schwagers und Kunden Fritz Krupp. Erleichtert und erfreut schreibt er jetzt dankbar: *Dies führt mich dazu, Dir nochmals herzlich für das Vertrauen zu danken, das Du in mich gesetzt hast, indem Du mir eine Aufgabe stelltest, deren*

Hügel, Juli 1887, Bertha und Barbara mit Fix und Fox

Lösung ich mir selbst nicht zugetraut hätte, und wirst es richtig verstehen, wenn ich auf mich das Zitat verwende: Es wächst der Mensch mit seinen höheren Zielen.[122]

Als Marga an diesem Abend in Gesellschaft ihrer beiden Töchter samt deren Hündchen Fix und Fox den gewohnten Abendspaziergang durch den Park macht, fühlt sie zwar immer noch die Last der Verantwortung, die Sorge um Fritz und ihre Ehe, aber auch eine innere Heiterkeit, für die sie ihrem Bruder von Herzen dankbar ist.

Es wird schön werden, denkt sie, wenn Felix mit seiner jungen Frau Elisabeth im Herbst wieder nach Meineck kommen wird. Sie hat Elisabeth in ihr Herz geschlossen, und das mit gutem Grund. Denn auf dem Hügel hat Felix seinen zukünftigen Schwiegervater Gustav Hartmann kennengelernt und in Margas Salon dessen älteste Tochter Elisabeth. Es war Liebe auf den ersten Blick, und der sonst so unstete kleine Bruder hat lange und dauerhaft um sie geworben. Papa Hartmann, der mächtige Chef der Dresdner Bank, war nicht begeistert von der Idee, seine Tochter einem mittellosen Münchner

Theateraufführung zu Fritz Krupps Geburtstag am 17. 2. 1901
V. l. n. r. Trinidad Fuentes, Bertha, Elisabeth von Kretschmar und Barbara

Maler zur Frau zu geben. Erst Margas und Fritzens Fürsprache brach seinen Widerstand, weil sie ihn überzeugen konnten, dass Felix seiner Frau ein standesgemäßes Leben würde bieten können. Die Hochzeit im Elternhaus der Braut wurde im Frühjahr 1891 in Dresden gefeiert, und der Brautvater ging so weit, milde zu bemerken, die beiden Herzen seien eben doch ganz füreinander bestimmt. Und damit hat er recht behalten, denkt Marga, denn die beiden sind auch nach mehreren Jahren Ehe immer noch sehr glücklich miteinander.

Fritz und Felix sind im Laufe der Jahre Freunde geworden, und Marga ist dankbar dafür, dass Fritz die Bilder von Felix genauso schätzt wie sie selber. Und sie ist auch dankbar für Felix' Vermittlertätigkeit im Ankauf der Kunstwerke und Gemälde, die sie und Fritz nach und nach für den Hügel anschaffen, um ihn immer mehr

zu ihrem eigenen Heim zu machen. Felix, das weiß sie, wird sie vor
betrügerischen Kunsthändlern und unangebrachten Preisforde-
rungen schützen. Bei alledem ist er immer heiter und frohgemut,
bringt jugendliche Leichtigkeit in den behäbigen Hügelbetrieb, genauso wie sein jüngerer Bruder Hilmar oder die jüngste Schwester
Irene.

Wie schön war die Hochzeit, die Fritz und Marga ihrem jüngsten
Bruder Hilmar auf dem Hügel ausgerichtet haben, in dem gleichen
Jahr, in dem auch Felix heiratete. Und jetzt, Margarethe sieht auf die
auf- und niederwippenden Schöpfe ihrer Töchter hinab, die mit den
Hunden um sie herumtollen, jetzt wird Irene Roderich von Roeder
heiraten. Bertha und Barbara sind schon ganz aufgeregt, sie werden
die Blumen streuen und erleben zum ersten Mal eine Hochzeit aus
allernächster Nähe. Margarethes Stimmung steigt, und sie fühlt ihre
alte Energie zurückkehren. Fritz hat recht, denkt sie und nimmt sich
fest vor, sich nicht über die unangenehmen Familienmitglieder zu
ärgern, sondern sich lieber vor Augen zu halten, wie sehr der stete
Strom von Ende'scher Verwandtschaft das Haus auf dem Hügel mit
Leben und Fröhlichkeit erfüllt.

Margarethe und das Meer (1890er-Jahre)

Der Hügel ist wieder einmal übervoll mit Sommergästen. Es summt
und brummt überall, an der Mittagstafel versammeln sich zumindest 50 Personen, und Margas Tag ist voller Gastgeberinnenpflich-
ten. Aber die Gäste strengen sie nicht an, die meisten kommen aus
dem Familien- oder engeren Freundeskreis, und Marga ist dankbar
für die gute Ausrede, die sie ihr bieten, ihren Mann nicht nach Kiel
begleiten zu müssen. Sie sitzt auf der besonnten Terrasse, das leichte
weiße, weit geschnittene Baumwollkleid umspielt ihren Körper locker und bequem, und über die Kaffeetasse hinweg blickt sie auf die
bunten Beete des oberen Gartens. Das muntere Geplauder um sie
herum stört ihre Gedanken nicht, die zu Fritz wandern.

Er hat dieses Jahr eine Menge Ärger gehabt in Berlin. Es gab Auseinandersetzungen mit dem Kriegsministerium, und der Kaiser hat Krupp nicht so, wie Fritz sich das vorstellte, unterstützt. Doch Seine Majestät hat einen Weg gefunden, dies auszugleichen und Fritz sein Wohlwollen zu beweisen. 1894 hat er Fritz Krupp zum ersten Mal eingeladen, bei ihm auf der Kaiserjacht Meteor die Regatten der Kieler Woche zu erleben, bei denen der Welt schönste und schnellste Segeljachten teilnehmen. »Natürlich nur, wenn Sie die Seefahrt vertragen«, meinte Wilhelm II., als er die Einladung in Berlin aussprach, die auch Margarethe ausdrücklich einschloss. Aber sie hatte nicht den leisesten Wunsch, dieser Einladung Folge zu leisten, und sie ist sicher, dass der Kaiser ihre Abwesenheit kaum bemerken wird.

Marga denkt mit Schaudern an einen Tag in der wogenden Dünung der Nordsee, an die Bewegungen des Schiffes und den schwankenden Horizont. Schon beim Gedanken daran wird sie seekrank. Fritz hingegen liebt die See, liebt die Stunden auf den Schiffen, die seine Leidenschaft sind. Er hält sich immer eine Jacht in Kiel, die er meist in England kauft oder bauen lässt, sehr zum Ärger von Seiner Majestät, der findet, deutsche Schiffe müssten deutsche Werften bauen. Fritz hört sich die Schelte geduldig an und tut danach doch, was er will.

Jedes Jahr gönnt er sich nach den anstrengenden Tagen in der kaiserlichen Nähe eine Nordlandfahrt. Zuerst auf einem gecharterten Schiff, dann auf der eigenen Jacht Rona, später auf der Puritan. Sie hat wie alle seine Schiffe genug Platz für Familie und Freunde. Aber Marga nimmt so selten wie möglich an diesen Fahrten teil. Trotz aller ihr eigenen Disziplin, trotz allen guten Willens gelingt es ihr nicht, Seereisen zu genießen. Sie wird seekrank und fühlt sich durch die räumliche Begrenzung eingeengt und unwohl. Nein, Seebeine werden ihr keine wachsen, das haben auch die Freunde erkannt und eingesehen, dass sie Fritz auf diesen Fahrten nicht begleiten will.

Nur eine einzige Schiffsreise machte ihr Freude. Das war im Sommer 1895, als sie und Fritz mit der Rona Teil der Flotte geladener Gäste bildeten, die hinter der kaiserlichen Jacht durch den Kaiser-Wilhelm-Kanal fuhren. Es war der Tag der Einweihung dieses Kanals, der die Nord- mit der Ostsee verbindet. Auch dies Ereignis fand während der Kieler Woche statt und wurde nach einem Staatsakt in Kiel am Abend mit einem großen Ball gefeiert. Margarethe erinnert sich dieses schönen Balles genau. Ihre Tanzkarte war gut gefüllt,

v. Stuckrad und Fritz Krupp »L'union fait la force«, Rona, Norwegen, Juli 1895

und es war eine der wenigen Gelegenheiten, an denen sie gänzlich beschwingt und gelockert bis zum frühen Morgen getanzt hat.

Trotz des öfteren Unwohlseins denkt Margarethe gerne an die sich an die Eröffnung des Kaiser-Wilhelm-Kanals anschließende Nordlandfahrt zurück, allerdings nicht so gern, dass sie die Erfahrung wiederholen möchte. Die Reise mit Fritz nach Norwegen unternahmen sie auf der Columbia der Hamburg-Amerika-Linie. Da es sich um ein großes Schiff handelte, das nicht allzu sehr auf den Wellen schaukelte, litt Marga kaum unter der Reise. In Norwegen schifften sie sich auf ihrem Dampfer Rona ein und fuhren entlang den Fjorden immer nach Norden bis zum Polarkreis und noch weiter.

Es war eine muntere Runde, die Fritz um sich versammelt hatte, darunter Fritzens Leibarzt Dr. Schweninger, dem Fritz manchmal scherzhaft vorwirft, ihn wegen eines anderen prominenten Patienten, Fürst Bismarck, zu vernachlässigen. Für gute Stimmung auf

dieser Reise sorgte Admiral Friedrich von Hollmann, von seinen
Freunden auch Hollmännchen genannt, Staatssekretär des Reichs-
marineamtes mit Zugang zu Seiner Majestät. Auch er gehört zu Fritzens und Margas engen Freunden, denen sie lebenslang verbunden
bleiben. Am 5. Juli 1895 passiert die Rona mit ihren Passagieren den
Polarkreis. Kapitän Mathew organisiert ein zünftiges Neptun-Fest,
bei dem jeder Passagier von dem anwesenden Gott des Meeres auf
einen Spitznamen getauft wird. *Weil vom Fischland ist die Rede, tauf
ich dich heute Margagräte,* heißt es bei Marga, als ihr feierlich ein
kleiner Papphummer am Bande überreicht wird. Auch Fritz erhält
eine Auszeichnung: *Den Owner tauf ich Bubi sogleich, und verleih
dir das Großkreuz aus meinem Reich.* Und Dr. Schweninger wird
unter Anspielung auf seinen dunklen Teint und seine schwarze
Haarpracht auf den Spitznamen »Mohr« getauft.

Auf dieser Reise fällt Margarethe zum ersten Mal auf, wie kind-
lich sich ihr Mann manchmal benimmt. Es scheint, als wolle er die
unbeschwerten Albernheiten nachholen, die ihm als Kind nicht
erlaubt waren. Merkt er denn nicht, wie lächerlich das wirkt bei
einem Mann in seiner Position und in seinem Alter? Merkt er nicht,
wie peinlich die übertriebene Herzlichkeit wirkt, mit der er dem
Personal der Jacht begegnet? Sieht er nicht, wie sich die Mundwinkel
verächtlich senken, wenn er sich – Späße machend – wie ein Kind
auf dem Sandkastenplatz gebärdet? Sie selbst, das weiß Margarethe,
ist zu ernsthaft geworden, ist das Opfer von Schwermutsanfällen, die
sie ab und an befallen. Eine Spielverderberin nennt Fritz sie und hält
sich von ihr fern, so weit das auf dem beengten Raum des Schiffes
möglich ist. Wieder einmal fühlt Marga, wie er sich innerlich immer
weiter von ihr entfernt, und das trübt ihre Freude an der Reise und
der anregenden Gesellschaft.

Der Nachmittag ist vorgerückt, als sie aus ihren Gedanken erwacht
und sich wieder besinnt, dass sie sich nicht auf der Nordsee, sondern auf der Terrasse des Hügels befindet. Die Abendsonne taucht
die beiden Pavillons, die den Abschluss der oberen Gartenterrasse
bilden, in mildes Licht. Glyzinien ranken sich um die Pergolen, und
an der in den unteren Garten führenden Treppe tauchen ihre beiden
Töchter mit Fräulein Brandt auf. Artig küssen sie ihre Mutter auf die
Wange, dann führt Fräulein Brandt sie herum, damit sie die Gäste

begrüßen. Dieser Pflicht ledig, sausen die beiden davon, um auf ihren Fahrrädern wiederzukommen und auf der Terrasse Slalom zu fahren.

Gerade als Marga sich von ihrem Liegestuhl erheben will, sieht sie Eberhard Fraas auf sich zu kommen. Marga mag den jungen Mann, der inzwischen fast zur Familie gehört und ihrer Schwester Irene in den letzten Jahren ein guter Freund und Kamerad gewesen ist. Seit mehreren Jahren schon kümmert der junge Wissenschaftler sich um Fritzens Naturalienkabinett. In diesem Kabinett befindet sich die reichhaltige Sammlung von Mineralien und Fossilien, die Fritz im Laufe seines Lebens gesammelt hat. Die Anfänge dieses kleinen Museums fallen noch in Alfred Krupps Zeit. Erst Fritz sorgt dafür, dass es erweitert, geordnet und wissenschaftlich erschlossen wird. Schränke werden beschafft und der Sammlung ein würdiger Platz in der alten Bibliothek, einem ehemaligen Wirtschaftsgebäude des Klosterbuschhofs, gegeben, sehr zum Verdruss des Zimmermädchens, das sich um diese »Staubfänger« zu kümmern hat. *Fraas bleibt nun einige Jahre mit Eifer und Erfolg tätig bei Krupp. Er sendet laufend genau bestimmte Funde mit der Bitte, Krupp möge sie doch nach den beigegebenen Anweisungen selbst einordnen, um sich dadurch in die Materie hineinzufinden. Er bleibt aber daneben so fleißig in seinen Examensarbeiten, daß er bald recht ehrenvolle Aufträge des Münchener Museums und des Würtembergischen Landesamtes, im Winter sogar nach Neapel an die Deutsche Zoologische Station erhalten hat. Fraas vergaß niemals für Krupp weiterzusammeln und sein Museum durch wertvolle Stücke, wie Ichthiosaurus, Teleosaurus, Seelilien und andere Seltenheiten zu bereichern.*[123]

Auch bei seinem jetzigen Besuch ist Eberhard Fraas mit einigen Holzkisten voller Sammlerstücke auf den Hügel gekommen. »Ich freue mich von ganzem Herzen, dass Sie so gute berufliche Fortschritte machen. Es dauert nicht mehr lange, und ich werde die Freude haben, Ihnen zur Professur gratulieren zu dürfen«, begrüßt sie ihn, »und ganz besonders freut mich, dass Sie sich mit Herrn Dohrn von der Zoologischen Station in Neapel so gut verstehen. Bitte erzählen Sie mir doch, wie sich die Dinge dort entwickelt haben.« Fraas lässt sich nicht zweimal bitten. Er berichtet ausführlich über das Institut, das Anton Dohrn in Neapel eingerichtet hat. »Sie wissen ja, dass Professor Dohrn aus einem vermögenden Hause kommt. Er und seine Familie haben die Mittel aufgebracht, die es erlaubten, die Station 1873 zu eröffnen. Und von da an hat sie sich immer mehr erweitert. Sie wissen sicherlich auch, gnädige Frau, wie viel internationale Anerkennung der offene und freie Wissenschaftsbetrieb der Zoologischen Station gefunden hat. Jedenfalls gibt es jetzt ein ganzes Netz von wissenschaftlichen Gesellschaften überall auf der Welt, die nach Professor Dohrns Modell arbeiten. Denken Sie nur an das berühmte Rockefeller Institute for Medical Research in Amerika.«[124] Margarethe spürt seinen Enthusiasmus, als er von den Begegnungen in Neapel mit berühmten Wissenschaftlern und begabten Studenten berichtet, auch humorvoll von dem Treffen mit dem eher galligen Professor Dohrn. »Es gibt eine lange Vorgeschichte zu der Verbindung meines Mannes mit der Zoologischen Station in Neapel, die sogar meinen Schwiegervater einschließt«, erklärt sie ihm.

Wohlweislich schweigt sie sich über die genaueren Umstände aus, denn wie soll sie Eberhard Fraas, der sich mit Haut und Haaren der Wissenschaft verschrieben hat, den Brief erklären, den sie in Alfred Krupps Nachlass gefunden hat. Anton Dohrn bat ihn in den 80er-Jahren um finanzielle Unterstützung bei der geplanten Erweiterung des Instituts, doch dabei geriet er an den Falschen. *Recht interessant und zur Bewunderung auffordernd ist solch' ein Studium. Aber welchen Zweck kann es anders haben als Zeitvertreib unter dem edlen Titel der Huldigung der Wissenschaft. Was nützt die Kenntniss von all' dem wunderbaren Gequalster im Hafen von Genua oder Neapel. Der Schöpfer selbst weiß es allein, und wir werden schwerlich dahinter kommen. Es gränzt ein wenig an Vermessenheit, ihn so weit in seinen Zwecken verfolgen zu wollen; aber der Mensch ist ein gar eitles Thier. Der Nimbus der Gelehrten tut so wohl. Diese Studien gehen noch über die verschwenderischen Ausgrabungen aller imaginärer Schätze von Sculpturen, Schmuck, Leichen und Aschenkrügen. Wenn solche Capacitäten für die Entwicklung benutzt würden in Kunst, Gewerbe und Landeskultur, so würde das segensreicher sein. Aber dann fehlt der Nimbus des Gelehrten.*

d. 15. Nov. 80, Alfred Krupp
Schade für den Platz wo diese mühevolle Arbeit aufbewahrt wird.

Es ist Vermehrung des Brennmaterials und Vergrößerung der Gefahr Feuer im Hause.[125]

Der arme Anton Dohrn. Marga hat Mitleid mit ihm, denn sie weiß, dass er sich nur deshalb mit diesem Brief an Alfred Krupp gewandt hat, weil sein Sohn Fritz und Dr. Schmidt ihn auf einer ihrer Italienreisen aufgesucht und die Station besichtigt hatten. Fritz war hell begeistert, und Anton Dohrn konnte nicht wissen, dass die Liebe zur eigenen wissenschaftlichen Arbeit nur in dem jungen, keinesfalls aber in dem alten Krupp lebendig war. Anton Dohrn war denn auch zuerst sehr reserviert, als Fritz Krupp sich wieder bei ihm meldete, aber das änderte sich bald, und nun gibt es eine stetige Verbindung zwischen Krupp und der Station in Neapel. Am 2. Februar 1881, kurz nach Alfreds harschem Brief, hatte auch Fritz an Professor Dohrn geschrieben, dem er versprochen hatte, für die monatlichen Veröffentlichungen der Zoologischen Station Abonnenten zu werben. Der liebenswürdige und bescheidene Ton dieses Briefes wird den geschmähten Gelehrten besänftigt haben. *Sehr geehrter Herr Doctor! Herzlichen Dank für Ihre freundlichen Zeilen. Es freute mich ungemein, etwas von Ihnen zu hören. Wenn ich Ihnen erst heute antworte, so müssen Sie bitte mich entschuldigen, wegen vieler Arbeit, die mich in letzter Zeit von meinen Verpflichtungen abhielt und einiger Reisen. Ferner bin ich seit vier Wochen krank gewesen und dann hätte ich Ihnen auch gern von Erfolgen für Sie Mittheilung gemacht. Leider bin ich in dem letzten Punkt nicht sehr glücklich gewesen. Nur auf zwei Abonnements habe ich es gebracht, und zwar beschränken dieselben sich auf meine Mutter und auf meine Wenigkeit. (…) Aber ich werde mich anstrengen, und mein Möglichstes werde ich aufbieten. Ist der Erfolg kein guter, so legen Sie es mir nicht zur Last! Meine Bekanntschaften erstrecken sich eben hauptsächlich auf Beamte und Industrie und da fehlt es entweder an Mitteln oder an Interesse. (…) Seien Sie herzlich gegrüßt von meiner Mutter, Dr. Schmidt und Ihrem ergebenen F. A. Krupp.*[126]

Inzwischen hat sich auch Marga dem Kreis der Förderer der Zoologischen Station in Neapel angeschlossen. Anton Dohrn und sein Mentor Ernst Haeckel sind auf dem Hügel zu Gast gewesen, und Fritz hat Haeckel auf seiner Meeresstation auf Helgoland besucht und sich in seine Forschungen einführen lassen. Anton Dohrn alleine verbrachte einige Tage im November auf dem Hügel. In diesem trüben Monat hat es manche Gelegenheit gegeben, sich in der Bibliothek zu versammeln und über die Zoologie und alle anderen Themen, die beide Männer interessierten, zu unterhalten. Marga hatte still dabeigesessen und die Unterhaltung verfolgt. Danach vertiefte sie sich in die Veröffentlichungen zur Darwinschen Naturphilosphie. Die jungen Biologen ihrer Generation *betrachteten die See als eine Quelle des Wissens und der Lebenserfahrung. In der zweiten Hälfte des 19. Jahrhunderts entwickelten sich aufgrund des Reichtums seiner Lebensformen, vor allem der ganz einfachen, aus der Welt des Meeres Modelle, Versuche und Metaphern für grundsätzliche biologische Probleme: außerdem Entwicklungsmodelle für Lebensformen wie Embryogenesis, allgemeine Physiologie und Phylogenie.*[127] Margas Wissbegier ruht nicht, bis sie Texte wie diesen versteht, und es ist ihr ein zusätzlicher Ansporn, Fritz dadurch eine kenntnisreiche Gesprächspartnerin zu sein. Sie vertieft sich in die moderne Theorie, dass die Entwicklung von Staat und Gesellschaft den gleichen Darwinschen Gesetzen unterliegt wie die Natur. Sozialdarwinismus nennen die Zeitgenossen diese Strömung, und der Zoologe Ernst Haeckel ist einer ihrer hervorragendsten Vertreter. Mit ihm zusammen finanziert Fritz ein wissenschaftliches Preisausschreiben zum Thema »Was lernen wir aus den Prinzipien der Deszendenztheorie in Beziehung auf die innerpolitische Entwicklung und Gesetzgebung der Staaten?«. 60 Beiträge werden eingesandt und in zehn Bänden veröffentlicht. Marga verfolgt schon Fritz zuliebe dieses Projekt, denn das Lesen und Begreifen der eingesandten wissenschaftlichen Arbeiten erlaubt ihr, an den Gesprächen ihres Mannes und der zahlreich auf dem Hügel eintreffenden Zoologen und Biologen teilzunehmen.[128]

Jetzt lädt sie Eberhard Fraas zu einem Spaziergang ein. »Kommen Sie, lassen wir das ferne Neapel ruhen, und wenden wir uns den heimischen Freuden zu. Darf ich Ihnen die neueste Schöpfung meines Mannes zeigen?«

Mit diesen Worten geht sie zur Mitte des oberen Terrassengartens. Eingefasst von den Lindenhainen erstreckt sich eine rechteckige Rasenfläche, mehrfach unterbrochen von kreisförmigen Teppichbeeten, deren bunte Bepflanzung ein strenges geometrisches Muster bildet. An den beiden Längsseiten stehen je zwei mannshohe, von Kränzen umrahmte eckige Pfeiler, die von Männerköpfen gekrönt sind. »Sehen Sie, die vier Hermen symbolisieren die vier Jahreszei-

Oberer Terrassengarten nach der Umgestaltung, mit den Statuen von Max Dennert, Hügel 1900

ten. Der Berliner Bildhauer Dennert hat sie nach den Wünschen meines Mannes entworfen, genau wie die Vase in der Mitte. Sie stellt einen Triton dar.« Eberhard Fraas betrachte das amphibische Fabelwesen skeptisch, das oben einen muschelblasenden Triton, unten ein von Netzen und Meeresfrüchten behangenes Gefäß darstellt. Er kennt diese Art von Statuen aus dem antiken Italien. Antik gefallen sie ihm, aber bei neuen Statuen zieht er die zeitgenössische Kunst vor, den Jugendstil. Selbstverständlich sagt er das nicht, sondern lobt den Geschmack des Hausherrn.

Marga lächelt vor sich hin, denn sie ahnt, was er denkt. Auch sie hat die Schönheit des Jugendstils entdeckt mit seinen schlichten Flächen, den geschwungenen Formen und den eleganten Malereien. Sie hat ihm auf dem Hügel Raum gegeben in Form der neu gestalteten Töchter- und Gästezimmer, den leichten und luftigen

Korbmöbeln in den Galerien und der sparsamen Möblierung ihrer eigenen Räume.

»Ich werde Ihnen zum Abschluss noch etwas zeigen, dass Ihnen

Aquarell von Margarethe Krupp, ca. 1892, ihr Privatsalon

wie allen jungen Leuten gefallen wird.« Mit diesen Worten führt sie ihn durch die untere Halle hindurch auf die Eingangsseite des Hauses. Dort müssen die beiden anhalten, um den Pferdeomnibus vorbeizulassen, der das Personal nach Essen hinunterfährt. Dann wenden sie sich den Stallungen zu, und dort, im Innenhof, steht das Prachtstück, das alle Welt bewundert: ein wunderbares Automobil der Marke Mercedes. Die Karosserie glänzt und gleißt, das Leder der Sitze schimmert in sattem Rot, und die polierten Messingteile fangen die Abendsonne ein. Der uniformierte Chauffeur wienert die sanft gerundete Kühlerhaube. Margarethe lässt Fraas zum Fachsimpeln bei ihm und zieht sich in ihr Arbeitszimmer zurück. Die Abenddämmerung verdunkelt das Zimmer, und Marga knipst den Schalter ein, der den elektrischen Kronleuchter aufleuchten lässt. Sie freut sich täglich an der kürzlich eingeführten neuen Technik, die einfach nur herrlich helles Licht gibt, ohne dass Geruch oder

Schmutz entstehen wie bei der alten Gasbeleuchtung. Stille legt sich über das Haus. Durch das offene Fenster weht der Geruch von frischem Heu. Marga denkt an Fritz auf seinem schwankenden Schiff und kuschelt sich nur umso tiefer in ihr Bett, das auf festem Boden steht.

Die Entdeckung Capris (1898)

Die komfortable Dampfjacht Christabel nähert sich der Insel Capri von Süden. Zwei kleine Mädchen, das eine zehn, das andere zwölf Jahre alt, stehen am Bug und zeigen auf die Schönheiten, die vor ihnen auftauchen. Bertha und Barbara tragen die gleichen Strohhüte wie ihre Mutter Margarethe, die auf einem bequemen Deckstuhl sitzt. Sie ist um die Nase herum etwas bleich, versucht aber tapfer, das Beste aus der Situation zu machen. Wie immer an Bord ist ihr nicht gut, aber zu sehen, wie fröhlich ihr Mann und die beiden Töchter sind, wiegt das auf. Schon nach wenigen Tagen auf dem Meer haben sich Fritzens Dauerleiden, das Asthma und die Schlaflosigkeit, spürbar gebessert. Die Tatsache, dass er bei der halbherzig betriebenen zweiten Kandidatur nicht wieder in den Reichstag gewählt wurde, hat er beinahe erleichtert aufgenommen. Es ist eine Last weniger, die er tragen muss, so empfindet er es. Nun strahlt sein rundes freundliches Gesicht unter dem buschigen Schnurrbart seine Töchter an, die beide trotz der steifen Matrosenkleider, die sie der Mode entsprechend tragen, wie junge Hündchen um ihren Vater herumspringen. Fräulein Brandt liegt neben Margarethe ebenfalls in einem Deckstuhl und lässt sich die milde Maisonne auf das Gesicht scheinen. Es ist noch kühl, und beide Damen wickeln sich ein wärmendes schottisches Plaid um die Beine. Alle blicken nach vorne, wo aus dem Morgendunst das sagenumwobene Capri auftaucht.

Gott muß lange überlegt haben, ehe er Capri mit furchterregenden, steilen Abhängen umgab und von besonders tiefen Meeren einfaßte.

Er hoffte, daß diese drohenden Felsen geeignet wären, Angst oder zumindest Respekt einzuflößen, und er wünschte, daß das dunkle Blau des Meeres die Furcht vor Ungeheuern hervorriefe, die tief unten

am Meeresboden hausen. Dieser Kunstgriff hat jahrhundertelang gewirkt, und er half den Menschen zu träumen. (…) Eines bösen Tages aber verschwand jede Furcht, und die Menschen begannen an der Grande Marina anzulegen, ohne jede Scheu, ganz im Gegenteil sogar mit einem Gefühl der Überheblichkeit. Statt still und einsam die einzigartige Harmonie Capris zu spüren, drängten sich die Massen in der Blauen Grotte und in der Villa San Michele, ganz so, als ob sie ein paar Attraktionen eines neuen Disneylandes besuchten. Und von da an war Capri kein Paradies mehr.[129] Das jedenfalls ist die Meinung eines späteren Chronisten.

Auf der Christabel, Frühling 1898
v.l.n.r.: Fritz Krupp, Dr. Vogt, Fräulein Brandt, Bertha und Barbara, davor sitzend Assessor Korn

Fritz erliegt dem Zauber der Insel vom ersten Augenblick an. Er fühlt sich rundum wohl. Er hat am Vorabend lange mit Marga über seinen Plan gesprochen, in den tiefen Gewässern der Bucht von Neapel unter der wissenschaftlichen Regie der Zoologischen Station in Neapel eigene Tiefseeforschungen zu betreiben. Wenn er schon aus gesundheitlichen Gründen den Winter über Essen verlassen muss, warum dann nicht dem Hobby frönen, das ihn begeistert? Er kennt die Zoologischen Stationen in Kiel und Plön, und er hat den Kontakt mit Anton Dohrn in Neapel wieder aufgefrischt. Er wird Hilfe brauchen, das ist ihm bewusst, aber dafür wird Dohrn sorgen, der im Gegenzug mit großzügiger finanzieller Unterstützung rechnen darf.

Marga freut sich über seinen Elan und seine Begeisterung, die so vorteilhaft kontrastierten gegen die depressive Stimmung, mit der er immer aus Berlin zurück auf den Hügel kommt. Auch der Hügel bietet ihm keine Entspannung. Das rasante Wachstum der

Auf der Christabel, Frühling 1898
v. l. n. r.: Fritz Krupp, Dr. Vogt, Bertha (im Liegestuhl) und Barbara

Firma hat zu einem immerwährenden Gästestrom geführt, dem Fritz immer öfter entflieht. Die Ehre, so viele berühmte Menschen zu betreuen, wird Marga von vielen Menschen geneidet. Wenn sie wüssten, wie oft sich diese Ehre in eine Last verwandelt. Einer von Fritzens Freunden meinte einmal, auf dem Hügel würden mehr gekrönte Häupter empfangen als im Kaiserhaus. Das würde sie nicht wundern. Auch ihr wird das alles manchmal zu viel, aber ihr Pflichtbewusstsein lässt eine Flucht nicht zu. Einige wenige Wochen des Jahres verbringt sie in Meineck, einige Tage ist sie in Sayneck und ab und an in Berlin zur Kur, ansonsten aber hält sie eisern die Stellung in Essen.

Die Christabel nähert sich dem Hafen. Angezogen von dem herrschaftlichen Schiff, erscheinen am Quai eine Anzahl von schwarz gekleideten Frauen, die sich anerbieten, das reichliche Gepäck über die steile Treppe, die Scala Fenicia, hinaufzutragen. *Von weitem gesehen vermittelte der Ort – eingehüllt in Stille und ganz und gar weiß gekalkt – ein unmittelbares Gefühl von Sauberkeit. Dieses jedoch verflog beim Näherkommen. Die Straßen waren voll mit kleinen schwarzen Schweinen (…) und in Lumpen gehüllte Kinder spielten zwischen Schwärmen von Fliegen.*[130] Das Elend ist groß auf Capri, das hat Margarethe von Freunden erfahren, die dort schon Ferien gemacht haben. *Von Armut erdrückt, sahen sich vor allem viele junge Menschen zum Auswandern gezwungen. Die Capresen brachen vor allem nach Argentinien und Neuseeland auf. Nach einigen Jahren, kaum daß sie ein paar Groschen zur Seite gelegt hatten, kehrten sie zurück und heirateten.*[131] So manche dieser Rückkehrer leben vom Tourismus, sie sind hilfsbereit und freundlich und gehen auf die Wünsche der Gäste ein. *Aber hinter dieser Eilfertigkeit verbarg sich der Hunger. Für diese Menschen ist der Fremde ein guter Fang, dafür leben sie, und man wirft sich auf ihn wie auf eine Beute, die einem zusteht.*[132] Das haben die frühen Reisenden klar erkannt, und auch Marga wurde dies so erklärt. Nun sieht sie diese Berichte bestätigt.

Familie Krupp im Hotel Quisisana, Capri, Mai 1898, v. l. n. r. hinten: Assessor Korn, Dr. Vogt, Bertha Krupp, Fritz Krupp, vorne: Fräulein Brandt, Admiral Schröder, Margarethe Krupp, Barbara Krupp

Vor der Tür des Hotels Quisisana, in dem Fritz Zimmer bestellt hat, erwartet sie der Besitzer höchstpersönlich. Federico Serena hat einen imponierenden schwarzen Schnurrbart, einen Embonpoint und wendige kleine Augen. Noch vor dem Abendessen erfahren Fritz und Marga die Geschichte des Hotels, das ursprünglich von einem schottischen Arzt als Lungenheilanstalt errichtet wurde. Daher der Name, der »Hier wird man gesund« bedeutet. Selbstverständlich ist es das erste Haus am Platze, wie Serena wortreich betont. Noch während die Gäste die luftige Eingangshalle mit den leichten Korbmöbeln und den duftigen geblümten Vorhängen durchqueren, werden sie auch über die Tatsache informiert, dass ihr Gastgeber in Personalunion Hotelier und Bürgermeister ist.

Die nächsten beiden Tage erholt sich Marga von der Seereise, während Vater und Töchter die Insel erkunden, immer neugierig bestaunt von einer ständig wechselnden Gruppe einheimischer Insulaner. Fritz und die Kinder sind entzückt und begeistert. Fräulein Brandt geht mit ihnen zum Strand hinunter, wo sie Muscheln sammeln und detailgenaue Zeichnungen dazu anfertigen. Beide Töchter finden es äußerst spannend, von ihrem Vater zu erfahren, welch vielfältiges und buntes Leben sich unter der scheinbar so ruhigen Oberfläche des Meeres tummelt. Da gibt es Fische, Krustentiere, Quallen, Seepferdchen, Seeigel und eine Fülle bunter und ungewöhnlicher Pflanzen. Man besichtigt auch die Gärten des Tiberius, und selbstverständlich steht ein Ruderausflug zur Blauen Grotte auf dem Programm. Daran nimmt die ganze Reisegesellschaft teil: neben Fritz, Marga und den Töchtern auch Fräulein Brandt und der Privatjustiziar von Fritz, Assessor Korn. Außerdem als Gäste Admiral Schröder und der Krupp'sche Hausarzt Dr. Vogt, der im Laufe der Jahre ein persönlicher Freund des Ehepaares Krupp geworden ist.

Die Palme vor der Locanda Pagano, damals »der meistgemalte Baum Italiens« (Paul Heyse)

Marga hat von ihren Bekannten erfahren, dass die meisten deutschen Gäste nicht im Quisisana, sondern in der Locanda Pagano wohnen, dem älteren Gasthof des Ortes.

Sein Wahrzeichen ist eine riesige Palme und seine Besonderheit sind die Zeichnungen und Gemälde, mit denen mittellose Künstler die Wände bemalen und so ihre Zeche bezahlen. Die ganze Galerie ist auf diese Weise geschmückt. Auch hier begrüßt der Besitzer, Manfredi Pagano, die berühmten Gäste, denen der Ruf ihres sa-

Das Café Zum Kater Hiddigeigei, Treffpunkt für die deutschen Gäste und »mondänes Zentrum« der Insel

genhaften Reichtums vorausgeeilt ist, mit allem ihm zur Verfügung stehenden Charme. Man nimmt den Tee auf der Galerie ein, von der aus sich ein berauschender Blick hinunter auf das Meer bietet. Pagano verweist auf die Besonderheit seines Hauses: Zu ihm kommen im Wesentlichen die deutschen Touristen, die in letzter Zeit immer zahlreicher die Insel bevölkern. Er will sich mit dieser Information bei Marga und Fritz empfehlen und ahnt nicht, dass gerade diese Tatsache ihm schadet. Fritz und Marga gefällt in Capri das Italienische, das Deutsche suchen sie hier nicht. Das haben sie in Berlin und Essen zur Genüge.

Don Pagano versäumt nicht, ihnen das »Caffè Al Gato Hiddigeigei« zu empfehlen, das seinem Freund Giuseppe Morgano gehört. Der Name »Kater Hiddigeigei« erinnert die deutschen Gäste an eine Figur aus dem Versepos ›Der Trompeter von Säckingen‹, das

Victor von Scheffel 1853 auf Capri beendet hatte. *Das Lokal war der wichtigste Treffpunkt und, so sagt man, zu jener Zeit das mondäne Zentrum Capris. Es war (…) eine Mischung aus Wiener Kaffeehaus und Marktplatz. (…) Man konnte sich dort ohne weiteres stundenlang aufhalten, die Zeitungen aus Wien, München oder Paris lesen, die zwischen hölzerne Stäbe gespannt an der Wandtäfelung hingen, und dabei nicht mehr als ein paar Centesimi ausgeben, die eine Tasse Tee oder ein Cappuccino kosteten.*[133] Viel mehr Gesellschaftsleben gibt es nicht auf Capri, das stellt Marga schnell fest. Ihr ist dies sehr recht, denn Dr. Vogt hat bei ihr wieder einmal nervöse Zustände diagnostiziert, die sie am besten durch Ruhe, leichtes Essen und viel Schlaf kurieren könne. Marga würde ihren Zustand weniger vornehm umschreiben. Ihrer Meinung nach leidet sie schlicht an Überarbeitung und Erschöpfung. Sie liebt deshalb die ruhigen Stunden auf der Terrasse oder in ihrem Zimmer, das durchweht wird vom Duft der Zitronen- und Orangenblüten. Sie liest, schreibt Briefe oder spannt einfach nur aus und genießt diese Oase der Ruhe.

Fritz dagegen meidet sein Zimmer. Vermittelt durch Serena, lernt er einige Honoratioren der Insel kennen. Besonderes Vertrauen fasst er zu Dr. Vicenzo Cuomo, einem praktischen Arzt, der gut auf ihn einzugehen versteht, sowie zu seinem Kollegen Dr. Ignazio Cerio. Selbstverständlich nähern sich ihm auch die heimischen Künstler, die Maler Lovatti und Alberto G. White, in der Hoffnung auf gute Aufträge. Der Kreis der Capreser Stammtisch-Honoratioren wird durch den Ingenieur Edwin Cerio und dessen deutschen Kollegen Wiesener ergänzt. Gemeinsam schaffen sie für Fritz jene Atmosphäre südlicher Heiterkeit, die er in Deutschland vermisst. So vergehen die Tage mit harmlosen Gesprächen, gutem Essen und Trinken, Mandolinenspiel und den sonstigen bescheidenen Vergnügungen, die Capri bietet.

Abends wandert Fritz hinunter zum Strand, sieht den Fischern bei ihrer Arbeit zu und genießt den lockeren Plauderton, der hier herrscht. Dem Rat seines Arztes folgend rudert er zweimal am Tag, stehend und in Hemdsärmeln, wie es auf Capri Sitte ist. Welch ein Gegensatz zum Hügel, wo er über keinen Flur gehen kann, ohne auf einen Gast oder einen dienstbaren Geist zu stoßen, der von ihm erwartet, sich so formvollendet und gesetzt zu verhalten, wie man es von Herrn Krupp gewohnt ist. Hier, das spürt er, darf er sich gehen lassen, sich natürlich geben, sich als Mensch fühlen. Kurz, er kann für eine kleine Weile vergessen, ein Krupp zu sein.

Die Dampfjacht Christabel, in italienischen Gewässern, Frühling 1898

Bürgermeister und Gastgeber Serena hingegen vergisst dies keinen Augenblick. Er lässt den dicken Fisch, den er sich an Land gezogen hat, nach alter Capreser Sitte nicht mehr von der Angel. Als die Familie Krupp mit ihren Gästen nach einigen Tagen wieder abreist, steht er am Quai und winkt dem Schiff nach, bis es am Horizont verschwunden ist. Er hat sich einen Dauergast verschafft, denn Fritz hat sein Kommen für den nächsten Winter angekündigt, diesmal für eine längere Zeit. Marga wird in Essen bleiben, *denn ein langes Hotelleben erscheint der Mutter für die Erziehung der Töchter nicht förderlich und unmöglich für die nach wie vor auszuübenden Repräsentationspflichten auf dem Hügel.*[134]

Serena schmiedet das Eisen, solange es heiß ist. Kaum sind Krupps wieder auf dem Hügel, schickt er zwei junge Musiker dorthin, die bei Fritz die Erinnerung und Sehnsucht an die paradiesische Insel wach halten sollen. Sie hinterlassen zumindest beim Hügelpersonal einen bleibenden Eindruck, wie die Aufzeichnungen der ehemaligen Köchin Kathrin F. bezeugen: *Einmal brachte Herr Krupp einige Mitglieder der Mannschaft seines Schiffes von Capri mit. Dazu gehörten Gaetano Caponelli, ein sehr guter Sänger, und Vincenzo Amurri, ein Mandolinenspieler und Sänger. Beide waren schöne, interessante Menschen. Damals war Frau Krupps Mutter, Freiin von Ende, zu Besuch; ihre Kammerjungfer, Martha Ronneburger, war ein reizendes blondes Mädel, aber sie war schon verlobt. Der Italiener Gaetano hatte sich sterblich in Fräulein Ronneburger verliebt, als er nun erfuhr, daß sie schon verlobt war und sein Liebesantrag abgewiesen wurde, wollte er sich im Park in dem Teich ertränken. Sein Freund redete ihm gut zu, er solle nicht so töricht sein, und Gaetano weinte die bittersten Tränen. (…) Nach kurzer Zeit reisten die beiden Musiker wieder nach Capri, wo sie jeden Tag auf Herrn Krupps Schiff ihre Lieder zur Laute sangen. (…) Die beiden Sänger kamen später noch einmal mit Herrn Krupp zum Hügel und brachten auch einen Verwandten mit, der ein guter Geigenspieler war.*[135] Glücklicherweise konnte der von der feschen Blondine bezirzte Italiener zu diesem Zeitpunkt noch nicht wissen, dass ihm nur kurze Zeit später wie allen anderen schönen Capresen öffentlich die Männlichkeit abgesprochen werden würde. Stattdessen reiste er – ausgestattet mit einem fürstlichen Entgelt – wieder auf seine heimatliche Insel zurück und vermehrte dort durch seine blumigen Erzählungen den Ruhm des Herrn Krupp.

Kaiserin Auguste Viktoria auf Meineck (1901)

Die Silvesternacht 1901 feiert Marga wie immer mit vielen Gästen auf dem Hügel, aber diesmal ohne ihren Mann. Seitdem er Capri entdeckt hat, entflieht er konsequent dem deutschen Winter. Diesmal kann ihn nicht einmal die übliche Einladung zum Frühstück im Neuen Palais aus Italien nach Berlin zurücklocken. Er gratuliert dem Kaiser telegrafisch zum Geburtstag und entschuldigt sein Ausbleiben. Marga hält die Stellung in Essen, bewirtet die Firmengäste, kümmert sich um ihr Wohlergehen und vertritt den Chef des Hauses. Sie führt ihren Hügel-Betrieb in vorbildlicher Weise. Das beansprucht immer mehr von ihrer Zeit, denn aus den 260 Angestellten, die der Hügel bei Alfreds Tod hatte, sind inzwischen über 500 geworden. Zusätzlich zur Villa sind die Außenstellen Meineck und Sayneck zu verwalten, außerdem die vielfältigen Wirtschaftsbetriebe auf dem Hügelgelände, zu denen die Nahrungsmittelproduktion genauso gehört wie die vorbildlichen Stallungen, Sportanlagen und technische Betriebe. Wie reibungslos und modern das von Margarethe geleitete Hügelmanagement funktioniert, kann sie im April beweisen. Kurzfristig, mit nur einigen Tagen Vorwarnung, wird ihr die Ehre zuteil, der deutschen Kaiserin Auguste Viktoria mit ihren zwei jüngsten Kindern das Palais Meineck zur Verfügung stellen zu dürfen. Eine große Ehre, aber auch eine große Anstrengung für die Hügelverwaltung und Margarethe.

Eine besondere Freude erlebte Frau Krupp an ihrem Besitz in Baden Baden, als sie ihn einmal der Deutschen Kaiserin, die aus klimatischen Gründen für sich und ihre jüngeren Kinder einen möglichst stillen Erholungsplatz in Baden suchte, ihre dortige Besitzung zur Verfügung stellen konnte. Die hohe Frau nahm das Anerbieten gerne an und war von dem herrlichen Fleckchen Erde, den sie mit ihren Kindern ganz in der gewünschten Stille und Abgeschlossenheit genießen konnte, so entzückt, daß sie Frau Krupp gleich nach der Ankunft ein begeistertes Danktelegramm sandte. Frau Krupp habe ihr damit den Aufenthalt zu einer wirklichen Ruhe- und Erhohlungszeit für sich und die Kinder gemacht. Sie belohnte Marga Krupp auch nach dem Abschied von Meineck mit einem kostbaren Andenken und einem dankerfüllten Handschreiben.[136]

Ganz so gelassen und souverän, wie es Hauschronist Berdrow viele Jahre später beschreibt, wird der Besuch von den Beteiligten nicht erlebt. Margarethe dirigiert vom Hügel aus die notwendigen Vorarbeiten, die der hohe Besuch erfordert. Von der kaiserlichen Hofverwaltung nur zehn Tage vor der geplanten Ankunft der Kaiserin informiert, bespricht sie zuerst die Notwendigkeiten mit Hügelverwalter Bernsau. Dieser schickt sofort Hausmeister Herms nach Meineck, um herauszufinden, was alles nötig sein wird, um den kaiserlichen Besuch standesgemäß unterzubringen.

Am 25. April schickt Herms von Meineck aus ein Telegramm an Bernsau, Hügel: *Angekommen. Personenzahl voraussichtlich 50. Ankunft 4. Mai. Fehlende Personenbetten und diverse Möbel müssen vom Hügel her. Ich wahrscheinlich Samstag zurück. Näheres mündlich. Herms.*[137] Herms fährt aber nicht zurück, sondern muss auf Meineck bleiben. Vom Hügel aus organisieren Marga und Bernsau in Zusammenarbeit mit der Berliner Hofverwaltung das weitere Vorgehen. Am 26. April telegrafiert Herms, Meineck, an Bernsau, Hügel: *Hofverwaltung stellt Wagen und Gespann, hiesige Wagen bringe außerhalb unter. Gärtnerei muß Haus und Tafeldecoration übernehmen, letztere einfach. Dienstag abreisen: Haushälterin, vier Mädchen, Diener Jensen und Groß sowie mindestens 4 Schreiner wegen enormer Veränderungen. Auf Meineck wohnen 45 Personen, alles übrige Friesenwald. Durch Bauverwaltung bitte Montag 5 geschlossene Waggons bestellen. Für Betten und Möbel von Hügel. Bemberg (Mainzer Möbelhaus) um Unterstützung ersucht (…) Herms.*[138] Am 27. April telegrafiert Herms, Meineck, an Bernsau, Hügel: (…) *Bitte veranlassen, daß morgen Meister Kranz oder Bonsen mit 10 Schreinern zur Verfügung, zum Zusammenbringen der Betten und Möbel, die Montag sehr zeitig verladen werden müssen. Herms*[139]

Tatsächlich klappt dank der vorzüglich eingespielten Hügel-Mannschaft alles bestens. Am 4. Mai trifft die Kaiserin mit ihren beiden Kindern auf Meineck ein. Prinz Joachim ist zehn Jahre und Prinzessin Luise sieben Jahre alt. Sie werden von ihren Erziehern und dem sogenannten kleinen Hofstaat der Kaiserin begleitet. Erleichtert telegrafiert am gleichen Tage Herms, Meineck, an Bernsau, Hügel: *Ihre Majestät ist entzückt von Allem. Morgen kommt Seine kaiserliche Hoheit der Kronprinz zum Besuch nach hier. Alles allright. Herms.*[140] Auch der Besuch des 18-jährigen Kronprinzen Wilhelm am 5. Mai verläuft ohne Probleme. Die Kaiserin nimmt ihre Bäder, macht die vom Arzt verordneten Spaziergänge und genießt die drei Wochen Ferien, die ihr vergönnt sind. Selbstverständlich versäumt sie nicht, bereits am Tage ihrer Ankunft ihrer Gastgeberin und deren Mann artig zu danken. An Marga telegrafiert sie auf den Hügel*: Wahrhaft entzückt von der herrlichen Lage Ihres schönen Besitzthums. Gerne möchte ich Ihnen für die mir und meinen Kindern hier bevorstehenden genußreichen Tage herzlich danken. Sie haben durch das* *freundliche Anbieten Ihres Hauses den Aufenthalt zu einer wirklichen Ruhe und Erholungszeit für die Kinder gemacht, was mir so sehr am Herzen lag. (…) Auguste Viktoria.*[141] Und an Friedrich Alfred Krupp geht am gleichen Tag ein Telegramm nach Capri raus. *Soeben eingetroffen eile ich Ihnen für das Angebot Ihres herrlichen Besitzthums meinen herzlichsten Dank zu senden. Ich bin entzückt von Lage und Einrichtung des Hauses und wird der Aufenthalt meinen Kindern und mir gewiß sehr gut thun. Auguste Viktoria.*[142] Dann richtet sich die Kaiserin mit ihrem Hofstaat wohnlich ein und beruhigt in ihrer hausmütterlichen Art das nervöse Krupp-Personal, das sich erst an das Zusammensein mit ihrem eigenen Personal gewöhnen muss. Es gelingt vorzüglich, wie aus dem nachfolgenden Brief, den Herms aus Meineck nach Essen an Bernsau am 11. Mai schreibt, unschwer zu entnehmen ist.

Sehr geehrter Herr Bernsau,
endlich finde ich die Zeit, einige Zeilen an Sie zu richten. Friedrich wird Ihnen wohl in meinem Auftrag berichtet haben, wie hier Alles gegangen ist. Es war eine tolle Arbeit, aber es ist Gott sei Dank gelungen, bis zur rechten Zeit fertig zu werden. Nun scheint ja jedermann zufrieden zu sein und verläuft so ziemlich Alles nach dem Reglement der Hofverwaltung.

Ich muß gestehen, daß es bei dem großen Rummel und der vielen Dienerschaft im Souterrain doch noch ziemlich ordentlich und sauber Alles zugeht. Unsere Leute haben alle einen sehr in Anspruch genommenen Posten, jede Minute müssen sie zur Verfügung sein, da nur immer zeitweise, wenn Ihre Majestät nicht in den Parterre-Räumen sich aufhält, geputzt werden kann.

Der Zweite Koch Dorst macht sich recht gut! Erst schien es mir, als ob es den Königlichen Köchen nicht ganz nach der Mütze war, daß Dorst hier stationiert ist, aber jetzt glaube ich, daß sie alle froh sind, daß er hier ist. Gärtnergehilfe Michel schießt hier den Vogel ab! Ihre Majestät hat seine Decorationskunst schon wiederholt bewundert und sehr gelobt.

Es ist recht gut, daß Michel hier ist. Matz wäre nicht fertig geworden, und außerdem sind die Sachen, die Michel macht, für Matz böhmische Dörfer. Ich werde Frau Krupp bitten, daß Michel später auch mitgenommen wird, es kommt auf einen Menschen mehr doch nicht an.

Frau Krupp hat mir auf meinen großen Bericht von Sonntag, 28. April, und auf eine längere Depesche direct nach Ankunft Ihrer Majestät auch nicht eine Silbe erwidert. Ob die Dame ungehalten ist? Ich habe nur meine Pflicht getan, nichts um mich hervor zu thun!

Die Wünsche der Hofverwaltung habe ich versucht nach Möglichkeit zu erfüllen, zumal das Haus Krupp doch nicht zugeben konnte, daß plötzlich die Hofverwaltung angefangen hätte, hier alle möglichen Möbel zu pumpen.

Herr Krupp hat mir auf meine Depesche eine sehr nette telegraphische Antwort gegeben, mit dem Auftrag, Alles zu thun, um den Aufenthalt Ihrer Majestät so angenehm wie nur möglich zu gestalten. Den Damen und Herren des Kaiserlichen Gefolges wünschte Herr Krupp empfohlen zu sein.

Diese Depesche habe ich dem Kammerherrn vorgelegt mit der Bitte, den Damen und Herren die Empfehlung übermitteln zu wollen. Der Kammerherr, Freiherr v. d. Knesebeck, hat dies bereitwilligst übernommen und wollte auch Ihrer Majestät von dem Inhalt der Depesche bitten Kenntnis nehmen zu wollen. Gestern habe ich nun, in Anschluß an meine letzte Depesche von Samstag, den 4. Mai, an Frau Krupp einen ausführlichen Bericht, bis in die kleinsten Details, gesandt. Vielleicht wartet Frau Krupp darauf, wozu ich früher aber die Zeit nicht fand.

Mit den hier angestellten Leuten sind hier inclusive der Allerhöchsten Herrschaften 84 Menschen, wovon aus der Personalküche 67 verpflegt werden. Das ist für die hiesigen baulichen Verhältnisse ganz énorme.

Wie ich unter der Hand hörte, fühlen die allerhöchsten Herrschaften sich hier sehr wohl. Ihre Majestät steht schon sehr früh auf, nach dem Frühstück werden Spaziergänge gemacht und nachmittags Ausflüge per Wagen. Vorgestern waren 10 Fürstlichkeiten zur Familientafel geladen; die Marschalltafel, ca 12 Gedecke, fand im Hotel Messeme-Dépendance Villa Wilhelmi statt, wegen Mangel an Platz hier oben. Die Königlichen Kinder wurden in der Bibliothek serviert und der Leibarzt, die Lehrer, Gouverneure auf ihre Zimmer, was auch geschieht, wenn Ihre Majestät mit ihren Kindern allein zu sein wünscht.

Recht schade ist es, daß fortwährend wechselndes Wetter ist. Gestern und heute ist das Wetter geradezu misérable, Regen, in Strömen!

So, sehr geehrter Herr Bernsau, nun habe ich Ihnen im Ganzen einen Umriß gegeben, woraus hervorgeht, wie die Maschine hier läuft.

Die Abreise der Allerhöchsten Herrschaften soll auf den 24. Mai festgesetzt sein. Ich denke, daß unsere Leute vom Hügel um die Zeit hier wieder eintreffen. Wir räumen an den Feiertagen zusammen und können am 3. Pfingsttag dann hoffentlich wieder verladen. Die Leute von Bemberg kommen dann auch wieder.

In der Erwartung, daß Sie in Bezug auf den letzten Theil dieses Berichtes meine Ansicht theilen, bin ich, in der Hoffnung, daß auf dem Hügel alles nach Wunsch gehen möge
Mit freundlichem Gruß
Ihr ganz ergebener Th. Herms[143]

Bernsau legt Margarethe diesen Brief vor mit der Bitte, den aufgeregten Herms zu beruhigen. »Bitte erledigen Sie das«, meint Margarethe, »Herms weiß doch genau, was zu tun in unserem Sinne ist. Und erklären Sie ihm, dass ich sehr zufrieden bin, aber leider nicht die Zeit habe, ihm ausführlich zu antworten. Das überlasse ich Ihnen.« So geschieht es, und die Zeit des kaiserlichen Besuchs geht harmonisch zu Ende. Am 24. Mai telegrafiert Herms nach Essen: *Ihre Majestät gut gestern Abend 11 Uhr Meineck verlassen und Allerhöchst Ihre Zufriedenheit ausgesprochen. Prinzessin Luise und Prinz Joachim reisen heute Nachmittag 5 Uhr. Herms.*[144] So schnell wie möglich wird in Meineck alles wieder auseinandergebaut und eingeladen, was von der Firma Bemberg oder vom Hügel zur Verfügung gestellt wurde, und am dritten Pfingsttag kehrt ein zwar erschöpfter, aber zutiefst mit seiner Leistung zufriedener Herms auf den Hügel zurück. Margarethe empfängt ihn zu einem langen Bericht und gratuliert zum reibungslosen Ablauf des Besuchs.

Kurz nach Pfingsten findet sie in der Morgenpost, die ihr Fräulein Brandt wie üblich auf den Schreibtisch legt, ein Päckchen der Kaiserin vor. Es enthält ein Etui, einige Fotos der Kaiserin und einen handschriftlichen Brief. *Liebe Frau Krupp, ehe ich diesen schönen Aufenthalt verlasse, drängt es mich, Ihnen meinen herzlichen Dank auszusprechen, daß Sie freundlich und rührend uns dieser Wochen Ihre reizende Villa überließen. Wir sind sehr froh und haben Ihre Angestellten vortrefflich für mich und die Kinder gesorgt. Der herrliche*

Aufenthalt hat sowohl den Kindern als auch mir sehr gut gethan, und ziehen wir alle mit schwerem Herzen von dannen. (…) Ich füge diesem Brief als Andenken an diese Zeit ein Armband und meine Bilder bei, und hoffe, Sie werden es oft tragen. Ihre freundlich ergebene Viktoria I. R.[145] Das Armband, das sich in dem Etui befindet, ist wirklich sehr schön. Die Brillanten funkeln, und Marga nimmt sich vor, es – wie die Schenkende es wünscht – so oft wie möglich zu tragen. So endet der Besuch mit dem Dankesschreiben, das Marga am folgenden Tag an die Kaiserin richtet: *Euer Majestät (…) Das herrliche Armband, welches ich mit größtem Stolz anlegen werde, da es mich an Eure Majestät erinnert, macht es mir zu einem besonderen Schatz und wird als solcher in meiner Familie bewahrt werden. In der Hoffnung, daß Eure Majestät bei gelegentlicher Erinnerung an den Aufenthalt in Baden auch unserem dortigen Heim ein gnädig freundliches Gedenken zu bewahren geruhen, verabschiede ich mich zu Gnade empfehlend mit unterthänigstem Handkuß in tiefster Ehrfurcht,*
Euer Majestät allerunterthänigste Margarethe Krupp.[146]

Aus der Güte seines Herzens und dem Reichtum seiner Mittel (1901–1902)

Es ist der 23. März 1902, ein kühler, aber sonniger Vorfrühlingstag. Auf dem Hügel herrscht wieder viel Betrieb, denn heute sollen die 16-jährige Bertha und ihre 14-jährige Schwester Barbara konfirmiert werden. Vater Fritz ist rechtzeitig aus Capri eingetroffen, die Groß-mutter von Ende ist von Dresden angereist, und zahlreiche Onkel und Tanten aus Margas Familie ebenfalls. Onkel Arthur Krupp, der Großonkel der Konfirmandinnen, hat die weite Reise von Wien aus nicht gescheut, ebenso wenig wie sein Sohn und seine Schwieger-tochter. Es ist alles, wie es sein soll. Mehrere Kutschen warten bereits vor dem Haus, um die Gästeschar zur Kirche zu fahren. Die Pferde sind frisch gestriegelt, die Mähnen gebürstet, und das Zaumzeug schimmert satt in der Morgensonne. Die beiden Konfirmandinnen,

wie von Pastor Geibel verlangt, sittsam in schwarze Seidenkleider
gehüllt, halten ihre neuen Gesangbücher in den Händen und me-
morieren den Konfirmationsspruch, den sie in der Kirche aufsagen
werden. Endlich sind alle Gäste in den Kutschen verstaut, und die
Festgesellschaft macht sich auf den Weg in die evangelische Kirche
in Werden. Es ist eine neue Kirche, die auf dem Platz zweier Vorgänger steht und von den gut betuchten neuen Industriebürgern der
Gemeinde prächtig ausgestattet wurde.

Während des langen Gottesdienstes in dem schön gewölbten Kir-
chenraum kann Marga nicht verhindern, dass ihre Gedanken auf
Wanderschaft gehen. In den letzten Tagen haben sie und Fritz *ihre
Ansicht über Kirche und Religion ausgetauscht und sich dabei aus-
gefunden, daß wahre Religion außerhalb der Kirche liegt. Der Gatte
hatte versucht, auch um sich selbst klarer zu werden, niederzuschreiben
für ihn, der nie Zeit für Briefe fand, ein sprechendes Zeugnis, warum
Begriffe wie Anfang und Ende, Unendlichkeit, Gott – schon die augus-
tinischen Rätselfragen – nicht zu begreifen, nicht zu begründen sind,
auch nicht durch den irdischen Gottesgelehrten, auch nicht durch
den wissenschaftlichen Gelehrten. Eins ist ihm klar: »Es gibt keinen
lieben Gott der Christen und keinen strengen strafenden der Juden«,
daß es aber einen Gott gibt, dafür ist gerade das mangelhafte geistige
Erkenntnisvermögen der Menschheit Beweis, die sich von Jahrhundert
zu Jahrhundert zu höherer Klarheit emporsehnt. »Gott aber ist viel zu
hoch und gewaltig, als daß wir es wagen könnten, uns einen Begriff von
ihm zu machen. Es ist, als ob ein Protozoon, eine Amöbe, ein Flagellant
sich einen Begriff vom Menschen machen wollte.« Dann kommt er zu
seinem pantheistischen Fazit: »Das ist aber unwiderrruflich, daß jeder
Fortschritt in der Wissenschaft ein weiterer Baustein ist zur Ergrün-
dung des Wesen Gottes. Und wenn wir von diesem Baustein auch erst
eine Million hätten und wir bräuchten derer noch hundert Milliarden,
so sollte uns das nicht verdrießen.*[147]« In diesen und vielen anderen
Gesprächen mit Marga versucht ihr Mann, ihr seine wissenschaftliche Arbeit zu erklären. Die Aufenthalte in Capri haben seiner Leidenschaft neuen Auftrieb gegeben. Er interessiert sich für Zoologie,
Paläontologie, Geologie und Tiefseeforschung. Er steht mit mehreren Instituten und Universitäten in Verbindung und steckt große
Summen in die Ausstattung der in England gecharterten Schiffe,

auf denen er in Capri seine Forschungen betreibt. Er versucht, seiner Arbeit den Makel des Steckenpferdes zu nehmen und sie zu professionalisieren. Ein Wettbewerb wird ausgeschrieben, ein zoologisches Wörterbuch in Angriff genommen und das Wohlwollen von Anton Dohrn mit großen Spenden geweckt.

Marga ist skeptisch. Sie wird bei alledem den Verdacht nicht los, dass die beteiligten Wissenschaftler in Fritz nicht in erster Linie den Forscher sehen, sondern den edlen Spender vielen Geldes. Trotz ihrer Bedenken unterstützt sie jedoch seine Capreser Vorhaben, weil ihm Capri guttut, sowohl körperlich wie seelisch. *Vielleicht hat auch der unermüdliche Mann an den paradiesischen Gestaden, wo antike Fabelwesen noch immer ihr Wesen zu treiben scheinen, ein eigenartiges Glück genossen, es so ungetrübt rein wie vielleicht nie, weil empfunden in der Elastizität von Körper und Geist und in der erhabenen Stille des Alls. Jedenfalls wird sich das Bedürfnis zu Einsamkeit und idyllischem Leben vertieft haben, das dem Anspruchslosen entgegenkommt. Zu den armen Schiffern am Strand fühlt er sich hingezogen, plaudert gern mit ihnen und lindert ihrer und vieler Not.*[148]

Fritz verändert sich auf Capri, das spürt Marga immer deutlicher. Er wird dort häuslich, hat einen Lebensrhythmus gefunden, der ihm zusagt. Die Vormittage verbringt er im Hotel Quisisana und erledigt mit seinem Sekretär Marotz die geschäftlichen Angelegenheiten. Er hat in dem Hotel ein ebenerdig gelegenes Appartement gemietet, das ihm die nötige Intimität sichert und ihn vor aufdringlichen Gaffern schützt. Nachmittags sticht er in See, um in Gesellschaft von zwei Assistenten, die ihm Dohrn aus Neapel vermittelt hat, seine Forschungen zu betreiben.

Ein späterer Chronist beschreibt Fritzens erste Tiefseeforschungen so: *Sofort nach der Besprechung mit Dohrn liess Krupp die Maja, eine Yacht von 40 Tonnen, nach Capri kommen.*[149] *Sie war ausgestattet mit einer riesigen Winde und zweitausend Metern Stahlkabel. Sie hatte verschiedene Arten von Schleppnetzen und von Netzen zum Bergen von Plankton an Bord. Ein Grossteil der Ausstattung war in Krupps Stahlwerken für dieses Forschungsvorhaben entwickelt und gebaut worden. Die Maja lief am 2. April 1901 im Morgengrauen zu ihrem ersten Tiefseefang aus. Die Mannschaft begann südlich von Capri, wo das Meer über tausend Meter tief ist, die Schleppnetze auszulegen, aber das Resultat war leider enttäuschend. Während des größten Teils des Vormittags bleiben die Netze leer. Erst gegen elf Uhr mittags, fünfzig Meilen südöstlich von der Punta della Campanella, als die Netze zum achtunddreißigsten Mal eingeholt wurden, hing darin ein halb durchsichtiger kleiner Fisch von sieben Zentimetern Länge. Lo Bianco erkannte ihn sofort. Es war eine äußerst seltene Aallarve (Lectocephalus Brevirostris), die bisher noch niemals in jenem Teil des Mittelmeers entdeckt worden war.* 1901 *war das Geheimnis des biologischen Zyklus des Aals, dass seine Larven (wie wir heute wissen) drei Jahre unterwegs sind, um vom Sargassomeer an Europas Küsten zu schwimmen, noch ein unergründetes Geheimnis. Deshalb löste der Fang eines Leptocephalus in den Gewässern von Capri eine riesige Ueberraschung aus. Die Entdeckung wurde auch im Ausland bekannt und mancher Biologe stellte die Hypothese auf, endlich sei das mysteriöse Liebesnest der Aale gefunden worden: der verschwiegene Meeresgrund, wo die silberfarbenen fadenförmigen Fische ihre Eier ablegen.*[150] Ob Fisch oder Mensch, den sexuellen Fantasien, die das sonnige Capri bei Fritzens Zeitgenossen weckte, sind offenbar keine Grenzen gesetzt.

Etwas sachlicher beschreibt einer der ebenfalls von Krupp großzügig geförderten Wissenschaftler, Dr. Otto Zacharias, die beiden Versuche, die Fritz insgesamt nur vergönnt waren: *Es hat im ersten Augenblicke etwas Frappierendes, wenn man hört, dass der Chef eines riesigen Gußstahlwerkes, und zwar des größten in der Welt, nicht bloß Vergnügen und Befriedigung empfand, wenn er die Fauna des Meeres beobachten konnte, sondern dass diese Beschäftigung ihm tatsächlich allmählich zum geistigen Bedürfnis geworden war. (…) Krupp war in der That mit Leidenschaft Meeresbiologe, und sein königlicher Reichthum gestattete ihm, seine Tiefseeuntersuchungen mit den allerbesten Hilfmitteln durchzuführen. Der Golf von Neapel war sein hauptsächlichstes Arbeitsgebiet. Hier auf der blauen Fluth eines der herrlichsten Meerestheile der Erde, kreuzte er mit seiner Yacht, welche aufs Gediegenste für solche Forschungszwecke ausgerüstet war, ohne deshalb ein besonders prachtvolles Schiff zu sein. Die Maja, mit der er zuerst (1901) seine Touren unternahm, war sogar ein ziemlich gebrechliches Fahrzeug, dem nicht recht zu trauen war, und welches darum auch baldigst außer Dienst gestellt wurde. Der Puritan, mit welchem Herr Krupp im folgenden Jahre (1902) seine Fahrten machte, indem er sich dabei der schon auf der Maja eingeübten Mannschaft bediente, stellte ein bei Weitem besseres Schiff dar, auf dem auch ein gewisser Luxus herrschte, wie er unter Umständen selbst von abgehärteten Seefahrern angenehm empfunden wird.*

Als Geheimrath Krupp im heutigen Frühjahr bis hinunter zu den äolischen Inseln kreuzte, erhob sich ein starker Sturm und es kam darauf an, den Puritan von der sicilianischen Küste abzuhalten. Zur Genugthuung aller an der Fahrt Betheiligten, konnte bei dieser doch einigermaßen kritischen Gelegenheit constatiert werden, daß das in England gecharterte Schiff von ausgezeichneter Manövrierfähigkeit und zweifelsfreier Seetuechtigkeit sei.[151]

Was Chun[152] *damals begonnen hatte, ist von F. A. Krupp neuerdings mit viel bedeutenderen Mitteln und vor Allem mit seetüchtigeren Fahrzeugen und auch mit besseren, resp. verbesserten Netzen, weitergeführt worden. Schon die Maja war manövrierfähiger, als der kleine Johannes Müller, dessen sich Chun bedienen mußte, und der Puritan übertraf wieder seinerseits die Maja um ein Bedeutendes an Größe und Solidität des Baues. Desgleichen waren die Maschinerien zum Aufwinden des Tiefseenetzes auf dem letztgenannten Schiffe bei Weitem leichter und sicherer zu handhaben, als die primitiveren Vorkehrungen, welche zu demselben Zwecke auf der Maja zur Verfügung standen. Krupp hatte für das Ungenügende, dessen störende Einflüsse sich früher bemerkbar gemacht hatten, tadellosen Ersatz beschafft und dadurch seine kleinen Mittelmeerexpeditionen so fruchtbar an Resultaten gemacht. Wenn das schon vorhin erwähnte Werk*[153] *erschienen sein wird, dürfte auch erst manchem Fachmanne der weitreichende Einfluss an der Erforschung des Mittelmeeres klar werden. Selbstverständlich soll dabei der große Antheil Dr. Lo Biancos an diesen Forschungen weder in Abrede gestellt, noch geschmälert werden – aber ohne Krupp und seine Unternehmungslust, ohne den Essener Naturfreund, seine Mittel, seine Ausdauer und seinen Enthusiasmus für derartige wissenschaftliche Unternehmungen wären die vorliegenden schönen Ergebnisse jedenfalls nicht gezeitigt worden, und dies verdient die Anerkennung und den Dank aller Derer, die sich für den Fortschritt der Meeresforschung interessieren.*

Krupp hat niemals Anspruch auf den Namen eines Fachmannes gemacht, sondern ist sich immer des Umstandes voll bewusst gewesen, dass seine Rolle bei solchen Forschungen wesentlich darin bestand, mit Sachverständnis anzuregen, Begonnenes energisch zu fördern und das Geförderte zu gutem Ende zu führen. Er war ein Mäcen ohne Gleichen

Familie Krupp an Bord, Capri, 26. 9. 1900

und dies nicht bloß durch sein Geld, sondern vor Allem durch sein feines Verständnis für die auf der Tagesordnung stehen Probleme und Streitfragen der Wissenschaft.[154]

Es überrascht Margarethe immer wieder, wie gut Fritz, dem die Wintermonate in Essen so zusetzen, das Klima in dem ebenfalls winterlich kalten, von eisigen Winden umwehten Capri bekommt. Natürlich geht es ihm dort auch nicht wirklich gut. *Ein gut Teil seiner Leiden, die ihn im Essener Winter quälten, begleiteten ihn mindestens für die erste Zeit und manchmal ziemlich lange. Blutandrang, Schwindel, Leibesstörungen usw., zuweilen auch noch das gefürchtete Asthma. Aber körperliche Leiden sind es nicht allein, die ihn belästigen, wenn er sie auch seine Umgebung nicht merken läßt und auf Fremde fast immer den Eindruck eines gesunden, kräftigen Mannes macht. Seelische Eindrücke beinflussen und bedrücken ihn in viel höherem Grade und manchmal gefährlich.*[155] Auf Capri bessert sich

sowohl sein seelisches wie sein körperliches Ungemach. Die Insel ist
für Margas Mann eben der Ort, *wo auch der Drang nach Einsamkeit
sein Genüge finden und die oft erprobte Luft Kräftigung der Nerven
bringen kann*[156].

Einsam ist es für Fritz in Capri allerdings nur im Vergleich mit
dem Hügel. Denn trotz allem Rückzugs aus der widrigen Politik ist
und bleibt Fritz ein geselliger Mensch. Seine Familie besucht ihn
in Capri. Da dies aber nur selten möglich ist, freut sich Margarethe
über den Freundeskreis, der sich in Capri um ihn geschart hat. Etliche dieser Freunde haben sie schon auf dem Hügel besucht. Das
trifft natürlich nur für die Betuchteren von ihnen zu, wie Bürgermeister und Hotelbesitzer Federico Serena, der sich in Capri gerne
als Krupp-Intimus geriert. Auch der Inselarzt Dr. Vicenzo Cuomo,
der die lungenleidenden und wohlhabenden Patienten in Capri
betreut, war schon auf dem Hügel. Da auch Justiziar Korn und der
Sekretär Marotz mit von der Partie sind, ist Marga mit dem Freundeskreis bestens vertraut.

Die anderen Mitglieder des Freundeskreises kennt Marga von
ihrem einzigen Besuch auf der Insel her: den zweiten Arzt, Dr.
Ignazio Cerio, die beiden Maler White und Lovatti, sowie den italienischen Ingenieur Edwin Cerio und den deutschen Wiesener. Aus
vielen Gesprächen vertraut ist ihr auch der italienische Assistent,
Salvatore Lo Bianco, den Dohrns Zoologische Station in Neapel
Fritz als Assistenten zur Seite gestellt hat. An die beiden aus einfa-
cheren Verhältnissen stammenden Italiener Adolfo Schiano und
Antonio Arcucci erinnert sie sich dagegen nur vage. Die Ehre, dem
Freundeskreis anzugehören, haben sich beide erst nach ihrer Abreise mit ihrer Fähigkeit verdient, zur vergnügten Ferienstimmung
des berühmten Gastes beizutragen. Der eine, Adolfo Schiano, ist
der Friseur des Ortes Capri. Dieser Tätigkeit geht er aber nur tagsüber nach. Abends betreibt er eine kleine Bottega, eine Weinstube,
in der außer dem guten Wein ab und an auch ein neapolitanisches
Volkslied geboten wird. Fritz geht gerne dorthin, nicht nur, um der
öden abendlichen Langeweile im Hotel Quisisiana zu entgehen,
sondern auch dem dortigen grossbürgerlichen Publikum. Der andere, Antonio Arcucci, ist mit Fritz in seiner Eigenschaft als Fischer
bekannt geworden. Jeden Morgen, bevor die Büroarbeit beginnt,

rudert Fritz stehend seine Runden in Arcuccis Boot in der Bucht der
Marina Piccola, getreu des ihm von seinem Leibarzt Schweninger
verordneten Rezepts.

Immer wieder wird in Capri an Fritzens Großherzigkeit appel-
liert. Er ist dort auch in den Monaten seiner Abwesenheit vertreten.
Sein Sekretär Marotz quartiert sich dann im Schweizerhof ein, einem hübschen kleinen Hotel unweit des Quisisana. Dort erscheint
eines Tages einer der Inselärzte, Dr. De Gennaro, in Begleitung
des Fischers Francesco und dessen Sohnes Alfredo, eines kleinen
Jungen, der bei einem Unfall im Gesicht und an der Hand schwer
verwundet wurde. Otto Marotz berichtet Fritz in seinem nächsten
Brief, der Doktor habe vorgeschlagen, *zu einem Spezialisten zu gehen
und denselben zu befragen, ob eine Operation ausführbar ist und Sinn
hat, Ich werde Herrn Krupp über das Resultat berichten. Ich habe vor
einigen Tagen Alfredo photographiert, um Herrn Krupp zu zeigen, wie
er aussieht. Der Mund ist vollständig schief, wie auf der Photographie
zu sehen ist.*

*Einen sehr netten Zug des kleinen armen Alfredo möchte ich nicht
unerwähnt lassen. Als ich vor einigen Tagen in seiner Wohnung war,
sah ich vor Herrn Krupps Bild, das auf der Kommode stand, ein Glas
mit frischen Feldblumen, und ich fragte, wer diese Blumen gepflückt
habe. Darauf erzählte mir Francescos Mutter, daß Alfredo, wie er anfing spazierenzugehen, eines Tages diese Blumen mitgebracht und sie
vor Herrn Krupps Bild gestellt hätte und dies seitdem fortsetze, ohne
daß ihm dies von irgend einer Seite gesagt worden wäre, ganz aus sich
selbst heraus. Er ist Herrn Krupp überhaupt rührend dankbar.*

*Ich soll Herrn Krupp von der ganzen Familie vielmals grüßen. (…)
Mit Antonino und seinem Vater bin ich oft zusammen gewesen und
soll ich Herrn Krupp vielmals grüßen, sie wollten immer mit mir einen
Tag nach Ischia fahren, aber ich konnte leider hier nicht fort.*

*(…) Von Costanzo, Massa, Serena sowie von Herrn Andreä und
Rittmeister Krämer, der augenblicklich hier bei Andreä zu Besuch
ist, soll ich bestens grüßen, ebenso von Dr. Cuomo. Dr. Cerio, den ich
gestern traf, erkundigte sich mit den den Worten »Quando arrivera il
Signor Krupp, il sole di Capri, quest'anno?« nach der Zeit, wann Herr
Krupp hierherkomme, und trug mir viele Grüße auf. Von Silvestro, mit
dem ich immer zum Kahn gerudert bin, soll ich Herrn Krupp ebenfalls*

vielmals grüßen. Mit der Bitte um Verzeihung, daß der Brief wieder so lang geworden ist, und den gehorsamsten Grüßen
    Herrn Krupp's dankbarster und gehorsamster Marotz[157]

Capri, den 14.10.1900

Hochverehrter Herr Krupp!

Von Neapel zurückgekehrt möchte ich Herrn Krupp sogleich über die Untersuchung des kleinen Alfredo Bericht erstatten. Der Professor, der Alfredo untersuchte, einer der besten Chirurgen Neapels, äußerte sich dahin, daß die Wunden sehr gut zugeheilt seien und daß Dr. De Gennaro seine Sache so vorzüglich gemacht hat, daß die Heilung nicht hätte besser sein können. Er verspricht sich von einer Operation einen guten Erfolg und hofft, daß Alfredo nach derselben wird ohne Mühe den Mund zumachen können und auch die Bewegungsfähigkeit der Hand wiedererlangt. Da der arme Junge jetzt fortwährend den Mund offen hat, so würde hier (...) mit der Zeit auch seine Lunge recht ungünstig beeinflußt. Alfredo mußte zum Zweck der Operation in das Hospital des betreffenden Professors und zwar für die Dauer von 15 Tagen bis 1 Monat. Die Unterkunft im Hospital kostet pro Tage 8 Lire, dazu käme noch das Honorar für die Operation.

    Herr Krupp hatten seinerzeit Francesco geschrieben, daß für Afredo alles gethan werden solle, was möglich sei, und auch mir aufgetragen, darauf zu sehen. Ich habe daher Francesco gesagt, daß Herr Krupp sicher so gütig sein würde, das angefangene gute Werk zu vollenden und auch diese Kosten zu tragen. Der arme Junge tat mir sehr, sehr leid und da es sich darum handelt, ihm seine Gesundheit wiederzugeben, so darf ich Herrn Krupp wohl bitten, mich anzuweisen, das für diesen Zweck erforderliche Geld zu zahlen. Alfredo soll am 15. oder 19. dann nach Neapel. Dr. De Gennaro wollte Herrn Krupp persönlich schreiben, da ich es aber thun wollte, so bat er mich, wie auch Francesco und Alfredo, Herrn Krupp die ergebensten Grüße zu übermitteln. (...)

Mit den ergebensten Grüßen Herrn Krupp's dankbarster und gehorsamster Marotz[158]

Wie erwartet erhält Marotz die erbetene Genehmigung, und der kleine Alfredo kann sich auf ein normales Leben einrichten. Dieser und ähnliche Vorgänge sind Margarethe wohlbekannt. Es ist ja

nichts Besonderes für sie, denn auch auf dem Hügel gehen täglich
Bittgesuche und Hilferufe ein, die teils berechtigt, teils eher dumm-
dreist sind. Diese Flut wird eingedämmt durch ein strenges und
objektives Regiment. Bei der Gewährung oder Ablehnung eines
Gesuchs werden objektive Kriterien verwendet, die nachvollziehbar
und begründbar sind. Dass dies in Capri nicht der Fall ist, das erfährt Margarethe erst jetzt.

Bei dem Konfirmationsmittagessen sitzt sie neben Direktor Carl
Menshausen, der ihr ein guter und Fritz der beste Jugendfreund ist.
Er berichtet besorgt, wie vollkommen arglos sich sein Freund in
Capri bewegt. »Ich mache mir Sorgen, Frau Krupp, denn obwohl
ich mich freue, zu sehen, wie locker und gesund er sich auf Capri
gibt, so ist er doch von vielem abgeschnitten. Dr. Cuomo und Bürgermeister Serena schirmen ihn vollkommen ab.« Er berichtet ihr
von der grandiosen Straße, deren Kosten Friedrich Alfred Krupp
zum größten Teil übernommen hat. Sie führt von der Certosa in
kühnen Haarnadelkurven hinunter an den Strand. »Selbstverständlich dient sie ganz Capri, aber sie festigt natürlich auch Serenas
Position als Bürgermeister. Ich habe Fritz darauf hingewiesen, aber
er misst dem keine Bedeutung bei.« Marga hört aufmerksam zu.
Diese Sicht der Dinge ist ihr neu. Bis jetzt hat sie sich nie Gedanken
darüber gemacht, wie der Aufenthalt ihres Mannes in Capri auf die
Inselbewohner wirken könnte. Großzügig ist er, liebenswürdig und
manchmal auch verspielt, direkt naiv. Und ja, es hat schon etwas
Übertriebenes, wie die Leute in Capri ihren Mann behandeln, indem sie auf jeden seiner Wünsche eingehen, ja, sie erfüllen, bevor er
sie noch geäußert hat.

Nur wenige Monate später wird sich Margarethe an dieses Unbe-
hagen erinnern, dem sie leider nicht genug Wichtigkeit beigemessen
hat. Menshausen äußert sich in seiner höflichen Art eben nicht so
drastisch wie ein späterer Chronist, der Fritz' Situation auf Capri
wie folgt schildert: *Krupp, der in Deutschland ein kalter Geschäfts-
mann war, verwandelte sich, kaum daß er seinen Fuß auf Capri gesetzt
hatte: Er überließ sich einer phantasievollen Naivität, wurde schwär-
merisch, ja beinahe kindisch. Er bildete sich ein, daß alle Capresen von
schlichtem Gemüt seien, allesamt gut und unschuldig, Naturkinder,
einer wie der andere. Ihm war nicht bewußt, daß die Generosität mit*

der er Geld verteilte, Neid und Eifersucht auslöste. Deshalb bemerkte er auch die üblen Nachreden nicht, die über ihn in Umlauf kamen. Er bedachte nicht, daß es Menschen gab, die davon überzeugt waren, daß ein derart reicher Mann notgedrungen ein verderbter Mensch sein müsse. Er konnte sich nicht vorstellen, daß es dort Niederträchtige gab, die überall Böses wittern.[159]

Menshausen hat noch mehr auf dem Herzen, findet aber keinen Weg, ihr seine Befürchtungen in passender Weise offenzulegen. Als Mitglied des Direktoriums weiß er von den Anzeigen und Erpressungsversuchen, die in Berlin gegen Fritz vorliegen. Ihr Nährboden sind die übergroße Freigiebigkeit Krupps und seine Gewohnheit, junge Musiker aus Capri mit nach Berlin zu bringen. Er bringt sie im Hotel Bristol unter, und solange er sie um sich hat, benehmen sie sich tadellos. Aber in den langen Zeiten seiner Abwesenheit sind sie nicht bereit, sich in den Hotelbetrieb einbinden zu lassen. Als Krupps Protegés seien sie an Besseres gewohnt, meinen sie, und verweigern der Direktion ihren Gehorsam. Deshalb kann nicht einmal die Befürchtung, einen sehr guten Gast zu verlieren, Hoteldirektor Uhl veranlassen, sich derlei Betragen weiterhin bieten zu lassen. Er bittet Fritz, die Störenfriede zu entfernen. Dies geschieht.

Der Berliner Kriminalkommissar Hans von Tresckow hat beim Direktorium durchblicken lassen, er habe Gerüchte über homosexuelle Neigungen Krupps gehört und auch eine Art Anzeige eines ehemaligen Dieners vom Hügel erhalten. Da dies alles aber polizeilich nicht relevant sei, habe er weiter nichts unternommen.[160] Aber in der Berliner Gerüchteküche köchelt das Gericht aus Tatsachen, Vermutungen und Klatsch weiter vor sich hin. Das diskriminierende Wort »Homosexualität« taucht in Verbindung mit Fritz Krupp auf. Es ist in Berliner Hofkreisen geradezu Mode geworden, berühmte Männer aus Wirtschaft und Politik mit diesem Begriff in Verbindung zu bringen. Selbstverständlich spielt sich das alles unter der Decke der Verschwiegenheit ab, niemand wagt es, öffentlich etwas zu sagen. Umso gefährlicher erscheint Menshausen diese Situation. Aber wie soll er der Frau seines Chefs und Freundes etwas derart Heikles mitteilen? Er kann es nicht. Jedenfalls nicht heute, nicht an diesem so festlichen und unbeschwerten Tage.

Stattdessen meint er Marga gegenüber begütigend, alles sei doch bedeutungslos gegenüber den Vorteilen, die Fritz aus seinen Capri-Aufenthalten ziehe. Letztlich zähle doch nur, was er in seinem letzten Geburtstagsbrief an Fritz geschrieben habe: *Möge Deine Gesundheit sich unter dem blauen Himmel von Capri und fern vom rastlosen Getöse der modernen Welt dauernd befestigen und mögest Du mit frischen Kräften heimkehren, um den vielen und schweren Anforderungen gewachsen zu sein, die Deine exponierte Stellung Dir auferlegt. Von Herzen wünsche ich Dir namentlich, daß Sorgen und Ärger Dir nach Möglichkeit erspart bleiben und besonders der Letzere von Dir mit wachsendem Gleichmuth abgewettert werde. Feinde und Neider wirst Du stets haben, laß sie bellen und geifern. Sie sind es nicht werth, daß Du ihretwegen den Gleichmuth verlierst.*[161] Marga kann nicht wirklich glauben, dass ihr Mann diesen Gleichmut wird aufbringen können. Dann blickt sie auf die fröhliche Festgesellschaft, sieht die strahlenden Gesichter ihrer Töchter und die Güte im Gesicht ihres Mannes und versteht nicht, warum ihr so ernst und ängstlich um das Herz ist. Nur einige Monate später wird sie erkennen, dass die Vorahnung kommenden Unheils sie an diesem Tage streifte. Und dass es das letzte unbeschwerte Familienfest ist, das sie, Fritz, Bertha und Barbara gemeinsam feiern dürfen. Während in Essen alles seinen gewohnten Gang läuft, während die Firma Krupp wächst und gedeiht, die Wirtschaft des Deutschen Reiches boomt und der Kaiser ein – wenn auch nicht immer zuverlässiger – Freund des Hauses und der Familie Krupp ist und bleibt, braut sich auf Capri das Unheil zusammen.

Kleine Insel – große Hölle[162] (1898–1902)

Nur wenige Tage nach der Konfirmation seiner Töchter reist Fritz wieder nach Capri. Sein neues Schiff, die Puritan, wartet dort auf ihn und die wissenschaftliche Besatzung. Weitere Forschungen in der Bucht von Neapel und rund um Capri sind vorgesehen. Fritz genießt die Fahrten, an denen er teilnehmen kann, und scheut sich nicht, beim Einholen und Sortieren der glitschigen Ladung tatkräftig mitzuhelfen. Er war *bei diesen Fahrten kein bloß passiver Zuschauer, der sich vergnügt die Hände reibt, wenn das Netz mit gutem Inhalt an Bord kömmt, und dann den Klemmer aufsetzt, um all das interessante Gethier zu betrachten, sondern er legte meist selbst mit Hand an und leitete vor Allem die Operationen des Niederlassens, sowie die des Aufwindens der Dredschen und Planktonnetze. Auch notierte er bei Vornahme der Fänge alle irgendwie wichtigen Einzelheiten, die er mit scharfem Auge beobachtete. Er entdeckte auch mehrfach die Unzulänglichkeit der mechanischen Vorkehrungen zum Öffnen und Schließen der Tiefennetze, wie sie bislang im Gebrauch gewesen sind, und er liess nach seiner Anweisung neue Schließnetze von seinen Essener Technikern construiren, welche in viel besserer Weise functionierten und namentlich auf der heurigen Puritanfahrt ihre größere Leistungsfähigkeit bewiesen haben.*[163]

Auf dem Meer geht es ihm viel besser als an Land, wo der sanfte Märzwind, der die Düfte und Pollen der Frühlingsblumen in sich trägt, sein Asthma verschlimmert. Fern von der Küste kann er atmen, körperlich aktiv sein und sich endlich in seinem Körper wohlfühlen. Dazu das Bewusstsein, Sinnvolles zu tun und sich mit Menschen zu umgeben, die seine Visionen teilen – nichts könnte ihn mehr erfreuen. So steht er, den ärztlichen Ermahnungen zum Trotz mit einer Zigarre im Mund, an der Reling der Puritan und blickt vom Meer her auf die steile Küste, an der sich seine Straße emporwindet.

Die Via Krupp, so hat der Stadtrat sie genannt, weil 90 Prozent der Kosten von Fritz getragen werden. Ihm, aber auch den anderen Dorfbewohnern, ermöglicht diese Straße, schnell und sicher von der Certosa hinunter an den Strand der Piccola Marina zu gelangen, ohne den langen Umweg über Anacapri nehmen zu müsssen. Sie ist ein technisches Meisterwerk des Ingenieurs der Kommunalverwaltung, Emilio Mayer. In engen Windungen, dicht an die Felsen geschmiegt, folgt sie den natürlichen Gegebenheiten. Fritz hat oben, wo die Straße in die Ebene übergeht, einige Grundstücke aufgekauft, auf denen er Gärten und einige Tennisplätze zur Unterhaltung seiner Gäste anlegen will. Mit einem Blick übersieht er seinen Capreser Besitz: die auf halbem Wege gelegene Grotte des

Fra Felice und die erwähnten Gärten. Etwas weiter oben noch das bescheidene Hotel Schweizerhof, das er vor zwei Jahren für sein Personal gekauft und dann gründlich renoviert hat. Für sich selbst hat er keine Kaufabsichten. Die Räume im Quisisana sind angenehm und komfortabel genug für die Nächte an Land. Eine Villa braucht er nicht. Außerdem hegt Fritz auch im dritten Jahr seines Aufenthaltes immer noch die Illusion, quasi inkognito in Capri zu sein. *Es hätte ihm gefallen, wenn man ihn für einen x-beliebigen Gast gehalten hätte … Diese fixe Idee, seinen Namen zu verbergen, brachte eine Freundin, die Baronesse Deichmann, die auf der Durchreise nach Capri gekommen war, zu der Meinung, er sei verrückt geworden. Nach Deutschland zurückgekehrt, erzählte sie schockiert, Krupp wohne »nur in zwei Zimmern in einem schlichten Hotel der Insel. Er glaube, dass niemand seine wahre Identität entdeckt habe und ihn alle für arm hielten (…) er träume davon, mit den Fischern zu leben und er wolle auf Capri sterben.« Ganz offensichtlich konnte die Baronesse nicht begreifen, dass Krupp so wie er war und nicht seines Geldes wegen geschätzt werden wollte.*[164]

Das Bild, das Fritz von den Capresen hat, und dasjenige, das sie sich von ihm machen – sie könnten nicht unterschiedlicher sein. Er sieht in ihnen unschuldige Naturkinder, die seiner Fürsorge bedürfen, sie sehen in ihm ein Rätsel, das sie misstrauisch beäugen. *Der fremde Millionär, der mit Kaisern und Königen verkehrt, der ein herrliches Schloß besitzen soll, was will er hier auf Capri? Gesehen hat er die Insel, die Umgebung kennt er, ein Schloß oder eine Villa besitzt er nicht auf der Insel, also ----! Er verkehrt viel mit armen Landleuten, Fischern und Schiffern, gibt ihnen Geld, viel Geld ---- wofür? – Für nichts gibt man nichts! Der italienische Nobile gibt nur, wenn er muß. Gilt es zu schenken, so ist's allein die Kirche, der man opfert, aber nicht armen Männern. ---- Und dann – nicht den Mädchen geht er nach, ihnen gibt er nichts, von ihnen will er nichts – also …! So entstand das Gerücht bei anderen Ehrenmännern, so bei Krupp. So schlich es bereits (…) ziemlich aufdringlich herum, wuchs und gedieh während der diesjährigen Saison ins Ungeheure und war bald kein Gerücht mehr, sondern eine allgemein bekannte schwere Beschuldigung. (…) Krupp war der letzte, dem man von diesem Gerüchte Mitteilung macht. Und als man es, halb scherzhaft, tat, da erkannte Krupp nicht die Größe der Gefahr, sondern er setzte sich mit einer witzigen Bemerkung über die Mitteilung hinweg. Hätte man ihn mit irgend einem Mädchen verdächtigt, ja, dann hätte der Ehemann und Vater in ihm sich geregt. Aber jenen Verdacht wies er als unwürdig und unberechtigt weit von sich. Krupp kannte eben die Schwatzhaftigkeit der capresischen Landleute und die Klatschsucht seiner deutschen Landsleute in Italien nicht, oder er unterschätzte sie.*[165]

Die Tage verbringt Fritz auf See, manchmal auch Abende und Nächte, wenn die Ausflüge länger als einen Tag dauern. Salvatore Lo Bianco, der Wissenschaftler aus Neapel, sorgt für die richtige Stimmung. *Erinnert ihr euch,* so fragt einer seiner Freunde in seinem Nachruf, *an die wunderbaren Fischzüge, die Landungen und improvisierten Picknicks an unseren lieblichen Stränden, in Cuma, auf Ischia, auf Capri, auf der sorrentinischen Halbinsel, in den sonnenhellen Tagen? Die Rückfahrten unter dem Sternenhimmel, aufgelockert durch den Chor der volkstümlichen Weisen auf dem Deck (...), wo Männer verschiedenster Sprachen, einander häufig unbekannt, gebannt und fasziniert, zu einer einzigen Familie von fröhlich Verrückten vereint wurden durch die magnetische Berührung des unwiderstehlichen Führers, der, in allen Sprachen radebrechend, bei allen sich verständlich machte und allen seine unerschöpflich gute Laune und die Sprache seines Landes vermittelte.*[166]

Für die Abende auf Capri gibt es die Grotte, die Fritz auf Anregung seiner Capreser Freunde ausgebaut hat. Vermutlich im 16. Jahrhundert hatte Fra Felice, ein Mönch adeliger Abstammung mit starken Muskeln und großem Arbeitseifer, die Grotte und die über hundert Stufen hinab zum Meer in mühevoller Arbeit mit dem Meißel aus dem Stein geschlagen. Sie besteht aus dem Hauptraum und einer kleinen Kammer, die durch eine Felswand abgetrennt ist. Ein weiterer kleiner halbkreisförmiger Raum liegt etwas tiefer. Man erreicht die Grotte, indem man *über das kleine Gitter steigt, das man linker Hand findet, wenn man die Via Krupp hinuntergeht, unmittelbar nach der sechsten Kehre. Hinter dem Gitter beginnt eine steil nach unten führende Stiege, die jäh um den Felsen biegt und zu einer Terrasse hoch über dem Meer führt.*[167] Das Kloster Certosa nutzte die Grotte nach Fra Felices Tod als Eremitenklause und danach als Gefängnis. Dann geriet sie in Vergessenheit. Erst während der Arbeit an der Via Krupp entdeckte sie der Maler Alberto G. White zufällig. Sofort entstand in seinem Kopf die kreative Idee, Fritz Krupp für die Idee zu begeistern, Festmähler in der malerischen Grotte abzuhalten. Denn trotz neapolitanischer Lieder in der Bottega des Friseurs und deutscher Würstchen in Constantinos winziger Taverne in der Via delle Botteghe waren die Abende in Capri immer noch lang und eintönig. Den einzigen gesellschaftlichen Treffpunkt, das Caffè Hiddigeigei, mied Fritz der deutschen Gäste wegen genauso wie das Abendprogramm der beiden führenden Hotels der Insel, des Quisisana und der Locanda Pagano. Was lag also näher, als dem geschätzten Gönner Capris einen Vorschlag zu machen, der ihm erlaubte, im kleinen Kreis seiner Freunde vergnügt und lustig zu entspannen?

Mit der Gründung der Bruderschaft, die Krupps Lebensende so vergällen sollte, hat es folgende Bewandtnis, erklärte E. Gagliardi in einem Interview, das er in Rom der Zeitung ›Tag‹ gab: *Die Herren Dr. Vicenzo Cuomo und Dr. Lo Bianco pflegten sich bei Constantino, einer sehr beliebten Kneipe in Capri, wo ein echter Tropfen feurigen Capresers bei Tanz und Gesang kredenzt wird, mit einem Kreise von Freunden und Bekannten regelmäßig zusammenzufinden. Zuerst legten sich die Habitués des Stammtisches wegen eines schweren Falles von Scabies, den Dr. Cuomo zu behandeln hatte, den nicht sehr geschmackvollen Beiname der Scabbiosi – Aussätzigen – zu. Später wandelte man die anstößige Benennung einfach nach dem Namen des Arztes in »Brüderschaft des heiligen Vicenzo« um, und die Versammlungen fanden in der jedem Touristen bekannten Grotta dell'Arsenale statt. »Ich selbst hatte den unglückseligen Einfall«, so sagte mir Professor Lo Bianco, »Krupp, der an hartnäckiger Schlaflosigkeit litt, den Vorschlag zu machen, sich zu uns zu gesellen. Krupp war von der Zwanglosigkeit dieser geselligen Zusammenkünfte ganz entzückt; er kam häufig wieder und empfand nicht nur Vergnügen an dem harmlosen Treiben dort, sondern es wirkte wie eine wohltuende Medizin auf seinen Gesundheitszustand und brachte ihm sogar den langentbehrten Schlaf.*[168] Als White die Grotte Fra Felice für zukünftige Zusammenkünfte vorschlägt, erklärt sich Fritz *mit dem Plan einverstanden, erteilte seinem Sekretär Marotz in Bezug auf die Kostenaufwendungen absolute Vollmacht und dampfte heiteren Gemüths nordwärts. (…)*

Dr. Vicenzo Cuomo und die anderen Capreser Fratelli nutzen die Zeit von Krupps Abwesenheit, um ihm im Sommer 1901 eine »Heilige Ordnung« der Bruderschaft zu übersenden. *Die Bruderschaft nannte sich jetzt nach Fra Felice. Dr. Cuomo wurde feierlich zum Abt, Lo Bianco zum Vizeabt ernannt, während Krupp nichts anderes sein wollte als einfach Fra Federico.* Der lockere Ton des neu ernannten Abtes und Inseldoktors, Dr. Cuomo, in einem Brief an Fritz spricht für sich: *Lieber Herr Krupp und sehr lieber Bruder (…) Ich nehme an, daß die Lektüre der Ordensregeln, die Bruder Lattansio übersetzt hat, Sie sehr amüsiert hat! Während dieser Periode der scheinbaren Untätigkeit der Congregation haben wir uns alle in Vorfreude ergangen bei der Vorstellung, bald unsere Treffen in der Grotte von Fra Felice abzuhalten, dem zukünftigen Sitz unserer künstlerischen und monarchischen Zusammenkünfte. – Ich habe gerade einen guten und liebenswürdigen Brief von Prof. Schweninger erhalten, dem ich vor kurzem geschrieben hatte. – Meine Frau übersendet Ihnen ihre allerbesten Empfehlungen. Gott sei Dank geht es meiner Familie gut. – Bitte übermitteln Sie, Herr Krupp, Ihrer Frau und den Fräulein Töchtern meine ergebensten Grüße und Empfehlungen.*[169] Und da Fritz sich um die italienische Sprache bemüht, fährt er auf Italienisch fort: *Währenddessen, lieber Bruder Federico, übersende ich herzliche Grüße von allen Capreser Brüdern, ebenso die wohlmeinenden Segenswünsche des Priors, die ebenfalls allen anderen deutschen Brüdern zuteil werden sollen. Ich bin, wie immer mit tausend guten Wünschen und Grüßen Ihr ergebener Freund Vicenzo Cuomo.*[170]

Der Doktor ist ein weltgewandter Mann. Genauso flüssig wie auf Französisch korrespondiert er auch auf Englisch. Im Dezember 1901 schreibt er an Justiziar Korn: *Lieber Herr Korn und geschätzter Bruder! (…) Ich freue mich zu erfahren, daß Herr Krupp und seine Familie ebenso wie Sie und die Ihren sich guter Gesundheit erfreuen. Das gleiche gilt für mich, meine Frau und die Kinder. (…) Wir hatten vor kurzem ein sehr angenehmes Treffen der Congregation im Hotel Paradiso in Anacapri, und wie Sie in der Karte lesen werden, die ich gestern abgeschickt habe, haben wir der abwesenden deutschen Brüder mit Trinksprüchen und Reden gedacht.*[171]

In Essen liest Fritz die übersandten Ordensregeln mit Vergnügen. *Die Regeln des Heiligen Ordens finde ich ausgezeichnet, die Lektüre*

hat mich riesig amüsiert und ich bin überzeugt, dass diese Institu-
tion allen Brüdern noch viel Freude bereiten wird. Auch glaube ich,
dass diese Sache uns nicht nur Freude bereiten, sondern dass auch
manches Gute in Beziehung auf Capri, und manche Capresen und
auf die Brüder daraus hervorgehen wird, so dass die Brüderschaft
schließlich wirklich als eine Cammora im allerbesten Sinne des Wortes
anzusehen ist. (…) Für den Segen des hochwürdigen Priors danke ich
herzlich. Ihm und seiner gnädigen Gesinnung empfehle ich mich auf
das wärmste und bitte, allen Brüdern der Congregation die herzlichs-
ten Grüsse zu übermitteln.[172] Männer seines Vertrauens um sich zu
scharen, um das persönliche Vergnügen mit sinnvollem Tun für die
Insel zu verbinden, das ist es, was Fritz in der Bruderschaft sucht.
Gar nicht bewusst ist ihm, dass er auch einen Beitrag zum inter-
kulturellen Verständnis bietet, denn von Anfang an gibt es sowohl
italienische wie auch deutsche Fratelli, die sich regelmäßig auch in
den Monaten treffen, die Fritz nicht in Capri verbringt. Vor allem
für Sekretär Marotz, der Fritz' Interessen in dessen Abwesenheit auf
der Insel vertritt, sind die Fratelli das Bindeglied zu den restlichen
Inselbewohnern.[173]

Fritz hat also im letzten Jahr die Grotte erworben und ihr zwei
winzige Kammern als Bad und Küche angebaut. Dr. Vicenzo Cuomo
lädt ihn in seinem Weihnachtsbrief 1901 nach Capri ein: *Es ist uns*
eine große Freude, Ihnen von dem großen Fortschritt der Bauarbeiten
an Ihrer schönen Straße sowie an der Grotte Fra Felice, unserem wun-
derschönen Sitz, zu berichten.[174] Aber Fritz kann erst im Frühjahr
1902 die fertiggestellte Grotte besuchen. Er weiß es noch nicht, aber
die wenigen Wochen, die er hier ist, sind sein Abschied von Capri. So
kann er insgesamt nur fünf Festmähler ausrichten, an denen außer
den Fratelli, Diplomaten und den Kommandanten der jeweilig in
Neapel vor Anker liegenden Kriegsschiffe auch Gäste aus Deutschland wie Menshausen oder Dr. Eccious teilnehmen. Auch Bismarcks
und Fritz Leibarzt Dr. Schweninger wird in die neu gestaltete Grotte
eingeladen. Er dankt *für die wirklich seltenen herrlichen Tage und*
Feste, die ich durch Ihre nimmermüde Güte und Wohlwollen für mich
gerade diesmal wieder in Capri erleben durfte. Er grüßt die fröhli-
che kleine Gemeinde, die Krupp (…) auch hier um sich versammelt
hatte.[175] Sie alle sitzen brav am langen Tisch, an dem ihnen bieder

gewandete mittelalterliche Insulanerinnen die Speisen servieren, ganz so, als ob man auf dem Hügel wäre. *Die kulinarischen Ausschweifungen bestanden in den landesüblichen Bergen von Maccaroni, in Stockfisch, wie ihn die untersten Volksschichten hier zubereiten, und in Massen des köstlichsten Obstes. Nach Art fast aller Künstlerklausen wurden die Namen der Beteiligten und der behandelten Gesprächsthemata in ein pergamentartiges Register eingetragen.*[176] Man trägt die Freizeitanzüge etwas lässiger als in der Stadt, sonst aber gibt es an den gesetzten und weniger gesetzten Herren wenig zu bemerken. Höchstens vielleicht, dass ihr Wein- und Bierkonsum ein wenig zu hoch ist und die Herren etwas albern werden lässt.

Die Innenausstattung ist eine deutsch-italienische Gemeinschaftsleistung. Essen wird von Sekretär Otto Marotz repräsentiert, Capri von Arturo Cerio, einem Mitglied des Cerio-Klans, der den reichen Deutschen in alter capresischer Tradition als seine persönliche Beute betrachtet. *Die bizarre Einrichtung der Räume, hauptsächlich im Stil der Neo-Renaissance, stand im Kontrast zu ihrer klösterlichen Kargheit. Das Mobiliar bestand aus etwa zehn geschnitzten Holzstühlen und einem langen dunklen Tisch, auf dem Exemplare von Gregorovius ›Capri, eine Einsiedelei‹*[177] *auslagen. … Und um dem Raum einen heiteren Anstrich zu geben, konstruierte der Maler Lovatti ein Puppe aus Stofflicken, die Fra Felice darstellen sollte. Die Figur trug eine Klosterkutte, sowie einen Regenschirm und einen Besen als Hellebarde, mit der der Mönch die barbarischen Seeräuber von der Insel fegte; eine Glocke, mit der er bei ihrer Annäherung Sturm läutete, und ein Teleskop, mit dem er ihre Bewegungen ausspionierte.*[178] Die Ironie des Werks entgeht den Zeitgenossen. Noch ist das zwanzigste Jahrhundert zu jung für Collagen und Popkunst. Die örtlichen Priester vermuten mangelnden Respekt gegenüber ihrer katholischen Religion. Die Capreser wundern sich und tratschen. Fritz bemerkt nichts von alledem. Dabei sind ihm viele gram. Beispielsweise die deutschen Touristen, die er meidet. Oder die Capreser, denen es nicht gelingt, in seine freigiebige Nähe zu gelangen. Oder einfach alle, die von Natur aus neidisch und missgünstig sind. Da nutzt es auch nichts, dass die Fratelli auf die Barrikaden gehen, als aus dem harmlosen Scherz im Herbst 1902 plötzlich ein Skandal wird. Justiziar Korn versucht die Gemüter zu beruhigen.

Am 12. November, nur zehn Tage vor Krupps Tod, schreibt er an Dr. Cuomo: *Ich danke Ihnen besonders für Ihre Bemühungen, die fratelli von übereilten Schritten abzuhalten … Obwohl ich verstehe, dass Sie gern gegen die Nichtswürdigkeit und Gemeinheit des Schmutzblattes vorgehen möchten. Dass Sie übernommen haben, persönlich zum Sottoprefetto zu gehen, ist sehr gut. Wenn der Narr und seine Vorgesetzen nur einen Funken von Humor haben, müssen sie über die Harmlosigkeit der heiligen Regeln und ihre komische Ironie lachen.*[179]

Leider lachen die Lästermäuler nicht, sondern malen ein tendenziöses Bild, so wie es der Franzose Henry-D. Davray lustvollgehässig beschreibt: *Jeden Tag arbeitet Herr Krupp einige Stunden mit seinem Sekretär und weist ihn an, die eingehenden Telegramme zu beantworten, von denen einige vom Kaiser selbst stammen. Den Rest des Tages ist Herr Krupp müßig und lebt seiner Gesundheit, wie er denen, die sich ihm nähern, erläutert. So trifft man ihn bei Timberio in Anacapri und der Marina von Tragara, gefolgt von seinen jungen Begleitern, die ihre Rolle mit Stolz erfüllt. Sie sind gut gekleidet und geschmückt, und erwecken den Neid ihrer Kameraden, die ohne Zweifel weniger verführerisch sind als sie.*[180] Er erzählt von Krupp'schen Feuerwerken auf der Piazza und von einer Gruppe von Musikanten, die ihre Gitarren- und Mandolinenmusik in Krupps Hotelappartement spielen. Er beschreibt das exzessive Gesellschaftsleben Krupps und berichtet von *üppigen Mittagessen in einer der Grotten der Insel oder in den Ruinen eines der Paläste des Tiberius*[181]. Sekretär Marotz wird sogar beschuldigt, obszöne Fotos hübscher Jungen zu machen und sie zu verkaufen, einer Praxis, die in adelig-homosexuellen Kreisen gang und gäbe ist.

Doch all dieses wird sich erst Monate später abspielen. Im Frühjahr 1902 bemerkt Fritz noch nichts von dem boshaften Getuschel. Er hat wenig Zeit diesmal. Bereits Ende März muss er wieder nach Essen zurückreisen. Dort erreicht ihn in den ersten Apriltagen ein Brief der Kommunalverwaltung mit der freudigen Nachricht, man habe ihm die Ehrenbürgerschaft der Stadt Capri verliehen. Er erhält in Essen ein Pergament mit den Insignien Capris, auf dem in eleganter Schrift folgende Worte stehen:

Seiner Exzellenz Friedrich Alfred Krupp
Als immerwährendes Zeugnis der Verdienste um Capri
Für die neue Strasse, die heiter und lieblich,
In wundersamen Windungen sich schlängelt
Von der Stadt zur Piccola Marina
An der südlichen Felswand der Insel, die nach seinem Willen
Und der generösen Schenkung vollendet werden konnte.
Der Stadtrat entsprechend den Wünschen der dankbaren Öffent-
    lichkeit
Schlägt einstimmig vor und beschliesst
Die Ehrenbürgerschaft.[182]

So scheint alles in bester Ordnung zu sein auf Capri, und Fritz hat keinerlei Grund, etwas anderes anzunehmen, selbst wenn er weniger naiv wäre und sich etwas besser einfühlen könnte in die Mentalität der Capreser. Ganz sicher kann er sich nicht einmal in seinen schlimmsten Alpträumen vorstellen, was sich in den nächsten Monaten in Capri um seinen Namen herum zusammenbrauen wird.

Im Sommer 1902 entbrennt dort ein erbitterter Kampf um den Bürgermeisterposten. Bis 1895 hat Manfredi Pagano als Haupt der sozialistischen Partei diesen Sitz innegehabt. Von 1896 an ist Federico Serena Bürgermeister, gestützt auf eine eher klerikal gefärbten Partei. Eben dieser Federico Serena, Gastgeber von Fritz Krupp im Hotel Quisisana, Mitglied seiner Bruderschaft und Initiator der Ehrenbürgerschaft, ist es, der den Anlass zum Skandal um Krupp bietet.

In der Gemeinde Capri bestehen zwei Parteien, die sich auf das Bitterste bekämpfen. An der Spitze der einen steht der bisherige Sindico Serena, Eigenthümer des Hotels Quisisana, an der Spitze der anderen Morgano, der Besitzer des Cafés zum Kater Hiddigeigi. Die letztere stellte bei den diesjährigen Kommunalwahlen, Mitte Juli 1902, als Gegenkandidaten für Serena bei der Giunta Herrn Dr. Cerio auf und ist dabei vollständig unterlegen. Herr F. A. Krupp, der sich um diese politischen, d. h. mehr persönlichen Feindschaften nie gekümmert und absichtlich jede Stellungnahme vermieden hat, ist seitens des Hotelwirts Serena, in dessen Hotel er zu wohnen pflegt, insofern in den Wahlkampf hineingezogen worden, als dieser sich der Freundschaft des Herrn F. A. Krupp rühmte und die großen Wohltaten hervorhob, die die Insel und ihre Bewohner Herrn Krupp verdankten, und daß der Entschluss des Herrn F. A. Krupp, im Jahre 1903 nicht nach Capri zu kommen, die Folge der Machtintentionen der Gegenpartei sei.

Die Gegenpartei (Morgano) hatte nach der Niederlage das Interes- se, Serena thunlichst zu schädigen, und sie glaubte dies am besten zu thun, wenn sie dafür sorgte, daß Herr Krupp nie wieder nach Capri kommen könnte. Um dieses zu erreichen, streute ihr Geschäftsführer, ein Schullehrer Gambone, die niederträchtgsten und gemeinsten Ver- dächtigungen gegen Herrn Krupp aus und veranlasste die sozialistische Zeitung in Neapel, ›Propaganda‹, zwei diesbezügliche Artikel aufzu- nehmen. Dieselben sind unter dem 18. September und 20. Oktober erschienen, nachdem Herr Serena bei einem Besuche des Ministerprä- sidenten Zarnadelli versucht hatte, ein Telegramm aus Capri an Herrn Krupp abzusenden und ein solches – zwar nicht von Zarnadelli, aber vom Minister der öffentlichen Arbeiten und dem Prefäcten in Neapel unterschrieben – abgesandt war.

Wohl in erster Linie ist es diesem politischen Intrigenspiel zuzu- schreiben, dass die Schmähungen gegen Herrn Krupp in die Öffent- lichkeit gekommen sind. Daneben sind naturgemäss einige wenige Personen in Capri vorhanden, die sich durch Herrn Krupps Aufenthalt dort insofern geschädigt fühlen, als durch seine Hilfe einige kleine Leu- te aus ihren Wucherhänden befreit und damit ihrer Macht entzogen worden sind, sowie einige andere, denen ihre Bitten um Unterstützung oder Grundstückskauf abgeschlagen worden sind.[183]

Mit diesen wohlabgewogenen Worten bezieht sich Justizar Korn auf den Erpressungsversuch eines skrupellosen Mediziners aus Ne- apel namens Edoardo Scarfoglio, der kurz vor der Pleite stand und wollte, dass Krupp bei ihm Geld investierte. Unklugerweise ließ Sekretär Marotz ihn ohne vorherige Absprache mit Essen abblit- zen. Aber auch dies ist nur ein Detail aus dem großen Wespennest, in das Fritz in Capri ohne Schuld hineingeraten ist. Der Versuch, den auch nach Deutschland überschwappenden Skandal durch die Aufzählung der nüchternen Tatsachen zu entschärfen, ist Justiziar Korn nicht gelungen. Ebenso wenig wie die Klarstellung der bis zum heutigen Tage aktuellen Mär von der Villa Krupp auf Capri. *Eine Villa hat Herr Krupp in Capri überhaupt nicht besessen, erst seit dem ersten Oktober 1902 ist er Besitzer eines kleinen Hauses an der Piccola Marina.*[184] Die kleine Villa Wedekind, die in den acht Wochen, die sie Fritz gehörte, nicht mehr zu irgendeiner Nutzung kam, wurde nach seinem Tod sofort verkauft.

Sachliche Aufklärung ist nicht gefragt. Die blumigen Äußerungen des italienischen Skandalblatts sind einfach zu verführerisch. Von Fritz heißt es, er würde Millionen bezahlen für einen Augenblick des *schmachvollen und abartigen Vergnügens.* Nicht einmal die Via Krupp bleibt verschont, die *heiter und lieblich, in wundersamen Windungen sich schlängelt,* wie es die Ehrenbürgerurkunde poetisch beschreibt. Sie führt nun *zu bizarren Grotten und Villen, in denen sich zahlreiche junge Männer prostituieren, während Herr Krupp unter den Klängen von Mandolinen und Gitarren sich der Sodomie hingibt.*[185]

Selbstverständlich bleiben solche Behauptungen nicht unwidersprochen. Die Fratelli in Capri und die anderen Honoratioren der Insel sind empört. Selbst Mogano und seine Leute erschrecken über die Wirkung ihrer Intrige, denn es wird klar, dass sie nicht nur Fritz Krupp, sondern auch dem Fremdenverkehr auf Capri schaden wird. Der gute Doktor Cuomo, der sich in der Not als wahrer und aufrechter Freund erweist, nimmt es auf sich, Fritz zu informieren. Er bringt den Mut dazu auf, weil Justiziar Korn ihm einen freundlichen Brief geschrieben und Grüße von Krupp übermittelt hat. Am 6. November, nur wenige Tage, nachdem der skandalöseste Artikel im Neapolitaner Blatt ›La Propaganda‹ erschienen ist, schreibt er seinem deutschen Freund:

Lieber Herr Krupp, sehr lieber Bruder,
Tausend Dank für die liebenswürdigen Grüße und für die Anweisungen, die mir Herr Korn in Ihrem Namen überbrachte, bezüglich der wütenden Angriffe der »La Propaganda«. Es fällt mir sehr schwer Ihnen zu schreiben! – Die Artikel des italienischen Revolver-Schandblatts sind Verleumdungen der abstoßendsten und widerwärtigsten Art. Sie treffen uns nicht – natürlich nicht! – aber sie schaden Capri sehr! Ich gestehe Ihnen, daß ich mich oft in einer sehr unangenehmen Lage befinde, weil ich mich bemühe, die streitbaren Absichten einiger Brüder und anderer Personen zu mildern, die nach Erscheinen des Ar-

*tikels empfehlen zu reagieren und einen Prozeß gegen das Blatt anzu-
strengen. Ich habe ihnen allen geantwortet, daß ich ihre Ansicht nicht
teile, aus dem einfachen Grund, weil ein Prozeß genau das erreichen
würde, worauf es dem Blatt ankommt: Ihre üblen Verleumdungen so
weit wie möglich zu verbreiten.*

*Vor fünf Tagen hatte ich eine lange Unterredung mit dem Capitan
der Carabinieri, der nach Capri geschickt wurde, um den Vorfall zu
untersuchen. Am nächsten Morgen bin ich nach Castellmare gefahren
um mit dem Unterpräfekten zu sprechen, der Einsicht in die Statu-
ten der Bruderschaft erbeten hatte. Ich habe ihm die Geschichte der
Congregation erzählt und ihn informiert über ihre Ursprünge, ihre
Organisation und ihre Ziele. Er war sehr zufrieden mit meinen Erklärungen und den ihm übergebenen Unterlagen, die er in seinem Bericht
verwenden konnte. Vorher hatte ich an Herrn Korn geschrieben und
um Ihre Instruktionen in dieser traurigen Affaire gebeten, und ich bin
erfreut festzustellen, daß auch Sie natürlich gegen einen Prozeß sind,
den man am Ende immer verliert (aus Sicht des Skandals), auch wenn
man ihn gewinnt. Hier von unserer Seite aus müssen wir überlegen,
wie wir am besten vorgehen, sollte die sozialistische »La Propaganda«
mit ihren Anwürfen fortfahren.*[186] Dann folgt eine lebendige Schilderung eines über Capri hereingebrochenen Orkans, an deren Ende
die Verbitterung des Dr. Cuomo noch einmal durchschlägt: *Der
Cenobis und seine Umgebung wurden – so könnte man es ausdrücken
– von den Stürmen und den Blitzen verschont. Der Geist des Fra Felice
hat uns gegen die Wut der Elemente beschützt, wenn auch nicht gegen
die üblen Nachreden der menschlichen Bosheit (...) Euer ergebener
Freund und Bruder in Fra Felice, Vicenzo Cuomo.*[187]

Von allen Seiten in der gleichen Weise beraten, ist Fritz, wenngleich
menschlich getroffen, doch geneigt, die Angelegenheit einfach zu
ignorieren. *Giorgio Cerio hat sich an mich mit der Bitte gerichtet*, berichtet Justiziar Korn, *Ermächtigung zur Klage zu erhalten. Ich habe
ihm ebenso geantwortet wie White, daß Herr Krupp grundsätzlich
dagegen ist und wenn etwas geschieht, er es selbst in die Hand nehmen
will. Ich spreche in der nächsten Woche den Botschafter und hoffe,
durch ihn eine Aufklärung der Kreise in Rom und ein endgültiges Ende
der Publikationen zu erreichen.*[188]

Nicht nur Fritz täuscht sich, auch Fritz Hollmann gibt in seinen Erinnerungen zu, die Lage falsch eingeschätzt zu haben. *Über die abscheulichen Angriffe (…) werden Sie die Entrüstung Aller theilen,* schreibt er in einem Brief an Krupp-Direktor Merck vom 21. 11. 1902, also einem Tag vor Fritz' Tod, *die Krupp kennen. (…) Hätten wir doch eher F. K. die Warnung zugehen lasssen, welche das uns schon länger bekannte Gerede wohl nöthig gemacht hätte, denn fassen wir alles zusammen: F. K. war unvorsichtig in seinem Lebenswandel auf Capri, er gab sich zu viel mit dem Volke ab, und diejenigen, welche ihm was Uebles nachzusagen in ihrem Interesse liegend fanden, deduzierten daraus in ihm gemeinere Gesinnung, was in ihren Kram paßte.*[189]

So aber, von allen Seiten medienpolitisch völlig falsch beraten, wartet Fritz ab, so lange, bis der Skandal seinen Weg ins Deutsche Kaiserreich findet. Und dann ist alles zu spät.

Glanz und Elend (1902)

Margarethe liegt auf der Chaiselongue ihres Schlafzimmers in Meineck und ruht aus. Sie hat es bitter nötig, denn die Strapazen des diesjährigen Sommers haben ihre Kräfte aufgebraucht. Ihr ganzer Körper schmerzt, vor allem Hüfte und Knie. Nachts hat sie Atembeschwerden und Herzklopfen, und tagsüber befällt sie eine innere Unruhe, derer sie nicht Herr werden kann. Sie isst zu viel. Das starre Korsett, in das sie sich schnürt, wölbt ihren Busen und macht die Taille trotzdem nicht schlanker. Am schlimmsten aber ist, dass sie ihre trüben Gedanken nicht vertreiben kann. Tod und Krankheit sind wieder ihre Begleiter, denn wem immer es in ihrer Familie schlecht geht, der kommt zu ihr zur Pflege.

Mit Sorge denkt sie an Fritz, der seinen Jugendfreund Paul von Stuckrad auf den Hügel geholt hat, um ihm seine letzten Monate zu erleichtern. Er ist im gleichen Alter wie sie beide, hat aber nicht mehr lange zu leben. Es ist vielleicht eine Gnade, denkt Marga, dass sich sein Geist umnachtet hat und er sich dessen nicht bewusst ist.

Fritz allerdings trägt schwer daran. Eigentlich sind wir beide doch erst 48 Jahre alt, nicht mehr jung, aber doch auch noch nicht alt, macht sie sich klar, wir sollten nicht von so viel Leid umgeben sein. Doch nicht nur dies ermüdet sie. Wie ihr Mann leidet auch sie unter den Angriffen der Presse, die Krupp überhöhte Preise und allerhand andere unfaire Aktivitäten unterstelle. 1900 beispielsweise ging es um die Behauptung, *die Panzerplattenpreise der Firma Krupp, die ja bei dem forcierten Aufbau der Flotte eine Rolle spielen, wären viel zu hoch und sozusagen ein Raub am Volksvermögen.* (…) Inzwischen sind weitere Angriffe über Waffenlieferungen im Burenkrieg und anderes erfolgt. *Das war nun ein Anwurf, der z. B. Krupps Vater nie eine schlaflose Nacht bereitet hätte. (…) Aber es war billiger Agitationsstoff für die gegen Krupp eingestellte Presse des Centrums und der Sozialdemokratie und geeignet, seinen Ruf zu untergraben, und das war es ja, was er am wenigsten vertrug. (…) Der Kaiser hat die Erfahrung für sich und sieht die Sache nüchtern an. Ein Mann in Krupps exponierter Stellung muß auf Angriffe gefaßt sein und wenn sie noch so unmotiviert sind. (…) Es liege einmal in der ganzen Stellung Krupps, daß sie Neider und Übelwollende schafft, und wenn er sich darüber beklagen will, daß die gehässige Stimmung immer weitere Kreise erfaßt und sich nicht mehr auf die Sozialdemokraten beschränkt, so möchte er doch mal auf ihn, den Kaiser schaun, der von allen Parteien seit Wochen in unerhörter Weise angegriffen wird und sich das einfach gefallen lassen muß. Er soll hart und unempfindlich werden gegen Angriffe. (…) Er habe ihm doch fortlaufend soviel Beweise seines Wohlwollens und Vertrauens gegeben, daß Krupp dadurch über solche Verstimmung sich hinweghelfen müsse. Daß er das eben nicht kann, war Krupps Unglück und wurde schließlich sein Verderben.*[190] So schildert Fritz späterer Chronist Berdrow die Situation.

Margarethe ist zwar in der Lage, derlei Angriffe gelassener zu ertragen, aber die Sorge um ihren Mann zermürbt sie. Er flieht aus Essen, so oft er kann. Zurzeit ist er in England. Nach Capri kann er nicht mehr reisen, denn seit den Bürgermeisterwahlen im Juli ist er auch dort heftigen Angriffen ausgesetzt. Weder des Kaisers Worte noch die aufmunternden und tröstenden Briefe seiner Freunde können ihn von seiner traurigen Stimmung befreien. Finanzrat Haux berichtet: *An einem trüben Septemberabend ließ mich Herr*

Krupp (...) auf den Hügel kommen. Es war totenstill in dem großen
Bau. Frau Krupp war damals in Baden-Baden. Herr Krupp erteilte
mir einen Auftrag (...) Als wir zwei in der dämmrigen Bibliothek
saßen und dies und das vertraulich besprachen, eröffnete mir Herr
Krupp einen tiefen Einblick in sein Inneres und ich war erschüttert zu
sehen, wie schwer dieser Mann, dem alle Schätze der Welt zu Gebot
zu stehen schienen, am Leben trug. Er war eine weiche und sensible
Natur, wenn er auch in geschäftlichen Dingen stets einen festen Stand-
punkt vertrat. Aber er hätte für seinen Standpunkt in der Welt eine
dickere, unempfindlichere Haut haben müssen und zu allem kam noch
seine schwache Gesundheit.[191]

Es gab so viel Arbeit in diesem Sommer, denkt Margarethe, während ihr Blick über den herbstlichen Garten von Meineck streift.
Pausenlos gingen die Majestäten und Exzellenzen auf dem Hügel
ein und aus. Am anstrengendsten war der Besuch des Kaisers und
seiner Familie im Juni. *Dann ließ sich der Kaiser sogar herbei, dem*
Vielverleumdeten durch einen mehrtägigen Besuch auf dem Hügel,
dem er durch die Teilnahme der Kaiserin einen familiären Charakter
gab, Genugtuung zu geben. Hollmann, der auch bei solchen Besuchen
immer im Gefolge des Kaiserpaares war, dankt dann in seinem nächs-
ten Brief an Krupp für die schönen auf dem Hügel verbrachten Tage,
die Majestäten hätten sich so wohl im dem Kruppschen Hause gefühlt,
»man sah ihnen das Behagen wirklich an«. Leider war Frau Krupp, die
während der letzten Jahre wohl auch infolge der langen und oftmali-
gen Abwesenheit des Gatten schwer unter all dem Geschilderten litt,
während dieses Besuches so elend, daß sie sich nur durch ihre Energie
und Selbstbeherrschung aufrecht hielt.[192] So bin denn auch ich einmal
geflohen, denkt Marga ironisch, wenn auch nur in die Klinik von Dr.
Vogt in Berlin. Es hat mir wohlgetan. Und nun noch einige Zeit hier
in Meineck, dann bin ich wieder wohlauf.

Sie blickt hinüber zu dem Schreibtisch, an dem Fräulein Brandt
die eingehende Post vorsortiert. Das leise Rascheln des Papiers und
die ihr so angenehme Anwesenheit der jüngeren Freundin vermitteln Marga das Gefühl von Geborgenheit und Frieden. Sie schließt
die Augen, öffnet sie aber wieder, denn etwas ist anders geworden,
etwas stört die Harmonie. Ihr Blick fällt auf Fräulein Brandt. Stock-
steif sitzt sie da, und ihre Hände zittern wie bei einer alten Frau, als

sie steifbeinig aufsteht und auf Marga zukommt. In den Händen hält sie ein säuberlich zusammengefaltetes Stück Zeitungspapier. Sie streckt es Marga entgegen und sinkt auf einem Stuhl zusammen. Es ist ein Ausriss aus der italienischen Zeitung ›La Propaganda‹.

»Auf dem Umschlag steht kein Absender«, flüstert Fräulein Brandt, »und es ist alles so widerwärtig. Es tut mir so leid für Herrn Krupp.« Margarethe überfliegt den italienischen Text. Krupp und Capri, liest sie. Es geht um Homosexuelle, Lustknaben, Orgien, um unappetitliche Details. Es geht um ihren Mann. Und darum, dass jemand ihr diesen Artikel anonym zukommen lässt. Zuerst fühlt sie gar nichts, nur eine große Leere. Dann beginnen sich die Worte in ihrem Kopf neu zu formen, sich mit Inhalten zu füllen. Und da ergreifen sie Wut und Trauer in einem Ausmaß, wie sie es noch nie erlebt hat. Wut auf die Urheber dieser üblen Nachrede, Wut aber auch auf Fritz, und auf sich selbst. Denn die Trauer, die ihr in diesem Augenblick die Brust zerreißt, gilt ihr selbst und ihrer Ehe. Nicht einen Augenblick glaubt sie den Anwürfen, die gegen Fritz erhoben werden. Aber tief in ihrem Inneren rundet sich so manches, was ihr in ihrer Ehe widerfahren ist, zu einem neuen Bild. Denn wenn Fritz sich zu Männern hingezogen fühlt – soll sie das wirklich glauben? –, dann weist er sie als Frau zurück. Dann sind die intimen Stunden, die sie gemeinsam erlebt haben, Lüge und Betrug. Dann ist ihre Ehe keine Ehe. Was aber dann?

So weit kann sie nicht denken, denn in ihrem Körper geschieht etwas. Ihr wird dunkel vor den Augen, eine seltsame Schwäche packt sie, und nur undeutlich sieht sie das besorgte Gesicht von Fräulein Brandt vor ihrem Auge schweben. Die vertrauten Gerüche eines Krankenlagers sind ihr nächster Eindruck. Der Kampfer unter ihrer Nase lässt sie niesen, und der zarte Duft von fürsorglich gekochtem Kamillentee durchzieht ihr Bewusstsein. Dann wieder Panik und Schreck: Die Töchter, wo sind sie. »Holt die Kinder, sie sollen im Haus bleiben und mit niemanden sprechen«, weist sie Fräulein Brandt an. Dann rappelt sie sich auf und erteilt die nötigen Anweisungen, um ihren Bruder Felix zu bitten, zu ihr zu kommen. Fritz ist in Kiel, und sie kann jetzt nicht mit ihm reden. Will es auch nicht. Erst muss sie denken, planen und überlegen, was sie jetzt tun kann. Aber sie muss auch mit Menshausen sprechen und Direktor Haux,

denn die Angriffe gelten ja nicht nur dem Menschen Fritz Krupp,
sondern vor allem der Firma. Und sie muss sich selbst in den Griff
bekommen. Sie weint, sie schreit, sie will sprechen, aber eigentlich
schweigen. Sie will allein sein, aber doch auch nicht. Wie in einem
Kaleidoskop brechen die Stückchen ihres Lebens auseinander, pur-
zeln ineinander und bilden sich zu neuen, ungewünschten und
unerwarteten Kombinationen. Durch den Nebel ihres Zusammen-
bruchs strahlt nur eine einzige Gewissheit, eine einzige Leitlinie:
Sie hat die Pflicht, ihre Kinder zu schützen. Und dabei – und nur
dabei – funktioniert sie wie die alte Margarethe. »Halte die Kinder
im Haus«, weist sie Fräulein Brandt nochmals an, »verhindere, dass
sie mit jemanden sprechen, auch nicht mit dem Personal. Lass sie
keinen Augenblick allein. Geh. Ich werde Dr. Vogt holen lassen. Er
wird sich um mich kümmern. Du sieh nach Bertha und Barbara.
Sag ihnen, ich sei unwohl, aber sie sollen sich keine Sorgen machen.
Beeile dich.«

Sie geben ihr Laudanum, sie spürt den seifigen Geschmack auf
der Zunge. Es soll sie beruhigen, ihr das Schlafen erleichtern. Alb-
träume suchen sie heim. Zu dem Zorn auf ihren Mann gesellt sich
Mitleid. Wie muss er leiden! Mehr noch als sie. Und trotzdem kann
sie ihm nicht verzeihen, dass er sie und ihre Töchter in diese Situation gebracht hat. Dann wartet sie. Wartet auf den Hofstaat, der sich
nach und nach einfindet. Sie kommen alle, die ihr etwas bedeuten.
Zuerst ist Dr. Vogt da, der Arzt ihres Vertrauens, der ihre depressiven
Stimmungen immer betreut und mildert. Dann der alte Dr. Schweninger, der sie beide in sein Herz geschlossen hat. Er ist der Erste, der
zu ihr über Fritz spricht. »Er sendet Ihnen seine Grüße. Er wird so
schnell wie möglich nach Baden-Baden kommen. Es geht ihm nicht
gut, er ist schwer getroffen. Sprechen Sie mit ihm so schnell wie
möglich.« Aber wie soll sie das? Es erscheint ihr ganz unmöglich.
Fast gleichzeitig erscheinen ihre beiden Brüder. Siegfried, der Ältere,
strahlt Beruhigung aus. Er vermeidet, über Fritz zu sprechen, bietet
ihr aber jede nur mögliche Hilfe an. Ganz gedrückt und zerknittert
erscheint Felix an ihrem Krankenbett. Er liebt sie ja beide. Was soll
er nur tun? So tut er etwas ganz Ungewöhnliches: Er nimmt seine
Schwester in den Arm und spricht zu ihr wie zu einem kleinen Kind,
beruhigend und sanft. Das gleiche Mitleid, das gleiche Mitgefühl

liest sie in den Augen von Menshausen, dem Freund, der sie und Fritz seit ihrer Hochzeitsreise kennt und liebt. Sie wendet sich ab. Sein Mitleid verletzt sie.

Endlich lässt sie sich ankleiden. Sie wählt Schwarz, die Farbe der Trauer um eine verlorene Liebe. So empfängt sie Finanzrat Haux. Die klare Herbstsonne malt goldene Kringel auf den Marmorboden in Meinecks Halle. Es ist ein kühler Herbsttag, deshalb flackert ein kleines Feuer im offenen Kamin. Ihr Besucher verneigt sich und küsst ihre Hand. Er fragt nicht, wie es ihr geht. Er hält ihre Hand etwas länger als nötig und lässt seinen strengen Blick über sie wandern. »Ich bewundere Ihre Haltung, Frau Krupp«, sagt er, »Sie werden sie brauchen. Die Meute wird über Sie und Ihren Mann herfallen, wie sie es bei vielen berühmten Menschen getan hat. Das werden Sie aushalten müssen. Ich bin hier, weil Ihr Mann mich darum gebeten hat. Wir müssen abstimmen, wie Sie sich in der Öffentlichkeit verhalten wollen.« Es wird eine lange Besprechung. Und an ihrem Ende ist nichts gesagt und nichts vereinbart, außer der Übereinstimmung, Bertha und Barbara vor allem zu beschützen. »Sie sind 15 und 16 Jahre alt. Was soll ich ihnen sagen?«, Margas Stimme bricht. »Ich kann sie nicht für immer im Haus einsperren und jeglichen Verkehr mit anderen Menschen verhindern.« »Sprechen Sie mit Ihrem Mann«, erwidert Haux nur, »planen Sie eine Reise mit den Kindern. Nach spätestens einem Jahr ist längst der nächste Skandal da, die Aufregung wird sich legen und das Leben wieder in seinen alten Bahnen laufen.« Marga versteift sich und schweigt.

Am nächsten Tag kommt Fritz. Die beiden treffen sich alleine im Schlafzimmer. Und da verliert Margarethe die Beherrschung. Erstmals in ihrem Eheleben ist sie nicht mehr in der Lage, sich *mit großer Feinheit dem Wesen ihres Gatten anzupassen, ohne deshalb auf die Selbständigkeit des Denkens und Empfindens zu verzichten*, wie es ein Mitglied ihres Haushaltes später beschreibt. *Es kamen auch wohl Meinungsverschiedenheiten zwischen beiden vor, aber diese sind bei zwei intelligenten, selbständig denkenden Menschen ja unausbleiblich, und sie dienten eigentlich nur dazu, um durch die gegenseitige Aussprache den Reiz der Geselligkeit zwischen beiden Eheleuten zu erhöhen und neu zu festigen.*[193] Jetzt, in der größten Krise ihres Lebens, bricht alles aus ihr heraus: ihre Enttäuschung, ihre Kränkung, ihr Unverständnis für seine Naivität. Ihre Anwürfe und Beschuldigungen, ihr »Wie konntest du nur?« erträgt er in trügerischer Ruhe. Er gibt ihr keine Erklärungen. Nur einmal, da hebt er den Blick und sieht sie an, und in diesem Augenblick fällt alle ihre Aggression in sich zusammen und sie fühlt nur noch tiefes Mitleid für ihren gekränkten Mann. Da sitzen sie sich gegenüber, zwei Menschen, seit 18 Jahren verheiratet, die erkennen müssen, dass sie nichts voneinander wissen. Die neue Brücken bauen müssen, obwohl das beiden schwerfällt. Zwei Menschen aber auch, die nicht bereit sind, alte Brücken abzubrechen. »Du musst dich erst einmal erholen«, Fritz sagt es leise und mit müder Stimme, »bitte geh irgendwohin, wo du dich wieder beruhigen kannst, wo du aber auch behütet bist vor öffentlichen Angriffen. Oder fühlst du dich stark genug, den Sturm mit mir auf dem Hügel abzuwettern?« Zum ersten Mal in ihrer langen Ehe ist er der Stärkere, während Marga erkennen muss, dass sie dieses eine Mal ihre Pflichten nicht erfüllen wird. »Ich kann es nicht, noch nicht. Bitte verstehe. Ich kann mit dir nicht vor all den Menschen stehen, die so Entsetzliches von dir glauben. Ich kann es einfach noch nicht.« »Gut, dann überlasse es mir, eine Lösung zu finden«, sagt Fritz, küsst sie auf die Wange und geht, seine Töchter zu begrüßen.

Erst später beginnt der Streit. So, findet Marga, kann es nicht weitergehen. Seinetwegen nicht, aber auch ihret- und der gemeinsamen Töchter wegen nicht. Sie erkennt ganz klar, dass der Hass der Sozialdemokratie nicht Fritz als Person, sondern als Repräsentanten eines gehassten Unternehmens gilt. Also, das erscheint ihr nur folgerichtig, muss dieser Zusammenhang aufgelöst werden. Wie oft hat Fritz ihr gegenüber außerdem davon gesprochen, sich aus der Firma zurückziehen zu wollen, um ausschließlich seiner Gesundheit und seinen Liebhabereien zu leben. Jetzt, so erklärt ihm Margarethe, sei diese Zeit gekommen. Wenn er noch länger warte, werde alles noch schlimmer. Und das werde er gesundheitlich nicht aushalten. Sie werde nicht zulassen, dass dies geschehe. Und sie berichtet ihm, sie habe in den letzten Tagen an die Kaiserin geschrieben und an Hollmann, und beide um Hilfe gebeten. »Sie müssen dich öffentlich unterstützen! Und dafür sorgen, dass du aus der Schusslinie gerätst, indem du dich aus der Firma zurückziehst. Das bist du der Fabrik, mir und deinen Töchtern schuldig.« Fritz sitzt ihr totenbleich gegenüber. Hat seine Frau den Verstand verloren? Weiß sie eigentlich, was sie da angerichtet hat? Wie kommt sie dazu, den Kaiser unter Druck zu setzen, noch dazu über seine Frau? Und wie kommt sie dazu, über ihn und die Firma verfügen zu wollen? Still steht er auf und geht aus dem Zimmer. Marga bleibt geschlagen zurück und sieht ihm aus verweinten Augen nach. Sie weiß nicht, dass sie ihn lebend nicht mehr wiedersehen wird.

Wenige Tage später schreibt Fritz vom Hügel aus an seinen Freund Hollmann: *Eben komme ich mit den Kindern aus Baden-Baden zurück. Alles ist anders gekommen, als ich ahnen konnte. Am 9. kam ich von England zurück. Ich wurde sofort über den Zustand meiner Frau aufs eingehendste informiert. Das Resultat war das, dass ich sofort eine Konferenz zusammenberief. Die Brüder Margarethes übernahmen es, sie zum freiwilligen Aufenthalt bei Binswanger zu bereden. Jetzt ist sie gut in Jena angekommen. Welch ein Schlag, zumal bezüglich des Materials resp. der Vorgänge, die mich auf Rat der Ärzte bewogen solchen Entschluß zu fassen.*[194]

Auch der Brief an Studt, den Vertrauten am Kaiserhaus, verrät, wie sehr es Fritz irritiert, dass seine Frau die Kontrolle über sich verloren hat. Marga erleidet einen Nervenzusammenbruch, und Fritz weiß nicht, wie er damit umgehen soll. *Meine Frau ist nämlich hochgradig nervös geworden,* umschreibt er betrübt die Situation, *viele Ärzte, die ich zu Rathe zog, haben die Sache sehr ernst (ganz entre nous) angesehen und ihr empfohlen, sofort eine durchgreifende Kur zu unternehmen. Sie hat sich dann freiwillig entschlossen, nach Jena zu reisen, wo sie in Behandlung des Geh. Rath Binswanger ist. Alles was drum und dran hängt ist aber so unsäglich traurig, daß ich es dem Papier nicht anvertrauen möchte. Unter diesen Umständen werden Sie verstehen, daß mir die Abhaltung der Jagd nicht sympathisch war. Ich wäre unter Vergnügten der einzig Traurige gewesen.*[195] Erstmals in seinem Leben sagt er die alljährliche Jagd in Sayneck ab.

Die Freunde sehen mit Sorge die faktische Trennung des Ehepaares Krupp. Margarethe lebt in einer Pension in der Bolzstr. 8 in Jena, die von Frau Else Jablonski betrieben wird.[196] Die Pension ist sehr beliebt bei wohlhabenden Damen, die hier während der Kur eine angenehme familiäre Atmosphäre vorfinden. Sie bietet ihnen, aber

auch den mitreisenden Angehörigen und dem Personal, genügend
Platz und liegt außerdem nur wenige Gehminuten von Binswangers
Privatklinik Am Steiger entfernt. Dort empfängt und behandelt der
berühmte Psychiater und ordentliche Professor der Universität Jena
seine gut betuchten adeligen und bürgerlichen Patienten. Margarethe ist nicht die einzige Angehörige einer berühmten Familie, die
während einer Ehe- oder Familienkrise hier wieder zu innerer Ruhe
finden soll. Wenn sie ihm in seinem Konsultorium gegenübersitzt,
fühlt sie sich allein schon durch seine Gegenwart getröstet. Da
sitzt er ihr gegenüber, ein Mann ihres Alters mit hoher Stirn und
gepflegtem Ziegenbart und Augen, die der Kneifer noch wärmer
und durchdringender erscheinen lässt, in der Hand die unvermeidliche Zigarre. Er hört ihr ruhig zu, und sie kann endlich offen zu
einem Menschen sprechen. Erst jetzt wird ihr bewusst, wie selten
sie das tun kann in diesem ihrem Leben, das gekennzeichnet ist von
immerwährender Beherrschung und Rücksichtnahme auf andere.
Diese Gespräche und das friedliche Leben in dem beschaulichen
Universitätsstädtchen Jena sind Balsam für ihre Seele.

Die Ruhe in Verbindung mit einer geregelten Kurbehandlung
hilft ihr, den nötigen inneren Abstand zu finden, um ihr Glück und
ihre Zukunft auch weiterhin als Ehefrau von Fritz und Herrin auf
dem Hügel zu sehen. Bei diesem Prozess der inneren Heilung hat
Marga Unterstützung. Fast täglich reisen Verwandte und Freunde
an. Jetzt, in der Stunde der Not, rücken die von Endes zusammen.
Der vernünftige große Bruder, die schwierige Mutter, die jüngeren
Schwestern, sie alle sind für sie da. Tagsüber befolgt Margarethe brav
die Kuranweisungen des Arztes, nimmt Bäder, ruht und hält Diät.
Abends trifft sie sich mit ihrer Familie und den engsten Freunden
in der Pension zu langen Gesprächen, die ihr helfen, langsam ihr
inneres Gleichgewicht wiederzufinden.

Selbstverständlich nutzt Professor Binswanger die Gelegenheit, sie
und ihre Gäste zu einer Besichtigung der Jenaer Irrenanstalt einzuladen. Sie ist unter der Leitung des berühmten Psychiaters zu einer
der führenden Kliniken Europas geworden. Hier wird geforscht und
behandelt nach modernsten Konzepten, wie dem Verzicht auf jeden
Zwang gegenüber den Patienten und der Erkenntnis, dass sinnvolle
Arbeit dem Gesundwerden dient. Stolz führt Binswanger seine Gäs-

te durch den Haupteingang am Philosophenweg in den Mittelteil
des dreiflügeligen Gebäudes. Überall sind Gärten angelegt, auf über
acht Hektar Fläche werden Gemüse, Obst und Blumen angepflanzt.
Aus den Fenstern fast aller Zimmer verliert sich der Blick in die hü-
gelige Umgebung von Jena. »Es hat mich viel Überzeugungsarbeit
gekostet, Frau Krupp, aber es ist mir gelungen, gute Gehälter für die
Ärzte und das Pflegepersonal auszuhandeln. Und ich habe auch die
Möglichkeit, sie alle fortwährend zu schulen. Glauben Sie mir, es
ist nicht einfach, verwirrte und kranke Menschen zu pflegen.« Er
lächelt. »Sie können sich sicher denken, dass wir viel private finanzielle Unterstützung brauchen bei unseren Vorhaben.« Marga lächelt
zurück. Dieses Terrain ist ihr vertraut, und selbstverständlich soll
der Professor nicht unnötig bitten. Sie sieht ja selbst, wie sinnvoll
und gut seine Arbeit hier ist.

Währenddessen verbringt Fritz seine Tage auf Reisen oder auf
dem Hügel, gemeinsam mit seinen Töchtern und Fräulein Brandt.
Er zieht sich immer mehr zurück, geht nur zu den unumgänglichen
gesellschaftlichen Ereignissen und versucht, seiner menschlichen
Enttäuschung und Verbitterung über die Vorgänge in Capri Herr
zu werden. Dann geschieht, was Margarethe vorausgesagt hat: Es
kommt alles noch sehr viel schlimmer. Die üblen Gerüchte finden
ihren Weg nach Deutschland. Am 15. November 1902 erscheint im
sozialdemokratischen ›Vorwärts‹ ein Artikel, der die italienischen
Vorwürfe aufgreift und vertieft:

(…) *Der Geheime Kommerzienrat Krupp, Mitglied des preußischen
Herrenhauses, der reichste Mann Deutschlands, dessen jährliches Einkommen seit den Flottenvorlagen auf 25 und mehr Millionen gestiegen
ist, der über 50 000 Arbeiter und Angestellte in seinen Betrieben unterhält, in denen das Zentrum der völkermordenden Kriegstechnik liegt,
Herr Krupp, den die fremden Fürsten und Staatsmänner zu besuchen
pflegen, wenn sie Deutschland durchreisen, gehört zu jenen Naturen,
für die der §175 eine stete Qual und Bedrohung bedeuten würde,
wenn nicht auf diesem Gebiete die Gerechtigkeit in Anerkennung der
Bedenklichkeit der gesetzlichen Bestimmung die Binde nur selten von
den Augen nimmt.*
Unter dem Einfluß der kapitalistischen Macht kann eine unglückli-

*che Veranlagung, die den Besitzlosen niederdrückt oder gar zerschmet-
tert, zu einem furchtbaren Quell der Korruption werden, die dann aus
einem persönlichen Schicksal eine öffentliche Angelegenheit gestaltet.*

*Es ist bekannt, daß Herr Krupp seit einiger Zeit auf Capri, der Insel
des Kaisers Tiberius, am Südeingang des Golfes von Neapel, eine Villa
besaß. In den illustrierten Blättern des Scherlschen Betriebs konnte
man Bilder sehen, die bewiesen, daß der Mann auch in seiner Capri-
Muße nicht rastete, sondern als Wegebaumeister wunderbare Straßen
aufführen ließ und sonst seinen Unternehmerfleiß rastlos betätigte.
Aber Herr Krupp hatte sich nicht Capri gewählt, um die Insel mit Straßen zu beglücken, sondern weil das italienische Strafgesetzbuch keinen
besonderen § 175 kennt. In seiner verschwenderisch ausgestatteten Villa – wir geben nur einige der notwendigsten Einzelheiten wieder, die
unser italienischer Korrespondent uns berichtet – huldigt er mit den
jungen Männern der Insel den homosexuellen Verkehr. (…)*

*Das grauenvolle Bild kapitalistischer Beeinflussung wird dadurch
nicht sonderlich milder, daß man weiß, es handelt sich um einen
pervers veranlagten Mann. Denn das Mitleid, das das Opfer eines verhängnisvollen Naturirrtums verdient, muß versagen, wenn die Krankheit zu ihrer Befriedigung Millionen in ihre Dienste stellt. Insoweit gibt
es keine ausreichende Entschuldigung für den Mann.*[197]

Fritz Krupp wird nicht nur der in Deutschland nach $ 175 strafbaren
und mit Gefängnis bedrohten Homosexualität bezichtigt, sondern
auch anderer sexueller Abartigkeiten. Margarethe liest den Artikel in
Jena und will sofort nach Essen aufbrechen. Aber ihr Mann bittet sie,
das nicht zu tun, und sie fügt sich. *Den dringenden Wünschen meines
Mannes aber fügte ich mich und entschloß mich, mich nach Jena in die
Kur von Professor Binswanger zu begeben. Hätte ich je geahnt, daß das
Opfer nutzlos sein würde, so hätte ich mich nicht bewegen lassen, fort-
zureisen, denn während meines mehrwöchigen Aufenthaltes in Jena
führten die abscheulichen Verleumdungen, die meinem Mann schon
längere Zeit das Leben verbitterten, zu solchem öffentlichen éclat, daß
sein geschwächtes Nervensystem zusammenbrach.*[198]

   In Berlin ist Prof. Schweninger ebenso besorgt um Krupps Gesundheit wie seine Frau. Er schreibt: *Was mir den äußeren Anlaß
zu diesem Schreiben gibt, sind die Zeitungsnachrichten, die ich bei*

meiner Heimkehr – italienisch und deutsch – auf meinem Schreib-
tisch finde und die mir beweisen, wie Gemeinheit und Niederträch-
tigkeit nicht müde werden, Sie, den Edelsten und Vornehmsten, den
ich kenne, zu beschmutzen. Fällt das alles auf die Gemeinheit zurück,
so kann ich doch den Gedanken nicht los werden, Sie möchten unter
dem Druck all der Ereignisse doch Schaden nehmen, der unter allen
Umständen verhindert werden soll. Deshalb flehe ich Sie an, sich nicht
zu sehr zu grämen und beeinflussen zu lassen von all dem, was auf Sie
einstürmt.[199] Wie so manchen früheren Rat seines Arztes kann Fritz
auch diesen nicht befolgen. Über die dafür notwendige Härte des
Charakters und eine belastbare Gesundheit verfügt er nicht.

Professor Dohrn in Capri sorgt sich ebenso. Er hat *diese be-*
denkliche Situation öfter besorgt mit mir durchgesprochen, berichtet
Wantoch-Rekowski in seinen Erinnerungen, *im Einvernehmen mit*
mir Krupp gewarnt und ihm nahegelegt, seine Umgebung in Capri
nicht nur weniger harmlos zu nehmen, sondern Capri wenigstens für
ein Jahr zu meiden! Aber Krupp wollte uns nicht glauben und das Ver-
trauen in seine, wie er meinte, trefflichen und harmlosen Naturkinder
nicht erschüttern lassen, bis es zu spät war, und Bosheit, Gehässigkeit
und Verleumdung ihn endlich nötigten, Capri ganz aufzugeben. – Auf
seinen Wunsch kamen wir dann, der damalige Botschafter in Rom,
Professor Dohrn und ich, im Herbst 1902 in Berlin zu einer ernsten und
schmerzlichen Besprechung zusammen, die in Baden-Baden ihren Ab-
schluß haben sollte. Der schwer enttäuschte, gepeinigte und in seinen
heiligsten Gefühlen unheilbar gekränkte Mann wollte seine Interessen
und seine Ehre in unsere Hände legen. Aber es war zu spät.[200]

Auch Hollmann, der treue Freund, macht sich Sorgen. Am 21. November schreibt er an Direktor Merck, Essen: *Was unseren gemein-*
schaftlichen Freund Krupp betrifft, so hat der arme Mann wirklich eine
Leidensgeschichte durchzumachen. Es bleibt ihm nichts erspart, was
sein Gemüth grausam empfinden muß! Die Ärzte, welche Frau Krupp
bewogen haben, Heilung eines erregten Gemüthes in dem Sanatorium
des Professor Binswanger – Jena – zu suchen, hoffen, daß nach längerer
Ruhe und Enthaltung von häuslichen Sorgen, die Möglichkeit eines
späteren harmonischen Zusammenlebens nicht ausgeschlossen ist. Zu
diesem Zweck müssen freilich beide Theile gemeinsam hinwirken, daß
den Eigenthümlichkeiten der schwierigen Charaktere, die beide Ehe-

gatten jeder in seiner Art zeigen, liebevoll Rechnung getragen wird.[201]
Merck erhält den Brief am 22. November. Das ist der Tag, an dem
Fritz Krupp stirbt, unerwartet und überraschend, sodass von den
beiden schwierigen Charakteren nur einer überlebt. Margarethe.

Ich gehe ohne jeglichen Haß und Groll
aus dieser Welt (1902)

Samstag, der 22. November 1902, ist ein warmer Herbsttag. Die
Landschaft mit dem bunten Herbstlaub, durch die der Zug mit
dem angehängten Krupp'schen Salonwagen von Jena nach Essen
dampft, wellt sich sanft unter der klaren Sonne. Nur in den Tälern
liegen einzelne Nebelfelder, die sich in zarten Schleiern erheben
und im Himmel vergehen. Die Frau, die in einem der bequemen
Sessel sitzt, den Kopf in die Hände vergraben, sieht nichts von dieser Pracht. Ihr Herz ist von Panik erfüllt. In ihren Händen zerknüllt
sie das Telegramm, das sie nach Hause auf den Hügel ruft. Fritz ist
schwer erkrankt, die Ärzte fürchten um sein Leben. Er wird, er kann
nicht sterben, bevor sie ihn nicht noch einmal sieht. Nichts hat sie
auf diesen Moment vorbereitet. Die Briefe, die sie und Fritz in den
letzten Wochen gewechselt haben, sind versöhnlich. Sie bereiten den
Boden für ein neues Miteinander. Und in all der Grausamkeit des
Geschehens, das über sie und ihren Mann hereingebrochen ist, hat
sie sich an diese Hoffnung geklammert, hat Pläne geschmiedet für
das zukünftige Miteinanderauskommen. Noch gestern Abend hat
er ihr telegrafiert: *Innigen Dank für lieben Brief, hoffe morgen oder
übermorgen schreiben zu können. Herzlichen Gruß, Fritz.*[202] Aber
statt seines Briefes kam das Telegramm, und nun reist sie – quälend
langsam, wie ihr scheint – zu ihm. Die vertrauten Silhouetten von
Weimar, Eisenach, Kassel ziehen an ihr vorbei, dann endlich Essen.
Es geht weiter durch die dichten Wälder bis zu der eigenen Bahnstation unterhalb der Villa Hügel.
    Sie hebt den Kopf. Auf dem Perron steht Fräulein Brandt, ganz in

Schwarz gekleidet, aber die Kinder sind nicht bei ihr. Neben ihr steht
Dr. Vogt, ebenfalls in Trauerkleidung, mit ernstem, verschlossenem
Gesicht. Sie sieht andere vertraute Gesichter aus ihrem Haushalt,

Bahnhof Hügel, 1905

aber sie nimmt sie nicht wahr. Sie will aufstehen, aber ist dazu nicht
in der Lage. Die Tür geht auf, und Fräulein Brandt kommt zu ihr.
»Es ist zu spät, Frau Krupp, er ist nicht mehr«, sagt sie ganz leise,
und mit dem Recht der langjährigen Freundschaft nimmt sie Margas Hände in die ihren und hilft ihr auf den Stuhl, den Dr. Vogt und
zwei Diener bringen, um sie damit hinauf in das Haus zu tragen.
Und Marga fühlt gar nichts mehr, von diesem Augenblicke an ist
ihr Inneres wie tot. Sie weint nicht, als sie in der Halle aufsteht, sie
durchquert, die Treppe hinaufsteigt und mit steinernem Gesicht
in Fritz' Toilettenzimmer geht, wo seine Leibdiener ihn aufgebahrt
haben.

Das Kissen, das sie so lange nicht mehr miteinander geteilt haben, umrahmt in ordentlichen Falten sein rundliches totes Gesicht.
Margarethe betrachtet es und fühlt, wie eine Welle heißer Wut
aus ihrem Bauch aufsteigt. Ihre Hände zucken, und sie verspürt

den Drang, ihn zu schütteln und zu beuteln, damit er aus diesem Tod zu ihr zurückkehre. (Später sagte man ihr, genau das habe sie getan – gewaltsam hätten die Diener sie von der Leiche wegzerren müssen.) Sie kann sich an nichts anderes erinnern als an das elementare Gefühl des Zorns. Blind starrt sie auf die grünen Seidentapeten seines Schlafzimmers, auf die dunkle Täfelung der Wände, die sich in der Höhe verlieren. Die beiden Kammerdiener, die sich um ihn bemühen, den Arzt, der seinen Kopf neu bettet – sie sieht sie nicht. Nur ein Gedanke beherrscht sie: Wie konnte er sie allein lassen, jetzt, in diesen Augenblicken der Scham, des Schreckens, der Verzweiflung! Jetzt, wo sie bereit für einen neuen Anfang ist, der nun nicht mehr sein wird. Und wo sie ganz allein einer feindlichen Umwelt wird entgegentreten müssen. Sie sieht die Schlagzeilen vor sich, die ihren Mann verleumden, aber auch die vorwurfsvollen Gesichter ihrer Umgebung, die sich fragen, warum sie ihren Mann in den schwersten Wochen seines Lebens allein gelassen hat. Erst als sie ihre beiden tränenüberströmten Töchter in die Arme nimmt, bricht sie zusammen.

Aber den Luxus, sich ihrer Trauer und ihren Selbstvorwürfen hinzugeben, kann sie sich nicht leisten. Sie sammelt ihre Kräfte und bittet wenig später alle in ihren Salon, die ihr von den letzten Stunden ihres Mannes berichten können. »Wir haben mit Papa zu Abend gegessen«, berichtet Bertha, ihre Älteste, mit stockender Stimme, »es war alles wie immer. Wir haben danach sogar noch gemeinsam Domino gespielt, in der türkischen Ecke unter der Treppe.« Fräulein Brandt bestätigt das. »Außer uns dreien war auch noch Herr Wiesener zum Abendessen dabei. Er hat geduldig gewartet, bis Ihr Mann die Mädchen ins Bett geschickt hat. Dann haben die beiden sich wohl noch ein Weilchen unterhalten über das Netz, das er für Ihren Mann nach Neapel bringen sollte. Mir ist weiter nichts aufgefallen. Sie wissen ja, Frau Krupp, Ihr Mann hat sich öfters ein wenig unwohl gefühlt, dem aber keine Bedeutung beigemessen. Und gestern Abend war er ausgesprochen vergnügt. Er hat Bertha und Barbara beim Abendessen richtig zum Lachen gebracht: Danach, beim gemeinsamen Spiel, haben die Mädchen gewonnen und sind ganz lustig zu Bett gegangen. Und dann heute Morgen die Nachricht, dass ihr Vater todkrank ist. Es war ganz, ganz schrecklich für uns alle.«

Als Nächstes berichtet Hausmeister Herms unter Tränen: *Ich habe an der einen Seite seines Bettes gestanden und Donnier[203] auf der anderen und haben Herrn Krupp während seiner letzten Stunden jeder eine Hand gehalten. Und wenn wir dem Halbbewußtlosen den Schaum vom Munde weggewischt, hat er zum Dank leise die Hand gedrückt, auch wohl ein Wort des Dankes geflüstert. Leicht ist ihm der Tod nicht geworden, er hat gerne noch leben wollen und auch noch gehofft, wenn die Ärzte nach einer Kampfer-Einspritzung ihm gesagt, daß das Leben wieder steige, das Herz wieder kräftiger arbeite. Die Aufregung und die Ereignisse der letzten Tage und Wochen waren immer noch in ihm, und in lichten Augenblicken sagte er wohl, er habe doch Keinem etwas zu Leide getan und nicht Unrechtes getan, warum die Welt ihn so verfolge. Die Kinder hat Herr Krupp an seinem Sterbemorgen nicht mehr gesehen. Er wollte sie nicht sehen, er sagte, es gehe über seine Kräfte, ihren Kummer und ihre Tränen zu sehen.*[204]

Herms bestätigt und ergänzt Fräulein Brandts Erzählungen über Fritz' letzten Abend. *Sehr reizend war der letzte Abend seines Zusammenseins mit den Kindern. Herr Krupp war sehr heiter und ließ beim Abendessen Champagner bringen. Nachher saß man in der Ecke unter der großen Treppe und spielte. Als die Kinder dann hinaufgingen, hat er Fräulein Barbara untergefaßt und hüpfte mit ihr ordentlich die Treppe hinauf, sie aufmunternd »Komm, Bärbchen«. Später saß er dann wieder im Treppenhaus und arbeitete. Als ich ihn erinnerte, ob er sich nicht zurückziehen wolle, sagte er, er müsse noch den Brief an den Kaiser fertig schreiben, in dem er ihn um eine Audienz bitten wolle. Der Brief sei auch noch abgegangen an den Kaiser.*

Gegen 11 Uhr Abends sei dann der erste Anfall gekommen. Als ich auf sein Schellen beim Kammerdiener herbeigerufen wurde, habe ich ihn auf dem Bettrande sitzend gefunden. »Er wisse nicht, was er habe, ihm sei so schlecht.« In der Nacht wiederholte sich dann der Anfall. Aber Herr Krupp habe die Diener auch wieder zu Bett geschickt, nachdem er sich etwas erholt. Den Kindern sei der hoffnungslose Zustand des Vaters verheimlicht worden, auf ihre Fragen sei ihnen gesagt worden, der Vater sei nicht wohl. Nur Fräulein Brandt habe man gesagt, daß Herr Krupp schwer erkrankt sei, und daß die Ärzte um sein Bett bemüht seien.[205]

Dr. Vogt gibt dann die nüchterne Diagnose: »Ihr Mann, Frau

Krupp, hat offenbar in der Nacht einen Gehirnschlag erlitten. Als wir
kamen, konnten wir ihn gegen 9 Uhr vormittags mit Kampfer-Injek-
tionen noch einmal in das Leben zurückrufen. Er wußte, wie es um
ihn stand. Seine ersten klaren Worte galten Ihnen und den Kindern.
Ich soll sie seiner Liebe versichern und Ihnen, liebe Frau Krupp, sein
Vertrauen aussprechen, daß Sie alles in seinem Sinne regeln würden.
Er hatte auch liebe Worte für mich und das anwesende Hauspersonal. Frau Krupp, Ihr Mann war einer der gütigsten Menschen, die ich
kenne. Auf dem Totenbett ist keine Lüge möglich. Die letzten Worte
Ihres Mannes entsprachen ihm so ganz und gar. ›Ich gehe ohne jeglichen Haß und Groll aus dieser Welt und verzeihe allen denen, die
mir so wehe getan.‹ Dann wurde er wieder bewußtlos und ist gegen 3
Uhr nachmittags von uns gegangen«.[206] Und mit erstickter Stimme
fügt Dr. Vogt hinzu. »Sie wissen, er war mir mehr als ein Patient.
Mit ihm verliere ich einen Freund, der auch in meinem Leben sehr
fehlen wird.« Marga, die inzwischen ihre Haltung wiedergefunden
hat, kann jetzt doch den Ausruf nicht unterdrücken: »Sie sprechen
von Gehirnschlag. Das mag medizinisch wahr sein. Aber daran ist er
nicht gestorben, sondern sein armes Herz ist ganz einfach gebrochen
vor der Schlechtigkeit der Welt!« Dr. Vogt sieht sie schweigend an,
und senkt dann zustimmend den Kopf. Marga wendet sich ab, es
gibt viele Entscheidungen zu treffen, und niemand soll ahnen, was
sie das kostet. *Um meinerseits nicht ganz niederzubrechen, sondern
den Anforderungen der Sachlage möglichst entsprechen zu können*, so
formuliert sie es später, *bedurfte es allen äußeren Zwanges, der mir
nicht gestattete, mich meinen Gefühlen hinzugeben.*[207] In diesen Augenblicken wird jene Margarethe geboren, die der Welt ein strenges,
ja bitteres Gesicht entgegenhält. Jetzt sorgt sie erst einmal dafür, dass
die Mädchen und Fräulein Brandt sich zurückziehen können, und
stellt sich dann den Notwendigkeiten der Beerdigung.

Drei Krupp'sche Direktoren waren wenige Stunden vor Marga auf
dem Hügel eingetroffen. *Am Vormittag des 22. November*, berichtet
Direktor Haux, *fand im Kruppschen Casino eine große Kundgebung
der Kruppschen Beamten statt, in der gegen die Verleumdungen der sozialdemokratischen Presse Stellung genommen werden sollte. Im Laufe
des Vormittags war eine beunruhigende Nachricht über Herrn Krupps
Befinden auf die Fabrik gekommen. Wir wußten, daß Frau Krupp*

nicht auf dem Hügel war, (…). So wurde im Direktorium beschlossen, daß einige von uns zum Hügel fahren sollten um zu sehen, wie es dort stünde. So fuhren Rötger, Klüpfel und ich gegen Mittag hinaus. Es war ein schöner Herbsttag und der Park mit der Villa lagen im prächtigem Sonnenschein da, als wir zum Hügel hinauffuhren. Als wir am großen Haus angelangt waren, stürzte Asessor Korn, der Privatsekretär, aus dem Haus heraus mit der Schreckensnachricht, daß Herr Krupp soeben gestorben sein. Ein Schlaganfall hätte seinem Leben ein Ende gemacht. Im Haus selbst war es totenstill, wir sahen niemand von der Familie. Der untröstliche Hausmeister führte uns in die oberen Räume. Wir betraten das einfache Schlafzimmer, in dem der stille Mann, der nun alles Erdenleid und alle Unruhe dieses Lebens überwunden hatte, in seinem Bette lag.«[208]

Nun wollen sie mit Margarethe sprechen, um den Text der öffentlichen Bekanntmachung, den Ablauf der Beerdigung und Art und Umfang des zu benachrichtigenden Personenkreises abzuklären. Dann informiert sie Asessor Korn über den Brief, den Fritz noch am 21. November, dem vorherigen Tag, an den Hofmarschall des Kaisers, Graf Eulenburg, gerichtet hat. Es ist eine verzweifelte Bitte um Hilfe: *Hochverehrter Gönner! Ew. Excellenz werden, von England heimgekehrt, erfahren, wie mir seitens der Sozialdemokratie mitgespielt wird. Der Schlag trifft mich umso schwerer, als ich erst vor wenigen Wochen den Schmerz der Erkrankung meiner Frau habe durchmachen müssen. Meine Freunde in Berlin sind einstimmig der Meinung, unter diesen Umständen bleibe mir nichts übrig, als bei S. M. um den Beweis größter Gnade – um Gewährung einer Audienz – zu bitten und mich in Berlin zu zeigen. Gegebenenfalls würde ich bei Gewährung der Audienz die alleruntertänigste Bitte wagen, mir irgendeine Aufklärung oder Genugtuung seitens der italienischen Regierung zu erwirken, die ja angeblich meine Ausweisung verfügt haben soll. – Ich weiß nicht, ob es angängig ist, S. M. die Bitte um Audienz zu übermitteln und ich möchte das Euer Excellenz bewährter Freundschaft und Güte überlassen. Die Bitte auszusprechen muß ich aber nach dem Rat meiner Freunde, als eine – für mich sehr schmerzliche und peinliche – Notwendigkeit ansehen.*[209] Marga blickt auf die akkuraten Buchstaben der Abschrift, die der Sekretär gefertigt hat. Nun kommen ihr doch die Tränen, und eine erste Welle tiefer Trauer trifft sie so hart, dass sie aufschluchzt. Diesen Brief zu schreiben muss ihn unendlich viel Kraft gekostet haben. Vielleicht zu viel, um diesen Akt innerer Anspannung zu überleben. So weit hatten sie beide es kommen lassen! Sich so weit voneinander entfernt, dass Fritz in der düstersten Stunde seines Lebens nur sein Personal und seine ahnungslosen Töchter um sich hatte. Sie, seine Frau, hätte hier sein und ihm Kraft geben müssen. Ist das ein Fluch, der auf den Krupps lastet? Dass sie alleine sterben müssen? Wie ihre Schwiegermutter Bertha ist auch sie nicht da gewesen, als ihr Mann starb. Mit dieser Schuld wird sie weiterleben müssen, und das wird schwer sein.

Sie wird sich des Schweigens um sich bewusst und der fragenden Blicke. »Ich bin mit Ihren Vorschlägen einverstanden, meine Herren. Leiten Sie alles so in die Wege. Ich will nur eine Änderung. In Anbetracht der Umstände will ich nicht der Neugier der Menge ausgesetzt sein. Meine Töchter und ich werden morgen Nachmittag hier auf dem Hügel im allerprivatesten Kreise von meinem Mann Abschied nehmen. Anschließend werden wir ihn bis ins Stammhaus begleiten. Von da an wird der Vetter meines Mannes, Arthur Krupp, die Familie bei der Beerdigung allein vertreten. Und jetzt bitte ich Sie zu gehen und sich Ihren Pflichten zu widmen.« Sie steht auf, verabschiedet die Herren und geht noch einmal hinüber in das Toilettenzimmer zu Fritz. Die Leibdiener haben seinen Körper mit weißem Samt und Satin umhüllt, und soeben treten die Schreiner ein, um den Sarg zu schließen. Der Deckel gleitet über sein Antlitz, lässt es erst im Schatten und dann ganz in der Dunkelheit versinken. Dies ist der Augenblick ihres endgültigen Abschieds.

Der weitere Abend vergeht in langen Gesprächen mit ihren Töchtern und mit Pfarrer Geibel aus Werden. Vor wenigen Monaten erst hat er Barbara und Bertha konfirmiert, nun steht er am Sarg ihres Vaters. Die Kinder stehen neben ihm, ernst und traurig. Als Marga ganz allein in ihrem Zimmer ist, kommen ihr Gedanken in den Sinn, die so wehtun wie ihr Herz. Weder Reichtum noch Ruhm haben ihn glücklich gemacht, genausowenig wie mir dies gelungen ist. Möge Gott ihm den ewigen Frieden bereiten, den er verdient. Ich aber gelobe, dass ich sein Andenken rein halten, es schützen und ehren werde, solange ich lebe.

Sie ahnt nicht, dass sie bei diesem Vorhaben einen Mitstreiter haben wird, der weit mächtiger ist als sie. Kaiser Wilhelm II. reagiert auf Fritz Krupps Hilferuf in ungeahnter Weise. Er wird persönlich zu der Beerdigung nach Essen kommen. Margarethe kann es kaum glauben, als sie es erfährt. Dann aber kennt ihre Dankbarkeit keine Grenzen. »Der Kaiser hält sein Schild über Ihr Haus und Ihre Firma«, erklärt Finanzrat Haux, der es übernommen hat, die Verbindung zwischen ihr und dem Direktorium zu übernehmen. »Niemand wird Sie gesellschaftlich schneiden können, denn das Erscheinen Seiner Majestät bekundet die Unschuld Ihres Mannes gegenüber allen gegen ihn erhobenen Vorwürfen. Als er von dem Tod Ihres Gatten erfuhr, soll er gesagt haben: Ich lege für diesen Mann meine Hand ins Feuer. Ist Ihnen klar, Frau Krupp, dass er dies noch für keinen anderen getan hat? Es ist eine große Ehre und ein noch größerer Vertrauensbeweis, den der Kaiser uns allen gibt.« So sieht es auch Margarethe, und so sehen es die meisten Kruppianer. Und weil das so ist, wird aus der Trauerfeier für Friedrich Alfred Krupp ein Triumph jener politischen Kräfte, die Wilhelm II. verkörpert. Eine Genugtuung aber auch für die Witwe, die sich mit ihren Töchtern klug im Hintergrund hält und dem Kaiser allein das Feld überlässt. Der erste große Gesellschaftsskandal des Kaiserreiches verletzt ihre gesellschaftliche Position nicht. Bertha und Barbara können so ohne einen Makel aufwachsen. Vor allem Bertha, der Alleinerbin, wird auf diese Weise der Weg in eine gute Zukunft geebnet.

Am Sonntagabend, mitten in den Vorbereitungen für die Beerdigung und die Unruhe, die die Ankunft vieler Familienmitglieder bringt, erreichen Margarethe zwei Telegramme.

Neues Palais
Ihrer Exzellenz der Frau Geh. Rat Krupp, Essen-Ruhr
Soeben erhalte ich die erschütternde Nachricht, daß Ihr Gemahl für uns alle unerwartet entschlafen ist. Die Kaiserin und ich trauern tief erschüttert mit Ihnen um den Verewigten, welcher so jäh aus dem Streben gerissen ist, der ihm vom Schicksal übertragenen gewaltigen Aufgabe in strengster Pflichterfüllung gerecht zu werden. Möge Gott der Herr Ihnen und Ihren Töchtern die Kraft geben, das Schwere, das er Ihnen auferlegt, zu tragen.
Wilhelm I. R.[210]

Ein zweites, herzlicheres Telegramm kommt von der Kaiserin, die Margarethe sehr gewogen ist.

Neues Palais, Frau Krupp, Essen-Ruhr
Ich muß Ihnen, liebe Frau Krupp, nochmals persönlich aussprechen,
wie erschüttert ich durch den frühen Tod Ihres Mannes bin und mit
wärmster Teilnahme Ihrer gedenke. Gott stütze und tröste Sie und Ihre
lieben Töchter in Ihrem tiefen Schmerze.
Auguste Viktoria[211]

Am späteren Abend legt Haux ihr das Telegramm vor, das der Kaiser an die Firma sandte:

Direktorium der Gußstahlfabrik Friedrich Krupp, Essen-Ruhr
Die Nachricht von dem so unerwartet eingetretenen Hinscheiden Ihres
Chefs hat Mich tief erschüttert. Die Vorsehung hatte den Geheimen
Rat Krupp an die Spitze eines Unternehmens gestellt, das weit über die
Grenzen des Vaterlandes eine universale Bedeutung gewonnen. Dies
Werk, wie es von dem genialen Vater ihm überkommen, nicht nur zu
erhalten, sondern seinem Weltruf entsprechend weiter auszubilden,
sah er als Aufgabe seines Lebens an. Sein Name ist mit der Entwicklung
der Eisenindustrie, des gesamten Waffenwesens, der modernen Befesti-
gung wie des Schiffsbaus auf das Innigste verknüpft. In der Fürsorge für
seine Angestellten war er unübertroffen und vorbildlich. So empfinde
Ich, dem der Verewigte in patriotischer Gesinnung auf das Treueste
ergeben war, mit der Beamtenschaft und den Tausenden der Arbeiter
seinen Verlust auf das Schwerste.
Wilhelm I. R.[212]

Wie ein fester Bezugspunkt in dem Meer von Schmerz, öffentlicher Unruhe und freundlicher sowie feindlicher Reaktionen wirken diese spröden Worte auf Margarethe und das Direktorium. Insgesamt treffen mehr als 2000 Beileidsbekundungen ein.

Die Trauerfeier auf dem Hügel fand am Dienstag Abend um 5 Uhr
statt. Die Leiche war unter herrlichem Blumenschmuck in dem zu
einer Trauerkapelle umgewandelten weißen Saal im oberen Stockwerk
aufgebahrt, wo sich die Familienglieder, das Direktorium, Vertreter

von fürstlichen Höfen und Freunde des Hauses, sowie die Dienerschaft versammelt hatten, während in den anstoßenden Räumen die anderen Leidtragenden, im Ganzen 250 Personen, Platz nahmen.[213] Das

Aufbahrung von Friedrich Alfred Krupp vor dem Stammhaus, 23.11.1902

städtische Orchester spielt, und Pfarrer Geibel hält eine Predigt. Margarethe, Bertha, Barbara, Arthur Krupp, Margarethes Mutter und ihre Geschwister nehmen die Beileidsbezeugungen der Gäste entgegen. Dann ziehen sie sich zurück, um auszuruhen, denn noch heute Abend wird Fritz den Hügel verlassen, um seine letzte Nacht auf Erden im Stammhaus zu verbringen. *Punkt 12 Uhr fuhr der Leichenwagen durch das Haupttor der Gußstahlfabrik ein, unter dem Dröhnen der Riesenhämmer und den Feuersäulen des Bessemer Werkes. Die Fabrik zeigte noch einmal ihrem ersten Meister, der zur letzten Ruhe in ihren Mauern kam, ihr ganzes gewaltiges Leben, das er einst ihr gab.*

Vor dem Stammhause hatte der Kruppsche Gesangverein Gemeinwohl in Stärke von 150 Mann Aufstellung genommen, ebenso alle Arbeiter, welche in den am Stammhause naheliegenden Werkstätten Nachtschicht hatten und irgend von der Arbeit loskommen konnten.

Sie waren in ihren Arbeitsanzügen erschienen. Nachdem der Sarg von 10 Kruppschen Feuerwehrleuten im Stammhause niedergestellt war, brachte der Gesangverein unter Leitung des Herrn Meutzen die Chöre

Leichenzug und Majestät in der Bahnhofstraße

»Wie sie so sanft ruh'n« und »Auferstehung« zum Vortrage. Darauf begaben sich die Herren Arthur Krupp aus Berndorff, die Brüder der Frau Krupp, Herren von Ende, mehrere andere Offiziere, Oberbürgermeister Zweigert, Direktoren, Personal der Villa Hügel, Feuerwehrleute und andere Leidtragende zum Eingang des Stammhauses, um noch einige Zeit im stummen Gebet des Verstorbenen zu gedenken. Von den Brüdern der Frau Krupp wurden die beiden Kissen, welche die Orden trugen, am Sarge niedergelegt.[214]

Am nächsten Morgen, um 10 Uhr erwartet Margarethe mit ihren Töchtern und Geschwistern den Kaiser im Stammhaus. Er begrüßt sie, legt seinen Kranz nieder und schreitet hinter dem Sarg her bis zu dem vorbereiteten Grab auf dem Kruppschen Friedhof. Nur Arthur Krupp vertritt die Familie, Marga und die Kinder kehren zum Hügel zurück.

Der Trauerzug braucht fast eineinhalb Stunden, um den Friedhof zu erreichen. Ganz Essen und viele auswärtige Gäste säumen die Straßen. Diesmal hält Superintendent Klingmann die Trauerrede. Dann würdigt der Vorsitzende des Direktoriums, Rötger, den Toten, wobei er heftig gegen die *niedrige Gesinnung und den Parteienhass* derer spricht, die Fritz verleumdet haben. Noch ein Gebet, noch ein Lied, dann endlich schließt sich die Erde über Friedrich Alfred Krupp zur ewigen Ruhe.

Doch diese Ruhe soll ihm nur im Jenseits beschieden sein. Ausgerechnet der Kaiser ist es, der alle Wunden wieder aufbrechen lässt und einen weiteren Medienskandal auslöst. *Vor der Abreise hat Se. Majestät der Kaiser die Mitglieder des Direktoriums und die Vertreter der Arbeiterschaft des Essener Werkes im Wartesaal des Bahnhofes um sich versammelt und folgende Ansprache gehalten: Es ist mir ein Bedürfnis, Ihnen auszusprechen, wie tief Ich in Meinem Herzen durch den Tod des Verewigten ergriffen worden bin. Dieselbe Trauer läßt Ihre Majestät die Kaiserin und Königin Ihnen allen aussprechen und hat dies auch bereits schriftlich der Frau Krupp zum Ausdruck gebracht. Ich habe häufig mit Meiner Gemahlin die Gastfreundschaft im Kruppschen Haus genossen und den Zauber der Liebenswürdigkeit des Verstorbenen auf Mich wirken lassen. Im Laufe der letzten Jahre haben sich unsere Beziehungen so gestaltet, daß Ich Mich als einen Freund des Verewigten und seines Hauses bezeichnen darf. Aus diesem Grunde habe Ich es Mir nicht versagen wollen, zu der heutigen Trauerfeier zu erscheinen, indem Ich es für Meine Pflicht gehalten, der Witwe und den Töchtern Meines Freundes zur Seite zu stehen. Die besonderen Umstände, welche das traurige Ereignis begleiteten, sind Mir zugleich Veranlassung gewesen, Mich als Oberhaupt des Deutschen Reiches hier einzufinden, um den Schild des Deutschen Kaisers über dem Hause und dem Andenken des Verstorbenen zu halten. (...) Eine Tat ist in deutschen Landen geschehen, so niederträchtig und gemein, daß sie Aller Herzen erbeben gemacht und jedem deutschen Patrioten die Schamröte auf die Wangen treiben müßte über die unserem ganzen Volke angetane Schmach. (...) Diese Tat und ihre Folgen ist weiter nichts als Mord. (...) Wer war es, der diese Schandtat an Unserem Freunde beging? Männer, die bisher als Deutsche gegolten haben, jetzt aber dieses Namens unwürdig sind, hervorgegangen aus eben der Klasse der deutschen Arbeiterbevölkerung, die Krupp so unendlich viel zu verdanken hat, und von der Tausende in den Straßen Essens heute mit tränenfeuchtem Blick dem Sarge ihres Wohltäters ein letztes Lebewohl zuwinkten.«*[215]

Wieder ist es Finanzrat Haux, der im Namen des Direktoriums Margarethe von der Kaiserrede informiert. Hin und her gerissen zwischen Dankbarkeit und Besorgnis hört sie ihm zu. Letztlich überwiegt die Dankbarkeit. Und so gelingt es ihr, den Presse-Sturm[216] der nächsten Tage gelassen zur Kenntnis zu nehmen. Der Hügel leert sich langsam von den Gästen, und Margarethe weiß, dass ihre Schonzeit zu Ende geht. Nicht mehr lange, und sie wird sich ihren neuen Aufgaben stellen müssen.

DAS INTERREGNUM
(1902–1906)

… sich in das traurige Schicksal
ergeben zu fügen (1902–1903)

Mit Fräulein Brandt und den Töchtern zieht sie sich die ersten Tage nach der Beerdigung in ihren Salon zurück. Diese kostbaren Tage, bevor sie wieder auf die Bühne treten muss, soll ihr niemand nehmen. Sie führen lange Gespräche miteinander, versuchen den Tod des Vaters zu akzeptieren und zu verarbeiten. Sie liest mit den Töchtern die Beileidsbriefe, die ihr zu Herzen gehen, und verfasst mit ihnen gemeinsam die Antworten. Allerdings werden Bertha und Barbara vollkommen im Dunkeln gelassen über das, was Homosexualität oder Sodomie bedeutet. Für sie ist der Vater das Opfer von persönlichem Undank auf Capri und von seiner schwachen Gesundheit geworden.

Margarethe hingegen wird in ihren Träumen von schrecklichen Bildern heimgesucht. Darin spielen bösartig tuschelnde Hofdamen und junge Männer, die sich Fritz nähern wollen, genauso eine Rolle wie eine Szene, wo sich der Kaiser angewidert von ihm abwendet. Sie weiß sehr wohl, was die Menschen denken, die Fritz die Nähe zum Kaiser neideten. Ob aus geschäftlichen Gründen oder aus persönlicher Eifersucht, das spielt keine Rolle, der Tenor ist immer der gleiche: *Die Mehrzahl der Menschen hat die Frage der Homosexuellen nicht richtig beurteilt*, schreibt der ehemalige Hofmarschall von Wilhelm II., Graf Zedlitz-Trützschler in seinen Memoiren, *weil die Homosexuellen zwar vielfach nicht ausübend homosexuell sind, aber trotzdessen durch ihre weibische Auffassung, ihr weichliches und phantastisches Wesen in politischer Beziehung und besonders in der Umgebung Wilhelms II. gefährlich sein können.*[1] Marga fährt schweißgebadet in ihrem Bett auf. Fritz' angeborene Liebenswürdigkeit, sein Einfühlungsvermögen und seine Bescheidenheit in persönlichen Dingen – das alles wird jetzt seiner vermuteten Veranlagung zugeschrieben. Was kann sie dagegen tun? Diese Frage treibt sie um, in der Nacht und während des Tages. Sie ist sich sicher, dass Fritz nie etwas Unrechtes getan hat, aber langsam lernt sie zu akzeptieren, dass er vielleicht doch in seinem innersten Wesen ein Bewunderer von Männern gewesen sein kann. Weiter will sie nicht denken. Weiter kann sie nicht denken.

Sie blickt aus dem Fenster in den nebeltrüben Morgen und fühlt zum ersten Mal den Verlust in seiner ganzen Schwere. Der Nebel scheint von draußen durch die hohen Fenster auf sie herabzufallen, die schweren Samtvorhänge drohen sie zu ersticken. Jahre später schreibt sie an Dr. Vogt über ihre soeben verwitwete jüngere Schwester Irene: *Sie hat ihre Zeit gehabt, sich an die bittere Einsamkeit zu gewöhnen und an mir hat sie gesehen, daß es am Besten ist, gleich von vorneherein sich zu überwinden und gleich das zu thun und sich in das zu fügen, was man später eh thun muß. Hoffentlich halten ihre Kräfte aus.*[2]

Ihre, Margas, Kräfte werden dieser Prüfung standhalten. Sie kleidet sich in allertiefste Trauer. Kein bisschen Weiß mildert das schimmernde Schwarz des Seidenkleides, das sich über dem eng geschnürten Korsett um ihren Körper spannt. Ein Kragen aus schwarzer Brüsseler Spitze und ein um die Schultern geschlungenes Tuch aus feiner schwarzer Wolle sowie ihr dichtes Haar, das von vielen grauen Strähnen durchzogen ist, mildern kaum den Eindruck tiefen Ernstes. Aus dem hohen Spiegel in ihrem Ankleideraum sieht sie eine füllige Matrone mit tief eingekerbten Falten um Mund und Nase an. Die braunen Augen blicken trübe, und die Schultern sinken ermattet nach vorn. Nein, so soll mich niemand sehen, denkt Marga und nimmt Haltung an. Dann überquert sie die Obere Halle.

Die Trauerschleifen hängen noch an den Wänden, und die Spiegel sind mit schwarzen Tüchern zugehängt. Vorsichtig umrundet sie die großen Töpfe mit exotischen Grünpflanzen, Farnen, Gummibäumen und Zimmerlinden, die für die Trauerfeier aus den Kruppschen Gewächshäusern hierhergebracht wurden. Sie betritt Fritz' Arbeitszimmer, und einen Augenblick überwältigt sie der Gedanke, dass sie nun zum zweiten Mal in dieses Büro geht, nachdem sein Besitzer gestorben ist. Der erste war Alfred Krupp, ihr Schwiegervater, und nun ist es Friedrich Alfred Krupp, ihr Mann. Sekretär

Marotz und Justiziar Korn erwarten sie, beide ebenfalls in dunklem Anzug und mit einer breiten Trauerbinde um den linken Oberarm. Ohne zu zögern nimmt sie hinter dem Schreibtisch Platz. »Ich habe für morgen die Herren des Direktorium bestellt. Heute will ich mich nur mit der privaten Post befassen. Alles andere kann noch einige Tage warten.« Sie weist auf einen hohen Stapel Briefe und Telegramme: »Sind das alles Beileidsbriefe? Gut, dann sehen wir sie durch.« Die meisten Briefe, sofern sie an das Direktorium gerichtet sind, beachtet sie nicht. Aus dem vergleichsweise kleinen Stapel an sie persönlich adressierter Post legt ihr Marotz die wichtigsten vor. Tief berührt, den Tränen nahe liest sie den Brief Louises, der Großherzogin von Baden, die ihr während ihrer Aufenthalte in Meineck nahegekommen ist:

In der schweren Heimsuchung, welche über Sie und Ihre Kinder gekommen ist, sind wohl Worte der Theilnahme, wie herzlich sie auch empfunden sind, zu schwach, um auszusprechen, was das treueste Mitgefühl so gerne sagen möchte. Dennoch kann ich es mir nicht versagen, in diesen Zeilen der tiefen Erschütterung Ausdruck zu geben, mit welcher der Großherzog und ich der unfaßbar schweren Prüfung folgen, die so unerwartet plötzlich über Sie hereingebrochen. Mit Ihrem Familienkreise sind so viele bedeutungsvolle Kreise und Gemeinschaften in eine Trauer versetzt, wie sie wohl selten ihres Gleichen fand. Der Umfang dieser Trauer und die Tiefe derselben bezweichnet wohl am deutlichsten die unermeßliche Weite dessen, was der zu früh Heimgegangene bewirkt hat und für die ihm Anvertrauten gewesen ist. In ganz Deutschland und über dessen Grenzen hinaus wird der Tod Ihres Gatten ebenso tief beklagt werden, wie seine Thätigkeit hoch geschätzt war, und in allen Schichten der Bevölkerung wird dieser Verlust als ein gemeinsamer betrachtet werden.

Im Rückblick auf die mir so werthvollen langjährigen Beziehungen zu dem Verstorbenen, wie zu Ihnen ist mein Mitempfinden nur um so wärmer und aufrichtiger, und ich gedenke Ihrer und Ihrer Kinder, die ich ja von Klein auf heranwachsen sah, mit unbeschreiblicher Teilnahme. Gott wolle Sie stärken in seiner Prüfung, die zu tragen fast zu schwer erscheinen möchte und wolle Ihre Gesundheit so völlig wieder herstellen, daß Ihnen die Kraft zu tragen täglich neu gewährt werden

möge. Er möge Sie fühlen lassen, daß Seine Hand die Ihrige hält, und Er möge die Herzen Ihrer Kinder zu einer Quelle des Trostes für Sie werden lassen. Er möge Sie auch in der Überzeugung, daß die vielen Tausende und Tausende von Menschen, denen der Verstorbene in so unermeßlicher Weise Wohlthaten verliehen hat, nun mitfühlend und mittrauernd Ihrer gedenken, eine Milderung Ihres Schmerzes erfahren lassen. Überall, wo es galt, vaterländische Interessen zu fördern, Fürsorge zu üben und Unglück zu mildern, war der Verstorbene thätig und hülfreich. Der Segen dieser Vergangenheit möge auf der traurigen Gegenwart und der dunkeln Zukunft ruhen! Gott sei mit Ihnen!
Louise, Großherzogin von Baden[3]

Später kommt noch ein Weihnachtstelegramm mit tröstlichen Worten, weil *das Weihnachtsfest so unaussprechlich schwer für Sie sein wird unter dem unermeßlichen Kummer, in dem Sie stehen. War doch Weihnachten von jeher in Ihrem eigenen Hause, wie in dem großen Kreise, dem Sie vorstehen und den Sie mit Wohlthaten stets überhäuften, ein so besonders reiches Fest gewesen, und die Vereinsamung des heutigen heiligen Abends wird schwer auf Ihrer Aller Herzen liegen. (…) Auch Ihren Kindern bitte ich das Herzlichste zu sagen: auch ihnen beiden ganz besonders wird das Christfest die jungen Herzen mit schmerzlichem Vermissen füllen, an dem Tage, der sonst Freudentag war. Gott mit Ihnen. Mit Ihnen fühlend*
  Louise, Großherzogin[4]
  Margas Antwort kann natürlich nicht spontan und formlos erfolgen, sondern muss sich dem strengen Protokoll fügen, das ihr, der Untertanin, im Umgang mit einer deutschen Fürstin auferlegt ist. Aber es gelingt ihr, trotz aller vorgegebenen Floskeln etwas von der Dankbarkeit in den Brief zu legen, die sie bei der vorbehaltlosen Unterstützung der Fürstin fühlt.

Durchlauchtigste Großherzogin, allergnädigste Fürstin! – Eurer Königlichen Hoheit gnädiges Telegramm sowie die huldvollen an mich gerichteten Zeilen, mit welchen Euere Königliche Hoheit solch warmes Gedenken so beredt zum Ausdruck zu bringen geruhen, haben mich und meine Kinder abermals mit den innigsten Gefühlen der Dankbarkeit erfüllt. In diesen wehmütigen Erinnerungstagen, in welchen der

Kummer noch schwerer zu tragen ist, empfindet das Herz trostreiche Worte, wie die Euerer Königlichen Hoheit, doppelt wohltuend, und wir bitten Euerer Königlichen Hoheit im Geiste dankbarst und ehrfurchtsvollst die Hand küssen zu dürfen. Voll tiefer Trauer und schmerzlichen Entbehrens, aber mit vollem Vertrauen auf des Allmächtigen Gnade und Beistand, (…) drängt es mich, (…) meiner und meiner Kinder unerlöschlicher Dankbarkeit nochmals Ausdruck zu geben. In tiefster Ehrfurcht und Dankbarkeit verharrt Eurer Königlichen Hoheit ganz unthertänigste Margarethe Krupp[5]

Sie macht sich auf den Weg durch den matschigen Schnee im hinteren Garten. Die Knie schmerzen heftig, als sie die Treppe zum Teich hinuntergeht. Dort sind Bertha und Barbara und probieren die neuen Schlittschuhe aus. Sie sind traurig und lustlos, aber Fräulein Brandt besteht auf der sportlichen Betätigung. Marga sinkt müde auf eine Bank, lauscht dem Knistern des Eises, dem Knirschen der Schlittschuhe und den Kommentaren der Töchter. Aber ihre Gedanken sind bei Fritz. Bittere Selbstvorwürfe plagen sie. Er ist einsam gestorben. Nur Personal hat ihn begleitet, dabei wäre es ihre Pflicht gewesen, in dieser Stunde an seiner Seite zu sein. Stattdessen hat sie sich in Jena dem Selbstmitleid hingegeben und dem Zorn auf sein unbedachtes Verhalten. Sie hat sich verhalten wie eine ältere Schwester, die dem jüngeren Bruder seines Leichtsinns wegen Vorwürfe macht, nicht aber wie eine liebende Frau und Gefährtin. Diese Schuld – das spürt sie – wird sie nie überwinden. Was bleibt zu tun? In dieser Stunde, da der kurze Novembertag in der abendlichen Dämmerung versinkt, akzeptiert sie die Aufgaben, denen sie ihr restliches Leben widmen wird und die sie selber so beschreibt: *Es blieben die Pflichten in Bezug auf das Werk zu erfüllen. Die bisherige Repräsentation nach Außen war weiter aufrecht zu erhalten und natürlich war es auch mein Bestreben, im Sinne meines Mannes nicht nur allgemeine Wohlfahrtspflege zu üben, sondern auch die Beziehungen mit der zahlreichen Beamtenschaft des Werkes aufrecht zu erhalten und meine halberwachsenen Töchter in die Interessen der geschäftlichen Unternehmungen einzuführen.*[6] Und sie wird alles tun, um Fritz' Andenken rein zu erhalten. Sie wird ihm Denkmäler bauen, auf den Plätzen, aber auch in den Herzen der Menschen.

Bevor sie an die Arbeit geht, muss allerdings erst einmal die Vergangenheit abgeschlossen werden, vor allem alles, was mit Capri zu tun hat. Wenn sie an die Insel Capri denkt, spürt sie heiße Wut und Bitterkeit in sich aufsteigen. Wie sie die Capreser hasst! Aber sie muss gerecht sein. Sie weiß, dass sie unterscheiden muss zwischen den anständigen und den verbrecherischen Inselbewohnern. Und da denkt sie zuallererst an Dr. Vicenzo Cuomo, der Fritz ein wahrer Freund war. Sie lässt sich von Marotz den letzten Brief von Dr. Cuomo an Fritz vorlegen. Er datiert vom 12. September. Da war noch kein Zeitungsartikel erschienen, weder in Italien noch in Deutschland. Aber die Verbissenheit des Wahlkampfes hatte Dr. Cuomo bereits erkennen lassen, wie sehr Fritz Krupp ins Kreuzfeuer geraten war und wie viel Hass und Häme ihm entgegengebracht wurden. Der brave Doktor tat, was er konnte, um die Bruderschaft aus dem Kreuzfeuer der Kritik zu holen. *Leider drohte die Einflußnahme der Lokalpolitik in letzter Zeit, die Grundlagen unserer Brüderschaft zu erschüttern. Mir liegt es fern, die Vorfälle und Einzelheiten, die ich größtenteils nicht kenne, zu analysieren, da ich seit über 20 Jahren hier auf Capri in einer friedlichen Umgebung lebe, weit entfernt von Grabenkämpfen und Zwistigkeiten und von jeder Art persönlicher Intrigen, um so das berufliche Ansehen und die Würde hochzuhalten! Und ich bin damit sehr gut gefahren! Wenn ich damit einverstanden war, Oberhaupt der der Brüderschaft zu bleiben, dann nur deshalb, weil diese sich – auf der Grundlage der Heiligen Regeln – von jeglicher politischen Einmischung fernhalten soll und auch in Zukunft fernhalten sollte! Was mich dazu getrieben hat, die Brüder zu versammeln und in aller Offenheit mit ihnen zu reden – mit der gleichen Offenheit und Redlichkeit übrigens pflegte auch, wie ich meinen Mitbrüdern gesagt habe, unser geliebter Bruder Federico mit mir zu verkehren –, ist die mir als Prior obliegende Pflicht, meine Autorität und meinen Einfluß mit Ratschlägen, Vorschlägen usw. auszuüben, um dafür Sorge zu tragen, dass die Flamme des edlen Unternehmungsgeists der Brüderschaft nicht erlischt.*[7] Marga dankt ihm höflich und hält den Briefwechsel mit ihm aufrecht. Ebenso hält sie einen lockeren Kontakt mit anderen Mitgliedern der Bruderschaft, von denen der eine oder andere Angehörige sogar zeitweise in die Dienste der Firma Krupp treten wird. Aber das alles bleibt im Bereich des Unverbindlichen und schläft im Laufe der Jahre gleichsam friedlich ein.

Ihre wahren Gedanken zu Capri vertraut sie nur Professor Dohrn, dem Leiter der Zoologischen Station in Neapel, an. Er war ihr und Fritz ein wahrer Freund, und seine Anliegen sind nach Fritz' Tod die ihren geworden. Ihm legt sie dar, wie ihr wirklich ums Herz ist:

Auf dem Hügel, Rheinpreußen, 23. Januar 1903

Sehr verehrter Herr Geheimrath.
Wenn ich Ihnen erst heute für Ihr freundliches Schreiben vom 12. Dezember danke, so entschuldigen Sie dies hoffentlich liebenswürdigerweise. Der Ausdruck Ihres verständnisvollen Mitgefühls und der Werthschätzung meines armen, lieben Mannes haben mir sehr wohlgethan, aber Sie werden verstehen, daß ich dennoch einige Zeit verstreichen ließ, ehe ich darüber schreibe. Und auch jetzt wird es mir recht schwer unter den widerstreitenden Gefühlen, die mich bewegen und innerlich nicht zur Ruhe kommen lassen. Wenn es einen justeren Trost für meinen schweren Verlust gibt, so liegt er jedenfalls in den erhebenden und rührenden Kundgebungen der Trauer und des Mitgefühls von Hoch und Niedrig, von Nah und Fern, aus denen man so recht entnehmen konnte, welch wahrhafte Liebe und Würdigung er sich in seinem ach so kurz bemessenen Leben zu erwerben gewußt hat. Andererseits aber ist es dadurch so viel schwerer, sich in das traurige Schicksal ergeben zu fügen, daß mein gütiger, edeldenkender Mann, der Jedem mit Wohlwollen entgegenkam und in wohlthätiger Nächstenliebe und Menschenfreundlichkeit sich nicht genug thun konnte, gerade als Opfer sinnlosen Hasses und menschlicher Niedertracht zu Grunde gehen mußte. Selbst wenn seine sensitive Natur dem ersten Schlag grausamer Enttäuschung und niederschmetternder Erkenntniß menschlicher Abscheulichkeit hätte widerstehen können, so wird mir jetzt, wo gewisse Parteien und Menschen ihn nicht mal im Grabe in Ruhe lassen, immer klarer, daß für ihn fortan sein Leben vergiftet und sein Gemüth bedrückt geblieben wäre und er an der Undankbarkeit und der Grausamkeit der Menchen langsam hätte zu Grunde gehen müssen. In diesem Sinne ist es mir ein Trost, daß er verhältnismäßig nur kurz gemüthlich gelitten und ohne körperliche Schmerzen rasch dahingerafft worden ist.

*Was aber mag er innerlich in der kurzen Zeit von Juni an, wo ihm
die erste Kunde von den Giftpfeilen wurde, durchgemacht haben! Es
war ihm leider nicht gegeben, sich durch Aussprache oder gar Aus-
schelten das Herz zu erleichtern oder sich durch Zuspruch trösten oder
aufrichten zu lassen, und durch seine äußere Ruhe und milde Beur-
theilung ließ ich mich sowohl als auch die ihm nahestehenden Freunde
täuschen, und nachdem ich anfangs das Schlimmste befürchtet hatte,
ließ ich mich selbst durch sein scheinbares leicht Überwinden beruhigen. Jetzt aber empfinde ich doppelt, wie schwer er daran getragen
hat und danke Gott für ihn, daß er nicht noch länger an der Last hat
tragen müssen, denn das Martyrium war groß genug, daß er schon
sterbend, mit vollem Bewußtsein, seinen Gegnern, ich kann wohl sagen Mördern, vergeben hat. Damit hat er sein ganzes nichts als gütiges
Wesen und Wirken gekrönt, und es sollte wohl als erhebendes, leuchtendes Beispiel dienen, aber indessen kann ich ihm wirklich noch nicht
folgen, denn mein Glauben an die Menschheit hat einen zu schweren
Stoß bekommen. Sie können sich wohl auch denken, wie sehr mich der
Gedanke gequält hat, ob es nicht möglich gewesen wäre, den Gang der
Ereignisse aufzuhalten resp. zu verhüten, aber ich bin doch nun zu der
Überzeugung gekommen, und das gibt mir eine Beruhigung, daß es
in Niemandes Macht lag, den rollenden Stein aufzuhalten. Denn ehe
er an dem verhängnisvollen Abgrund vom Schwindel erfaßt wurde,
hätte mein so arglos vertrauender Mann sich doch nicht entschließen
können, an die Schlechtigkeit zu glauben, selbst wenn sie mir in vollem
Umfange bewußt gewesen und ich ihn hätte warnen können.*

*Sie selbst, sehr verehrter Herr Professor, haben Ihrerseits ja in
freundschaftlicher Weise das Ihre gethan, und danke ich Ihnen bei
dieser Gelegenheit herzlich für die Beweise persönlichen Interesses an
meinem lieben Mann und dafür, daß Sie ihm in seinen wissenschaftlichen Bestrebungen, deren Verfolgung ihn in seinen letzten Lebens-
jahren eine Hauptfreude war, so hilfreich zur Hand gegangen sind. In
diesem Sinne war es mir auch eine besondere Freude, Ihnen kürzlich
das von meinem Mann versprochene Kapital zur Erweiterung der
Zoologischen Station überweisen zu lassen. Hoffe, daß Sie dem Bild des
Verewigten, das ich mir erlaubte, Ihnen zu senden, in freundschaftlicher Weise ein Plätzchen in Ihrem Heim anweisen. Zugleich möchte
ich Sie bitten, den Herren Beamten der Zoologischen Station, die mir*

durch Sie ihr wohlthuendes Beileid ausgesprochen hatten, meinen freundlichen Dank übermitteln zu wollen. Für die Fortführung und Beendigung der dort von meinem Mann veranlaßten Arbeiten interessiere ich mich natürlich sehr, und nachdem Dr. Vogt darüber jetzt mit Dr. Lo Bianco verhandelt hat, freue ich mich, später gelegentlich persönlich von ihm darüber zu hören. Wollen Sie so freundlich sein, ihm indessen für seinen letzten Brief meinen besten Dank zu übermitteln, in allernächster Zeit schreibe ich ihm direkt.

Da ich es wohl kaum über mich gewinnen dürfte, die dortige Gegend noch einmal aufzusuchen, also keine Gelegenheit sich bieten würde, Sie dort begrüßen zu können, möchte ich nicht versäumen, Ihnen zu sagen, daß es mir eine ganz besondere Freude sein würde, wenn Sie bei gelegentlichem Aufenthalt in Deutschland bei mir vorsprechen wollten. Auf alle Fälle wäre es aber sicherer, wenn Sie mich vorher benachrichtigen wollten. Indem ich Ihnen, sehr verehrter Herr Geheimrath, nochmals herzlich für Ihr freundschaftliches Mitgefühl an dem tragischen Geschick unserer Familie danke, verbleibe ich mit aufrichtiger Verehrung Ihre sehr ergebene
Margarethe Krupp[8]

Der üppige Regen Krupp'schen Mäzenatentums bleibt Dohrn also erhalten, wie auch anderen wissenschaftlichen Mitarbeitern der Station in Neapel. Sie erhalten fürstliche Legate, allen voran Lo Bianco mit 50 000 Mark (600 000 Euro). Elf Personen auf Capri, darunter die Fischer und Diener, die in der Presse so viel Anstoß erregten, bekommen ebenfalls zwischen 5000 (60 000 Euro) und 20 000 Mark (240 000 Euro).[9] So manche Existenz wird mit diesem Geld gegründet, den Legaten, die Fritz noch vor dem Skandal in seinem Testament festlegte.

Bereits in den ersten Tagen nach Fritz' Tod legt Margarethe Sekretär Marotz dringend nahe, schnellstens alle Liegenschaften auf Capri zu veräußern. Sie lässt sich genauestens über den Capreser Besitz informieren. Das Hotel Schweizerhof führt die Liste mit einem Schätzwert von 40–50 000 Mark (480–600 000 Euro) an. Dann die Villa Wedekind, Schätzwert 35–40 000 Mark (etwa 450 000 Euro), die Fritz vier Wochen vor seinem Tod kaufen ließ und nie bewohnte, sowie vier Gärten zwischen Certosa und dem Beginn der Via

Krupp.[10] Marotz kann alles innerhalb weniger Wochen verkaufen.
Für Margarethe, ihre Töchter und Enkel ist damit das Lebenskapitel
Capri endgültig abgeschlossen.

Le roi est mort, vive la reine! (1902)

Wenn je für einen großen Industriebetrieb das Wort des monarchi-
schen Frankreich gepaßt »le roi est mort, vive le roi«, so auf dies Werk,
an dessen Spitze jetzt eine Frau berufen ist, wenn auch nicht als alleini-
ge Leiterin, aber als Vorsehung gleichsam für Tausende und Tausende
von Arbeitern und ihren Familien. Eine schier männliche Aufgabe, auf
die die sich einstellen muß mit Zurückdrängen alles Persönlichen in
die harte Pflicht des Tages. Gewiß, weibisches Klagen oder gar Tränen
waren hier als eine Entweihung des Schmerzes vor der Welt von vorn-
herein ausgeschlossen. Um so bitterer hat die vom Schicksal Getroffene
in der Stille mit ihrem Herzeleid gerungen und sich stark gemacht.[11] So
schildert Margas Biografin in der Sprache ihrer Zeit den Beginn des
Interregnums bei Krupp.

Die Mitglieder des Direktoriums treffen auf dem Hügel ein, um
mit der Witwe das weitere Vorgehen in Angelegenheiten der Fabrik zu besprechen. Sie berichten zuerst über das letzte öffentliche
Auftreten von Fritz auf der Düsseldorfer Ausstellung. Er war auf
Wunsch des Kaisers erschienen, der sich nicht damit zufriedengeben wollte, dass Margarethe wieder einmal ihren Mann vertreten
sollte. So übernahm Fritz selbst die ungeliebte Pflicht der öffentlichen Repräsentation. *Die Düsseldorfer Ausstellung im Sommer 1902*
hat alle modernen Errungenschaften der Firma vereinigt. Das Pan-
zerplattenwalzwerk, die Fortschritte auf dem Gebiet des Artillerie-
wesens, der Torpedo- und Dampferbau auf der Germaniawerft. Das
Hüttenwerk in Rheinhausen war erst im Entstehen, aber drei Hoch-
öfen waren indessen schon in Betrieb. Wer die Krupphalle in dieser
Ausstellung gesehen, ein echt nationales Werk, vergißt sie nicht, selbst
der Laie nicht, denn alle diese Instrumente aus Stahl, Erz und Eisen,

in der Bewegung und in Ruhe, sie sind Zeugen gewesen deutschen Könnens, einer Summe von Fleiß, Geist, Intelligenz und eines Willens, riesengroß. Daneben traten die sozialen Schöpfungen auf in beinahe minuziös liebevoll ausgetüftelten Miniaturwiedergaben verschiedener Siedlungen und Kolonien, und sie sprechen eine still beredte, dennoch überwältigende, manchmal rührende Sprache. Die Vertreter der technischen Hochschule Aachen haben nach ihrem Besuch der Ausstellung auf sie hingewiesen, als glänzendste Bewahrheitung dessen, was sie im Mai 1901 geschrieben hatten. Damals ernannte die Hochschule Krupp zum Ehrendoktor Ingenieur mit dem Bemerken »daß es ihr zu hoher Befriedigung gereiche, diese Auszeichnung einem Manne verleihen zu können, der in seiner vielseitigen Tätigkeit ein außergewöhnliches Können in wissenschaftlicher und praktischer Richtung bekundet, und der ein leuchtendes Vorbild geworden als Leiter eines Werkes, das sich um die Entwicklung und Hebung der deutschen Industrie, der Landesverteidigung und der sozialen Fürsorge für seine Mitarbeiter in geistiger und materieller Beziehung hervorragende Verdienste erworben hat«.[12] Nichts an den Fakten, die zu dieser Wertung führten, hat sich in den letzten Monaten geändert, trotzdem ist das Bild, das Fritz heute der Welt bietet, ein schrecklich anderes.

»Frau Krupp«, Finanzrat Haux meldet sich zu Wort, »wir müssen eine Entscheidung treffen, ob wir das Strafverfahren gegen den ›Vorwärts‹ weiterbetreiben wollen oder nicht. Erlauben Sie mir, die Situation in dürren Worten zusammenzufassen. Es gibt gute Chancen, einen Prozess gegen den Vorwärts zu gewinnen. Ich weiß, dass Redakteur Gradnauer nach Neapel und Capri gereist ist, um Material zu sammeln. Er ist aber unverrichteter Dinge zurückgekommen. Er hat nichts finden können, was seine Behauptungen untermauern könnte. Führende Sozialdemokraten wie Alfred Grotjahn halten den Angriff auf Ihren Gatten für *unbesonnen und wenig geschmackvoll*.[13] Sie befürchten, dass der Prozess *bei dem Mangel an Material böse auslaufen müsse, in keinem Fall aber zu einem Ruhmesblatt werden könne*.[14] Wir alle teilen Ihren Wunsch, den Ruf von Herrn Krupp wiederherzustellen. Diesem Wunsch steht aber ein großes Hindernis entgegen. Nur Ihr Mann konnte zu Lebzeiten als Nebenkläger in das Verfahren eingreifen. Jetzt, nach seinem Tod, sind wir ganz und gar den Machenschaften der Gegenpartei aus-

geliefert. Wir können nur reagieren. Der Prozess wird uns Zeit und
Nerven kosten, die wir vermutlich sinnvoller für das Gedeihen der
Firma nutzen könnten. Ich selbst allerdings neige dazu, die Sache
trotzdem auszufechten.«

Der Direktoriumsvorsitzende Dr. Rötger, ehemaliger Landrat und
politisch erfahren, meint dagegen: »Bitte erlauben Sie mir darauf
hinzuweisen, dass ein Prozess sich über Jahre hinziehen kann. Die
öffentliche Meinung wird des Sujets müde werden. Das kann uns
nur schaden. Herr Krupp kann sich nicht mehr selbst verteidigen,
das schwächt unsere Position sehr. Und bitte bedenken Sie auch, wie
ein jahrelanges öffentliches Verleumden Sie selbst und Ihre Töchter
belasten wird. Mein Vorschlag wäre, die Sache auf sich beruhen zu
lassen.«

Nach gründlicher Beratung einigen sich alle darauf, die Entscheidung, ob das Verfahren eingestellt werden soll oder nicht, dem
Oberstaatsanwalt Dr. Isenbiel zu überlassen. Margarethe schreibt
ihm am 10. Dezember folgenden Brief: *Euer Hochwohlgeboren bin
ich eine kurze Mitteilung darüber schuldig, wie ich nach dem Ableben
meines Gatten zu dem durch seinen Strafantrag gegen die Redakteure
des Vorwärts und anderer Blätter eingeleiteten Strafverfahren stehe.
Mein nächster Gedanke bei Erwägung dieser Angelegenheit war, daß
nichts unterlassen werden sollte, um das Andenken des Verewigten so
vollständig von dem ihm angetanen Schimpfe rein zu waschen, daß
seine Ehre für jedermann unantastbar dastehe. Auf der anderen Seite
geht aber die Fortsetzung des Kampfes gegen mein innerstes Empfinden. Mein Gefühl ist, daß, nachdem der Tod dazwischengetreten
ist, der Streit möglichst ruhen sollte. (…) Einigermaßen wird mein
Widerstreben gegen einen Kampf, wie ich ihn voraussehe, auch noch
dadurch beeinflußt, daß meine Ärzte erklären, daß sie meine Kräfte
den Gemüthsbewegungen und Aufregungen, die von einem solchen
Prozeß zu erwarten wären, nicht gewachsen halten. Wenn ich auch von
jeder Rücksicht auf meine Person am liebsten absehen möchte, kann
ich die Warnung der Ärzte doch nicht ganz außer acht lassen, angesichts der ernsten Pflichten, die nach dem Ableben meines Gatten auf
mir ruhen. An der Bestrafung der Verleumder ist mir nichts gelegen.
(…) Ich bedarf für meine Überzeugung keiner gerichtlichen Ehrener-
klärung, in meinen Augen steht das Andenken des Verewigten rein und*

unbefleckt da. (…) Nachdem sogar unser erhabener Kaiser und König
Allerhöchstpersönlich für die Ehre des Verewigten eingetreten ist und
sein Andenken mit dem kaiserlichen Schilde gedeckt hat, habe ich kein
Verlangen nach weiterem Schutze.[15]

Margarethe und das Direktorium feilen lange an dem Text des
Briefes herum, der Isenbiel die Möglichkeit bietet, das Verfahren
einzustellen, was dann auch geschieht. Trotzdem bleibt in ihnen
allen ein ungutes Gefühl zurück. Hätten sie geahnt, wie sehr der
Vorwärts jubeln würde und wie leicht sie es den nachfolgenden
Generationen mit dieser Entscheidung machten, Friedrich Alfred
Krupp ohne Hemmungen einzubinden in das globale Netz be-
rühmter Homosexueller, sie hätten gewiss eine andere Entscheidung getroffen.

In den Nächten suchen Margarethe die Gespenster heim, die sie
tagsüber unter der Maske der Vernunft bezwingt. Sie kann nicht
schlafen. Dann steht sie auf und wandert, in ein warmes Umschlag-
tuch gewickelt, im Haus umher. Letztlich sitzt sie dann immer wieder an Fritzens Schreibtisch und greift einen Brief aus dem hohen
Stapel von Beileidsbriefen heraus, um ihn zu beantworten. Sie dankt
dem preußischen Kultusminister von Studt für seine tröstenden
Worte und schreibt: *Aber all dies, wenn auch dankbar von uns emp-*
funden, gibt uns den Entschlafenen nicht zurück, und der Umstand,
daß er, der jedem Menschen Wohlwollen entgegenbrachte, gerade das
Opfer des Hasses und der Abscheulichkeit werden mußte, macht es
noch schwerer zu tragen. Ich darf gar nicht darüber nachgrübeln, da
ich sonst alle Hoffnung verliere, und doch muß ich gerade jetzt alle
meine Kräfte zusammennehmen für die mich erdrückenden Pflichten,
deren Erfüllung überhaupt nur anzustreben freilich nur mit Gottes
Hilfe möglich ist.[16] Noch während sie das schreibt, erfasst sie mit
dem Verstand, was ihr Herz nicht verstehen kann. Fritz ist nicht
nur seiner Naivität und Gutmütigkeit zum Opfer gefallen, sondern
seiner Unfähigkeit zu erkennen, dass niemand in ihm nur einen
einfachen Menschen sehen konnte. Er war ein reicher und mit
viel Macht ausgestatteter Mann, der diese Macht im Sinne seines
Unternehmens und seiner Prinzipien auch ohne Gewissensbisse
ausübte. Das war es, was die Menschen in ihm sahen, das war es
auch, was Hass und Verleumdung gegen ihn auslöste. Weder er noch

das Direktorium hatten begriffen, dass sie das öffentliche Erscheinungsbild des Chefs von Krupp selber hätten bilden und gestalten müssen. Erst jetzt, nach Fritz' Tod und der ganzen Aufregung um des Kaisers Äußerungen wird sich das Direktorium – und mit ihm Margarethe – um aktive Öffentlichkeitsarbeit kümmern.

In der Einsamkeit ihrer schlaflosen Nächte wird Marga klar, wie sehr Fritzens Güte von vielen als Zeichen der Schwäche verkannt wurde. Außerhalb des engsten Familien- und Freundeskreises wird den Reichen und Mächtigen keine Schwäche gestattet. Marga wird ihre Lehre daraus ziehen. Von nun an wird sie im Umfeld der Firma nur noch wenigen Menschen Einblick in ihr Seelenleben geben. Mag sie auch streng und unnahbar erscheinen, dies scheint ihr ein geringerer Preis zu sein als der, den Fritz bezahlt hat.

Wieder bricht ein neuer Dezembertag an und wieder hat sie wichtige Besprechungen zu bestehen. Der erste Besucher schließt sie in die Arme. Es ist der Schwiegervater ihres Bruders Felix, Gustav Hartmann, Chef der Dresdner Bank. Fritz hat ihn gemeinsam mit Margas Vertrautem, Finanzrat und Direktoriumsmitglied Ernst Haux, zum Testamentsvollstrecker ernannt. Die Verteilung des Privatvermögens wirft keine Probleme auf. Marga und die Herren einigen sich sofort. Die älteste Tochter Bertha ist im privaten Bereich auf den Pflichtteil gesetzt (immerhin wird sie die Fabrik ganz alleine erben). Sie bekommt die Gebäude und das Inventar von Sayneck (das Gelände ist gepachtet), die Seebadeanstalt in Kiel (ein Zuschussbetrieb), fünf Wohnhäuser und $^9/_{10}$ des Inventars des Hügels. Für Barbaras Zukunft hat der Vater gut vorgesorgt. Ihr werden zwei wertvolle Güter im Osten des Reiches und erstklassige Aktien vererbt: Es sind dies Papiere der Demminer Zuckerfabrik und der Eisenbahn-Hauptkasse Stettin. Marga erhält, was an privaten Geldern vorhanden ist (1 500 000 Mark, etwa 18 000 000 Euro) sowie $^1/_{10}$ des Hügelinventars. Sie wird es sich aussuchen, sobald sie in das Kleine Haus umzieht und dort ihren Hausstand gründet.

Alle essen noch gemeinsam zu Mittag, dann ist es Zeit für eine weitere Sitzung mit dem Direktorium. Es gilt, die notwendigen Schritte einzuleiten, damit Fritz' testamentarische Verfügungen über das Firmenvermögen realisiert werden können. Krupp wird in eine Aktiengesellschaft umgewandelt, die allerdings niemals an der

Börse gehandelt werden, sondern im Familienbesitz bleiben soll.
Bertha erhält 99,99 Prozent der Papiere, der Rest verteilt sich auf
Männer seines Vertrauens: Rechtsanwalt Carl von Thielen, Justiziar
August von Simson und der Bankier Ludwig Delbrück. Bis zur Voll-
jährigkeit Berthas, also für die nächsten vier Jahre, wird Margarethe
gemäß dem soeben in Kraft getretenen Bürgerlichen Gesetzbuch die
Vormundschaft übertragen.

Fritz hat in seinem Testament verfügt, dass ihr vier Beistände
zur Seite stehen sollen: Ludwig Klüpfel und Carl Menshausen als
Direktoriumsmitglieder und alte Freunde sowie die beiden Testamentsvollstrecker Haux und Hartmann. In dem Brief, den Fritz für
den Fall seines Todes für sie hinterlassen hat, erläutert er ihr die
Notwendigkeit dieser Beistände: *Ich halte nach dem Umfang der Ansprüche, die die oberste Leitung des Werks an den Leitenden stellt, für
ausgeschlossen, daß diese Aufgabe einer Frau angesonnen und von ihr
gelöst werden kann, selbst wenn sie sich ihr mit der Gewissenhaftigkeit,
Umsicht und Energie widmet, welche Dir zu Gebote stehen.*[17] Sie soll
als gesetzliche Vertreterin der Tochter dem Rat der Beistände ver-
trauensvoll folgen. Margarethe fühlt, dass er recht hat. Sie kommt
aus keiner Unternehmerfamilie, hat wenig Sinn für abstrakte Zahlen und auch in den letzten Jahren weniger als früher mit Fritz über
Firmeninterna gesprochen. Ihre Welt ist die Familie, die Repräsentation, die Wohltätigkeit, das Betreuen der Gäste und das Führen
eines großen Hauses. Alles dies wird weiterhin von ihr verlangt. Auf
ihr liegt jetzt auch die alleinige Verantwortung für die Erziehung ihrer beiden heranwachsenden Töchter, die plötzlich keine normalen
Backfische mehr sind, sondern vermögende Erbinnen. Bertha, die
Älteste, ist über Nacht die reichste Erbin des Reiches geworden. Da
wird Margarethe wenig Zeit bleiben zur Einarbeitung in komplexe
Zusammenhänge der Firma.

»Du bist jetzt so etwas wie eine Regentin«, versucht Hartmann
die ernste Runde ein wenig aufzuheitern. »Im Juristendeutsch nennt
man dich eine Treuhänderin. Und das bist du, sowohl für Bertha,
aber viel mehr noch für die Firma. Am allermeisten kannst du
während deiner Regentschaft im sozialen Bereich bewirken. Du
weißt ja, wie wichtig das Fritz war. Wie ich höre, hast du mit Haux
ja bereits an eine Stiftung gedacht. Aber ganz wichtig ist uns allen

auch, dass du dich weiterhin um das Bild kümmerst, das Krupp in der Öffentlichkeit bietet. Wir werden Wege finden müssen, unseren Ruf zu verbessern. Und da vetrauen wir ganz auf dich.«

»Der Schwerpunkt unserer Arbeit in den nächsten Jahren wird der Ausbau des Hüttenwerks in Rheinhausen sein«, erklärt Max Rötger, der Vorsitzende des Direktoriums, der erst vor einigen wenigen Monaten die Nachfolge von Jencke angetreten hatte. »Wir werden Sie, Frau Krupp, immer genauso auf dem Laufenden halten, wie wir das bei Ihrem Mann getan haben.« Margarethe blickt in die Runde der vertrauten Gesichter. Es wird ihr doch recht bang zumute angesichts der vielen Themen, von denen sie nichts versteht. »Meine Herren, ich danke Ihnen. Mir ist bewusst, dass ich Ihnen in Einzelfragen keine Hilfe sein kann. Aber in einem kann ich die Arbeit meines Mannes fortführen. Ich werde meine ganze Kraft in den Dienst der Fabrik stellen und alles tun, damit wir alle – und da schließe ich unsere Beamten und Arbeiter ein – uns als Glieder der Firma fühlen.« Haux lächelt sie aufmunternd an: »Sie haben etwas Wichtiges vergessen, Frau Krupp. Sie spielen eine wichtige Rolle bei unserer Beziehung zum Kaiserhaus. Versuchen Sie doch auch hier, in die Fußstapfen Ihres Gatten zu treten. Ich bin sicher, das wird Ihnen gelingen.« Marga entspannt sich ein wenig. »Gut, das alles werde ich versuchen. Ich sehe es als meine heiligste Pflicht an, Ihre Erwartungen nicht zu enttäuschen.«

Dann stellt sie gemeinsam mit Haux zwei Erlasse vor, beide *in Übereinstimmung mit einem Wunsche und einer letztwilligen Bestimmung meines entschlafenen Gatten, und dem Beispiel folgend, das er bei Übernahme der Fabrik gegeben hat*[18]. Im gleichen Augenblick, da ihr – wenn auch zeitlich begrenzt – Macht und noch mehr Reichtum zufallen, wird sie zur Stifterin. Wenige Wochen nach dem Tod Fritz Krupps setzt sie ihm ein erstes positiv besetztes Denkmal in der Öffentlichkeit. Sie tut es in praktischer, gut überlegter Form. Insgesamt stiftet sie im Namen der Fabrik vier Millionen Mark, eine ungeheure Summe, die heute 48 Millionen Euro entsprechen würde. Ein Viertel davon erhält die Stadt Essen für gemeinnützige und wohltätige Zwecke, die Hälfte geht an die Pensions- und Unterstützungskassen der Krupp'schen Arbeiter und das letzte Viertel an die entsprechenden Fonds der Beamten. Diese Stiftungen werden natürlich in weiten Kreisen bekannt, sie werden zustimmend kommentiert und helfen so, den angeschlagenen Ruf Fritz Krupps zu verbessern. Sie ist sich mit Haux in der Strategie vollkommen einig: In den politischen Auseinandersetzungen, die zwischen Kaiser und Sozialdemokratie ausgebrochen sind, wird die Wohltätigkeit einer Frau Krupp entspannend und beruhigend wirken. Sie selbst wird mit eiserner Disziplin darauf achten, in der Öffentlichkeit keine politischen Ansichten zu vertreten. Auch dann nicht, wenn bei den zukünftigen Wahlen bei Krupp ein nicht geringer Anteil der Arbeiter sozialdemokratisch wählen sollte. Ihr Standpunkt ist es, Prinzipalin aller Kruppianer zu sein, gleichgültig was diese denken oder wählen. Im Übrigen gilt es, *einfach die Wünsche des Dahingeschiedenen zu ihren Wünschen und Anordnungen zu machen.*[19]

Margarethe Krupp um 1903

In den nächsten beiden Jahren wächst Margarethe in ihre Aufgabe hinein. Sie hält sich dabei eng an die Vorschläge ihres Mannes. In Übereinstimmung mit seinen Wünschen nimmt sie sich in allem, was die Fabrik betrifft, gegenüber der Öffentlichkeit klug zurück. *Zum Herrschen geborene Naturen,* philosophiert ihre spätere Biografin, *pflegen in Gebieten der Stellung gleich eine herrische Note hereinzutragen, sei es auch unbewußt durch den Ton. Aber die Endesche angeborene Liebenswürdigkeit umging diese Gefahr durch Herzensform und Gewandtheit, und der Geist des Gatten blieb stets an ihrer Seite. Der größte Trost für die in wundervoller Zusammengehörigkeit Schaffende. Dies sollte sich bald zeigen, in der mit dem Direktorium gemeinsam getroffenen Bestimmung, das Stahlwerk in Rheinhausen hinfort Friedrich Alfred Krupp Hütte zu nennen. (...)* Es dauerte nicht lange, und sie »*kann nicht dankbar genug sein für das gütige Entgegenkommen und die freundschaftliche Art*« der Herren, auf die sie sehr großes

Gewicht legt, mit der sie bemüht sind, ihr die auf ihr liegende Verant-
wortung zu erleichtern. Freilich, die Herren ihrerseits, die zur Beratung
auf dem Hügel erscheinen, sind immer wieder erstaunt über die »ein-

Die drei Damen Krupp auf dem Schießplatz Meppen, 26. 7. 1905
In der Mitte Margarethe, rechts von ihr Barbara, links Bertha

gehende Sachlichkeit und Gründlichkeit, die kluge Liebenswürdigkeit«,
die das Arbeiten mit Frau Krupp »zur wahren Freude« macht.

Margarethe bereitet ganz bewusst das Feld für ihre Tochter vor,
indem sie den Vorstand an den Vortrag vor einer weiblichen Chefin
gewöhnt. In vier Jahren wird Bertha an ihrer Stelle sein. Auch sie
wird keinen direkten Einfluss in die laufenden Geschäfte haben,
denn dies ist ihrem zukünftigen Mann vorbehalten. Trotzdem: Bertha ist die Erbin und Marga bis zu ihrer Volljährigkeit ihr Vormund.
Sowohl der Vorstand wie ihre Tochter können sich langsam in die
Situation finden, dass Krupp jetzt und in der nächsten Generation
keinen König, sondern eine Königin haben wird.

In Augenblicken der Mutlosigkeit muntert Marga die Erinnerung
an zwei andere Witwen der Familie Krupp auf. Da ist zum einen die
Witwe Helene Amalie Ascherfeld, die Großmutter des Firmengrün-

ders Friedrich, ohne deren Geld die Firma Krupp nicht entstanden
wäre. Mit besonderer Sympathie aber erinnert sie sich an Therese
Krupp, geborene Wilhelmi, die Witwe des Firmengründers Friedrich. Auch sie wurde jung Witwe, auch ihr Mann starb deprimiert
und verzweifelt. Ohne die Hilfe der Witwe Krupp, wie sie damals
genannt wurde, wäre ihres Sohnes Alfreds Erfolg nicht möglich
gewesen. Nun bin ich also an der Reihe, denkt Marga, mir meinen
Platz in der Geschichte der Krupp-Frauen zu suchen. In einem geht
es mir viel besser als Therese, denn ich habe keinerlei finanzielle
Sorgen. Aber in anderer Hinsicht ist meine Situation der ihren sehr
ähnlich. Unsere beiden Männer sind früh gestorben, beide wurden
gesellschaftlich angegriffen, und beide wurden Opfer böswilliger
Verleumdungen. Ich will versuchen, das Andenken meines Mannes
genauso treu zu verteidigen, wie sie es getan hat, und ich hoffe, es
wird mir gelingen, meinen Ruf so untadelig zu erhalten wie sie den
ihren. Vor allem aber will ich mir ein Beispiel nehmen an der Art,
wie praktisch und sinnvoll sie ihren Sohn unterstützt hat. Möge mir
das bei Bertha ebenso gelingen. So wie sie will auch ich Anteil haben
an dem Fortbestand der Fabrik, indem ich die nächste Generation
sorgfältig auf ihre Aufgaben vorbereite.

Wieder bricht ein Tag voller Arbeit an. Das Direktorium hat
sie gebeten, beim Kaiser um Klarstellung einer umstrittenen geschäftlichen Angelegenheit zu sorgen. Die entsprechenden Briefe
schreiben die beiden Sekretäre, dann werden sie vom Direktorium
abgesegnet und von ihr unterschrieben. Heute aber wird sie dem
Kaiser ein persönliches Telegramm senden, denn Seine Majestät
besucht den Schießplatz Meppen zum ersten Mal seit dem Tod von
Fritz. Wehmut und Trauer überkommen sie, als sie das Telegramm
absendet:

Auf dem Hügel, 18. Juni 1903

An des Kaisers und Königs Majestät, Schießplatz Meppen
Eure Majestät werden mir die Gnade gestatten, Allerhöchstdieselbe bei
dem Betreten des Krupp'schen Schießplatzes Meppen in wehmütiger
Erinnerung meines lieben Mannes in tiefster Ehrfurcht zu begrüßen.
Ich thue dies in dem Gefühle unauslöschlichen Dankes für die Huld

und Gnade, welche Eure Majestät meinen Kindern und mir auch nach
dem Heimgang meines Mannes zu bezeugen geruht haben, und für
den heutigen Beweis des fortdauernden Wohlwollens für die Unter-
nehmungen meines Mannes. Eurer Majestät bitte ich dabei namens
meiner Tochter Bertha das Gelübde zu Füßen legen zu dürfen, daß
auch fernerhin die Krupp'schen Werke Alles daran setzen werden, sich
des erhabenen Schutzes Eurer gnädigen Majestät würdig zu zeigen.
In tiefster Ehrfurcht allerunterthänigst
Margarethe Krupp[20]

Während sie auf das Antworttelegramm wartet, das postwendend
kommen wird, lässt sie die Begegnungen mit dem Kaiser in ihren
Erinnerungen Revue passieren. Sie kannte ihn bereits als Gymnasi-
asten, als er in Kassel mit ihr, der Tochter des Regierungspräsidenten, Tennis spielte. Der spröde Junge hatte ihr damals nicht viel Eindruck gemacht. Das änderte sich auch nicht durch die Freundschaft
und Bewunderung, die Fritz für den Kaiser hegte, und die häufigen
Treffen in Berlin, in Kiel oder auf dem Hügel. Sie fand seine Besuche
in ihrem Haus immer anstrengend und mühsam. Auch heute kann
sie dem polternden Ton Wilhelms II. und seines Gefolges nicht viel
abgewinnen, und sein sprichwörtlicher Charme in großen Gesellschaften wirkt bei ihr nicht. Aber ihr gegenüber benimmt er sich
immer tadellos, und für die Fabrik ist sein Wohlwollen auch über
den Tod von Fritz hinaus unverzichtbar. Und so spürt sie nicht nur
Dankbarkeit und Beruhigung, sondern auch so etwas wie innere
Sympathie, als sie wenig später die telegrafische Antwort Kaiser
Wilhelms II. in Händen hält:

Frau Krupp Excellenz, Essen
Ich hatte den hiesigen Schießplatz in wehmüthiger Erinnerung betre-
ten als Mir Ihr Telegramm übergeben wurde, dessen Inhalt Mich tief
bewegt. Ich danke Ihnen für die darin ausgesprochene Gesinnung von
Herzen mit der Versicherung, daß ich niemals vergessen werde, was
der Verstorbene und unter seiner Leitung die Firma Krupp für das
Vaterland getan hat. Mein Vertrauen, welches Ihr seliger Mann voll
besaß, gehört in demselben Maße Ihnen, Ihrer Tochter und der Firma,
deren patriotische Wirksamkeit und rastloses Streben in dankbarer

Erinnerung an Ihren verstorbenen Mann Mein wärmstes Königliches
Interesse immer begleiten wird.
Wilhelm, I. R.

Das Direktorium ist zufrieden und erfreut, die Geschäfte laufen
weiter, auch über den Tod des letzten Krupp hinaus. Bis zu seiner
Abdankung wird Wilhelm II. über alle relevanten Belange der Firma auf dem Laufenden gehalten und informiert, fast wie ein weiteres Mitglied des Aufsichtsrats. Marga und ihre Töchter tragen ihren
Teil dazu bei, indem sie folgsam an von Seiner Majestät befohlenen
gesellschaftlichen Ereignissen teilnehmen.

Im Juni 1904 beispielsweise werden sie nach Kiel eingeladen zum
Empfang auf der Kaiserlichen Jacht, der anlässlich der Eröffnung
der Kieler Woche veranstaltet wird. Glücklicherweise liegt die Jacht
im Hafen, und Marga wird nicht seekrank werden. *Auf Allerhöchsten*
Befehl Ihrer Kaiserlichen und Königlichen Majestäten beehrt sich der
unterzeichnete Ober-Hof- und Haus-Marschall Ihre Excellenz Frau
Krupp und Fräulein Töchter zur Abendtafel am 22tn Juni 1904 um
8 Uhr an Bord S. M. W. »Hohenzollern« in Kiel einzuladen. Anzug:
Herren: Mess-dress, Damen: Sofa Kleider.[21] Was genau sind Sofa-
Kleider? Soll der Hinweis auf die kaiserlichen Sofas verhindern, dass
die sommerlich luftige Garderobe der Damen beim Niedersinken
auf diese neumodischen Möbel zu viel Bein und Fußknöchel zeigt?
Sicherheitshalber, nimmt sich Marga vor, wird sie sich bei einer
Hofdame der Kaiserin erkundigen.

Romanze in Rom (1905–1906)

Krankheit und Tod begleiten Marga auch in diesen Jahren. In dem
großen Familienverband der von Endes ist immer jemand krank
oder am Sterben. Die Familie wendet sich dann an sie, die mit Rat
und Tat zu helfen in der Lage ist. Ganz besonders schlimm ist es Anfang 1905, als der noch junge Mann ihrer Lieblingsschwester Irene

schwer erkrankt und nach langer Leidenszeit stirbt. Irene hat ihre
Jugend auf dem Hügel verbracht. Hier hat sie ihren Mann kennengelernt und geheiratet. Marga liebt die kleine Schwester von Herzen
und empfindet ihr Leid als das ihre. *Ich muß aber auch gestehen, daß
ich mich momentan körperlich und gemüthlich vollständig fertig herunter fühle*[22], schreibt sie an ihren Freund und Vertrauten Dr. Vogt,
*Wenn ich irgend kann, gestatte ich mir vielleicht, im Laufe der nächs-
ten Woche mit den Kindern für einige Zeit nach München zu gehen
und dann anschließend vielleicht nach Baden, ob es aber das Richtige
ist, weiß ich nicht. Ich habe nur so das Gefühl, daß es gut wäre, wenn
ich etwas heraus käme. (…) Adieu, lieber Herr Doctor, und verzeihen
Sie, daß ich immer nur Unerfreuliches in meinen Briefen berichte.
Deshalb möchte ich auch zum Schluß erwähnen, daß es meinen Töchtern gut geht und mir die Freude an ihnen wenigstens nicht getrübt
worden ist. Ihr jugendlicher Frohsinn und Genußfähigkeit wirken
erfrischend und erfreuend, und Sorge und Herzeleid, die sie um sich
herum haben, wirken ja auch verzeihlich, wenn man sie sonst ihrer
Jugend auch gern ersparen würde.*

Marga ringt sich zu der erwähnten Reise durch, zur großen Freude
der 19-jährigen Bertha und der 18-jährigen Barbara. Die drei Damen
wohnen in München im Hotel Bayerischer Hof. *Ich bin jetzt schon
drei Wochen mit meinen Töchtern und Frl. Brandt hier und war froh,
von zu Hause fort zu kommen, wo ich gerade in der letzten Zeit wieder
allerlei Aufregendes durchzumachen hatte. Man nimmt ja freilich sein
Leid und seine Sorgen mit, (…) aber durch die justeren Eindrücke
wird man doch abgelenkt und erholt sich. Ich wäre ganz gern noch
bis an den Gardasee gegangen in der Aussicht, etwas besseres Wetter
dort zu finden, aber es gefällt den Kindern so gut hier, daß wir nun
wahrscheinlich hier bleiben, bis wir ungefähr am 8. April nach Baden
fahren. Wir haben hier sehr gute und anregende kunsthistorische Vorträge gehabt und haben sehr viel Theater und Musik genossen, was den
Kindern besondere Freude machte. Nun beabsichtigen wir noch einige
Ausflüge von hier aus zu machen, theils um Natur, theils um Kunst zu
genießen, und werden dann den April über in Baden bleiben.*[23]

Die kurze Verschnaufpause von den häuslichen und familiären
Sorgen endet bald wieder. Ein weiteres Sorgenkind unter ihren
jüngeren Geschwistern ist Armin, dem Fritz noch zu Lebzeiten

die Emigration nach Argentinien ermöglicht hat. Ausgestattet mit 100 000 Mark (1 200 000 Euro), war der drogensüchtige junge Mann nach einer verpfuschten militärischen Karriere in das ferne Land aufgebrochen. Dort wollte er ein neues, besseres Leben beginnen. Er kaufte eine Estancia im Norden der Provinz Córdoba und heiratete. Seitdem hat Marga wenig von ihm gehört. Nun erreicht sie völlig überraschend am 19. Juli die Nachricht seines Todes. *In Anbetracht Ihres hilfreichen Interesses für meinen armen Bruder Armin*, schreibt sie an Dr. Vogt, *möchte ich Ihnen mittheilen, daß wir durch Kabel erfahren haben, daß er am 12. des Monats in Folge einer Infizierung gestorben ist, die er durch Benutzung einer unreinen Morphiumspritze erhalten und an der er schon seit Wochen krank war. So traurig im Allgemeinen ein so früher Tod ist, so kann man in Anbetracht der Umstände dem Verstorbenen ja nicht sehr nachtrauern, denn dieser Ausgang seiner Lebenstragödie ist für ihn ja wohl als Erlösung zu betrachten. Seinen Anlagen nach war es ihm augenscheinlich nicht gegeben, sein einmal aus dem Gleis gerathenes Leben wieder in gute Bahnen zu lenken, und so hat ihm sein früher Tod wahrscheinlich erspart, noch recht schwer am Leben zu tragen. (…) Man kommt aus seiner Erregung und Sorge immer in die andere, aber man stumpft nach und nach doch sehr dagegen ab.*[24]

Abstumpfen mögen vielleicht Margas Kopf und Verstand, nicht aber ihr Herz und ihr Gefühl. *Ich bin in großer Unruhe*, schreibt sie zwei Wochen später, *aber leider nicht nur in äußerlicher, sondern leider auch besonders innerlicher, und dabei fühle ich, daß ich den vielfachen Sorgen verschiedenster Art, die sich immer mehr häufen, und all dem Herzeleid und Ärger absolut nicht mehr so Stand halten kann wir früher, sondern dabei innerlich unsicher und aufgeregt werde und meine Thatkraft und Leistungsfähigkeit verliere, und dabei häuft sich das Maß der Verantwortung für mich immer mehr. – Meinen Kindern geht es gut und auch meine Mutter erholt sich gut. (…) Ich danke Gott, daß mein Mann dies Alles nicht noch erlebt hat, wenn ich andererseits gerade jetzt auch seine Stütze wünschte.*[25]

Es sind die beiden Töchter, die sie immer wieder aus ihren trüben Gedanken reißen und bewirken, dass sich sich wieder dem Leben und der Zukunft zuwendet. *Ende September oder Anfang Oktober gedenken wir die Hochzeit meiner Nichte in Flensburg mitzumachen*

und dann hoffe ich, falls das Wetter nicht zu ungünstig ist, vielleicht
auch eine kleine Reise zur Erholung von dem anstregenden Sommer
zu machen. Wir liebäugeln mit Kopenhagen und Rügen, und wenn

Malstunde auf dem Hügel, Bertha und Barbara im Sommer 1905

wir in letzterem Fall über Berlin kommen, hoffe ich Sie jedenfalls zu
sehen. Unsere Pläne sind ja stets sehr unsicher, zunächst müssen wir
am 19. nach Coblenz, da wir zum Empfang der Kaiserin befohlen sind.
Bei der Gelegenheit wollen wir auch die Kaiserparade ansehen, junge
Damen müssen doch militärisch gebildet werden! Und alles innerlich
bedrückt, irritiert und traurig![26]

Im August besucht Margarethes Mutter zum letzten Mal in ihrem
Leben ihre Tochter und ihre Enkel auf dem Hügel. Es ist ein versöhn-
licher Besuch, Mutter und Tochter sind älter und toleranter geworden und haben gelernt, miteinander auszukommen. Im Dezember
stirbt Irenes Mann nach langem Leiden. Dann auch noch Geheimrat Thielen, einer der vier Aufsichtsratsmitglieder von Krupp, die
ihr Fritz als Berater anempfohlen hatte. Er ist ihr *seit dem Tod meines*
Mannes ein väterlicher Freund geworden, in dessen Urtheil und Erfah-
rungen ich unbedingtes Vertrauen hatte. Mich betrübt sein Tod des-

halb nicht nur tief, sondern macht mir auch viel Sorge für die Zukunft. Momentan liegt überhaupt mal wieder recht viel Schweres und Aufregendes auf mir nach den verschiedensten Richtungen hin, und dabei ist momentan der Zeitpunkt, wo sich die geselligen Verpflichtungen jagen, denen nachzukommen ja aus den verschiedensten Gründen auch nicht von mir vernachlässigt werden darf, aber daß ich nicht immer festlich gestimmt auf den Ball gehe, können Sie sich denken. Gott sei Dank geht es uns allen gesundheitlich gut (ich lasse mich gründlich massieren!) und es heißt »Nur durch und die Ohren steif halten«. – Bertha und Barbara sind munter und vergnügt, aber der Ernst des Lebens tritt doch auch schon an sie heran, während ich ihnen so gern die harmlose Jugend recht lange ausdehnen möchte.[27]

August 1905, v. l. n. r. hinten: Eleonore von Ende, Margarethe, vorne: Bertha und Barbara Krupp

Es wird Marga einfach alles zu viel. Sie ist die Chefin von Krupp, zwar nur de jure, nicht de facto, doch ihr Amt ist mit viel Zeitaufwand verbunden. Außerdem Oberhaupt eines zahlreichen Familienclans, in dem ihr immer noch die Rolle der Mutter zufällt. Ihre wichtigste Aufgabe ist die Erziehung der beiden Töchter, und gerade dafür fehlt ihr oft die Zeit. Daneben laufen die alten Pflichten weiter: das Management des Hügelhaushalts und die zahlreichen gesellschaftlichen Verpflichtungen. Margarethe hat das Gefühl, keiner einzigen ihrer vielen Aufgaben wirklich gerecht zu werden.

Diesmal soll eine Reise in den sonnigen Süden die winterlich trüben Gedanken verscheuchen. In den ersten Märztagen trifft sie mit ihren Töchtern und Frl. Brandt in Rom ein, wo sie sich in dem luxuriösen Grand Hotel einquartieren. *Nach allerlei Hindernissen sind wir nun doch seit 14 Tagen hier in Rom gelandet, wo uns herr-*

licher Sonnenschein empfing und wo wir schon viel Schönes und Interessantes genossen haben. Da wir die Sache ziemlich gründlich machen, ist es freilich ermüdend, aber da die Beschäftigung so ganz anderer Art wie gewöhnlich ist, empfinde ich den Aufenthalt doch als große Erholung und freue mich des Interesses und wachsenden Verständnisses meiner Töchter. Falls nichts Unerwartetes dazwischen kommt, werden wir wohl bis in die zweite Hälfte April hier bleiben, da ich gern etwas von der weiteren Umgebung Roms sehen möchte, und dann werde ich wohl den Wünschen meiner Töchter nachgeben und in Begleitung von Herrn Menshausen eine kleine Orientreise über Corfu, Athen, Konstantinopel, Bukarest, Pest, Wien unternehmen, so daß wir erst Mitte Mai, vielleicht sogar über Berlin, heimkehren, um dann bis zum Winter jedenfalls häuslich zu sein.[28]

Es ist ein herrlicher römischer Frühlingstag, als Marga und ihre drei jungen Damen der Einladung der deutschen Botschaft am Vatikan folgen, die Gärten hinter dem Petersdom zu besuchen. Sie dienen den Seminaristen des vatikanischen Internats als Erholungsort und sind deshalb der Öffentlichkeit nicht zugänglich. Aber Margarethes Reisemarschall Menshausen hat von Essen aus seine Beziehungen spielen lassen, und so stehen sie alle vier auf dem Platz vor dem Hotel und warten auf den Herrn, der sie auf ihrem Ausflug begleiten soll. Der Wagen der Botschaft fährt vor, und es entsteigt ihm ein schmaler junger Mann, der sich formvollendet über Margarethes Hand beugt und sich vorstellt. »Mein Name ist Gustav von Bohlen und Halbach. Ich bin Legationssekretär der königlich preußischen Gesandtschaft am Vatikan. Es ist mir eine Ehre und ein Vergnügen, dass mir die Aufgabe zufällt, Ihnen das Gelände des Vatikans zu zeigen.« Unter der hohen Stirn blicken blaue Augen sie vergnügt an, der feine Mund unter dem üppigen Schnurrbart lächelt einnehmend. Charmant, gebildet, weltgewandt, so erweist er sich den ganzen Tag über, und Marga muss lächeln, wenn sie ihn als einzigen Mann zwischen den drei jungen Frauen sieht. Er scherzt über seine Rolle als »Hahn im Korb«. Er führt die Gesellschaft über den Vorplatz der Peterskirche, durch die riesige Halle des Domes hindurch bis zu der Pforte, die in die hinteren Gärten führt. Die Damen hören seinen Erklärungen aufmerksam zu. Beim Spaziergang durch das ausgedehnte Gelände zieht sich die Gruppe auseinander, und

Marga sieht Bertha und Barbara in lebhaftem Gespräch mit Herrn
von Bohlen vorangehen. Sie selber lässt die wunderbaren Pinien-
haine auf sich wirken, lauscht dem Vogelgesang und atmet tief den
lieblichen Duft der blühenden
Bäume und Sträucher ein. Ihre
Gedanken kommen zur Ruhe,
Friede kehrt in ihr Herz ein.

Zur Mittagsstunde erwartet
sie ein kleines Picknick unter
schattigen Bäumen, von un-
sichtbarer Hand vorbereitet.
Barbara wirbelt wie immer
munter durch die Gegend, aber
Marga fällt auf, wie still Bertha
geworden ist. Wenn die Augen
des jungen Botschaftsbeamten
auf sie fallen, errötet sie und
sieht weg. Marga bittet Herrn
von Bohlen an ihre Seite und
lässt sich berichten. Es dauert
nicht lange, und sie kennt seinen Lebensweg. Er ist 34 Jahre
alt, also 15 Jahre älter als Bertha, wurde in Holland geboren
und promovierte als Dr. jur an

Rom im Frühling 1906
Links stehend: Bertha Krupp und
Dr. Gustav von Bohlen und Halbach,
Margarethe sitzend unter dem Baum

der Universität Heidelberg. Seine Laufbahn im öffentlichen Dienst
begann in Großherzoglich-Badischen Diensten in Karlsruhe und
führte ihn zuerst als 3. Legationssekretär der kaiserlichen deutschen
Botschaft nach Washington, anschließend als 2. Legationssekretär
nach Peking. Dann wurde er nach Rom gesandt und zum Legationsrat ernannt. Eine perfekte und gradlinige Beamtenkarriere ist
dies, findet Marga, die derlei Werdegänge noch gut aus ihrer Jugend
kennt. Seine Familie wurde erst 1871 in den erblichen Adelsstand
erhoben. Der Vater ist großherzoglicher Oberschlosshauptmann in
Karlsruhe und hat für sich und seine Familie ein kleines Schloss in
Obergrombach bei Bruchsal erworben. Dr. Gustav von Bohlen und
Halbach ist also ein ganz normaler kaiserlich preußischer Beamter

mit schlichtem familiärem Hintergrund. Trotzdem erkennt Marga,
was ihrer Tochter an ihm gefällt. Er ist weltgewandt, spricht mehrere
Sprachen und vermag es, spannend und unterhaltsam zu plaudern.
Vor allem aber bezaubert die warmherzige Art, in der er über seine
Familie spricht. Er liebt seine Mutter, das ist unverkennbar, und
seine Augen blicken warm und freundlich, wenn er von seinen zahlreichen Geschwistern erzählt. Und er hat Humor. Ja, denkt Marga,
er gefällt auch mir. Und sie erlaubt ihm, sie am nächsten Tag wieder
zu besuchen. Überwacht von Margas mütterlichen Augen, wirbt
Gustav um Bertha. Vier märchenhafte Wochen verbringen sie gemeinsam und lernen sich kennen und lieben. Dann bittet Gustav
Margarethe um Berthas Hand, und sie stimmt zu.

Natürlich ist sie nicht untätig gewesen angesichts der sich an-
bahnenden jungen Liebe. Briefe und Depeschen kreuzen die Alpen,
auch Telefongespräche finden statt. Das Direktorium sondiert in
Berlin, ob eine solche Verbindung das kaiserliche Wohlgefallen
finden würde. Marga selbst setzt sich in Verbindung mit Großher-
zogin Louise von Baden und erkundigt sich über Gustavs Familie.
Bertha und Barbara besuchten letztes Jahr für einige Monate die
von der Großherzogin gegründete Haushaltungsschule Baden-
Baden, und in dieser Zeit war auch Marga in Meineck. Mehrere
Treffen mit der Großherzogin brachten die beiden Frauen, die
durch Standesunterschiede getrennt, sich doch in ihrem sozialen
Engagement fanden, einander näher. Margas Fragen beantwortet
Louise mit positiven Auskünften über den zukünftigen Bräutigam.
Auch Berlin stimmt der Verbindung zu, und das Direktorium sieht
ebenfalls nur Vorteile in einem zukünftigen Konzernherrn, der in
allerbesten Beziehungen steht mit ihrem Hauptkunden, dem deutschen Kaiserreich.

Gustav darf sich von Bertha deshalb mit dem mütterlichen Segen
verabschieden. Nur wenige Wochen später, Ende Mai, verloben sich
die beiden offiziell. Das Auswärtige Amt in Berlin beurlaubt ihn
und ermöglicht es so, dass er sich sowohl innerhalb wie außerhalb
der Firma bekannt machen kann. Marga sieht voller Freude ihre
Tochter Bertha aufblühen in ihrem Glück und ihrer Seligkeit. Da
kann es kaum ausbleiben, dass auch Barbara sich verliebt in einen
ebenso liebenswerten jungen Mann. Ihr Auserwählter heißt Tilo

von Wilmowsky, arbeitet als Rechtsreferendar in Düsseldorf und ist Teil der Gruppe junger Freunde, die ihre Töchter in Essen um sich geschart haben. Bei der sommerlichen Theateraufführung im Gar-

Mai 1906, Barbara mit Tilo, Margarethe, Gustav von Bohlen und Bertha

ten, die Bertha und Barbara ihr zur Freude organisiert haben, war er dabei gewesen und hatte außerdem so manches freie Wochenende auf dem gastfreundlichen Hügel verbracht.

Er und Gustav, die beiden Verlobten, freunden sich an, und von nun an sieht man die beiden Paare in Essen und sonst wo immer gemeinsam auftauchen. Der Sommer 1906 wird für Margarethe so lebensfroh und glücklich, wie das Jahr davor traurig war. *Um den 10. August erwarten wir den wahrscheinlich mehrtägigen Besuch Seiner Majestät., der nun gerade so fällt, daß wir einen kurzen Aufenthalt in Sayneck erst gleich daran anschließend machen können, statt wie geplant Anfang August. In den ersten Tagen im September muß ich dann nach Berlin, um Einiges für Berthas Aussteuer zu besorgen, und von dort gehen wir am 12. September bis 1. Oktober nach München, wo beide Bräute gemalt werden sollen, da ich gern noch gute Mädchenbilder von ihnen haben möchte. Mitte Oktober will Bertha heiraten, kurz, ich werde wohl bis Anfang November, wo ich dann in meiner neuen Häuslichkeit eingerichtet sein werde, in Hetze sein. (...) Wir haben gerade jetzt eine sonnige Zeit hier auf dem Hügel gehabt, indem beide*

Brautpaare einige Tage zusammen hier waren. Dies strahlende Glück mit anzusehen ist wirklich eine Herzensfreude, für die ich nicht dankbar genug sein kann, und die mir Entschädigung ist für vieles Herzeleid und viele Enttäuschungen, die mir das Leben bisher gebracht hat. Daß diese auch meinen Kindern nicht versperrt bleiben werden, ist ja gewiß, aber hoffentlich bleibt es auf ein geringes Maß beschränkt, und der Widerschein einer so durchaus glücklichen Zeit, wie sie sie beide jetzt doch haben, durchleuchtet dann spätere eventuell trübe Stunden. Ich glaube, Sie würden sich wundern, Bertha und Barbara jetzt zu sehen und zu beobachten, wie der Brautstand auf sie wirkt! Bertha überrascht mich

Antrittsbesuch bei Gustavs Mutter, Sommer 1906, v. l. n. r.: Gustav von Bohlen, seine Mutter, Bertha, ein Bruder, Margarethe

durch ihre Initiative und das Erwachen des Gefühls bei ihr, und sehr nett und erfreulich ist es auch, wie die beiden Schwäger sich angefreundet haben. Kurz, in der Richtung habe ich momentan nur Sonnenschein und fühle mich ordentlich als ob ich wieder jung werde.[29]

Der ganze Hügel ist wie in goldenes Licht getaucht. Wer sich in den Fluren begegnet, lächelt sich an, und sogar in Margas Büro ist ihr, als ob Fritz von seinem Porträt, das über dem Schreibtisch hängt, auf sie hinunterlächelt. Sie ist vorläufig in seine Zimmer umgesiedelt, um ihr Appartement frei zu machen für das junge Paar. Wieder wird auf dem Hügel gehämmert und gezimmert, werden Tapeten abgerissen und neue angebracht, ganz so wie damals, als sie und Fritz aus dem Kleinen in das Große Haus umgezogen sind. Nun wird sie den umgekehrten Weg gehen und wieder in das Kleine Haus ziehen. Vor ihrem inneren Auge sieht sie schon eine ganze Kinderschar das Obergeschoss des Großen Hauses füllen. Sie wünscht es sich und dem jungen Paar von ganzem Herzen. *Uns geht es gut, und angesichts so viel bräutlichen Glückes und jugendlicher Frische werde ich selbst ordentlich wieder jung, obgleich ich im Übrigen an mein Alter gerade jetzt durch allerlei Unbequemlichkeiten und kleine Leiden oft gemahnt werde. Es ist doch eine Herzensfreude, wenn man seine Kinder das so recht genießen sieht und ihnen das verschaffen kann, was man selbst hat entbehren müssen, oder was widrige Umstände verbittert und erschwert haben.*[30] Vor ihrem inneren Auge ersteht das strenge Gesicht ihres Schwiegervaters, der ihr und Fritz damals dieses bräutliche Glück nicht gestattet hat. *Jedenfalls durchleben meine Kinder eine freudige, ungetrübte Brautzeit, deren schöne Erinnerungen spätere unvermeidliche dunkle Wolken am Lebenshimmel vergolden werden. – Nach einigen besorgungsreichen Tagen in Berlin sind wir jetzt hier in München, damit die Kinder von Kaulbach gemalt werden, und ich hoffe, damit eine hübsche Erinnerung an ihre Mädchenzeit zu erhalten. Augenblicklich sind beide Brautpaare vereint hier. Am 1. Oktober gedenken wir heimzukehren und am 15. Oktober soll Berthas Hochzeit stattfinden, zu der sich der Kaiser angesagt hat. Da das junge Paar danach nur sehr kurze Zeit fortgehen will, steht mir dann eine ziemlich arbeitsreiche Zeit bevor bis zum Umzug ins Kleine Haus, wo ich mit Barbara und Frl. Brandt meine Häuslichkeit einrichte und dann für Barbs Ausstattung sorgen muß, da sie im Frühjahr heiraten will.*[31]

Noch immer trägt Marga Halbtrauer. Die schwarzen Kleider werden gemildert durch weiße Krägen und Manschetten aus feinster Brüsseler Spitze. Ihr Haar ist ergraut, nur noch an wenigen Stellen schimmert das frühere Braun durch. Sie hat diszipliniert Diät gehalten. Die überflüssigen Pfunde sind zwar nicht alle verschwunden, und sie ahnt schon, dass man sie deshalb eine »majestätische Erscheinung« nennen wird. Aber das, findet sie, passt ja gut zu einer 52-jährigen zweifachen Brautmutter und Regentin von Krupp.

Anfang und Ende:
Berthas Hochzeit (15. Oktober 1906)

Für die bevorstehende Hochzeit von Bertha wird seit Wochen auf dem Hügel gebaut und gegärtnert. Auf dem hinteren Terrassengarten stapeln sich Bauholz und vorgefertigte kleine Fensteröffnungen. Vor den Türen im Erdgeschoss, die in den Terrassengarten führen, wird eine leichte Halle erstellt, in deren abschließendem Halbrund der Altar stehen wird. Noch am Vorabend der Hochzeit werden die letzten Späne und Papierreste weggekehrt, der Kies im Garten gerecht, Blumentöpfe neu bepflanzt und auf der Eingangsseite der Villa die kannelierten Säulen von Spinnwegen und Staub befreit. Es ist alles bereit für den großen Tag.

Wie schön Bertha aussieht! Das dunkelblonde Haar umrahmt in schlichten Wellen das ebenmäßige Oval ihres Gesichts, und die zarten Spitzen des Brautkleids umschmeicheln ihre schlanke, schmale Gestalt. Martha umarmt ihre Tochter und verscheucht alle dienstbaren Geister, die beim Ankleiden geholfen haben. Dann stehen beide vor den großen Fenstern des Schlafzimmers, das Marga dem jungen Paar überlassen hat, und blicken über den Park hinweg hinunter in das Tal. Margarethe fehlen die Worte, und so nimmt sie ihre Tochter nur ganz fest in den Arm und wünscht ihr alles Glück der Welt.

Es ist fast ein Uhr. Vor wenigen Minuten ist der kaiserliche Salonwagen an der Bahnstation Hügel angekommen. Kaiser Wilhelm II. reist mit allerkleinstem Gefolge, nur begleitet von seinem Oberhofmarschall, Graf Eulenburg, den Chefs des Militär-, Civil- und Marine-Cabinets, seinem Generaladjutanten, zwei Flügeladjutanten und seinem Leibarzt. Auf dem Bahnsteig begrüßen ihn Margas ältester Bruder, Oberst Siegfried Freiherr von Ende, und Barbaras Verlobter, Assessor Tilo Freiherr von Wilmowsky. Im offenen Wagen fährt der Kaiser den Berg hinaus zum Blumengang, der das Große und das Kleine Haus verbindet. Dort erwarten ihn Marga und Barbara. Die junge Dame weist den Herren des Gefolges den Weg in die Kapelle, wo die anderen Gäste bereits warten. Marga ihrerseits begleitet den Kaiser in die Kleine Bibliothek, wo das Brautpaar ihn empfängt. Bertha versinkt in den obligaten Hofknicks, aus dem sie Seine Majestät erhebt und ihr die Hand küsst, wie es einer verheirateten Frau zukommt. Gustavs formvollendete Verbeugung quittiert er mit einigen aufmunternden Worten, dann nimmt auch er in der Kapelle Platz.

Marga nimmt von der Hochzeitszeremonie, die Pfarrer Greeven aus Werden vollzieht, nur wenig wahr. Sie blickt auf Bertha und Gustav, die den Mittelgang entlang auf sie zukommen. Bertha ist ein wenig größer als ihr Bräutigam, aber beide sind schlank und zierlich, und so geben sie ein harmonisches Paar ab. Die sechs Blume streuenden Kinder, allesamt aus der zahlreichen Familie von Ende, ziehen an ihr vorbei, während sich vor ihrem inneren Auge das Bild einer anderen Hochzeit bildet. Auch sie und Fritz waren damals glücklich, aber längst nicht so unbeschwert wie ihre Kinder. Sie vermisst Fritz heute mehr denn je.

Der Sektempfang in der Bibliothek und den anschließenden Räumen verläuft unter ihrer kritischen Aufsicht reibungslos. *Durch den Umstand, daß meine Tochter nun den Besitz der Werke übernahm und ihr Mann in den Aufsichtrath eintrat, bekam die Feier einen etwas offiziellen Anstrich,*[32] der natürlich durch die kaiserliche Anwesenheit noch vertieft wird. Trotzdem ist die Stimmung gelöst und vergnügt, vor allem in der großen Gruppe der jugendlichen Freunde des Brautpaares. Formeller wird es dann wieder bei dem gesetzten Essen in der Unteren Halle und im Speisezimmer, wo Reden und Dankadressen an den Kaiser die schier unendliche Speisefolge unterbrechen. *Pommersche Erbsensuppe, Seezungenschnitte nach Joinville, Hamburger Kalbsrücken mit Erbsen und Edelpilzen, Gefüllte Wachteln in Gallert, Rehmedaillons mit Kastanienmus, Französische Masthühner, römischer Salat, Frischer Stangenspargel mit Brüsseler Sauce, Pfirsiche in Melba, Käsestangen, Obst und Dessert*[33] – die Küche des Hauses übertrifft sich selbst. Die Gäste essen in winzigen Portionen und genießen die hervorragenden Weine, die ebenfalls serviert werden. Da erhebt sich der Kaiser, bringt einen Toast auf das Brautpaar aus und sichert dem jungen Paar sein Wohlwollen zu, im Angedenken an Friedrich Alfred Krupp und die Dienste des Hauses Krupp. Und dann geschieht, was sich das Direktorium und

Margarethe am meisten gewünscht haben. Wilhelm II. überreicht
Gustav von Bohlen einen königlich preußischen Namensvermeh-
rungsbrief, der ihn ermächtigt, den Namen Krupp von Bohlen und
Halbach zu führen. Nicht nur Gustav soll diesen Namen tragen,
sondern auch *alle männlichen Abkömmlinge, die in den Besitz des
Kruppschen Fabrikvermögens gelangen*[34]. Marga atmet erleichtert
auf. Lange haben sie und das Direktorium um diese Lösung gerungen. Der Fried. Krupp AG soll auch nach dem Ende ihrer Regentschaft ein Namensträger vorstehen. Die Familie ist zwar, wie das in
Adelskreisen so genannt wird, im Mannesstamm erloschen, aber die
Besitzerin der Fabrik und ihr Mann werden ihn weiterhin führen.
Herr und Frau Krupp von Bohlen und Halbach heißen sie ab heute, dank des kaiserlichen Namensvermehrungsbriefes. Und wieder
fühlt Marga ein warmes Gefühl der Dankbarkeit Wilhelm II. gegenüber. Er hat sich zwar selber zu dieser Hochzeitsfeier eingeladen und
alles dadurch kompliziert, aber mit dieser öffentlichen Geste hat er
wahrhaftig ihre Anerkennung verdient.

Nach dem Mokka zieht sich das Brautpaar zurück und bricht zur
Hochzeitsreise auf. Barbara und Tilo geben ihnen bis zum Bahnhof
das Geleit, um dann nach Düsseldorf weiterzureisen. Marga bleibt
es überlassen, den Kaiser, sein Gefolge und die übrigen Gäste zu
verabschieden. Das große Haus auf dem Hügel leert sich, nur noch
die dienstbaren Geister unter der Aufsicht des Hausmeisters eilen
durch die Räume und räumen auf. Wie immer, wenn Margas Gefühle sie zu überwältigen drohen, sucht sie die Natur und flieht die
Menschen. Fern von den Geräuschen des geschäftigen Hauses steht
im unteren Garten eine Bank. Dort setzt sie sich nieder und blickt
auf den von Fritz erbauten Pavillon, der seine Naturaliensammlung
beheimatet. Rechts von ihr liegt der kleine Teich, auf dem die Töchter im Sommer rudern und im Winter eislaufen. Ihr Mann und ihre
Töchter, hier sind sie ihr ganz lebendig. Aber die Wirklichkeit sieht
anders aus. Fritz ist tot, und sie ist allein. Bertha und Gustav werden
ihr Leben ohne sie gestalten, und Barbara wird in wenigen Monaten
ebenfalls heiraten und den Hügel verlassen. Margarethes Aufgabe
bei Krupp ist beendet. Bertha braucht keine Treuhänderin mehr. Ihr
Mann wird in Zukunft einen Sitz im Aufsichtsrat einnehmen und
ihre Interessen vertreten. Margarethe spürt beides: Erleichterung

und Trauer. Erleichterung, weil die Überfülle der Aufgaben, denen sie sich in den letzten Jahren stellen musste, sich auf ein erträgliches Maß verringert. Und Trauer, weil sie wieder einmal ihr Leben vollkommen umgestalten muss, auch diesmal wieder äußeren Zwängen und nicht eigenen Wünschen folgend.

Sie wird lernen müssen, sich noch mehr zurückzunehmen und ihren Lebensinhalt in der Freude und an der Teilnahme des Lebens anderer zu finden. Solange sie gesundheitlich in der Lage ist, will sie wieder mehr auf Reisen gehen und etwas von der Welt sehen. Sie will Einblick in die kulturellen Strömungen ihrer Zeit gewinnen und ihren geistigen Horizont erweitern. Vor allem aber wird sie sich pflichtbewusst und so kenntnisreich wie möglich um die sozialen Fragen kümmern, die es bei Krupp zu entscheiden gibt. Denn dies ist die einzige Aufgabe, die ihr außerhalb des Familienkreises geblieben ist. Und es ist eine Aufgabe, der sie sich gewachsen fühlt und die ihr liegt.

Am nächsten Morgen beginnt sie mit ihrem Umzug in das Kleine Haus. Bereits im Juli hat sie mit Finanzrat Haux und ihrem Schwiegersohn Taffy, wie Gustav im Familienkreis genannt wird, die Einzelheiten ihres neuen Haushalts genauestens geregelt. Je klarer die Abmachungen, umso weniger Reibungsflächen wird es auf dem Hügel geben, wo von nun an nicht mehr sie, sondern das junge Paar die Hauptrolle spielen wird. Sie liest noch einmal die getroffene Abmachung aufmerksam durch:

Hügel, 31. Juli 1906
Zwischen Frau Geheimrat F. A. Krupp geborene Freiin von Ende, ihrer Tochter Antoinette Bertha Krupp, beide auf dem Hügel wohnhaft, sowie dem Verlobten von Fräulein Bertha Krupp, Herrn Legationsrath Dr. Gustav von Bohlen und Halbach auf Untergrombach in Baden ist heute Folgendes vereinbart worden: Nach der Verheirathung von Fräulein Bertha Krupp mit Herrn von Bohlen und Halbach wird Frau Krupp in dem Nebengebäude des hiesigen Hauses, dem sogenannten »Fremden- oder Logirhaus« wohnen und darin eine besondere, von dem Haushalt der jungen Herrschaften getrennte Wirtschaft führen. Zu diesem Zweck wird ihr das genannte Gebäude, zu dem Wasser, Heizung und electrische Beleuchtung gestellt und geliefert werden, zur

*alleinigen Verfügung überlassen. Frau Krupp stellt jedoch bei größe-
ren Anlässen, wenn das Haupthaus die Gäste nicht alle zu fassen vermag, die Logirzimmer in der zweiten Etage des Fremdenhauses zur
Verfügung, soweit diese für ihre eigenen Zwecke entbehrlich sind.*

*(…) Das Haus führt in dienstlichem Verkehr für die Zukunft den
Namen »Nebenhaus«.*

*Frau Krupp wird gemäß dem ihr zustehenden Rechte diejenigen
Mobilien und Einrichtungsgegenstände im Haupthause wählen, die
sie zur Einrichtung des Fremdenhauses benutzen will. (…)*

*Frau Krupp behält sich das Recht, für sich und ihren etwaigen
Besuch alle auf der Hügelbesitzung vorhandenen Anlagen und Einrichtungen wie z. B. Gärten, Park und Wald, Reit-, Fahr- und Wirt-
schaftsstall, Lawn-Tennisplätze, Bibliothek, Motor- und Ruderboote
u. s. w. mitzubenutzen. Der Bedarf des Haushalts an Gemüsen und
Früchten, Schnittblumen und Decorationspflanzen wird Frau Krupp
aus der hiesigen Gärtnerei geliefert werden, soweit deren Production
dazu ausreicht, und zwar einschließlich der Dienste der Gärtnerge-
hülfen. Binder u. a.*

*Frau Krupp wird die vorhandenen Einrichtungen incl. Automobil
mitbenutzen. Der Stallmeister erhält die Weisung, daß nach Möglichkeit stets wenigstens ein Gespann, Wagen und Kutscher zu Frau
Krupps Verfügung in Reserve bleibt. Bei Bedarf kann dieser Wagen
mit Frau Krupps Einverständnis auch noch für Zwecke des Haupthauses gebraucht werden. Der Reitstall kommt wohl nur in Betracht,
wenn Frau Krupp einmal Besuch hat, den sie beritten gemacht zu
sehen wünscht.*

*Die Benutzung der vorhandenen Lawn-Tennisplätze und Boote
wird ebenfalls in der Hauptsache nur für etwaigen Logirbesuch in
Frage kommen. Tennis-Boys und Bälle werden daher ohne besondere
Anrechnung gestellt.*

*Was für den Haushalt an Milch und Eiern gebraucht wird, erhält
Frau Krupp aus den Erträgen der betreffenden Wirthschaftszweige
geliefert. Diese werden sich den etwas gesteigerten Anforderungen
anzupassen haben. Reichen einmal die Erzeugnisse nicht zur De-
ckung des Bedarfs beider Haushaltungen aus, wie dies z. B. bei Eiern*

in der Wintersaison schon jetzt der Fall ist, so wird das Vorhandene im Verhältnis 1:3 getheilt.

Zur Besorgung der Wäsche, sowohl für den eigenen Bedarf, als auch für Haushalt und Dienerschaft, benutzt Frau Krupp die vorhandene Waschanstalt und sonstigen Einrichtungen mit, wobei für zweckmäßige Zeiteintheilung Sorge getragen werden wird.

Frau Krupp kann auch von Wild, Fleisch und Geflügel soviel geliefert erhalten, als die betreffenden Betriebe neben der Befriedigung der Anforderungen des Haupthauses zu leisten vermögen. Ist schlachtreifes Geflügel, oder sind Fische oder Wild vorräthig bzw. zur Strecke gebracht, so wird in beiden Haushaltungen nach den Wünschen gefragt und bei unzureichenden Mengen das Theilungsverhältnis 1:3 angewandt.[35]

Marga blickt befriedigt von der Lektüre auf. Gott sei Dank hat Taffy sie bei ihrem Wunsch nach einer detaillierten Regelung unterstützt. Bertha fand sie völlig unnötig. Margarethe konnte sie letztendlich nur durch das Argument überzeugen, dass eine solche Vereinbarung die Arbeit des Hügelverwalters Bernsau erleichtern werde. Sie selbst aber weiß, dass dies nur die halbe Wahrheit ist, denn immer noch erinnert sie sich mit Missvergnügen an ihren ersten Aufenthalt im Kleinen Haus. Damals hatte die Dienerschaft des Haupthauses, die sehr wohl die Ablehnung ihres Schwiegervaters Alfred Krupp fühlte, ihr das Leben mit allen diesen Kleinigkeiten vergällt, die sie jetzt regelt. Sie wollte ausfahren? Es stand kein Wagen zur Verfügung. Sie brauchte Eier? Leider gibt es keine. Blumen? Alle schon verblüht. Die Liste der Ärgernisse war lang gewesen. Derlei gedenkt sie nicht noch einmal zu erleben.

Taffy war es auch, der darauf bestanden hatte, nicht nur die Fragen der Haushaltsführung, sondern auch die Organisation ihres Privatbüros zu regeln. »Da du dich bereit erklärt hast, dich auch weiterhin um die Kruppsche Wohltätigkeit zu kümmern, wirst du Hilfe brauchen. Auch die Verwaltung deines privaten Vermögens muss geregelt werden. Es hilft alles nichts: Du brauchst in deinem neuen Heim wieder ein funktionierendes Büro.« Also wurde es in die Vereinbarung mit eingeschlossen:

Es wird als zweckmäßig befunden und deshalb vereinbart, daß die-

jenigen Dienste, welche Frau Krupp auf dem Gebiete der Verwaltung
von Vermögenstheilen und Besorgung persönlicher Angelegenheiten
seither durch die Hügelverwaltung und das Privatbureau erwiesen

Margarethe Krupp am Schreibtisch, 14. 6. 1919

worden sind, von den gleichen Dienststellen und deren Organen auch
fernerhin besorgt und erledigt werden sollen, wobei auf eine sach-
gemäße Trennung der verschiedenen Rechnungen und Acten Bedacht
zu nehmen ist. (…) Es werden für Frau Krupp besondere Acten ange-
legt und geführt. Der jetzige Privatsecretair wird auch zur Erledigung
der Correspondenz von Frau Krupp mit herangezogen. Auch im Pri-
vatbureau ist für diese Sachen ein besonderes Register zu führen. (…)

Vom Tage nach der Hochzeit von Fräulein Bertha Krupp mit Dr.
Gustav von Bohlen und Halbach wird ein besonderes Hauptbuch für
Frau Krupp angelegt, in welchem nebst den persönlichen Einnahmen
und Ausgaben die Verrechnung der Eingaben und Ausgaben für Mei-
neck und die Besitzung von Frau Krupp in den Gemeinden Essen-
Rüttenscheid, Bredeney, Haarzopf und Fulerum erfolgt. (…)

Die Benutzung des Salonwagens steht Frau Krupp frei, wenn dieser
nicht anderweitig gebraucht wird. Der Courir wird ihr gestellt. An

den Unterhaltungskosten des Wagens braucht Frau Krupp nicht zu participiren, die Fahrkosten trägt sie hingegen selbst.

Als Entschädigung für die Wohnung auf dem Hügel mit allen Nebenbezügen und für die Mitbenutzung verschiedener Einrichtungen zahlt Frau Krupp an Fräulein Bertha Krupp alljährlich die Summe von 50 000 Mark (600 000 Euro).[36]

Marga muss lächeln, wenn sie an Herrn Bernsaus Verlegenheit denkt, als ihr der Vorschlag gemacht wurde, an ihre Tochter eine Art Miete zu zahlen. Sie hat jedoch darauf bestanden und ihm nochmals versichert, dass die klare finanzielle Regelung ihrer Zukunft auf dem Hügel in ihrem ureigensten Interesse ist und sie selbst es ist, die darauf besteht.

Mit der gleichen Konsequenz schließt Marga in den ersten Wochen nach Berthas Hochzeit ihr Lebenskapitel als Regentin von Krupp ab. Sie zieht eine durchweg positive Bilanz. Sie hat die ihr von ihrem Mann testamentarisch zugedachte Hauptaufgabe zügig und energisch vorangetrieben: die Umwandlung der Fabrik in die Aktiengesellschaft Fried. Krupp AG. Sie übergibt ihrer Tochter die Firma, vor der sich eine glänzende Zukunft ausbreitet, in einem anhaltenden Prozess des Wachstums und des Erfolgs. Margarethe hat in schwierigen Situationen ihre persönlichen Beziehungen zum Kaiser genutzt, um der Fabrik zu helfen. Und sie hat den Vorstand niemals behindert, sondern unterstützt, indem sie sich in der Öffentlichkeit klug zurückgehalten hat und im internen Verkehr nur dann ihre Meinung abgegeben hat, wenn sie darum gebeten wurde. Mit ihrem Namen sind bedeutende wohltätige Stiftungen verknüpft, die das Image von Krupp verbessert haben.

Auf ihrem Schreibtisch landete auch der nie enden wollende Strom von Bitten um Spenden und Zuschüsse. Sie hat gelernt, Nein zu sagen: *Diese Sache liegt mir doch eigentlich zu fern, als daß ich mich dafür interessiere.*[37] Hilfsgesuche erreichten sie von der Deutschen Schule und dem Deutschen Hospital in Konstantinopel, dem paritätischen Deutschen Schulverein in Rom, dem Deutschen Frauen- und Hilfsverein in Paris, dem kaiserlichen Yachtclub in Kiel, dem Kieler Ortsverein der Freundinnen junger Mädchen, dem Deutschen Künstlerbund, dem Komiteé zur Verbreitung guter Volksliteratur in Berlin, der Vereinigung der Freunde antiker Kunst und viele andere mehr. *Ein ganzer Blätterwald das Ganze, aus dem es emporsteigt wie der verblichene Duft einer vergangenen Kultur,* schreibt Biografin Caspary in den 1930er-Jahren wehmütig, *das erste*

Kaiserin Auguste Viktoria an Margarethe Krupp, 27. 2. 1906

und zweite Wilhelminische Deutschland in seiner vielseitigen Bildung und Vornehmheit.[38] Es gibt Bitten, die Marga abschlägt, andere, bei denen sie dies nicht kann, aber auch nicht will. Eine alte Bekannte aus ihrer Mädchenzeit klopft bei ihr an. Die rumänische Königin Elisabeth erinnert sie in ihrem Bittbrief zugunsten einer Blindenfürsorgeanstalt in Bukarest an die gemeinsame Zeit in Sigmaringen. Wie könnte Marga die dichtende Carmen Sylva jener Jahre vergessen haben! Inzwischen ist sie eine bekannte Dichterin geworden, aber ihr Land ist immer noch eines der allerärmsten Europas, und so entspricht Margarethe ihrer Bitte. Auch die Großherzogin von Baden erhält selbstverständlich die erbetene Hilfe für ihre Stiftung »Witwentrost«, die Lungenheilstätte für Kinder im Schwarzwald und das Ludwig-Wilhelm-Krankenhaus in Karlsruhe. Energisch hat sie auch den Vorschlag von Direktor Klüpfel aufgegriffen, Krupp'schen Arbeitern anlässlich ihres 25-jährigen Betriebsjubiläums außer einem Geldgeschenk eine Krawattennadel als Zeichen der Anerkennung zu verleihen und sie durch eine be-

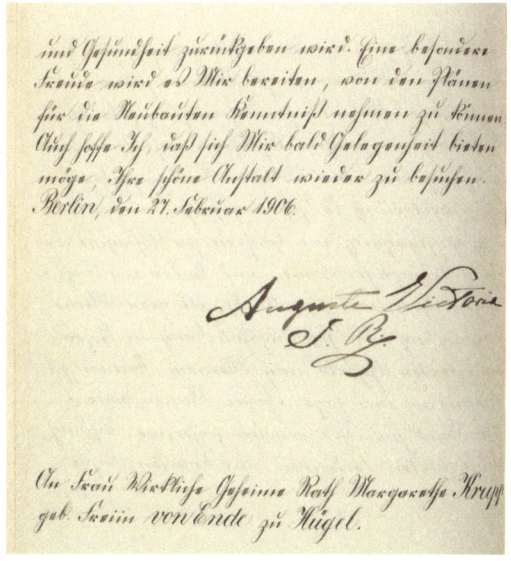

Erlaubnis, das von Krupp gestiftete Erholungshaus mit ihrem Namen zu versehen

sondere Feier zu ehren. *Ich habe mir nämlich zurechtgelegt, ob es nicht vielleicht nett wäre, wenn die Überreichung der Nadel an die betreffenden Beamtenjubilaren auch persönlich von meinen Töchtern und mir ausgeführt würde. (…) und ob es nicht die freundlichste Form wäre, sie mit einer Einladung auf dem Hügel zu vereinigen? (…) In früheren Jahren haben mein Mann und ich öfters überlegt, wie es wohl möglich wäre, in den Werken beschäftigte Persönlichkeiten, die außerhalb des gesellschaftlich bei uns verkehrenden Beamtenkreises stehen, gelegentlich auch mal auf dem Hügel zu sehen. Aber unsere Überlegungen scheiterten stets an der Anzahl und der Unmöglichkeit, die Größe derselben durch eine geeignete und zugleich gerechte Linie zu begrenzen.*[39] Die gerechte Linie ist nun in Form der 25-jährigen Betriebszugehörigkeit gefunden, und Margas Vorschlägen wird Folge geleistet.

Sie nimmt deshalb mit gelassener Genugtuung die Dankesworte des Direktoriums entgegen, die ihr mit einem repräsentativ in Leder gebundenen Album übergeben werden, *in Gefühlen unbegrenzter*

Barbara und Bertha Krupp als
Bräute, 1906

Verehrung und wärmsten Dankes, in der unauslöschlichen Erinnerung an das, was Sie – hochverehrte Frau – uns als oberste Leiterin der Kruppschen Unternehmungen gewesen sind. In Zeiten schwersten Leides haben Sie in Erfüllung des letzten Willens unseres unvergeßlichen Herrn Friedrich Alfred Krupp, gemeinsam mit Ihrem Direktorium, unverzüglich die verantwortungsvolle Aufgabe der Überführung der Kruppschen Unternehmungen in die Form der Aktiengesellschaft in Angriff genommen und in kürzester Frist durchgeführt. Und wie in jenen schweren Jahren, waren Sie auch weiterhin bei der Lösung der vielen großen Aufgaben, welche während des nun folgenden, durch die Gunst der Zeit geförderten beispiellosen Aufschwungs der Werke und ihrer Verwaltung herantraten, stets unser bester Berater. (...)[40] Auch das Lob, sie habe sich durch die Förderung der Krupp'schen Wohlfahrtseinrichtungen in die Reihe ihrer Vorgänger Alfred und Friedrich Alfred Krupp würdig eingereiht, empfindet sie als gerecht. Sie weiß, dass diese Worte ehrlich gemeint sind. *Zur bleibenden Erinnerung an die für die Kruppschen Unternehmungen segensreiche Zeit Ihrer Leitung bitten wir Sie, gestatten zu wollen, daß wir, die gegenwärtigen Mitglieder des Direktoriums, Ihr Bildnis für das Stiftungszimmer der Firma anfertigen lassen.*[41] Diese Geste rührt sie besonders, und seltsamerweise ist sie es, die ihr den Abschied leicht macht. Sie fühlt, sie kann beruhigt die Aufgaben der Firma in die bewährten Hände des Direktoriums legen, dem seit seiner Heirat auch Taffy, ihr Schwiegersohn, angehört.

Ihm hat sie im Mai, als sie seiner Verlobung mit Bertha zustimmte, in einem Brief zusammengefasst, was sie ihm schon mündlich versprochen hatte: *Sei versichert, daß ich, soweit es in meiner Macht liegt, alles thun werde, um Dir die Wege zu ebnen, nicht nur Bertha eine treue Stütze und Berather zu sein, sondern auch nach außen hin Deine Stellung als Haupt der Familie und Leiter des Ganzen zu mehren und zu festigen; nicht allein zu Eurer eigenen Befriedigung und Glück in der Ehe, die nach meinen Begriffen nur bestehen kann, wenn die Frau zu ihrem Mann aufsieht und sich in dieser Überzeugung von ihm leiten läßt, sondern auch zum Wohl der großen, verantwortungsvollen Aufgabe, die Euch nun beiden gemeinschaftlich zufällt.*[42] Die Unterstützung, die sie Taffy verspricht, wird er brauchen. Er wird es nicht leicht haben als Prinzgemahl Berthas, und so manches Abfällige wird er über sich hören und ertragen müssen. Er wird – wie sie selber zu Beginn ihrer Ehe – dem Verdacht ausgesetzt sein, des Geldes halber geheiratet zu haben. Aber er wird – ganz im Gegensatz zu ihr – die Unterstützung des Firmenchefs haben. Soweit es an ihr liegt, soll Berthas und Taffys Lebensweg geebnet sein, Kummer und Sorgen kommen von selbst im Leben.

Eine andere Geschichte (ab 1907)

Bevor sie sich ganz zurückzieht in die ihr nun bestimmte Rolle als Witwe und Königinmutter, will Margarethe noch eine angenehme und erwünschte Pflicht erfüllen. Es ist Brauch bei Krupps und auch bei vielen anderen wohlhabenden Bürgerfamilien, familiäre Ereignisse zu feiern, indem man bedeutende Summen für die Allgemeinheit spendet. Margarethe führt diese Tradition fort und stiftet aus Anlass der Heirat von Bertha und Gustav aus ihrem eigenen privaten Vermögen das notwendige Gelände und Kapital für die Margarethenhöhe. Ihr alter Vertrauter, Finanzrat Haux, hat für sie in den letzten Jahren etliches Gelände in der Gemeinde Rüttenscheid angekauft, und nun bringt sie 50 Hektar davon in eine Stiftung ein. Finanzrat Haux, der auch Essener Stadtverordneter ist, schlägt ihr

vor, der allgemeinen Wohnungsknappheit mit dem Bau einer neuen
Wohnsiedlung zu begegnen. Der Name *Margarethe Krupp Stiftung
für Wohnungsfürsorge* wird im Volksmund allerdings bald abgelöst
durch den Begriff »Margarethenhöhe«, weil er viel plastischer das
neue Wohnviertel im Essener Südwesten beschreibt, das sie dort
erbauen lässt. Sie nimmt teil an den Planungen und an der Auswahl
des Architekten, und sie ist es auch, die sich gegen eine geschlossene
Bebauung wendet. Stattdessen entsteht eine locker bebaute Siedlung, die durch eine schöne Brücke mit Essen verbunden wird. Die
Arbeiterhäuser werden im Cottage-, die Häuser der Beamten im
Villenstil erbaut. Neu ist die Tatsache, dass die Wohnungen nicht
nur für die Beschäftigten der Firma Krupp, sondern auch für die allgemeine Essener Bevölkerung gedacht sind. Marga verfolgt aus dem
Hintergrund das Baugeschehen, überlässt das Kuratorium jedoch
den Vertretern von Krupp und der Stadt Essen. Auch hier wieder
mischt sie sich nicht in das Tagesgeschehen ein.

Es ist Dezember, der Umzug in das kleine Haus ist vollzogen. Alles
ist sehr gemütlich geworden. Die Gästezimmer im zweiten Stock
hat sie nicht verändert, aber die Gesellschaftsräume im Erdgeschoss
und ihre privaten Zimmer im ersten Stock hat sie sich nach ihrem
Geschmack eingerichtet. Die Räume wirken, im Vergleich zu denen
des Großen Hauses, fast intim, aber sie haben den gleichen wunderschönen Blick über Garten und Park hinunter in das Ruhrtal. Ja, es
gefällt ihr hier. Und wenn sie einmal dem Trubel und dem Betrieb
des Hügels entfliehen möchte, wartet Meineck auf sie. Es ist ihr die
Zufluchtsstätte geworden, die Fritz für sie wünschte.

Am 22. November jährt sich sein Todestag zum vierten Mal. Die
alten Wunden brechen auf, und die alten Selbstvorwürfe, sie habe
ihren Mann nicht ausreichend beschützt und ihn in entscheidender
Stunde im Stich gelassen, erheben wieder ihr nächtliches Haupt.
*Erst heute komme ich dazu, Ihnen für Ihr treues Gedenken zum To-
destage meines Mannes herzlich zu danken,* schreibt sie an Dr. Vogt.
*Wie viel ist seit jener furchtbaren Zeit an mir vorüber gegangen und
welch bedeutungsvolle Ereignisse hat gerade das letzte Jahr für mich
gebracht, und doch muß ich mir noch immer möglichst Mühe geben,
Kopf und Hände recht beschäftigt zu haben, um nicht in Grübeleien
über jene schweren Monate zu verfallen, deren jeder einzelne Moment*

mir noch immer unverwischt schrecklich gegenwärtig ist, und die mein früheres Vertrauen zur Menschheit und mein allgemeines Wohlwollen so arg erschütterten. Schmerzlich und wehmütig ist es zu empfinden, daß je mehr die Jahre vorrücken, desto mehr die Persönlichkeit des Verstorbenen für die Umgebung gleichgültiger wird, und dem Kreis, der einen umgibt, theilweise sogar nicht bekannt war, und man mit seinem Erinnern sich immer mehr auf sich allein zurückziehen muß. So können Sie sich denken, daß mich auch manch wehmüthiger Gedanke bewegt, wenn ich an meines Mannes Platz jetzt einen Anderen sehe, doch suche ich diese Gefühle durch die Freude zu bekämpfen, die ich andererseits darüber empfinde, daß Bertha nicht nur den Mann gefunden hat, der sie beglückt, sondern daß er auch mit Lust und Interesse sich der Betriebshabe meines Mannes widmet und bisher meinen Erwartungen in dieser Richtung durchaus entspricht. Indessen stürmt ja allerdings etwas viel auf ihn ein, aber so weit ich es beurtheilen kann, faßt er die Aufgabe sehr geschickt an, und findet sie in ihrer Bedeutung noch interessanter, als er gedacht hat, so daß ich überzeugt bin, sie wird ihn dauernd durchaus befriedigen. (…)

Ich bin hier im Kleinen Haus sehr behaglich, in der Art wie in den ersten Jahren meiner Ehe eingerichtet und genieße das engere Zusammenleben mit Barbara außerordentlich. Ebenso wie Bertha im Laufe des letzten Jahres sich sehr entwickelt hat, und nach jeder Richtung hin gereift ist, so hat das Herzensglück auf Barbara einen ganz besonders angenehmen Einfluß ausgeübt und besonders ihre Gemüthsseiten in schönster Weise entwickelt. Die Trennung von ihr wird mir noch ganz besonders schwer werden, umsomehr als ich dann doch sehr vereinsamt sein werde. Aber das ist ja nun mal das Los der Mütter und im Grunde will man ja auch doch, daß die Töchter heirathen, und ich bin ja noch sehr gut dran, Bertha wenigstens in der Nähe zu behalten.[43]

Wie fast immer in Margarethes Leben, machen ihr die Angelegenheiten ihrer Familie einen Strich durch die Rechnung. Das Schicksal vergönnt ihr nicht, die nächsten Monate in Ruhe mit ihrer jüngeren Tochter und den angenehmen Aufgaben der Brautmutter zu verbringen. Anfang März 1907 erkrankt ihre Mutter, Eleonore von Ende, und Marga feiert ihren 53. Geburtstag am Krankenbett dieser schwierigen Patientin. *Seit beinahe 14 Tagen hier zur Pflege meiner schwerkranken Mutter, erreichten mich Ihre und Ihrer Frau*

Geburtstagswünsche und eile ich Ihnen beiden herzlich dafür zu danken. Das neue Lebensjahr fängt schwer an, denn Mamas Zustand ist jammervoll, umsomehr als wenig Aussicht auf wesentliche Besserung besteht, trotzdem ihre Lebenskraft eine ganz außerordentliche ist und ihr Geist und ihre Energie ungebrochen sind. Gerade deshalb leidet sie aber doppelt und wäre ein längeres Siechtum fürchterlich für sie. Abgesehen davon, daß die große Unbehölflichkeit der Kranken die Pflege sehr schwer macht, so wird sie durch das Temperament auch noch besonders aufreibend, und ich bin glücklich, vor zwei Tagen endlich eine Krankenpflegerin durchgesetzt zu haben, denn auf die Dauer konnten die beiden allerdings sehr aufopfernden Mädchen und ich es doch nicht aushalten. Seit Wochen ist Mama nicht mehr aus dem Bett gekommen, und die Schwäche ist zeitweise so groß, daß ich oft glaube, sie kommt nicht mehr in den April. Aber der Arzt meint, es könne sich auch länger hinziehen und Mama selbst macht oft noch Reisepläne für den Sommer, während sie andererseits an ihren baldigen Tod denkt. Und dabei soll ich im April die letzten Vorbereitungen für Barbaras Hochzeit am 7. Mai machen! Es ist so traurig, daß das Ende ihrer Brautzeit noch so getrübt wird, und ich nun gerade in der letzten Zeit nicht mich ihr widmen kann.[44]

Eleonore von Endes Sterben zieht sich bis nach Barbaras Hochzeit hin. Erst zwei Wochen später, am 20. Mai 1907, findet Marga Zeit, Dr. Vogt darüber zu berichten: *Erst heute komme ich dazu, Ihnen und Ihrer Frau für die telegraphischen Glückwünsche zu Barbs Hochzeit auch im Namen des jungen Paares herzlich zu danken, denn bis jetzt nahm mich der nur drei Tage darauf erfolgte Tod meiner Mutter innerlich und äußerlich ganz in Anspruch. Obgleich ja nicht unerwartet, trat das Ende doch eher ein, als wir gerade in letzter Zeit glaubten, und der Tag ihres Hinscheidens war erst einige Tage nachdem ihre Übersiedlung hierher in Aussicht genommen wurde. Glücklicherweise war das Ende ein ganz rasches und leichtes, und im Grunde sind wir alle dankbar für die verhältnismäßig baldige und gnädige Erlösung, die sie vor schweren Leiden bewahrte, deren Ertragen bei ihrem Temperament und bis zuletzt regen Geist besonders prüfend war. Aber solches Aufhören eines, selbst ausgelebten Lebens eines Familienmitgliedes ist doch, wenn auch noch so vorhergesehen und naturgemäß, sehr erschütternd. Und der Rückblick auf den Lebensgang eines Menschen,*

der Dank seiner hervorragenden Veranlagung einen so viel befriedi-
genderen und segensspendenderen Weg hätte machen können, und der
es in der Hand gehabt hätte, sein Schicksal viel glücklicher zu gestalten,
erweckt doch recht ernste Gedanken und Vorsätze, die kurze Spanne
des Lebens pflichtmäßig auszunutzen und dabei es sich nicht durch
Unzufriedenheit zu verbittern.

In diesem Sinne suche ich mir jetzt auch über das Fortgehen von
Barbara fortzuhelfen, die ich furchtbar entbehre in ihrer sonnigen,
frischen und erregenden Art. Dieser entsprechend war auch ihr Hoch-
zeitsfest ein so sonniges, maienfrisches in der schönsten Bedeutung des
Wortes. Beide jungen Menschen faßten aber die Bedeutung des Schrit-
tes so ernst auf, daß es wahrhaft herzerfrischend war und ich nicht
dankbar genug für die Fügung sein kann, daß die Feier nicht durch
den Tod meiner Mutter gestört wurde. Jetzt schwelgt das junge Paar im
Waldesgrün in Sayneck, bis sie am 1. Juni ihr Heim in Bonn beziehen.
Als kleine Erinnerung an die Hochzeitsfeier sende ich Ihrer Tochter
Martha einen großen Maikäfer, wie sie inmitten von Maiblumen die
Tafel schmückten resp. auf dem Teller jedes Gastes lagen.[45]

An einem dieser maienfrischen Tage, an denen die echten Maikäfer durch die Gegend summen, geht Margarethe auf den Friedhof, um Fritz zu besuchen. Sie lässt sich auf der Umrahmung des
großen Grabmals nieder, in dessen schwarzem Marmor die drei
Krupp'schen Ringe und sein Namen eingemeißelt sind. Der große
Reichsadler breitet seine Fittiche schützend über das Grab, das an
seiner Seite einen kleinen Lorbeerkranz aus weißem Marmor zeigt,
unter dem die Worte eingemeißelt sind: *Das Gedächtnis des Gerech-*
ten bleibt im Segen. Niemand außer ihr ist da, und deshalb gönnt sie
sich ein stummes Zwiegespräch mit ihm. »Nun hast du mich ganz
allein zurückgelassen«, sagt sie zu ihm, »sogar die Mama ist nicht
mehr. Die Kinder sind aus dem Haus, und ich bin es auch. Ich bin
noch nicht alt und könnte mir noch viele Wünsche erfüllen. Aber
ich bin es nicht mehr gewohnt, über mein Leben unabhängig zu
entscheiden. Ob ich das jetzt noch lernen kann?

In den 53 Jahren meines Lebens haben immer andere über mein
Leben bestimmt. Erst meine Eltern, dann die Mütter meiner Mün-
del, und immer, immer meine Geschwister und Familie. Dann bestimmte dein Vater, wie ich zu leben hatte, und erst nach seinem

Tod fing ich an zu hoffen, dass ich an deiner Seite mehr Freiheit und Erfüllung finden könnte. Aber du hast es nicht zugelassen. Nicht im Ehebett, nicht im Familienkreis und erst recht nicht in der Fabrik.

Grab Friedrich Alfred Krupps, im Hintergrund das Grab Alfred Krupps, private Aufnahme

Noch im Tode hast du mit deinem Testament dafür gesorgt, dass dies so bleibt. Dabei fällt es mir heute noch viel schwerer als früher, mich in den Hintergrund zurückzuziehen und Bertha und Taffy den Vordergrund zu überlassen. Es ist nur ein schwacher Trost, dass ich über alle diese Jahre meine innere Selbstständigkeit bewahrt habe. Sie ist mir wichtig, aber nach außen wirkt sie nicht.

Ich habe dich immer geliebt, ich liebe dich heute noch. *Meiner Ehe mit Dir sind schwarze Wolken und innere Kämpfe nicht erspart geblieben, aber ich blicke doch voll Dankbarkeit für das mir zutheil gewordene Glück darauf zurück. Ich glaube die Überzeugung haben zu dürfen, daß ich mit Hintenansetzung meiner eigenen Persönlichkeit mein Möglichstes gethan habe, um Dir Dein durch die Verhältnisse und Deine Veranlagung so schweres Leben zu erleichtern, und daß Du das auch voll empfunden und anerkannt hast. Wenn Du es Deiner schweigsamen Art nach auch nur flüchtig mal zum Ausdruck brach-test.*[46] Aber ich habe dir gegenüber auch versagt, denn wie sonst konnte mir verborgen bleiben, in welche Gefahren du dich begeben hast? Ich dachte immer, ich könnte dich beschützen, dir helfen, gesünder und lebensfroher zu werden. Aber gerade Gesundheit und Lebensfreude hast du weit weg von mir gesucht und für eine ganz kurze Zeit wohl auch gefunden.«

Dann geht sie zurück zum Eingang des Friedhofs, an dem Fräulein Brandt in dem offenen Wagen auf sie wartet. Der Kutscher erwacht aus seinem Schläfchen, und die beiden Pferde schütteln die Köpfe. Als sie die Allee entlangfahren, die auf das Große Haus hinführt, blickt Marga nach links hinüber zu den vielen Gebäuden des Wirtschaftshofes, der Stallungen, Reithallen und Gärtnereien. Versteckt hinter ihnen liegt das Kleine Haus, das nun ihre Heimat ist. Es erscheint ihr wie ein Symbol für das Zurückstehen der Vergangenheit, zu der sie jetzt gehört. Frei und majestätisch hingegen liegt das Große Haus vor ihr, in dem Bertha lebt. Ihr gehört die Zukunft, und es wird von nun an ihre Geschichte sein, die spätere Generationen erzählen.

Wie es weiterging (1906–1931)

Anlässlich ihres 70. Geburtstags im Jahre 1924 schrieb Margarethe einige Erinnerungen nieder, die Einblick in ihr weiteres Leben geben. Deutschland und Krupp hatten den ersten Weltkrieg erlebt, den Zusammenbruch, die Gründung der Weimarer Republik und die französische Besetzung des Ruhrgebiets. 1924 befand das Land sich in einem zaghaften wirtschaftlichen Aufschwung.

Ohne meine Selbständigkeit aufzugeben blieb ich durch meinen Wohnsitz im Kleinen Haus zu meiner Freude in enger Verbindung mit Bohlens und hatte auch Wilmowskys in erreichbarer Nähe. Diese wohnten nämlich zunächst in Bonn, wo er bei dem Landrathsamt beschäftigt war, bis er später nach Berlin ins Ministerium des Inneren und dann als Landrath nach Merseburg kam.

Obgleich meine Häuslichkeit und mein sonstiger Pflichtenkreis sich nun sehr verkleinert hatte, blieb mein Leben doch noch recht bewegt, schon allein durch die Theilnahme an den Freuden und Sorgen der sich rasch vergrößernden Familien meiner Töchter, die Frl. Brandt als liebe Hausgenossin noch heute in treuer Freundschaft mit mir theilt. Viel Freude hatten wir auch noch an gelegentlichen Reisen, die wir nun auch vielfach im Auto unternahmen, wobei man besonders schöne Natureindrücke hat. Diese Genüsse, an denen ich, den Grundsätzen meines Mannes getreu, stets Verwandte und Freunde theilnehmen ließ, fanden durch den ausbrechenden Krieg ein Ende, der uns, auf der Rückreise von Spanien und Südfrankreich begriffen, beinahe im Ausland überrascht hätte.

Wenn mir während der Kriegsjahre meine Kräfte auch nur in bescheidenem Maße erlaubten, mich im Interesse des Vaterländischen Frauenvereins und Kruppscher Lazarette zu bethätigen, so beschäftigte mich dies doch genügend neben weitgehender Gastfreundschaft, durch die ich Vielen, die durch die Kriegsverhältnisse in Schwierigkeiten ge-

Magarethe Krupp mit Kindern und Enkeln an ihrem 70. Geburtstag
am 15. 3. 1924

raten waren, hilfreich zur Seite stehen konnte. Besondere Freude war
es mir, während mein Schwiegersohn Wilmowsky bei dem General-
Gouverneur in Belgien beschäftigt war, meine Tochter Barbara mit
ihren fünf Kindern monatelang bei mir haben und meinem zweiten
im Felde schwer erkrankten Bruder die erste Pflege angedeihen lassen
zu können.

Die traurigen politischen Ereignisse im Herbst 1918 setzten Vielem
ein Ende und beeinflußten natürlich mein und meiner Kinder Leben
und Verhältnisse im höchsten Maße. Nicht nur durch die Einschrän-
kung des allgemeinen geschäftlichen und gesellschaftlichen Verkehres,
sondern auch durch die Verhinderung jeglichen Hausbesuches durch
die im Januar 1923 eintretende französische Besatzung unserer Häuser
gestaltete sich mein Leben fortan sehr still und zurückgezogen.

Veranlaßt wurde ich außerdem auch noch dadurch, daß mein Be-
finden seit zwei Jahren viel zu wünschen übrig läßt und ich die Be-
schwerden des Alters gelegentlich schon recht empfinde. Meine verän-
derte pekuniäre Lage bedingte es, daß ich nicht nur meine Besitzung
Meineck, die mir in Erinnerung an meinen Mann besonders lieb war,

*veräußern mußte, sondern auch das Margarethen-Heim nicht mehr
erhalten konnte, überhaupt mir leider die Freude versagen muß, in der
bisher gewohnten Weise Anderen hilfreich beizustehen.*

*Anfang 1923 wurde mein zweiter Bruder[47] von seinen schweren Lei-
den, die er sich im Felde zugezogen hatte, endlich erlöst, und zu dieser
Trauer und zu allem Ungemach der feindlichen Besetzung kam auch
noch die durch die Franzosen verhängte monatelange Gefängnishaft
meines Schwiegersohnes und mehrerer seiner leitenden Beamten, wodurch wir Alle natürlich auch schwer litten. Die kleinen Anzeichen, die
seit Kurzem die Hoffnung auf einen – wenn auch langsamen – Aufstieg unseres Vaterlandes erwecken, wirken gerade nach den letzten
zwei traurigen Jahren doch belebend auf meine vaterländische tiefe
Gebeugtheit und im glücklichen Besitz meiner zwei geliebten Kinder-
paare und zahlreicher Enkel erfüllt mich innige Dankbarkeit.*

*Aufs tiefste gerührt wurde ich aber dadurch, bei Gelegenheit meines
70. Geburtstages die vielen Beweise der Liebe und Freundschaft und
auch der freilich nicht ganz verdienten Verehrung und Würdigung
meiner schwachen, wenn auch ernsten Bestrebungen meiner Lebens-
aufgabe im engeren sowie weiteren Kreise gerecht zu werden.*[48]

Glücklicherweise blieb es der alten Dame Margarethe Krupp erspart, den unaufhaltsamen Aufstieg des Dritten Reiches miterleben
zu müssen. Am 24. Februar 1931 entschlief sie friedlich auf dem
Hügel, umgeben von ihren Lieben. Wie es ihr Wunsch war, wurde
sie unter einer schlichten Grabplatte zu Füßen ihres Mannes begraben.

Dank

Mein Dank gilt zuallererst *Margarethe Krupp* selbst, die 1924, im Vorfeld ihres 70. Geburtstags, in einigen wenigen handschriftlichen Seiten über ihr Leben berichtet. Der Text ist sorgfältig redigiert und für die Nachwelt aufbereitet, gibt aber trotzdem einen guten Einblick in ihre Art, die Dinge zu sehen. Nicht nur der runde Geburtstag motivierte sie, sondern ebenso die Hartnäckigkeit einer anderen alten Dame, die entschlossen war, Margarethes Biografie zu schreiben. Ihr Name ist *Anna Caspary*, und ihr 1925 abgeliefertes Manuskript liegt heute im Historischen Archiv Krupp auf dem Hügel. Es war für mich eine Fundgrube ersten Ranges. Die ebenfalls im Archiv aufbewahrten Briefe dazu geben Aufschluss über Anna Casparys Fähigkeit, nicht lockerzulassen, wenn sie sich etwas in den Kopf gesetzt hatte. Der Dritte im Bunde ist *Wilhelm Berdrow*, der damalige Hausarchivar, der ein umfangreiches Typoskript über das Leben von Friedrich Alfred Krupp erstellt hat, das sich ebenfalls im Historischen Archiv Krupp befindet. Er kannte die Beteiligten, und trotz seines Bemühens um wissenschaftliche Objektivität schimmert überall sein persönliches Empfinden durch. Gerade das machte es für meine Arbeit so wertvoll. Dank sei euch allen, Ihr Geister der Vergangenheit.

Bei meiner Arbeit war nicht der Mangel, sondern der Überfluss von Quellen ein Problem. Diesen gigantischen Berg zu ordnen und für meine Arbeit verfügbar zu machen, oblag meinem Sohn *Harald*, der dafür ein höchst effizientes wissenschaftliches Ordnungssystem entwickelte. Mein zweites Problem war die Tatsache, dass ich mich zehn Monate des Jahres in Argentinien aufhalte, weit weg also von Archiv und Quellen. Auch hier fand Harald eine Lösung. Wichtige Quellen wurden gescannt und digital nach Argentinien geschickt. Beim Finden dieser Quellen half mir *Jan Döhler*, der sich vor allem als fähiger Transkriptor erwies, der die altertümlichen Handschrif-

ten in leserliche Maschinenschrift übertrug, wofür ich ihm sehr
herzlich danke. Ganz besonderen Dank schulde ich Dr. Ralf Stremmel, dem Leiter des Historischen Archivs Krupp, der mir nicht nur
den Zugang zum Archiv erleichterte und so manche Anregung gab,
sondern es auch auf sich nahm, das Manuskript durchzulesen und
mich auf meine Fehler hinzuweisen. Freundlichkeit und Unterstützung wurden mir ebenfalls in reichem Maße von allen anderen
Mitarbeitern des Historischen Archivs Krupp zuteil.

Ein besonderes Dankeschön geht an meinen Agenten, Joachim Jessen, für seine aufmunternde Unterstützung. Für ihr kenntnisreiches
und professionelles Lektorat bin ich Dr. Andrea Wörle vom Deutschen Taschenbuch Verlag von Herzen dankbar.

Last but not least danke ich meinem Mann Helmut, der es heldenhaft ausgehalten hat, drei Jahre lang mit Krupp'scher Familiengeschichte und deutscher Geschichte der zweiten Hälfte des 19. Jahrhunderts zu leben. Er hat mich wie immer in unserer langjährigen
Ehe ermuntert und unterstützt.

Stammbaum	Die Krupps	geboren	gestorben
	Friedrich Jodokus Krupp	1706	05.06.1757
heiratet 1751 in 2. Ehe	**Helene Amalie Ascherfeld** die beiden haben 2 Kinder, darunter	10.07.1732	09.05.1810
heiratet 23.09.1779	**Peter Friedrich Wilhelm Krupp** **Petronella Forsthoff** die beiden haben 5 Kinder, darunter	1753 17.03.1757	16.02.1795 30.05.1839
heiratet 10.08.1808	**Friedrich Krupp** **Therese Wilhelmi** die beiden haben 4 Kinder, darunter	17.07.1787 28.08.1790	08.10.1826 03.08.1850
heiratet 19.05.1853	**Alfred Krupp** **Bertha Eichhoff** die beiden haben 1 Sohn:	26.04.1812 13.12.1831	14.07.1887 04.09.1888
heiratet 19.08.1882	**Friedrich Alfred Krupp** **Margarethe Freiin von Ende** die beiden haben 2 Töchter, die ältere	17.02.1854 15.03.1854	22.11.1902 24.02.1931
heiratet 15.10.1906	**Bertha Krupp** **Gustav von Bohlen und Halbach** die beiden haben 8 Kinder, darunter	29.03.1886 07.08.1870	21.09.1957 16.01.1950
heiratet 11.11.1937	**Alfried Krupp von Bohlen und Halbach** **Annelise Lampert, geb. Bahr** die beiden haben 1 Sohn:	13.08.1907 07.06.1909	30.07.1967 02.02.1998
	Arndt von Bohlen und Halbach	24.01.1938	08.05.1986

Stammbaum	Die Von Endes	geboren	gestorben
	Johann Friedrich August Freiherr von Ende	04.11.1780	11.04.1834
heiratet am 6.8.1810	**Antoinette Karoline W. Ch. Freiin vom Hagen a.d. H.** die beiden haben 4 Kinder, darunter:	01.06.1763	24.05.1860
	Karl Ludwig August Freiherr von Ende	18.05.1815	28.08.1889
heiratet 3.08.1779	**Eleonore Gräfin von Königsdorff** Tochter des Felix Ludwig Graf von Königsdorff und der Henriette von Pritzelwitz-Machnitzky die beiden haben 13 Kinder:	11.02.1831	10.05.1907
1	Ehrenfried	1849	1850
2	Eleonore	1850	1851
3	Siegfried von Ende, verh. mit Karoline Johannes	13.08.1851	05.02.1926
4	Margarethe von Ende, verheiratet mit Friedrich Alfred Krupp	15.03.1854	24.02.1931
5	Hilmar von Ende, verh. mit Amelia da Rocha Faria de Nioac	15.03.1855	15.01.1923
6	Felix von Ende, verh. mit Elisabeth Hartmann	04.04.1856	13.11.1929
7	Eleonore von Ende (genannt Lollo)	01.07.1857	27.03.1938
8	Martha von Ende	18.11.1858	22.03.1922
9	Anna von Ende, verh. in 1. Ehe mit Karl Rudnick, in 2. Ehe mit Ralph Ruß	03.01.1860	
10	Erich von Ende	25.06.1864	08.04.1888
11	Armin von Ende	05.03.1866	10.07.1905
12	Ehrenfried	1867	1868
13	Irene von Ende, verh. mit Roderich von Roeder	13.06.1870	16.02.1944

Lebensdaten Margarethe Krupp

Geburt	15. März 1854	Breslau
von Endes kaufen ein Landhaus in Scheitling	um 1856	bei Breslau
von Endes ziehen in die Dienst-wohnung im Ursulinenkloster	1862	Breslau
Preußens Sieg im Deutschen Krieg und Cholera in Breslau	*3. Juli 1866*	*Königgrätz*
Konfirmation	17. April 1868	Breslau
Höhere Töchterschule am Ritterplatz	1866–1868	Breslau
Lehrerinnenseminar am Ritterplatz	1868–1870	Breslau
im Elternhaus	1870–1872	Schleswig
Einzug Kaiser Wilhelm I. in Berlin	*16. Juni 1871*	*Berlin*
im Elternhaus	1872–1876	Düsseldof
im Elternhaus	1876–1878	Kassel
Erzieherin in der Familie des Admirals Mackenzie	1878–1880	Holyhead, Nordwales
Erzieherin der Prinzess Alexandra von Anhalt	1880–1882	Dessau
Heirat mit Friedrich Alfred Krupp	19. August 1882	Blasewitz bei Dresden, in der Kirche von Striesen
Hochzeitsreise	1882–1883	Frankreich, Spanien, Marokko
Wohnsitz im Gartenhaus der Gussstahlfabrik	Herbst 1882-Herbst 1883	Essen
Wohnsitz im Logierhaus auf dem Hügel	von 1883 bis 1887	Essen

Tod des Schwiegervaters Alfred Krupp	14. Juli 1887	Essen
Wohnsitz im Großen Haus auf dem Hügel	von 1887 bis 1906	Essen
Geburt von Tochter Bertha Krupp	29. März 1886	Essen
Geburt von Tochter Barbara Krupp	25. September 1887	Essen
Tod der Schwiegermutter Bertha, geb. Eichhoff	4. September 1888	Essen
Reise nach Ägypten	Ende 1888 bis Mitte 1889	Ägypten, Griechenland, Italien
Tod des Vaters August von Ende	28. August 1889	Blasewitz bei Dresden
Fritz Krupp schenkt ihr Haus Meineck	Sommer 1894	Baden-Baden
Nordlandreise	Sommer 1895	Norwegen
Italienreise mit Fritz und den Töchtern	Sommer 1898	Capri
Englandreise mit Töchtern und Freunden	Sommer 1900	England
Konfirmation von Bertha und Barbara	23. März 1902	Essen-Werden
Tod ihres Mannes Fritz Krupp	22. November 1902	Essen
Treuhänderin von Bertha Krupp in der Gussstahlfabrik	1902–1906	Essen
Reise mit Töchtern nach Italien	Sommer 1906	Rom
Heirat Bertha Krupp mit Gustav von Bohlen	15. Oktober 1906	Essen
Heirat Barbara Krupp mit Thilo von Wilmowsky	7. Mai 1907	Essen
Tod der Mutter Eleonore von Ende	10. Mai 1907	Blasewitz bei Dresden
Wohnsitz im Kleinen Haus auf dem Hügel	von 1906 bis 1931	Essen
Erster Weltkrieg	*1914–1918*	*Europa und die Welt*
Wegen Wirtschaftskrise Verkauf von Meineck	1922	Baden-Baden
gestorben	24. Februar 1931	Essen

Siglen

AC   Anna Caspary, Biografie der Frau Margarethe Krupp, Typoskript,
FAH 3 M 4 F 211

AK   Alfred Krupp an Bertha Krupp, handschriftlich, FAH 2 D 10

CK   Carlo Knight, Die Capri-Utopie von Krupp, Edizione Conchiglia,
Capri 2002

F   Frau F., Lebenserinnerungen einer ehemaligen Köchin, FAH 21/878

FAH   Familien Archiv Hügel, heute Historisches Archiv Krupp

GD   Briefe von Margarethe Krupp an Gertrud Decke, handschriftlich,
FAH 3 M 186

HAV   siehe FAH

MK   Erinnerungen von Margarethe Krupp, FAH 3 M 165

WB   Wilhelm Berdrow, Friedrich Alfred Krupp, Typoskript, 2 Bde.,
FAH 3 LG

WAK   Werksarchiv Krupp

Anmerkungen

VORWORT

1 Biografie der Frau Margarethe
   Krupp (auch ihres Gatten F. A.
   Krupp) von Anna Caspary 1924/
   1925, Krupp Archiv, FAH II M 77
2 Margarethe Krupp, Personal-
   papiere und Erinnerungen von
   Frau Margarethe Krupp, FAH 3
   M 165
3 Wilhelm Berdrow, Friedrich
   Alfred Krupp. 1. Teil 1854–1875,
   2. Teil 1875–1902, FAH 3 LG
4 Alfred Krupp an Bertha Krupp,
   FAH 2 D 10
5 Brief an Gertrud Decke, geb.
   Luchs, FAH 3 M 186
6 Briefe von Fürstlichkeiten und
   bekannten Persönlichkeiten
   an Margarethe Krupp, geb. von
   Ende, Aktenstück, FAH 3 M 107,
   Akte 2
7 Lebenserinnerungen einer
   ehemaligen Köchin in der Villa
   Hügel. Typoskript, FAH 21/878
8 Tilmann Buddensieg: Villa
   Hügel. Das Wohnhaus Krupp in
   Essen. Berlin 2001
9 Knigth, Carlo: Die Capri-Utopie
   von Krupp, Capri 2002

DAS KÖNIGREICH PREUSSEN – DIE
WELT DER ELTERN

1 AC
2 AC
3 AC
4 AC

5 AC
6 AC
7 AC
8 Vogeler, Wilfried: Redemanu-
   skript eines Vortrags vom
   21.5.1987: ›400 Jahre Familie
   Krupp in Essen, 1587–1987, ein
   genealogischer Streifzug durch
   Ahnen- und Nachfahrentafeln‹.
   Westdeutsche Gesellschaft für
   Familienkunde, Bezirksgruppe
   Essen.
9 AC
10 MK
11 AC
12 AC
13 Alfred Krupps Briefe 1826–1887.
   Im Auftrag der Familie und der
   Firma Krupp herausgegeben
   von Wilhelm Berdrow, HAV
   K 2.2
14 Brief von Alfred Krupp, Cöln, an
   Alfreds besten Freund, Gustaf
   Jürst, Berlin, vom 25.4.1853,
   HAV K 2.2
15 Brief von Alfreds Bruder Hermann Krupp, Baden, an Alfreds
   besten Freund, Gustav Jürst,
   Berlin, vom 29. 6.1853, HAV
   K2.2
16 Brief von Alfred Krupp, Essen,
   ohne Datum an Bertha Krupp
   (vermutlich 1853), anscheinend
   in Köln. (Anm.: Vermutlich
   besuchte Bertha ihre Familie in
   Köln und nahm die Gelegenheit
   wahr, um sich Reisekleidung zu
   kaufen), FAH 2 D 10
17 Brief von Alfred Krupp, Paris,

ohne Datum an Bertha Krupp (vermutlich Herbst 1855) (Anm: Alfred schreibt von einer Geschäftsreise nach Paris), FAH 2 D 10

18 Brief von Alfred Krupp, Essen, ohne Datum (vermutlich 1857) an Bertha Krupp, Berlin (Anm: Bertha befindet sich im Hause eines befreundeten Arztes, Dr. Mayer, in Berlin, um ihr chronisches Unwohlsein behandeln zu lassen), HAV K2.2

19 Anm. DMF: Fritz Krupp, zu diesem Zeitpunkt 3½ Jahre alt

20 Anm. DMF: Emma war zu dieser Zeit Haushälterin bei Alfred und Bertha

21 Alfred Krupp, Essen 25.8.1859 an Bertha Krupp (vermutlich zur Kur in Karlsbad), FAH 2 D 10

22 Zu Alfred Krupps Geburtstag am 26. April, FAH 2 D 10

23 Alfred Krupp, Essen, 28.4.1860 an Bertha Krupp (vermutlich zur alljährlichen Kur in Karlsbad), FAH 2 D 10

24 Alfred Krupp, Essen, 18. 5.1860 an Bertha Krupp, FAH 2 D 10

25 Alfred Krupp, Essen, Pfingstdienstag, 30. 5. 1871, FAH II D 10

26 MK

27 MK

28 Gall, Lothar: Krupp, Der Aufstieg eines Industrieimperiums. Berlin, 2000.

29 Zerboni an Solms, Sept. 1871, HstAD, OP Köln, Nr. 78, Bl. 171, zit. nach Klaus Schwabe, Hg., Die preußischen Oberpräsidenten 1815–1945, Büdinger Forschungen zur Sozialgeschichte, 1981, Boppard am Rhein

30 AC

31 AC

32 Anm. DMF: Der »Deutsche Krieg« war der letzte Krieg, in dem die Zahl der Choleratoten die Zahl der an ihren Verwundungen gestorbenen Soldaten überstieg. Insgesamt starben im Sommer 1866 fast 115000 Menschen an der Cholera.

33 AC

34 FAH 3 M 186, Brief von MK an Gertrud Decke, 1869, ohne weiteres Datum

35 MK

36 AC

37 AC

38 MK

39 MK

40 MK

41 AC

42 AC

43 Zitiert nach AC

44 MK

45 AC

46 AC

47 MK

48 AC

49 AC

50 AC

51 MK

DAS DEUTSCHE REICH UNTER WILHELM I. – DIE GROSSE ZEIT VON ALFRED KRUPP

1 AC

2 AC

3 AC

4 AC

5 Freiligrath, Ferdinand, Schücking, Levin: Das malerische und romantische Westfalen, Paderborn 1872/1988, S. 336 f.

6 AC

7 AC

8 AC

9 MK

10 MK

11 MK

12 Siehe Briefentwurf an den Kriegsminister, WAK II/84 Bl. 111/112

13 WAK VIII/43 Erinnerungen von Frau Crefeld, geb. Kühne, Juni 1906, Anm. DMF: Clara Lay, später verheiratete Kühnel. Sie blieb bis zu Berthas Tod bei ihr. Ihre Schwester Amalie war lange Haushälterin bei Steuerdirektor Eichhoff und seiner kranken Frau gewesen. Clara ging später mit Bertha nach Leipzig

14 WAK VII c 72, S. 70

15 WAK IX d 20

16 1871–1872 und 1877–1881 MdR, Mitglied des Abgeordnetenhauses, aus Schwabe: Die preußischen Regierungspräsidenten, a. a. O.

17 Näheres zur Geschichte des Vaterländischen Frauenvereins in Kassel, der erst unter Eleonore von Endes Nachfolgerin Sophie Henschel zu voller Blüte kam, ist nachzulesen bei: Ortrud Wörner-Heil, Sophie Henschel (1841–1915), Lokomotivfabrikantin und Stifterin, Kassel, 2004

18 Wo ist denn das Schweineloch? (Übersetzung DMF)

19 Wörner-Heil: Sophie Henschel, s. o.

20 AC

21 AC

22 MK

23 AC

24 Irene Hardach-Pinke: Die Gouvernante. Geschichte eines Frauenberufs, Frankfurt am Main, 1993, S. 232

25 Ebda., S. 239

26 MK

27 MK

28 MK

29 MK

30 AC

31 AC

32 AC

33 Briefe von Fürstlichkeiten und berühmten Persönlichkeiten an Margarethe Krupp geb. von Ende FAH3M 107, Akte 1

34 Frei nach: Hardach-Pinke, Irene: Die Gouvernante. a. a. O.

35 AC

36 AC

37 AC

38 MK

39 AC

40 AC

41 MK

42 MK

43 MK

44 Zitiert nach Dollinger, Heinz: Ein Blick auf die höfische Bild- und Wohnkultur Ballenstedts zur Zeit Herzogin Friederikes. Mitteilungen des Vereins Landeskunde 13 (2004), Aufsätze, der auch die Beschreibung des Zimmers entnommen ist.

45 Anmerkung DMF: Der Begriff Erzieherin beinhaltet als Novum in dieser Zeit auch die Lehrtätigkeit an öffentlichen und privaten Höheren-Töchterschulen. Sehr interessante Ausführungen dazu finden sich

in Hardach-Pinke: Die Gouvernante, a. a. O.

46 AC

47 AC

48 AC

49 AC

50 Brief Alexandra von Sachsen-Anhalt an Margarethe von Ende, Gerau, 31. 8. 1880, FAH 3M 107, Akte 2

51 Ebda., der gleiche Brief

52 AC

53 AC

54 AC

55 AC

56 AC

57 AC

58 Zit. nach: Zimmermann-skr. gmxhome.de/carmensylva/literatur.htm. Anm. DMF: Bereits 1880 wird der erste Gedichtband Carmen Sylvas veröffentlicht, dem eine Anzahl weiterer folgen. Genaueres ist bei der angegebenen Quelle nachzulesen.

59 MK

60 AC

61 Leider gibt es keine wissenschaftliche Untersuchung der politischen Tätigkeit von Endes, die er zuerst als Mitglied des Herrenhauses und dann im Reichstag vertreten hat.

62 AC

63 Siehe www.rp-kassel.de/wir/rp/ende.htm: Als Gegner der Sozialisten und Mitglied des deutschen Reichstages stimmte er für das Sozialistengesetz von 1878. Im Zusammenhang hiermit, aber auch bei anderer Gelegenheit, stellte er gegen sozialdemokratische Zeitungen und Redner Strafanträge wegen Beleidigung. So beschränkte er sich auf die Gegnerschaft, ohne zu positiven, konstruktiven Versuchen überzugehen, die bestehende Situation und die vorhandenen Missstände zu ändern. Auf sein Gesuch erhielt er im August 1881 die Entlassung aus dem Amte des Oberpräsidenten. (Anm. DMF: Dies ist nun wirklich auch eine recht einseitige Darstellung!)

64 MK

65 MK

66 Aufzeichnungen von Hohmann: Erinnerungen an Alfred Krupp und Friedrich Alfred Krupp (aufgrund eines Hügelbesuchs am 18. 5. 1906), FAH II D 72

67 Ebda. Anm. DMF: Die Quelle nennt 1882, aber die Trennung erfolgte bereits in den letzten Tagen des Jahres 1881.

68 Bertha Krupp an ihren angeheirateten Cousin Geheimrat Carl Rennen, Florenz, 24. 6. 1882, FAH II D190

69 Abschrift eines Briefes aus dem Nachlass Arthur Krupps in Berndorf. Alfred Krupp an Arthur Krupp, Essen, 28. 3. 1882. FAH II D 188

70 Abschrift eines Briefentwurfs von Arthur Krupp aus dem Nachlass Berndorf, ohne Datum und ohne Schluss, FAH II D 188

71 Zitiert nach AC

72 Briefe F. A. Krupp an Glasmacher, 1880–1987, FAH III D 64

73 Zit. nach WB 2. Teil, S. 84

74 WB 2. Teil, S. 84 f.

75 Zitiert nach AC

76 Anm. DMF: Bericht meiner Mutter, Waldtraut von Bohlen und Halbach

77 AC

78 AC

79 MK

80 AC

81 AC

82 AC

83 MK

84 MK

85 Brief von MK an Friedrich Krupp, Biarritz, 21.9.1882, FAH II D 40–22

86 Ebda.

87 AC

88 AC

89 Bertha an Rennen, s.o. Zitiert nach WB 2. Teil

90 Zitiert nach WB 2. Teil., S. 95

91 MK

92 AC

93 AC

94 AC

95 FAH 3 M 107, Akte 2, siehe Anm. 87

96 Ebda.

97 Ebda.

98 Ebda.

99 Anm. DMF: Damit ist Fritz Krupp gemeint.

100 Ebda.

101 Alfred Krupp an Staatsminister von Friedberg. 27.11.1881, FAH 2 G 2

102 AC

103 Ich folge hier den Ausführungen von Lothar Gall: Krupp. Der Aufstieg eines Industrieimperiums, Berlin 2000.

104 Die Beschreibung entnehme ich: Michael Stürmer: Alltag und Fest auf dem Hügel. In: Tilmann Buddensieg (Hg.): Villa Hügel.

Das Wohnhaus Krupp in Essen, a.a.O.

105 AC

106 AC

107 AC

108 AC

109 AC

110 AC

111 AC

112 AC

113 AC

114 AC

115 AC

116 Zit. nach Renate Köhne-Lindenlaub: Die Villa Hügel. Unternehmerwohnsitz im Wandel der Zeit, Berlin 3. Aufl. 2008, S. 53

117 Elisabeth Klüpfel an ihre Eltern (Professor Baur, Stuttgart), Essen, 25.8.1883, FAH II D191

118 MK

119 Zitiert aus den Belletr. Literarischen Beilagen der ›Hamburger Abendnachrichten‹ Nr. 52 vom 25.12.1904, FAH XIV 159.

120 Anm. DMF: Sie schreibt 78-jährig, aber da irrt sie. Er war 1885 73 Jahre alt und wurde insgesamt nur 75 (1812–1887).

121 Ebda.

122 Ebda.

123 Ebda.

124 MK

125 AC

126 MK

127 Erinnerungen Hohmann S. 5

128 Ebda.

129 Anm. DMF: Franziska Ellmenreich

130 Anm. DMF: 1870–1873 geriet die Firma Krupp in eine existenzielle Krise, während der Alfred Krupp zeitweise auf die Allein-

herrschaft verzichten musste.
Siehe Lother Gall, Krupp.

131 AC
132 Erinnerungen Hohmann S. 5,
a.a.O.
133 Zitiert nach WB 2. Teil, S. 86
134 Elisabeth Klüpfel, Brief vom
19. 7.1887, Blatt 1, FAH 2 D 191
135 Ebda. Blatt 2
136 Ebda.
137 Ebda. Bl. 4

DAS DEUTSCHE REICH UNTER
WILHELM II. – UND DAS KRUPP'SCHE
REICH VON FRIEDRICH ALFRED
KRUPP

1 Verwaltungsinstruktionen für
die Haus- und Gutsverwaltung
auf Hügel, vom 1.2.1877, FAH 21/
500
2 Carmen Sylva: Meine Ruh,
Gedichte, Berlin 1884
3 Ebda.
4 Ins Präsens gesetztes Zitat aus:
Michael Stürmer. Alltag und Fest
auf dem Hügel, in Buddensieg
(Hg.), Villa Hügel, S. 258
5 Ebda.
6 Alfred Krupp, zit. nach Michael
Stürmer, WA VII C 103.
7 Ebda.
8 AC
9 AC
10 MK
11 WB, 2. Teil, S. 147
12 WB, 2. Teil S. 147
13 Meisbach, Julius: Friedrich
Alfred Krupp. Wie er lebte und
starb, Köln 1903, S. 25 f.
14 WB, 2. Teil, S. 148 f.
15 WB, 2. Teil, S. 167
16 AC

17 AC
18 AC
19 Bericht Hohmann, S. 4 f.
20 Ursprünglich zwei Zechen in
Essen-Altendorf. Sie wurden
1806 zusammengeschlossen zur
Zeche »Vereinigte Sälzer und
Neuack«
21 AC
22 MK
23 WB, 2. Teil, S. 26 ff.
24 Ebda.
25 Anmerkung DMF: Es handelt
sich um Wilhelm II., der 1888, in
dem Dreikaiserjahr, nach Kaiser
Wilhelm I. und Kaiser Friedrich
den Thron bestiegen hatte.
26 WB, 2. Teil, S. 26 ff.
27 Ebda.
28 MK
29 MK
30 AC
31 AC
32 Ebda.
33 Ebda.
34 MK
35 AC
36 AC
37 Briefe an Gertrud Decke: Bl.
25–28, Hügel 31.1.1903
38 Erinnerungen von Frau F.,
FAH21/838
39 Frau F.
40 Frau F.
41 Frau F.
42 Anm. DMF: Vermutlich ist
»Rüböl« gemeint.
43 Frau F.
44 Brief an Gertrud Decke,
geb. Luchs, Bl. 37–44, Hügel,
1.2.1895
45 Meisbach, S. 34
46 Anm. DMF: Tochter eines
Kruppbeamten, WA4/2042

47 Frau F.
48 Köhne-Lindenlaub: Villa Hügel,
   S. 66
19 Personalakte Margarete Brandt,
   geb. 29. Okt. 1870, FAH 21/(0
50 AC
51 AC
52 AC
53 Köhne-Lindenlaub: Villa Hügel,
   S. 63
54 Otto Zacharias, Zur Würdigung
   der Verdienste Friedrich A.
   Krupps um die zoologische
   Wissenschaft, Jena, 1902, S. 81 f.
55 Ebda.
56 Anm. DMF: Tochter der ältesten
   Tochter des Admirals Mackenzie, Holyhead, Nordwales
57 MK
58 AC
59 MK
60 Frau F.
61 Rheinisch-Westf. Zeitung, Nr.
   194, vom 15.7.1889
62 Enthüllung des Alfred-Krupp-
   Denkmals am 28. 8.1893, FAH
   2G19
63 Ebda.
64 Ebda.
65 Times, 28. 8. 1892: The late
   Alfred Krupp and his workmen.
   Zeitungsausriß, FAH 2 G 19
66 Max Bruch an Friedrich Alfred
   Krupp vom 22. 4. 1888, FAH 3
   D075
67 Friedrich Alfred Krupp, Persönliches 1888–1912, FAH III D27
68 AC
69 Erhard Robert: Die Villa
   Vitzthum – Mittelpunkt der
   Gespräche. Badische Neueste
   Nachrichten, 9. 12.1983
70 Alle Angaben aus: Buddensieg
   (Hg.), Villa Hügel. , a.a.O.

71 Illustrierte kunstgewerbliche
   Zeitschrift für Innendekoration,
   Mai 1893, zitiert nach Buddensieg (Hg.): Villa Hügel, S. 289
72 Ellmenreich, FAH II D50
73 Bei Krupp. Bilder der Erinnerung aus 45 Jahren, 1890–1935
   von Finanzrath Dr. Ernst Haux,
   unveröfftl. Manuskript, FAH IV
   E 16, zitiert nach HB
74 WB, 2. Teil S. 90
75 Ebda., S. 89
76 Ebda., S. 7
77 WB, 2. Teil S. 153
78 Personalie Frhr. Alfred von Dalwig, 1894–1912, Blatt 5–6, 1895,
   FAH 3 D 61
79 Ebda. Blatt 54, 1904
80 Ebda. Blatt 54, 1904
81 Ebda. Blatt 3, 1898
82 Ebda. Blatt 3, 1895
83 Ebda. Blatt 55, 1904
84 WB, 2. Teil S. 182
85 Anm. DMF: Dalwig stirbt Jahre
   später verarmt in Südafrika,
   getrennt von seiner Familie
   und seinem Wahn bis an sein
   Lebensende treu.
86 WB, 2. Teil S. 135
87 3. Teil, Bl. 46 f.
88 AC
89 Eulenburg, 1896–1907, Blätter
   15–17, FAH 3 C231
90 WB, 2. Teil S. 136
91 Berliner Lokal Anzeiger,
   29. 7. 1902: Aus meinem
   Tagebuch, von Eugen
   Philippi
92 Ebda.
93 Berliner Börsen Zeitung, V.
   14. 2.1898, Bl. 23
94 Zitiert nach WB, 2. Teil, S. 137
95 Ebda.
96 Zeitungsartikel o. D. Einst

residierten hier die Krupps.
Stadtarchiv Baden-Baden

97 Ebda.

98 Badische Neueste Nachrichten,
    9. 12. 1893: Erhard, Robert: Villa
    Vitzthum – Mittelpunkt der
    Gespräche

99 WB, 2. Teil, S. 138

100 Briefe an Gertrud Decke,
    Bl.37–44, Hügel, 1. 2. 1895

101 Briefe an Gertrud Decke,
    Bl.37–44, Hügel, 1. 2. 1895

102 Frau F., S. 8 ff.

103 AC

104 MK

105 AC

106 AC

107 AC

108 MK

109 AC

110 AC

111 WB, 2. Teil, S. 131

112 WB, 2. Teil, S. 131

113 Ebda. S. 132

114 Ebda.

115 Brief Felix von Ende an Felix
    von Königsdorff vom 2. 8. 1895,
    Bl. 50–54, FAH 3 D 089

116 Brief Felix von Ende an Felix
    von Königsdorff vom 27. 12. 1895,
    Bl. 58, FAH 3 D 089

117 Brief Anna und Agnes von Prit-
    zelwitz, vom 4. 5. 1893, Bl. 1–2,
    FAH 3 M 265

118 Ebda.

119 Anmerkung DMF: 1 Mark ent-
    spricht etwa 12 Euro.

120 Brief Felix von Ende an Fritz
    Krupp vom 23. 12. 1895, Bl.
    60–63, FAH 3 D 089

121 Ebda.

122 Ebda.

123 WB, 2. Teil, S. 169

124 Anmerkung DMF: Eine weitere

wissenschaftliche Gesellschaft,
die dem Dohrn'schen Modell
entsprach, wurde 1911 als Kaiser
Wilhelm Institut gegründet: Es
war der Vorläufer der heutigen
Max-Planck-Gesellschaft.

125 Brief Alfred Krupp an Anton
    Dohrn vom 15. 11. 1880

126 Brief FAK vom 2. 11. 1881

127 Bernadino Fantini, The history
    of the Stazione Zoologica Anton
    Dohrn, S. 5 f. Übersetzung von
    Diana Friz. Originaltext …
    *looked to the sea as a source of
    knowledge and as a life experi-
    ence. In the second 19th century,
    the sea, because of the richness
    of living forms that inhabit it, in
    particular the simplest forms of
    life, produced models, experimen-
    tal objects, and metaphors for
    fundamental bilogical problems;
    the organizational plan of living
    systems, embryogenesis, general
    physiolgy, evolution and phyloge-
    ny.*

128 Näheres zum wissenschaftlichen
    Teil siehe Weindling, Paul:
    Health, race and german politics
    between national unification
    and Nazism 1870–1945. Anm.
    DMF: Die Daten, die sich auf
    Friedrich Alfred Krupps Biogra-
    fie beziehen, sind falsch. Sie sind
    den ebenfalls falschen Angaben
    des Buches von Manchester
    entnommen.

129 CK, S. 11

130 Ebda. S. 13

131 Ebda. S. 15

132 Ebda.

133 Ebda. S. 23

134 AC

135 F.

136 WB, 2. Teil, S. 139 f.
137 Haus Meineck, Baden-Baden, Verkaufsangelegenheiten. 1894–1924, S. 125–144, FAH 3 B 96
138 Ebda.
139 Ebda.
140 Ebda.
141 Briefwechsel Deutsches Kaiserhaus, Bd. 2, 1894–1904, FAH 3 C 227, Telegramm von Baden-Baden zu Margarethe Krupp in Essen, 4. 5. 1901, Bl. 71–72
142 Ebda.
143 Haus Meineck, Baden-Baden, Verkaufsangelegenheiten. 1894–1924, S. 124–133, FAH 3 B 96
144 Briefwechsel Deutsches Kaiserhaus, Bad. 2,. 1894–1904, FAH 3 C 227 ebda.
145 Ebda.
146 Ebda. Blätter 71f-71g, Briefentwurf, Auf dem Hügel, 24. Mai 1901
147 AC
148 AC
149 Anm. DMF: FAK hatte die Maja in England gechartert. Sie gehörte ihm nicht.
150 CK, S. 30 f.
151 Zacharias, Otto: In memoriam. Zur Würdigung der Verdienste Friedrich A. Krupps um die zoologische Wissenschaft. Leipzig 1903, S. 3
152 Ebda., S. 6: Carl Chun forschte ebenfalls im Golf von Neapel (Aug. und Sept. 1886)
153 Anm DMF: Zacharias bezieht sich auf die Arbeit von Salvatore Lo Bianco, die 1904 unter dem Titel ›Beiträge zur Kenntnis des Meeres und seiner Bewohner‹, (Erster Band: Pelagische Tiefseefischerei der »Maja« in der Umgebung von Capri) bei Fischer, Jena, erschienen ist
154 Ebda., S. 7
155 WB, S. 197
156 Ebda.
157 Otto Marotz, 1896–1912, Korrespondenz Krupp/Capri, FAH 3 D 131, Brief von Marotz (Capri) an Krupp (Essen) vom 10. 10. 1900
158 Ebda., Brief Marotz (Capri) an Krupp (Essen) vom 14. 10. 1900
159 CK, S. 36
160 Hans von Tresckow, Berlin, 1922, Von Fürsten und anderen Sterblichen. Erinnerungen eines Kriminalkommissars. S. 127–131
161 Carl Menshausen, Bonn, an FAK, Capri, vom 10. 2. 1901, FAH 3 B 217
162 Anmerkung DMF: In Anlehnung an ein argentinisches Sprichwort: Pueblo chico – infierno grande (Kleines Dorf – große Hölle)
163 Zacharias, in memoriam
164 Deichmann, zit. nach CK S. 29
165 Sper, A.: Capri und die Homosexuellen, Eine psychologische Studie, Berlin 1903, S. 23 f.
166 Groeben, Christiane: Friedrich Alfred Krupp, Anton Dohrn und Salvatore Lo Bianco, unveröff. Artikel, 2006, Internet: Documenti/projects/CG/Krupp
167 CK, S. 34
168 Klein, Wilhelm und Herrmann, Max: Friedrich Alfred Krupp. Eine Gedächtnisschrift, S. 143
169 Briefsammlung Capri, Gesundheit F. A. Krupps: Dr. Vicenzo Cuomo an Friedrich Alfred Krupp, 22. September 1901 FAH III C47. Übersetzt von Diana Friz. Originaltext:

Cher Monsieur Krupp et Fratello amatissimo, (…) Je suppose que la lecture des règles de l'ordre, traduites par Fratello Lattansio, vous a beaucoup amusée! Dans cette période d'apparente inaction de la Congregation, nous ne pouvons tous que nous réjouir à l'idée de fraterniser plus tard dans la Grotte di Fra Felice, ciège futur des nos réunions artistiques et monarquies. – Je viens de recevoir une bonne et aimable lettre de Mr. Le Prof. Schwenninger, auqel j'avais écrit dernièrement. – Ma femme me charge de ses meilleurs compliments. Tout le monde, Dieu merci, va assez bien chez moi. – Veuillez, cher Monsier Krupp, faire agréer à Madame et demoiselles Krupp mes hommages respetueses et expressés.

170 Übersetzt von Diana Friz. Originaltext*: Mecolga, instanto, carissimo fratello Federico, i saluti cordiali ed affettuosi di tutti i fratelli Capresi, insieme con le piu larghe bendedisioni del priore, estensibili a tutti i confratelli germanici. E mi creda, sempre con mille cari saluti e voi senti mi profunda stima e devota amicisia, Vinc. Cuomo.*

171 Briefsammlung Capri, Gesundheit F. A. Krupps: Dr. Cuomo an Justiziar Korn, 7 Dezember 1901. Übersetzung von Diana Friz. Originaltext: *Dear Mr. Korn and Fratello dilittissimo! (…) I am very glad to hear that Mr. Krupp and family and also you and your family enjoy good health. So it is with me and my wife and children. (…) We had the other*

day a very nice Congraga-meeting at Hotel Paradiso in Anacapri and as you will read in the card I sent you yesterday, we remembered absent German brothers with Drinks and Speeches

172 Briefsammlung Capri, Gesundheit F. A. Krupps: Brief FAK an Cuomo 18.20.1901

173 Anm. DMF: Ein Vergleich der Bruderschaft der Grotte Fra Felice mit dem Rotary Club bietet sich an. Dieser wurde ebenfalls mit für heutigen Geschmack übertriebenem Pomp nur wenige Jahre später mit vergleichbaren Zielen gegründet.

174 Briefsammlung Capri, Gesundheit F. A. Krupps: Brief Cuomo an FAK. Übersetzt von Diana Friz. Originaltext: *Vous nous fera un grand plaisir de constater le grand progrès dans la construction de votre belle route, ainsi que la Grotte de Fra Felicien, la nostra nuova bellísima sede.*

175 WB FAK Biogr. S. 154

176 Klein und Herrmann: S. 145

177 Anm. DMF: Ferdinand Gregorovius (1821–1891) präsentierte erstmals mit seinem Text ›Capri, eine Einsiedelei‹ (1856) die Insel, samt einer kurz umrissenen Inselgeschichte. www.thomasgransow.de/Neapel/Capri/Inselbesucher.html

178 CK, S. 36

179 Briefsammlung Capri, Gesundheit F. A. Krupps: Korn an Cuomo, 12.11.1902

180 Henry-D. Davray. Souvenirs sur M. Krupp a Capri. Übersetzung von Diana Friz. Originaltext: *Chaque jour, Krupp*

travaillait quelques heures avec son secrétaire, à qui il donnait ses instructions pour répondre télégraphiquement aux nombreux messages qu'il recevrait et dont certains lui parvenaient directement du Kaiser lui-même. Le reste de la journàee, Krupp menai une vie oisive, pour sa santé, pretendaient ceux qu l'approchaient, et c'est alors qu'on le rencontrait d'Anacapri a Timberio et de la marine é Tragara suivi de ses jeunes compagnons, fiers de leur position, bien vîtus et le gousset garni, et suscitant l'envie parmi leurs camaradas moins séduisants sans doute.

181 Henry-D. Davray. Souvenirs sur M. Krupp à Capri. Übersetzt von Diana Friz. Originaltext: *plantureux lunch dans une des grottes de l'île ou sur les ruines de quelque palais de Tibère.*

182 Übersetzung nach CK S. 50

183 Justiziar Korn, Entwurf Presse-Erklärung vom 4. 11. 1902, FAH III D60 Q.465

184 Ebda.

185 W. Manchester, I cannoni dei Krupp, Mailand 1969, S. 278, zitiert nach CK, S. 54

186 Briefsammlung Capri, Gesundheit F.A. Krupps: Brief Cuomo an FAK vom 6. November 1902

187 Ebda. Übersetzung von Diana Friz. Originaltext: *Cher Monsieur Krupp, Fratello carissimo, Merci mille fois pour les salutations amicables et pour les communications que Mr. Korn vient de me faire de votre part, au sujet des attaques féroces de »La Propaganda«.*

C'est pour moi très dur de vous en écrire! – Les articles du Revolver-Schandblatt italien sont d'une abjection abominable et répugnante! Ils ne nous touchent pas – bien sur – mais ils font beaucoup de mal à Capri! – Je vous avoue que je me trouve souvent dans une position fort embarrassante, lorsq'il s'agit de modérer les tendances belluqueses de quelques fratelli et d'autres personnes qui après la publication des articles auraient conseillé de réagir et procéder en justice contre le journal. J'ai répondu à toutes ces personnes que je suis contriare á leurs idées, pour la simple raison qu'un procès pareil ne ferait que rèaliser le véritable but des articles: c'est a dire de répandre autant que possible les calumnies et le scandale. Il y a 5 jours j'ai eu une longue entrevue avec le Capitaine des Carabinieri envoyé a Capri pour une enquête. Le lendemain je suis allé a Castell Mare pour parler avec le Sottoprefetto, qui avait demandé le statut de notre Association. Je lui ai fait l'histoire de la Congrega, en décrivant ses origines, son organisation et ses fins. Il a été très satisfait de mes déclarations, et de me renseignements qui lui ont fourni des moyens de rédiger le rapport. Avant cela j'avais écrit a Mr. Korn pour demander votre avis dans cette triste affaire, et je suis content de voir que vous êtes naturelment contre un procès qu'on finit toujours pour perdre (au point de vue du scandale) quand on l'a vaincu! – De notre part ici, nous verrons ce qu'il y a *de mieux à faire, si les socialistes de »La Propaganda« continueront à nous ataquer. Le Cenobis et ses environs, ont été, pour ainsi dire, respetés par les bourbillons et les foudres. L'ésprit de Fra Felice les a protégé contre les élements extérieurs si non ... contre la médisancet la méchanté humaine! (...) Votre ami très dévoué et fratello in Fra Felice, Vicenzo Cuomo.*

188 Briefwechsel Korn-Giorgio Tuning. Brief Korn an Tuning, 10. 10. 1902

189 Erinnerungen an FAK und Margarethe Krupp von Dir. Johannes Merck, Brief von Hollmann an Merck, 21. 11. 1902, Blatt 49–53, FAH 3 C 013

190 WB FAK Teil III, S. 202 ff.

191 Ebda., S. 209 f.

192 WB FAK Teil III, S. 106

193 Meisbach, Julius: Friedrich Alfred Krupp. Wie er lebte und starb. Köln, Stauff, 1903, S. 11

194 Ebda., S. 213

195 Nachlass Studt – Korrespondenz mit Familie Krupp, 1892–1916. Blätter 23–25, Brief an Studt, 25. 10. 1902. Geheimes Staatsarchiv Preußischer Kutlurbesitz, VI HA NL Studt Nr. 9

196 Anm. DMF: Heute befindet sich in der Bolzstr. 8 das Alten- und Pflegeheim Luisenheim.

197 Vorwärts, Nummer 268, 15. November 1902, zit. nach Boelcke, S. 98 f.

198 MK Lebenserinnerungen. Zit. nach WB, FAK III, S. 214

199 Schweninger Brief Mitte Nov, zitiert nach WB, FAK III S. 155

200 Wantoch-Rekowski, F. V., Italienische Erinnerungen. In. Deutsche Revue, 40. Jg., 3. Bd, Stuttgart 1915, S. 228

201 Erinnerungen an FAK und Margarethe Krupp von Johannes Merck, Nachlass Dir. Merck, S. 49–53

202 Briefnotiz von FAK an MK, am Vorabend seines Todes, FAH3 M 274, Blatt 1

203 Anm. DMF: der Kammerdiener

204 Erinnerungen Hohmann, S. 6 f.

205 Ebda.

206 Anm. DMF: Die Beschreibungen von FAKs Tod folgen den bei Klein, Herrmann veröffentlichten Quellen.

207 MK

208 WB:, FAK III S. 214

209 Brief FAK an Eulenburg, zit. nach WB, FAK III, S. 214 f.

210 Klein, Herrmann, S. 30

211 Ebda.

212 Ebda.

213 Klein, S. 37 ff.

214 Ebda.

215 Ebda., S. 66 f.

216 Näheres zum Capri-Skandal in der Presse ist nachzulesen bei: Wolbring, Barbara: Krupp und die Öffentlichkeit im 19. Jahrhundert. München 2000.

DAS INTERREGNUM (1902–1906)

1 Zedlitz-Trützschler: Zwölf Jahre am deutschen Kaiserhof, Berlin und Leipzig 1924, S. 171

2 Margarethe Krupp an Dr. Oskar Vogt u. a., 1905–1931. Brief an Dr. Vogt vom 3. 12. 1905, Blatt 10

3 Deutsche Fürstinnen. Groß-

herzogin von Baden an MK,
24. 11. 1902, Blatt 6

4 Ebda. Blatt 1, 24.12.1902

5 Ebda. Blatt 7–8, MK an Louise,
28.12.1902

6 MK, 3. Teil, Bl. 46 f.

7 Dr. Cuomo an FAK, 12.9.1902:
Übersetzung von Diana
Friz. Originaltext: *Purtroppo
l'influenza politica locale aveva
minacciato in questi ultimi tempi
di scuotere le basi dell v. Congrega. Lungi da me l'idea di scendere
ad un esame dei fatti e particola-
ri, che in gran parte ignoro, essen-
do io vissuto da ben 20 anni qui
a Capri in un ambiente sereno,
lontano dalle basse lotte e ire di
partito e da ogni sorta d'intrighei
personali, per mantener sempre
alto il prestigio e la dignità
professionali! E me ne son trovato
contento! Se accettai di rimanere
capo della Vostra Congrega fu
appunto perchè la medesima do-
veva – dovrà – in base alle Sante
Regole – mantenersi aliena da
ogni ingerenza politica! Ciò che
mi ha spinto a riunire i fratelli
ed a parlar loro chiaramente,
con quella stessa schiettezza e
lealtà con me (ho detto ai fratelli)
soleva trattarsi il nostro amato
Fra Federico, è stato il sentimento
del dovere che incombe a me,
quale priore, di esercitare la mia
autorità e influenza, con consigli,
suggerimenti, ammissione, ecc,
per fa sì che si mantenga sempre
la fiamma delle nobili iniziative
della Congrega stessa.*

8 Neapel, ASZN:A.1903 K. Tran-
skription: Dieter Richter (3/
2002)

9 FAK Nachlass: Legate, FAH III
G2 Blatt 4

10 FAK Vermögensaufstellung, u. a.
Besitz in Capri, FAH II G1b Blatt
76

11 AC

12 AC

13 Grotjan, Alfred: Auszug aus
»Erlebtes und Erstrebtes« FAH
III G29

14 Ebda.

15 Boelcke, S. 169 f., MK an Isenbiel,
10.12.1902

16 Ebda., S. 171, MK an v. Studt,
12.12.1902

17 Bitten und Ratschläge FAK an
seine Frau für den Fall seines
Todes, 31.12.1900. HA Krupp,
FAH 3 D 173, zitiert nach
Stremmel: MK als Unter-
nehmerin

18 AC

19 AC

20 Briefwechsel. Deutsches Kaiserhaus, inklusive Tod von FAK, Bd.
2, Blätter 100–101

21 Ebda.

22 MK, Briefe an Dr. Vogt, Blatt 5,
Hügel, 21. 2. 1905

23 Ebda. Blatt 6, München, Bayerischer Hof, 23. 3. 1905

24 Ebda. Blatt 7, Auf dem Hügel,
19. 7. 1905

25 Ebda. Blatt 8, Auf dem Hügel, 1./
2. 8. 1905

26 Ebda. Blatt 9, Auf dem Hügel,
29. 8. 1905

27 Ebda. Blatt 11, Auf dem Hügel,
17. 1. 1906

28 Ebda. Blatt 12, Rome, Grand
Hotel, Open all the year round,
18. 3. 1906

29 Ebda. Blätter 15–14, ohne Datum
und Ortsangabe

30 Ebda. Blätter 17–18, München,
   Bayerischer Hof, 23. 9. 1906
31 Ebda.
32 MK, 3. Teil, Seiten 46 f.
33 Die Vermählungsfeier
   Bertha Krupp-Gustav von
   Bohlen u. H. 15. 10. 1906, FAH
   IV F 515
34 Dr. Krupp von Bohlen und Halbach, Biographische Aufsätze.
   WA IV 1789
35 Vereinbarung zwischen Frau
   Krupp, Fräulein Bertha Krupp
   und Herrn Legationsrat Dr.
   Gustav von Bohlen und Halbach
   betr. gemeinsames Wohnen auf
   dem Hügel, 31. 7. 1906
36 Ebda.

37 MK
38 Ebda.
39 MK
40 Zitiert nach AC
41 Ebda.
42 Ralf Stremmel, MK als Unter-
   nehmerin, S. 142 f.
43 MK an Dr. Vogt, Auf dem Hügel,
   7. 12. 1906, Blätter 19–20,
44 MK an Dr. Vogt, Wiesbaden,
   17. 3. 1907, Blatt 23
45 MK an Dr. Vogt, Auf dem Hügel,
   20. 5. 1907, Blatt 25
46 Ebda.
47 Anm. DMF: Es handelt sich um
   Hilmar von Ende (1855–1923)
48 MK, 3. Teil, Bl. 46 f.

Personenregister